Thomas Schürmann

Im Erdbeerland

Schriften zur Alltagskultur
im Oldenburger Münsterland

Für das Kulturanthropologische Institut Oldenburger Münsterland
herausgegeben von Christine Aka

Band 4

Thomas Schürmann

Im Erdbeerland

Sonderkulturen im Oldenburger Münsterland

© 2024 Museumsdorf Cloppenburg – Niedersächsisches Freilichtmuseum
Postfach 1344, 49643 Cloppenburg

Gesamtherstellung: Rießelmann Druck & Medien GmbH, Lohne

Umschlagbilder:
Vorderseite: Figuren: Kleinkunst-Werkstätten Paul M. Preiser GmbH, Steinsfeld;
Erdbeeren: Erdbeerhof Osterloh, Visbek
Rückseite: Beim Pflanzen des Porrees. Gemeinde Visbek, April 2023

ISBN 978-3-938061-48-0

Inhalt

Vorwort 7

1. Einführung 8
    Sonderkulturen im Oldenburger Münsterland 8
    Wege zum Sonderkulturanbau 15

2. Baumobst 21
    Frühe Förderer des Obstbaus 21
    Anfänge des Erwerbsobstbaus 33
    Erwerbsobstbau nach dem Zweiten Weltkrieg 36
    Forschung und Beratung 46
    Kernobstbau in der Gegenwart 47
    Die Apfelsorten 62
    Verarbeitende Betriebe für Obst 69
    Das Oldenburger Münsterland und das Alte Land 91

3. Beerenobst 96
    Die Erdbeere wird zur Leitfrucht 96
    Der Anbau 98
    Geschützter Anbau 104
    Die Erdbeeren im Handel 118
    Strauchbeeren 124

4. Gemüse 135
    Vom Hausgarten zur großen Fläche 135
    Einzelne Anbaubetriebe 138
    Speisepilze 154

5. Gehölze 162
    Baumschulen 162
    Weihnachtsbäume 180

6. Heil- und Genussmittelpflanzen 190
    Tabak 190
    Heil- und Gewürzpflanzen 199

7. Die Erntehelfer 205
Unverzichtbare Handarbeit 205
Einheimische Kräfte 206
Erntehelfer aus dem Ausland 210
Aus Osteuropa und darüber hinaus 217
Frustration 224
Arbeit in kleinen und großen Betrieben 234
Unterkunft und Wirtschaften der Beschäftigten 247
Helfer: zunehmend gefragt 256

8. Vermarktung 264
Direktvermarktung 264
Selbstpflücke 267
Der regionale Fruchthandel 275
Der Lebensmitteleinzelhandel 289

9. Ausblick 295

Johann Theodor Frilling: Bemerkung über die Obstkultur in Dinklage (1827) 300

Liste der verwendeten Interviews 303

Quellen und Literatur 304

Bildnachweis 316

Vorwort

Das vorliegende Buch schließt an das 2021 erschienene Buch „Höfe vor der Nachfolge" an; es kann aber auch unabhängig davon gelesen werden.

Im „Höfe"-Buch ging es vor allem um das Selbstverständnis und die gesellschaftliche Stellung der Landwirte und um ihre Zukunftsaussichten. Bei dieser Gelegenheit wurde bereits eine Frage angesprochen, die viele Landwirte umtreibt: wo man eine wirtschaftliche Nische finden, ein neues Standbein aufbauen kann, um den auf den Betrieben lastenden Druck des Wachsens oder Weichens zumindest abzumildern. Bei der Arbeit an jenem Buch wurde bald klar, dass die Wege und Auswege, auf denen Landwirte unterwegs sind, eine eingehendere Darstellung verlangt. Die landwirtschaftlichen Sonderkulturen sind der zentrale Teil dieser Wege, und die Kenntnis ihrer Entwicklung trägt zugleich zum Verständnis der Landwirtschaft des Oldenburger Münsterlandes bei.

Möglich wurde das Buch nur, weil mir etliche Landwirte und Landwirtinnen und andere mit Sonderkulturen befasste Personen in Interviews geduldig Rede und Antwort gestanden haben. Ihnen danke ich dafür herzlich, allerdings ohne ihre Namen zu nennen, denn den Befragten habe ich Anonymität zugesichert. Mit dem Namen nennen darf ich von den Gesprächspartnern jedoch den langjährigen Leiter des Versuchs- und Beratungszentrums für Obst- und Gemüsebaufrüheren in Langförden Dr. Dankwart Seipp, der mir eine Reihe wertvoller Hinweise gab. Große Hilfsbereitschaft erwies mir nicht zuletzt der Leiter des Bischöflichen Offizialatsarchivs in Vechta, Willi Baumann.

Mein Dank gilt auch der Geschäftsführerin des Kulturanthropologischen Instituts Oldenburger Münsterland Prof. Dr. Christine Aka, die das Buch in die Schriftreihe des Instituts aufnahm und die mir sehr früh den Kontakt zu Gesprächspartnern für das vorige Buch vermittelt hatte. Mehrere von ihnen gaben mir für das vorliegende Buch erneut bereitwillig Auskunft.

Herzlich danken möchte ich Maria Akingunsade, Hamburg, die einen Teil der Interviews mit großer Genauigkeit in Schriftform gebracht hat, und in besonderem Maße meiner Frau Anne Schürmann für ihre Hilfe beim Korrekturlesen.

Cloppenburg, im Februar 2024   Thomas Schürmann

1. Einführung

Sonderkulturen im Oldenburger Münsterland

Erdbeerland – das Motiv des Buchtitels und des Umschlagbildes soll nicht den Eindruck erwecken, es ginge darum, ein neues Leitbild für das Oldenburger Münsterland zu erzeugen. Tatsächlich steht der Umfang des Obst- und Gemüseanbaus in Südoldenburg weit hinter der herkömmlichen Landwirtschaft zurück. Im Jahr 2020 wurde er auf 3,5 Prozent der landwirtschaftlichen Nutzflächen betrieben. Aber damit ist ihr Anteil immerhin noch fast dreimal so groß wie im gesamten Bundesland Niedersachsen; hier belief er sich auf 1,3 Prozent.[1]

Was rechtfertigt eine Monographie über landwirtschaftliche Sparten, die nur von einer Minderheit der Landwirte betrieben werden? Entsteht hier nicht ein falsches Bild von der Südoldenburger Landwirtschaft? Tatsächlich liegt es nicht in der Absicht des Verfassers, unzutreffende Eindrücke von agrarischer Vielfalt zu erwecken. Doch wenn Alternativen und Nebenformen zu den herkömmlichen landwirtschaftlichen Sparten und ihre Voraussetzungen beschrieben werden, trägt dies nicht zuletzt zum Verständnis der gesamten Landwirtschaft und ihrer Bedingungen bei.

Die dominierende landwirtschaftliche Sparte der Region ist nach wie vor die Veredelungswirtschaft, d. h. die Umwandlung pflanzlicher Nahrung in tierische Erzeugnisse. Dies spiegelt sich auch in der Wahrnehmung der Region wider, im vorteilhaften wie im nachteiligen Sinne. In den Hintergrund tritt dabei, dass sich das Gebiet auch zu einem bedeutenden Standort des Anbaus von Gemüse und Beerenobst entwickelt hat.[2]

Obst und Gemüse zählen zu den landwirtschaftlichen Sonderkulturen. Allerdings ist der Begriff der Sonderkulturen nicht scharf definiert. Weitgehende Einigkeit besteht nur darüber, dass Sonderkulturen den Anbau von Früchten umfassen, die sich nicht in die klassische Einteilung der Bodennutzung in Getreide, Hackfrüchte und Futterpflanzen einfügen.[3] Dazu gehören neben Obst und Gemüse etwa Wein, Tabak, Heil- und Gewürzpflanzen oder auch Baumschulerzeugnisse. Grundsätzlich nicht unter die Sonderkulturen fällt die Tierhaltung.

Ein Strukturmerkmal der Sonderkulturen ist ihre vergleichsweise hohe Intensität.[4] Sonderkulturen sind in der Regel sehr arbeits- und kapitalintensiv; dafür sind die Erträge, die sich auf den Flächen erzielen lassen, deutlich höher. So wird der Umfang der

---

1 Berechnet nach den Ergebnissen der Agrarstrukturerhebung von 2020; siehe auch Tab. 1.
2 Siehe Cao, Sonderkulturanbau (1993); Voth, Oldenburger Münsterland (2009), und die in den folgenden Anm. genannten Veröffentlichungen.
3 Siehe z. B. Pez, Sonderkulturen (1989), S. 3; Cao, Sonderkulturanbau (1993), S. 15f.; Voth, Entwicklungen (2002), S. 19–21; spectrum.de: Lexikon der Geographie, https://www.spektrum.de/lexikon/geographie/sonderkultur/7345 (28.5.2021).
4 Siehe auch Pez, Sonderkulturen (1989), S. 3f.

	Niedersachsen	Kreis Cloppenburg	Kreis Vechta	OM insgesamt
Landwirtschaftl. Flächen insg.	2 571 337	95 359	65 763	161 122
Gemüse und Erdbeeren	21 527	3 373	1 989	5 362
Baum- und Beerenobst	12 429	94	133	227
Baumschulen	4 711	212	27	239
Weihnachtsbaumkulturen	2 487	k. A.	20	>20
Blumen und Zierpflanzen	901	35	3	38
Hanf	784	k. A.	–	k. A.
Gartenbausämereien	97	3	–	3
Heil-, Duft- und Gewürzpflanzen	588	k. A.	–	k. A.
Tabak	104	–	k. A.	k. A.

Tab. 1: Umfänge verschiedener Sonderkulturen in Hektar. Quelle: Niedersächsisches Landesamt für Statistik, Agrarstrukturerhebung 2020. – In den veröffentlichten Statistiken werden in der Regel keine Angaben zu Hektarzahlen gemacht, wenn es im Landkreis nur einzelne Betriebe mit einer bestimmten Kultur gibt und dadurch Rückschlüsse auf den Flächenumfang dieser Betriebe möglich wären.

bundesdeutschen Sonderkulturen für die Jahrtausendwende mit nur zwei Prozent der landwirtschaftlichen Nutzflächen angegeben, der Anteil am Produktionswert der Landwirtschaft dagegen mit 15 Prozent und der Anteil am Produktionswert der pflanzlichen Erzeugung sogar mit 29 Prozent.[5]

Schon das an derartigen Zahlen ablesbare Potential zeigt, dass es gute Gründe gibt, sich näher mit dem Sonderkulturanbau zu beschäftigen: Sonderkulturen werden für die Sicherstellung der Ernährung der Bevölkerung im nationalen und globalen Maßstab noch deutlich an Bedeutung gewinnen, und sie können auch vielen Landwirten Wege zur Stärkung ihrer wirtschaftlichen Existenz eröffnen.

Im Unterschied zu klassischen agrarwissenschaftlichen Veröffentlichungen über den Sonderkulturanbau sind die Fragestellungen des vorliegenden Buches nicht betriebswirtschaftlich ausgerichtet, vielmehr stellen die Erfahrungen und Handlungsweisen der beteiligten Landwirte in den Mittelpunkt. Einige der Fragen, die sich dem Verfasser stellten, sind:

Welche Sonderkulturen gibt es in der Region, und wie hat sich der Anbau entwickelt?
Das Buch strebt keine vollständige Behandlung der Sonderkulturen an, sondern will an markanten Beispielen die Entwicklung des Anbaus im Oldenburger Münsterland nachzeichnen. So beschränkt sich die Darstellung der Obstkulturen auf die dominierenden

---

[5] Nach Voth, Entwicklungen (2002), S. 61.

1. Einführung

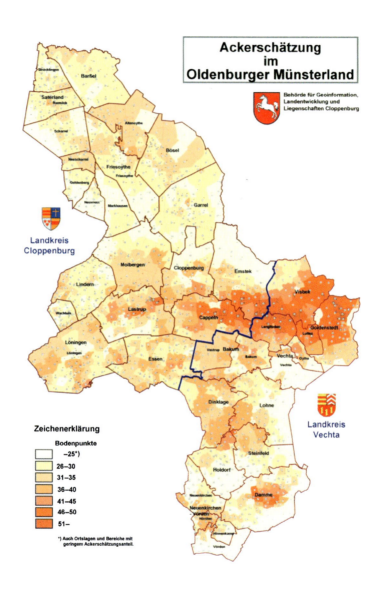

Abb. 1: Ackerschätzung im Oldenburger Münsterland. Behörde für Geoinformation, Landentwicklung und Liegenschaften Cloppenburg. Stand: April 2006. Vereinfachte Wiedergabe aus TAUBENRAUCH, Bodengütekarten (2007), S. 258.

Obstarten; unter den Gemüsearten sind nur die Tomaten in einem eigenen Abschnitt behandelt. Nicht eigens dargestellt ist z. B. der Spargelanbau, dessen Schwerpunkt innerhalb Niedersachsens auch nicht in Südoldenburg, sondern im mittleren und nordöstlichen Niedersachsen liegt.[6]

Ebenfalls nicht behandelt sind mögliche Kulturen wie der im Zusammenhang mit der geplanten Cannabis-Legalisierung diskutierte Anbau von Hanf. Allerdings deutet wenig darauf hin, dass Hanf im Untersuchungsgebiet wie auch sonst in der deutschen Landwirtschaft größere Bedeutung erlangen wird. Schon für den Anbau der Sorten, aus denen sich keine Rauschmittel gewinnen lassen, werden Sicherheitsmaßnahmen gefordert, die den Anbau für Landwirte unrentabel machen,[7] und dies gilt erst recht für die rauschgifthaltigen Sorten.[8] Davon unberührt bleibt die Frage, ob die Freigabe des Cannabiskonsums aus gesundheitlicher Sicht überhaupt sinnvoll ist.

Als Sonderkultur-Gebiet ist das Oldenburger Münsterland verhältnismäßig jung. Dies lässt sich auch am Beispiel der sogenannten Thünenschen Ringe zeigen. Der Agrarökonom Johann Heinrich von Thünen (1783–1850) hat die nach ihm benannte Standorttheorie begründet, nach der sich die Anbauorte verschiedener landwirtschaftlicher Erzeugnisse – Gemüsebau, Forstwirtschaft, intensive Landwirtschaft, extensive Viehhaltung usw. – in Abhängigkeit von den Transportkosten und der Verderblichkeit der Waren und bei gegebener Gleichförmigkeit von Boden und Klima idealerweise konzentrisch um einen zentralen Marktort anordnen.[9] Relativ nahe am Marktort sind etwa Gemüse- und Milchproduktion, in größerer Entfernung die extensive Viehzucht angesiedelt. Ein solches Modell eignet sich vor allem für die Verhältnisse in vorindustrieller Zeit,[10] und Zonen des schwerpunktmäßigen Obst- und Gemüseanbaus hatten sich denn auch in der Peripherie größerer Städte wie Hamburg, Köln, Nürnberg oder Frankfurt am Main gebildet.

Im Oldenburger Münsterland dagegen hat sich die Agrarproduktion schon deshalb nicht um ein Zentrum entwickelt, weil es hier einen solchen wirtschaftlichen Mittelpunkt nicht gab. Vielmehr beschränkte sich der marktorientierte Obst- und Gemüseanbau, als er hier zur Zeit der Industrialisierung unter ganz anderen Bedingungen an

---

6   Zum Spargelanbau in Niedersachsen siehe Voth, Entwicklungen (2002), S. 69–102; Verbreitungskarte ebd., S. 73; zum Spargelabsatz durch den Erzeugergroßmarkt Langförden-Oldenburg siehe ebd., S. 88–91. Zum Spargelanbau im Oldenburger Münsterland siehe Cao, Sonderkulturanbau (1993), S. 86–102.
7   Siehe unten Kap. 6.
8   Über ein Beispiel für den für den nötigen Aufwand wird aus der niederländischen Stadt Waalwijk berichtet; vgl. Marco Evers: Rausch aus der Fabrik. In: Der Spiegel, Nr. 17, 22.4.2023, S. 96–97.
9   Thünen, Staat (1826); siehe auch Suntum, Thünen (1989); Rieter, Thünen (2016), mit weiteren Hinweisen. Zur Anwendbarkeit des Thünenschen Systems auf das Oldenburger Münsterland des 20. Jahrhunderts siehe Windhorst, Agrarwirtschaft (1975), S. 18–22.
10 Petersen, Stadt (2015), S. 14f.; ausführlicher für Hamburg und sein Umland Pez, Sonderkulturen (1989), S. 30–53 u. ö., der betont, dass sich mit den Thünenschen Ringen nur die erste Entwicklungsphase der Sonderkulturwirtschaft erklären lasse (ebd., S. 167 und 173f.).

wirtschaftlicher Bedeutung gewann, zunächst auf einen fruchtbaren Sandlößstreifen, der im Gebiet nördlich von Vechta von Osten her in das Oldenburgische hineinreicht (Abb. 1). Dort, wo es sie Verhältnisse erlaubten, wurde der marktorientierte Sonderkulturanbau auch woanders aufgenommen. Möglich wurde dies allerdings erst, als die für den Fernabsatz der landwirtschaftlichen Erzeugnisse nötigen Transportmöglichkeiten durch den Eisenbahn- und Schwerlastverkehr angelegt waren.

Was macht den Sonderkulturanbau des Oldenburger Münsterlandes im Verhältnis zu anderen Regionen aus?
Diese Frage zielt auf die Stärken, Schwächen und Möglichkeiten der Region. Anders als etwa im Alten Land oder in den Vierlanden gab es im Oldenburger Münsterland keine Ansätze zu einer regionalen Markenbildung. Dem stünde wohl auch das dem Gebiet anhaftende Image als Hochburg der industrialisierten Landwirtschaft im Wege. Die Obst- und Gemüseerzeugung in der Region geht oft ins Große und ist für den Endverbraucher meist anonym. Dies wirkt sich auch auf die Erzeugerpreise aus. Eine in diesem Zusammenhang naheliegende Frage ist, welche Wege zur Erhöhung der Erlöse von den Erzeugern verfolgt werden.

Welche Bedeutung haben die Sonderkulturen für das Oldenburger Münsterland? Sind sie ein Weg, im Ringen um die wirtschaftliche Existenz zu bestehen?
Den Landwirten in der Region ist es bewusst, dass der Wechsel in den Sonderkulturanbau auch bei günstigen Bodenverhältnissen nicht einfach ist. Zum einen entkommt man nicht ohne weiteres den Verpflichtungen, die die herkömmliche Landwirtschaft mit sich bringt, wenn man etwa den Um- oder Neubau eines Stalles abzuzahlen hat; andererseits ist der Aufbau der eigenen Sonderkultur-Sparte eine Angelegenheit, die sich eher nach Jahrzehnten als nach Jahren bemisst. Überdies garantieren auch die Sonderkulturen nicht den wirtschaftlichen Erfolg.
Im Hinblick auf herkömmliche Landwirtschaft und Sonderkulturanbau nimmt das Buch denn auch keine wertende Haltung ein. Ackerbau und Viehhaltung werden auf absehbare Zeit das Rückgrat der Landwirtschaft bleiben, zumal in einer vergleichsweise marktfernen, nur an wenigen Stellen mit sehr fruchtbaren Böden gesegneten Region wie Südoldenburg.

Welchen Einfluss hat die Möglichkeit, Saisonarbeitskräfte zu beschäftigen, auf Art und Umfang der Sonderkulturen?
Zu den Voraussetzungen des modernen Sonderkulturanbaus gehört die alljährliche Zuwanderung der meist aus dem östlichen Europa kommenden Saisonarbeitskräfte. Zugleich geraten die Obst- und Gemüseerzeuger dadurch in neue Abhängigkeiten. Dass die Arbeiter ausbleiben könnten, ist für die Erzeuger eine existentielle Gefahr; dies zeigte sich besonders zu Beginn der Corona-Krise 2020. Entsprechend der Bedeutung der Saison-

beschäftigten für den Sonderkulturanbau wird ihrer Arbeit und dem Verhältnis der Landwirte zu ihnen in diesem Buch vergleichsweise viel Raum zugemessen.[11] Unter diesen Umständen mag es als Versäumnis angesehen werden, dass für das vorliegende Buch zwar Landwirte, nicht aber auch Saisonarbeiter befragt wurden. Diese Beschränkung hat in erster Linie pragmatische Gründe. Das Buch konzentriert sich auf die Erfahrungen und Herausforderungen, die für die Landwirte mit der Beschäftigung ausländischer Saisonarbeiter verbunden sind. Die Erfahrungen und Lebenswelten der Saisonarbeiter müssen Gegenstand eigener Studien sein. In der Praxis hätte der Versuch, Erntehelfer als Interviewpartner zu gewinnen, geringe Erfolgsaussichten gehabt. So eröffnet denn auch etwa das Erlernen des Polnischen und des Rumänischen noch längst nicht den nötigen Zugang zum Feld.[12] Selbst Landsleute der Erntehelfer forschen mitunter verdeckt im Rahmen teilnehmender Beobachtung, um wirklichkeitsnahe Erkenntnisse über Motive und Denkweisen bei den Betroffenen zu gewinnen.[13]

Abb. 2: Die Orte der Interviews, die für das Buch verwendet wurden.

---

11 Siehe hierzu unten Kap. 7.
12 Den Beweis für diese Aussage führt, wenn auch ungewollt, SCHMIDT, Mobilität (2021), die zwar eigens die rumänische Sprache erlernt hat, aber vor allem von Schwierigkeiten bei der Kontaktaufnahme berichtet; vgl. ebd., S. 75–82.
13 Siehe beispielhaft PIECHOWSKA, Soziologin (2013), und FIAŁKOWSKA, Gruppenbildung (2013).

Da das Spektrum der landwirtschaftlichen Sonderkulturen groß ist, werden einige Sparten, z. B. Baumschulen oder einzelne Zweige der Gemüseerzeugung, nur in Gestalt einzelner besuchter Betriebe vorgestellt. Diese Betriebe stehen nicht repräsentativ für die gesamte Branche, sondern bilden nur Beispiele für Entwicklungen, die ein Betrieb nehmen kann. Repräsentativ ist das Buch auch nicht Hinblick auf die wirtschaftliche Bedeutung der einzelnen Kulturen, denn in diesem Falle müsste der Großteil des Textes von einem einzelnen Gemüseerzeuger handeln.

Dem Gegenstand des Buches entsprechend bilden narrative, erzählorientierte Interviews, größtenteils mit Landwirten, aber auch mit Baumschulgärtnern, Fruchthändlern und anderen, die mit Sonderkulturen befasst sind, die Hauptquellen. Die Interviews wurden hauptsächlich zwischen 2021 und 2024 in den Kreisen Cloppenburg und Vechta geführt (Abb. 2). In einigen Fällen konnte auf Interviews, die für das Buch „Höfe vor der Nachfolge" geführt worden waren, zurückgegriffen werden. Einige der 2019 und 2020 für jenes Buch befragten Familien wurden zu einem erneuten Interview besucht.

Bei der Wiedergabe im Buch sind Zitate aus den Interviews kursiv gesetzt; auf die einzelnen Interviews verweisen in Klammern gesetzte Zahlen.[14] Die Wiedergabe der Interviewstellen richtet sich nach schriftdeutschen Standards, d. h. im Zweifelsfalle durch Weglassen von Versprechern, häufig gebrauchten Füllwörtern usw. Dabei soll die Gestalt der Zitate die Herkunft des Gesagten in der gesprochenen Sprache nicht verleugnen. Wie die Erfahrung zeigt, haben die Befragten oft die Sorge, dass ihre Äußerungen in der gedruckten Wiedergabe nicht den schriftdeutschen Schreibgewohnheiten entsprechen. In der Regel dürfte den Lesern aber klar sein, dass die zitierten Sätze in Gesprächen entstanden sind und die Satzbildung beim Reden eigenen Gesetzmäßigkeiten folgt.

Wo mit der Identifizierung der Gesprächspartner zu rechnen war oder sie sogar namentlich genannt werden, habe ich den Betroffenen die Zitate vor dem Druck vorgelegt; bei dieser Gelegenheit wurden gelegentlich kleinere Umformulierungen vereinbart. Die Tonaufnahmen und Niederschriften der Gespräche werden, schon um der Rückverfolgbarkeit der hier gemachten Aussagen willen, im Kulturanthropologischen Institut Oldenburger Münsterland verwahrt; sie sind zum Schutz der Gesprächspartner mit Sperrfristen, die sich am Niedersächsischen Archivgesetz orientieren, belegt. Hier reichen die Sperrfristen bis zehn Jahre nach dem Tod bzw. hundert Jahre nach der Geburt der betroffenen Personen.[15]

---

14 Die Grundsätze bei der Wiedergabe sind die gleichen wie bei SCHÜRMANN, Höfe (2021), S. 22. Die Numerierung der zitierten Interviews schließt an die Zählung für das „Höfe"-Buch an, weil ich auch Aussagen aus einigen Interviews, die ich für das Buch geführt hatte, verwende. Eine Liste der Interviews steht unten im Anhang.

15 Gesetz über die Sicherung und Nutzung von Archivgut in Niedersachsen (Niedersächsisches Archivgesetz) vom 25. Mai 1993, § 5, Abs. 2: „Ist das [...] Archivgut zu einer betroffenen Person geführt und ist deren Geburts- oder Sterbedatum bekannt oder mit vertretbarem Aufwand aus diesem Archivgut zu ermitteln, so darf es frühestens 10 Jahre nach dem Tode dieser Person oder, falls das Sterbedatum nicht feststellbar ist, 100 Jahre nach deren Geburt genutzt werden." Nach nds-voris.de (4.6.2020).

Wege zum Sonderkulturanbau

Einige der befragten Landwirte blicken auf die Entwicklung des Sonderkulturanbaus zurück: Während die größeren Höfe in den konventionellen Sparten weiterarbeiteten, erkannten kleine Betriebe, vor allem, wenn sie über gute Böden verfügten, in den Sonderkulturen, zunächst im Obstbau, eine Chance, erfolgreich zu wirtschaften:

Hier in Langförden war das ja einfach so: Die großen Betriebe hatten es ja gar nicht nötig, die haben da von Schweinen gelebt. Und dann sind ein paar angefangen, kleinere Betriebe, mit ein paar Hektar, und haben da Obst und Gemüse (angebaut). Dann sind zwei groß eingestiegen, Rosenbaum und Küppers, und die haben hier dann in großem Stil Obst angebaut und haben, wann war das, 1950 ELO[16] *gegründet. Und sind ja alles bloß kleine Betriebe, wenn du siehst, so G..., was hatte er früher, fünf Hektar? Und jetzt macht er, was weiß ich, achtzig Hektar Erdbeeren oder in die Richtung. Und das waren ja alles bloß diese kleinen Betriebe* (38).

Wie ein Obsterzeuger am Beispiel seines Heimatdorfes Hagstedt (Gemeinde Visbek) darlegt, haben die kleinen Obstbaubetriebe die alteingesessenen größeren Höfe wirtschaftlich überholt. Der Befragte gehört insofern zu den Ausnahmen von dieser Entwicklung, als der Hof seiner Familie zwar zu den größeren zählte, seine Besitzer sich aber nach persönlicher Neigung und nach dem Beispiel der kleineren Betriebe im Laufe der Jahrzehnte völlig auf den Obstbau konzentrierten. In Hagstedt lagen die kleinen Betriebe, aus denen die meisten Obsthöfe hervorgingen, außerhalb des Dorfkerns. Dort waren im 19. Jahrhundert neue Hofstellen entstanden:

Es gibt die alteingesessenen Bauern im Zentrum des Dorfes, das waren sechs größere Bauernhöfe, wozu wir gehören. Und drum herum waren kleinere Bauernhöfe, die hatten nur so acht Hektar im Schnitt; während der Markenteilung waren die entstanden. Und die haben sich auf den Obstbau spezialisiert. Und die wirtschaftlich starken Betriebe sind jetzt die kleineren von der Fläche her, aber dadurch, dass sie sich auf den Obstbau spezialisiert haben, konnten die wirklich immer ... mehr Geld verdienen, haben viele Erntehelfer bei sich auf dem Hof untergebracht und beschäftigt, und darüber sind die dann immer weiter gewachsen. ... Und die größeren Betriebe haben ihre Schweinemast größtenteils gemacht. Hier im Zentrum des Dorfes, die größeren Betriebe waren Schweinemastbetriebe... Jeder Betrieb ist anders. Man kann das gar nicht so verallgemeinern. Den Obstbaubetrieben drumherum geht es auf jeden Fall wirtschaftlich besser, vor allen Dingen in der heutigen Zeit (18).

Eine Parallele zu den Anfängen des Erwerbsobstbaus bei den kleineren Betrieben kann im Alten Land an der Niederelbe gesehen werden. Dort wird überliefert, dass grö-

---

16 Erzeugergroßmarkt Langförden-Oldenburg; siehe unten Kap. 8.

ßere Bauern, die länger an den traditionellen landwirtschaftlichen Kulturen festhielten, kleinere, vom Obstbau lebende Besitzer bisweilen als „Murellenbuern" verspotteten.[17]

In Südoldenburg wurden die kleineren Betriebe, sofern sie nicht gänzlich aufgegeben wurden, in unterschiedlichen Zeiträumen auf den Sonderkulturanbau umgestellt. So führte der Besitzer eines kleinen Hofes in der Gemeinde Visbek, wie sein Sohn schildert, auf sieben Hektar Eigenfläche einen landwirtschaftlichen Gemischtbetrieb mit einigen Kühen, Schweinen und Geflügel. Gerade für derartige kleinstrukturierte Betriebe war es um 1970 absehbar, dass sie in diesem Umfang nicht mehr lange bestehen könnten. Er selbst entschloss sich zum Anbau von Äpfeln. Ein Berater der Obstbauversuchsanstalt in Langförden riet ihm zu Beerenobst. Innerhalb der nächsten zehn Jahre stellte die Familie den Hof komplett auf den Anbau von Erdbeeren und Gemüse um und erweiterte sich in den folgenden Jahrzehnten auf ein Vielfaches der einstigen Fläche.[18]

Durch den Erfolg der kleineren Betriebe ermuntert nahmen auch andere Landwirte, wenn auch meist in kleinerem Umfang, den Obstbau auf. Die meisten der befragten heutigen Obst- und Gemüseerzeuger erinnern sich, dass sie zunächst auf konventionellen Bahnen arbeiteten. So führte ein Landwirt im Dorf Hagstedt, der in den sechziger Jahren den Gemüseanbau aufgenommen hatte, zunächst einen herkömmlichen Gemischtbetrieb: *Da waren noch Rindviecher und alles. Schweine und das, war ja noch alles hier. Und das ist alles langsam immer weniger geworden.* Erst kamen die Sauen weg, später auch die Mastschweine. Zuletzt, um 1970, wurden die Kühe, mehr als drei bis vier waren es nicht, abgeschafft (39).

Ein Berufskollege in Langförden bemerkt, dass er bis 1982 *bloß ... Schweine und Ackerland* als Sparten betrieben habe. Nachdem er den Obst- und Gemüseanbau aufgenommen hatte, gab 2001 der Ausbruch der Schweinepest den letzten Anstoß, die Schweinehaltung aufzugeben (38).

In der Regel erfolgt die Spezialisierung auf den Sonderkulturanbau nicht mit einem Male, sondern Schritt für Schritt. So hielt ein befragter Obsterzeuger in der Gemeinde Visbek zu Beginn seiner Berufslaufbahn noch 129 Sauen; für die Schweinemast hatte er 560 Mastplätze in drei Ställen. Überdies besaß er einen Mähdrescher, mit dem er Lohnaufträge ausführte. Im Laufe der Jahre gewann der Obstbau auf Kosten der Schweinehaltung an Bedeutung: *Und dann ist das immer so nach und nach abgestoßen worden. Dann erst die Sauen weg, dann nur noch Mast. Dann die kleinen Mastställe, ... alles, was dann irgendwann überholt war oder auch in einer Größe war, wo es sich nicht mehr lohnte.*

---

17 Tuomi-Nikula, Altländer Hof (2006), S. 39. Das Wort leitet sich von „Morelle" (Sauerkirsche) ab. Im Alten Land war zwar spätestens im 19. Jahrhundert der Apfel zur wirtschaftlich bedeutendsten Obstart geworden, doch um die Obsterzeuger herabzusetzen, stellt der Spottname anstatt der Äpfel die kleinen und sauren Früchte heraus.
18 Siehe auch unten Kap. 4.

Mitte der 2000er Jahre war der Wechsel ganz vollzogen: *2004/2005 hab ich die letzten Mastschweine verkauft. Den letzten guten Stall verpachtet und dann komplett auf Obstbau, Blaubeeren. Hinten eine Fläche noch vergrößert um sechs Hektar. Und dann komplett auf Blaubeeren gesetzt* (55).

Das gleiche Muster: dass erst die arbeitsintensivere Ferkelerzeugung, später die Schweinemast aufgegeben wurde, begegnet auch in anderen Betrieben,[19] z. B. in der Erinnerung eines Obst- und Gemüseerzeugers im Kreis Cloppenburg:

Wir hatten schon mal 110 Sauen, inklusive eigener Mast, also ein geschlossenes System. Haben das dann aber irgendwann wieder aufgegeben, wo der Sonderkulturanbau mehr wurde. Haben dann nur noch Mastschweine gemacht, haben zwischenzeitlich dann auch außerhalb von diesem Betriebsstandort noch einen Schweinestall gebaut, den wir aber mittlerweile auch nicht mehr haben, und haben uns denn voll auf den Anbau von Sonderkulturen konzentriert (50).

Ein Obsterzeuger in der Gemeinde Emstek hatte in den neunziger Jahren den Erdbeeranbau zum Hauptstandbein ausgebaut, zugleich aber auch die Schweinehaltung erweitert: *Wir haben zwar im Außenbereich vor zwanzig Jahren einen Stall gebaut. Hätten wir gar nicht machen [sollen], aber das war eben der Trend dahin: noch mehr Schweine..., aber das hätten wir eigentlich gar nicht machen [sollen]. Den haben wir jetzt verpachtet* (1).

Ganz von der Schweinehaltung ließ der Betrieb auch später nicht. Bis um 2020 wurde in einem weiteren Stall in drei jährlichen Durchgängen jeweils eine kleinere Menge Schweine gemästet.

Zwei heute sehr große Produzenten, die den Grundstein ihres Erfolgs in den achtziger Jahren legten, hatten anfangs die konventionellen Betriebsteile ausgebaut. So berichtet ein Erdbeererzeuger in der Gemeinde Visbek:

1983, als ich meine Meisterprüfung bestanden hatte, hatte ich meinem Vater gesagt: „Jetzt müssen wir Gas geben." Unser Betrieb war einfach und kleingestrickt, obwohl wir gute 50 Hektar Ackerland haben, aber wir hatten zum damaligen Zeitpunkt, wo ich angefangen bin, nur 150 Mastschweine im Stall.

Seinem Vater habe er gesagt: *„Das Fachliche habe ich bei mir, und das andere kriegen wir schon." Und dann haben wir Gas gegeben. Wir haben mehr Schweineställe gebaut, wir haben Schweineställe dazugepachtet.*

In kleinem Umfang versuchte er es nebenher mit anderen Kulturen: *Wir haben 1983 dann auch mit Erdbeeren angefangen, ein Jahr später Himbeeren angebaut. Ich habe Steinpilze angebaut; ich habe also Pilze auch schon mal ausprobiert* (46).

---

19 Vgl. Voth, Entwicklungen (2002), S. 124, mit Bezug auf einen Betrieb in Schneiderkrug (Gem. Emstek).

Letztlich war es der Erdbeeranbau, der einen immer größeren Umfang annahm. 1994 gab der Befragte die Schweinemast auf und konzentrierte sich ganz auf die Erdbeeren.[20]

Ein bedeutender Gemüseerzeuger hatte zunächst den Ausbau der Milcherzeugung geplant. Hier war es vor allem der Mangel am dafür nötigen Kapital, das ihn dazu brachte, diesen Plan nicht weiterzuverfolgen und sich auf den Gemüseanbau zu besinnen. Hierzu hatte er bereits im Rahmen seiner Meisterausbildung Überlegungen angestellt:

Als ich dann mit der Ausbildung fertig war, habe ich eine Fachschule besucht und später die Meisterprüfung als Landwirt gemacht. Und in dieser Phase habe ich dann eigentlich überlegt: In welche Richtung willst du den Nebenerwerbsbetrieb überhaupt entwickeln, oder was kannst du überhaupt daraus entwickeln? Mir ist in der Meisterschule eigentlich klargeworden, dass das betriebswirtschaftlich bescheiden aussieht in dem Betrieb, und irgendwo, wenn du davon leben willst, geht das so wenigstens nicht. Dann sind wir eigentlich angefangen hier, oder ich bin angefangen, das eine oder andere Gespräch zu führen, hatte dann erst mal vor, einen größeren Boxenlaufstall zu führen mit Milchviehhaltung. [...] Das ist dann aufgrund der Betriebsgröße damals und des mangelnden Kapitals, was im Betrieb war, abgesagt. Und dann hatte ich mich im Rahmen der Meisterprüfung schon mit Gemüsebau beschäftigt, mit Projektbeschreibungen, Kalkulationen usw., und habe mich dann entschlossen, den Gemüsebau wieder anzufangen. Damals, das war 1983: Grobgemüse war im Fokus, also Weißkohl, Rotkohl, Wirsing, Kohlrabi, Blumenkohl. Das ist dann auch zwei, drei Jahre so gegangen. Damals hatten wir noch zwölf, dreizehn Milchkühe und etwa vierzig Sauen hier im Betrieb. Die habe ich aber schon 1984 abgeschafft, weil, arbeitsmäßig konnte ich das nicht leisten (51).

In beiden Fällen brachten die Befragten eine ausgeprägte unternehmerische Gesinnung mit, die den Sonderkulturanbau anstieß und beflügelte.

Neben der Bereitschaft, neue wirtschaftliche Risiken einzugehen, kann das Aufnehmen von Sonderkulturen auch eine große mentale Überwindung erfordern. Dies gilt vor allem dort, wo man nicht eine Obst- oder Gemüseart anzubauen anfängt, die in der Region bereits mit Erfolg kultiviert wird, sondern sich an völlig ungewohnten Sparten versucht. Ein befragter Landwirt im Kreis Cloppenburg schildert seine Situation sehr anschaulich in einem Bild. Anfangs bewegte er sich in einer Reihe mit seinen Berufskollegen:

Ich habe das mal verglichen: Alle Landwirte laufen hintereinander im Gänsemarsch. Hintereinander her. Vorne sind irgendwelche Leute, die geben die Richtung an; alle andern laufen hinterher. Nun laufen die nicht auf der Straße, sondern die laufen auf einem Sandweg. Dann ist es ein bisschen bedeckt, 22 Grad; es geht munter voran. Es trübt sich ein bisschen ein, es fängt ein bisschen an zu regnen. Es ist immer noch auszuhalten. – Jetzt fängt's richtig an zu regnen. Und dann muss man sich vorstellen: Wie wird das Geläuf,

---

20 Siehe auch RIC, Erdbeerbetrieb (2012), S. 15.

durch das ich gehe? Wenn ich ganz vorne bin, interessiert mich das eigentlich relativ wenig. Ich bin derjenige, der immer noch festen Boden unter den Füßen hat. Aber wie ist es denn, wenn man schon weiter hinten ist oder ganz weit hinten ist? Dann läuft man schon mal im schweren Geläuf, und irgendwann, wenn man noch weiter hinten ist, im Morast. Und dann bedeutet das nämlich: Der, der vorne geht, geht entspannt, und der, der schon mal schwerer unter den Füßen hat, der muss schon ein bisschen mehr Kraft aufwenden. Und die noch weiter hinten sind, im Morast, müssen richtig kämpfen, dass sie mitkommen.

Die Überlebenschancen in der bisher betriebenen herkömmlichen Landwirtschaft sind ungleich verteilt. Vergleichsweise entspannt können vor allem jene marschieren, die gut mit Eigenland ausgestattet oder auf andere Weise abgesichert sind.

Dadurch, dass der Befragte Sonderkulturen zu betreiben angefangen hat, hat er die gewohnte Bahn verlassen und wird von den Kollegen dementsprechend beäugt:

So, die müssen halt kämpfen. Und ich sehe mich da auch irgendwo in der Reihe. – Und irgendwann habe ich mir überlegt: Warum versuchst du nicht was Neues? Und bin ausgeschert und gehe jetzt daneben. Ich gehe neben der Reihe. Dann ist es natürlich: Alle Leute sehen mich, dass ich neben der Reihe gehe. Und es ist ja auch so: Da können auch Steine liegen. Und man kann auch mal gegen einen Stein treten, und man fängt an zu straucheln. Und das sehen alle. Das sehen auch die, die wirklich durch den Morast laufen; die sehen das auch: Kuck mal, der! Der hat sich den Fuß gestoßen, und der ist am Straucheln. Alle Leute sehen es. Aber letztlich habe ich einen Weg, den ich neu finden muss, muss auch mal eine Kurve nehmen. Geht nicht anders. Aber ich kann selbstbestimmt gehen. Ich kann ihn gehen, und ich kann auch wieder zurückgehen, wenn ich meine, dass es so ist. Aber faktisch ist: Ich bin erst mal derjenige, der aus der Reihe tanzt. Das ist Tatsache, und das wird bekuckt, und das Bekucktwerden, das muss man auch können. Das muss man aushalten können.

Aushalten können muss er nicht nur die neuen wirtschaftlichen Unwägbarkeiten, sondern auch die Gefahr, in der Achtung seiner Berufskollegen und Dorfgenossen mächtig zu sinken, und es evtl. in Kauf nehmen, dass auch seine Familie davon betroffen ist. Dies ist für Landwirte umso schwieriger, je stärker sie in die lokalen Netze eingebunden sind und dies auch für ihre soziale Stellung als nicht unwichtig ansehen. Bedrohlich für das Selbstbewusstsein ist nicht so sehr die Entscheidung, gewohnte Bahnen zu verlassen, als vielmehr die Möglichkeit, dabei wirtschaftlich zu scheitern, denn die Achtung der Berufskollegen hängt wesentlich am beruflichen Erfolg. Und so hofft man, *dass man erfolgreich ist, damit man nicht verlacht wird*. Durch wirtschaftliches Scheitern würde zugleich auch seine Entscheidung für den Sonderkulturanbau delegitimiert.

Ein von dem Landwirt konsultierter Anbauberater aus Bayern bemerkt zu der hier angesprochenen Haltung der Kollegen: „*Solange die Leute lachen, ist alles in Ordnung. Wenn die aufhören zu lachen, dann musst du aufpassen. Dann ist irgendeiner dabei, der überlegt sich was.*"

Indessen macht der Befragte die Beobachtung, dass sein Beispiel einige der Berufskollegen darin bestärkt, sich ebenfalls an Neuem zu versuchen. Hierbei nimmt er das Bild vom Gänsemarsch wieder auf:

Wenn ich jetzt überlege – seit sieben Jahren sind wir in diesem, ich sag mal, Findungsprozess der Sonderkulturen drin. Zwischendurch haben sich immer mal welche probiert. Sind einige dabeigeblieben, einige sind wieder zurückgegangen. Aber letztlich nur deswegen, weil sie gesehen haben: Es gibt einen zweiten Weg. Es gibt einen anderen Weg. Es gibt einen Ausweg aus dem, was wir jetzt haben. Und das ist natürlich auch so eine Sache, die wir … jetzt mitgestalten. Ich bin irgendwann aus der Mitte rausgegangen, aus der normalen Landwirtschaft… Jetzt hängen sich welche bei mir an. Ich werde zu dem, der vorne läuft (45).

Vielleicht werden nicht alle Landwirte, die von herkömmlichen Sparten auf Sonderkulturen gewechselt sind, ihre Erfahrungen und Eindrücke in derart intensive Bilder fassen können, doch gehören ähnliche Empfindungen gerade in einer strukturkonservativen Berufswelt wie der Landwirtschaft wohl sehr häufig dazu, wenn man sich auf Ungewohntes einlässt.

2. Baumobst

Frühe Förderer des Obstbaus

Aus heutiger Sicht mag es verwundern, dass das Fehlen von Obst und Gemüse in vorindustrieller Zeit auch auf dem Lande nicht selten zu Mangelerscheinungen führte. Einen Hinweis hierauf gibt ein um 1800 entstandenes handschriftliches Rezeptbuch aus Niedersachsen, das an zwei Stellen Hilfsmittel gegen den Skorbut und die durch ihn verursachten Zahnbeschwerden nennt.[1]

Dabei gab es über die Jahrhunderte hinweg durchaus Anstöße, Obst anzubauen.[2] Im 16. Jahrhundert veredelten sogar Angehörige regierender Häuser eigenhändig Apfelbäume und schickten Reiser an Standesgenossen.[3] Dies war zwar modische Liebhaberei, doch war den Fürsten auch an einer breiten Förderung des Obstbaus gelegen: In mehreren Territorien forderten landesherrliche Verordnungen vom ausgehenden 16. bis zum Ende des 18. Jahrhunderts von Bauern und Bürgern, etwa aus Anlass der Hochzeit, das Anpflanzen von Obstbäumen.[4] Allerdings deutet gerade das Wiederholen dieser Forderung über so lange Zeiträume hinweg darauf hin, dass sie selten befolgt wurde. Auch wäre die Forderung meist nicht leicht umzusetzen gewesen, denn oft waren schon für das Anpflanzen geeignete Obstbäume schwer zu bekommen.

Tatsächlich gab es für den Obstbau wenig Anreize: Die Früchte hielten sich nicht lange, und zumindest in Norddeutschland waren als Methoden der Konservierung fast nur das Dörren und das Einkochen zu Mus geläufig.[5] Den für Obstbäume nötigen Platz verwendete man im Zweifelsfalle lieber für den Anbau von Gemüse.

Als der Pastor und Schriftsteller Johann Gottfried Hoche 1799 von Osnabrück aus ins Saterland reiste, fiel ihm nicht zuletzt auf, dass im Niederstift Münster wenig Obst angebaut wurde:

„In Westphalen findet man wenig Obst, und in dem nördlichen Theile desselben fast gar nichts. Hier ist ein Obstbaum eine große Seltenheit, und es ist unverzeihlich, daß die Menschen, die doch sehr gern Obst essen, sich so wenig um die Baumzucht bekümmern."[6]

---

1 SCHÜRMANN, Kochrezepte (1998), S. 297 (Löffel- bzw. Scharbockskraut) und 306 (Apothekenrezept für Zahntinktur). Niedergeschrieben wurde das Rezeptbuch in Sulingen im heutigen Landkreis Diepholz.
2 Einen kurzen Überblick zur Geschichte des Obstbaus gibt TEUTEBERG, Obst (1998); eine populäre Darstellung unter welthistorischer Perspektive geben JUNIPER/MABBERLEY, Geschichte (2022). Eine vom Obsthandel ausgehende Darstellung der Obstkultur an der Niederelbe gibt KAISER, Obstland (2009).
3 WIMMER, Obstsorten (2003), S. 18, mit Verweisen auf Kurfürst August von Sachsen (reg. 1553–1586) und Landgraf Wilhelm IV. von Hessen-Kassel (reg. 1567–1592).
4 Ebd., S. 20f.
5 Vgl. LIEBSTER, Obstbau (1984), S. 144.
6 HOCHE, Reise (1800), S. 139; siehe auch KAISER, Gutshaus (1998), S. 60f.

Hoche, der in Thüringen aufgewachsen war,[7] mochte den Anblick von Obstbäumen wohl als eine Selbstverständlichkeit erwartet haben. Umso befremdlicher fand er die bei den Landleuten verbreiteten Auffassungen über den Obstbau:

„Sonderbar sind die Äußerungen der Bauern darüber. Sie meinen, ‚das schicke sich nicht für sie, es gehöre nur für vornehme Leute.' Einige, die Versuche gemacht haben, klagen, daß ihnen die Nachbarn die Bäume verdorben hätten, weil sie das Anpflanzen eines Obstgartens für eine stolze Erhebung über ihren Stand ansehen. Andern, die noch irgend ein Bäumchen haben, wird das Obst gestohlen. Einen solchen Diebstahl halten sie für erlaubt, und der Bestohlne glaubt nicht einmal ein Recht zu haben, den Dieb zur Strafe zu fordern."[8]

Bei solchen Aussagen muss man stets die Möglichkeit in Rechnung stellen, dass Hoche, schon um seinen Reisebericht interessanter zu machen, das scheinbar Absonderliche und Exotische der besuchten Gegend und ihrer Bewohner besonders herausstellte.[9] Allerdings wird das häufige Stehlen von Obst auch von anderer Seite bezeugt. So schrieb 1811 der Vizekurat und spätere Pfarrer Anton Thole aus Barßel, dass er mit den Erzeugnissen seines Gartens wohl auskommen würde, wenn ihm „einige dieberische Barßeler" beim Obststehlen nicht das Gemüse zerträten. Der Priester wusste sich aber auch zu wehren: „Ich habe schon 2 mal auf einige des Nachts gefeyert."[10]

Diebstahl hat die Obstkultur wohl seit ihren Anfängen begleitet, und so, wie aus Hausgärten oft die Früchte gestohlen wurden, wurden aus Baumschulen oft ganze Bäume entwendet.[11] Nicht selten dürfte der Obstklau den Ehrgeiz, selbst Apfelbäume großzuziehen, gebremst haben. Noch 1827 erinnerte sich der Dinklager Kaplan Johann Theodor Frilling:

„Die Obstkultur wurde hier in Dinklage sehr vernachlässiget, und diejenigen, welche noch einige alte Obstbäume stehen hatten, haueten sie noch wohl sogar nieder, weil sie, wie sie sagten, den Verdruß nicht haben wollten, daß ihnen die Apfel manchmahl gestohlen würden."[12]

Zu den Plätzen, an denen damals neben Gemüse und Kräutern auch Obst angebaut wurde, gehörten die Pfarrgärten. Als Element der Selbstversorgung trugen die Gärten zum Lebensunterhalt der Pastoren aller Konfessionen bei, denn von einer auskömmlichen Besoldung in Geld konnte bis ins späte 19. Jahrhundert in den meisten Fällen nicht

---

7 Siehe die biographische Notiz bei HOCHE, Hoche, Johann Gottfried (1880).
8 HOCHE, Reise (1800), S. 140.
9 So neigt Hoche dazu, die Saterländer gleichsam als edle Wilde zu charakterisieren; vgl. ebd., S. 92f., 118f. u. ö.
10 Brief vom 29.7.1811, nach AMESKAMP, Anspruch (2022), S. 434. Zu Thole siehe auch MÖLLER, Anton Thole (2006).
11 Vgl. KRÜNITZ, Encyklopädie, 4 (1774), Art. „Baum-Schule", S. 84f.: „Ein schwaches Mittel wider die Diebe".
12 Offizialatsarchiv Vechta: Pfarrarchiv St. Katharina, Dinklage: Karton 93: Kaplan Johann Theodor Frilling, Verschiedene Nachrichten zur Caplaney, 21.2.1831, darin: Bemerkung über die Obstkultur in Dinklage (siehe auch weiter unten in diesem Band).

die Rede sein. Einblicke in die Führung der Pfarrhaushalte im Dekanat Cloppenburg, dessen Gebiet den Großteil des heutigen Landkreises Cloppenburg ausmacht, gewähren die Nachlassakten der Geistlichen vom späten 17. bis zum frühen 19. Jahrhundert.[13] Bis ins späte 18. Jahrhundert geben diese Quellen allerdings nur spärliche Hinweise auf den Obstbau. Singulär ist ein im Jahr 1700 für das Pastorat Löningen genannter „Baum oder Apffelgarten". Das Nachlassinventar des Barßeler Pfarrers Johannes Schulte (1708–1781) nennt vorrätige Äpfel und einen Apfelpflücker; im Pfarrgarten wird also mindestens ein Apfelbaum gestanden haben. Erst im 19. Jahrhundert häufen sich die einschlägigen Zeugnisse.[14]

Einen persönlicheren Einblick in die wirtschaftlichen Verhältnisse eines wenig begüterten katholischen Pfarrhaushalts gibt das Tagebuch des Pastors Joseph Biermann (1799–1869).[15] Biermann bekleidete von 1831 bis 1847 die neugegründete Pfarrstelle in Neuarenberg (heute als Gehlenberg Teil der Stadt Friesoythe), einer Moorkolonie an der Ostseite des Hümmlings. Da die Gemeinde sehr arm war, war Biermann umso mehr auf die Erträge seiner Ländereien angewiesen.[16]

Unter dem 1. Oktober 1832 notiert Biermann, dass er von einem Apfelbaum, den er im Frühjahr desselben Jahres gepflanzt hatte, „vier reife gesunde und wohl ausgewachsene Äpfel" gepflückt habe.[17] Und unter dem 18. April 1833 hält er fest, dass er an der Ostseite des Gartens 16 Apfelbäume veredelt habe; er nennt auch die Sorten: Sauerapfel, Schmakwohl(?), Weißer Taubenapfel,[18] Roter Herbstkalvill, Zitronenapfel, Paradiesapfel, Holländischer Kronapfel, Hundertmark, Reinette Brudel(?) und Braune Reinette.[19]

Etliche Pastoren zeigten sich über ihre wirtschaftlichen Bedürfnisse hinaus am Obstbau interessiert. Bis ins 19. Jahrhundert waren es in besonderem Maße Pfarrer, die zur Verbreitung der Obstkultur in ihren Sprengeln beitrugen.[20] Innerhalb des heutigen Oldenburger Münsterlandes erwarb sich der Cappelner Pastor Heinrich Dyckhoff (1767–1838) einen Ruf als herausragender Fachmann.[21] Die „ansehnliche, mit den feinsten und auserlesensten Sorten besetzte Obstbaumschule des großen Pomologen, Hrn. Pastors Dykhof zu Cappeln bei Kloppenburg" würdigt auch der Oldenburger Archi-

---

13 Die Akten werden im Offizialatsarchiv Vechta verwahrt; erschlossen wurden die überaus spröden Quellen bei AMESKAMP, Anspruch (2022). Zu Obst und Gemüse siehe dort S. 432–436.
14 Vgl. ebd., S. 436.
15 Das Geburtsdatum Biermanns ist nicht bekannt; getauft wurde er am 5. November 1799; vgl. BAUMANN, Einwohnerverzeichnis (2017), S. 217; Sterbejahr nach GRUSE, Wie es um 1835 hier war (1988), S. 146.
16 Zu den Einkünften Biermanns siehe auch BAUMANN, Einwohnerverzeichnis (2017), S. 222.
17 Nach GRUSE, Wie es um 1835 hier war (1988), S. 147.
18 Beschreibung bei SICKLER, Obstgärtner, 13 (1800), S. 351–354.
19 Ein weiterer Baum „ist abgestoßen". Nach GRUSE, Wie es um 1835 hier war (1988), S. 148 (Fragezeichen im Original); siehe auch KAISER, Gutshaus (1998), S. 65.
20 Siehe auch WINDHORST, Agrarwirtschaft (1975), S. 150.
21 Zu Dyckhoff siehe auch Neuer Nekrolog der Deutschen (1840), 2, S. 1043–48, und AMESKAMP, Heinrich Dyckhoff (2006).

var Ludwig Kohli in seiner Landesbeschreibung.[22] Dyckhoff teilte seine pomologischen Erkenntnisse, etwa durch Aufsätze in den Oldenburgischen Blättern, einer interessierten Öffentlichkeit mit. Er gehörte auch der 1818 gegründeten Oldenburgischen Landwirtschaftsgesellschaft an, die ihm 1822 die vom Großherzog gestiftete Ehrenmedaille verlieh.[23]

Wie der Landwirtschaftslehrer Johann Huntemann 1894 in einer Rückschau für die Oldenburgische Landwirtschaftsgesellschaft hervorhob, hatte Dyckhoff 144 Apfel-, 63 Birnen- und 19 Kirschsorten kultiviert und dabei auch erprobt, welche der edleren Sorten sich für die Bodenverhältnisse Südoldenburgs am besten eigneten. Reiser zum Veredeln seiner Obstbäume hatte er sich teils von weither schicken lassen.[24]

Dyckhoff erwies sich in seinen veröffentlichten Beiträgen als geist- und kenntnisreicher Experte; er legte die Auswirkungen von Klima, Boden und Baumunterlagen auf das Obst dar und berief sich bei seiner Aufforderung zum umfassenden Studium des Obstbaus auch auf den Physiker Georg Christoph Lichtenberg.[25]

Die Obstkultur betrieb Dyckhoff mit Leidenschaft. Spürbar ist dies etwa in einem Brief, den er im August 1824 seinem Amtskollegen Beckering nach Lastrup schrieb. Dyckhoff nutzt die Gelegenheit, um Beckering einige Proben besonders guter Birnen und Äpfel mitzuschicken, darunter einige Stück seiner alten Sommerbirne, die schon am 8. August essbar war, sowie eine „partie von der Cuisse Madame N. 2. sie heißt zu Münster Fürstliche Tafelbirne". Die meisten seien noch nicht reif, daher müssten sie noch einige Tage liegen. Für die Birnensorte Cuisse Madame gibt er auch die Fundstelle im Obstbau-Handbuch von Johann Ludwig Christ an, bemerkt allerdings dazu: „Er giebt den Reifpunct zu spät an – Ich habe sie schon bey warmen Sommern Ende Juli und Anfangs August gegessen."[26] Zur eingangs genannten Sommerbirne bemerkt er: „Die gelbe wird mit dem Roggen reif, und früher als cuisse madame."

Auch für den Astracanschen oder transparenten Apfel, von dem er seinem Kollegen eine Probe mitgibt, gibt er die entsprechende Stelle in Christs Handbuch an.[27] Aus eigener Erfahrung fügt er hinzu: „Ich habe diesen Apfel seit Anfangs August im Pfanne Kuchen und jungen Fizebohnen gebrucht, hierin ist er vorzüglich. Er wird nur transparent in warmen Sommern. Dann schmeckt er ganz anders, und besser". Als kulinari-

---

22 KOHLI, Handbuch (1824), S. 192. Neben Dyckhoff erwähnt er noch den Oberamtmann Kothen in Varrel (heute Gem. Stuhr, Kr. Diepholz); ebd. Siehe auch AMESKAMP, Anspruch (2022), S. 435.
23 Neuer Nekrolog der Deutschen (1840), S. 1047.
24 HUNTEMANN, Entwicklung (1894), S. 274.
25 DYCKHOFF, Bemerkungen (1820), Sp. 273–278.
26 Vgl. CHRIST, Handbuch (1804), S. 596f. (Die Frauenbirne. Wadelbirne. Cuisse Madame), S. 597: „Sie reift Ende Augusts und Anfang Sept."
27 CHRIST, Handbuch (1804), S. 441–445.

schen Hinweis fügt er hinzu: „Der astracansche darf als aggregat von gescherbten Fizebohnen nicht mehr geschälet werden – Dann wird wie ein Bookweeten bree."[28]

Dyckhoffs Adressat Anton Beckering teilte das Interesse am Obstbau. In seiner Gemeinde verteilte Beckering regelmäßig und unentgeltlich veredelte junge Obstbäume, und so bezeugt der Friesoyther Amtmann Bartels im Jahr 1829, Beckering habe „seit 29 Jahren die Umgegend so mit Obstbäumen versehen, daß daselbst alle Näscherei und Dieberei schon weggefallen" sei.[29] 1827 wurde Beckering von der Oldenburgischen Landwirtschafts-Gesellschaft ebenfalls mit einer Medaille ausgezeichnet.[30]

Der Verfasser des von Dyckhoff genannten Handbuches, Johann Ludwig Christ (1739–1813), war lutherischer Pfarrer in Kronberg im Taunus. Dass Dyckhoff auf sein Buch zurückgriff, kann als ein Beispiel dafür gesehen werden, dass sich die Beschäftigung mit der Pomologie auch durch konfessionelle Grenzen nicht einschränken ließ.

An Dyckhoffs eigenem Wohnort in Cappeln war seiner Arbeit jedoch keine große Dauer beschieden: Als er in seinen späteren Jahren an Altersschwäche und Krankheit litt, ließ er, wie der anonyme Verfasser eines Nachrufes schreibt, „seine Baumschule nach und nach eingehen" und konzentrierte seine verbleibenden Kräfte auf die geistliche Tätigkeit.[31] Immerhin ist von Dyckhoffs Kaplan Franz Joseph Schade (1768–1839), der 1812 Pfarrer in Krapendorf (heute Teil der Stadt Cloppenburg) wurde, überliefert, dass er ebenfalls die Liebe zum Obstbau entdeckt habe.[32]

Wohl nur innerhalb seines Kirchspiels bekannt war die Obstbautätigkeit des bereits genannten Johann Theodor Frilling (1776–1834) in Dinklage.[33] Frilling, der seit 1810 das Amt eines Kaplans, also eines zweiten Geistlichen in Dinklage ausübte, war durch seinen Studienfreund Heinrich Pröbsting dazu gebracht worden, eine Obstbaumschule anzulegen. Pröbsting war Hofmeister der jungen Grafen von Galen und bekleidete seit 1821 die Stelle eines Burgvikars auf der Galen'schen Burg in Dinklage.[34] Wie Frilling berichtet, besuchte ihn Pröbsting beinahe täglich und „wandte auch fleißig seine ganze Beredsamkeit an, um mich zur Anlage einer Baumschule zu bestimmen. – Kirschensteine und Obstkerne trug er mir fleißig, und im Überflusse von der Burg her zu." Pröbsting hatte als Hausgeistlicher der Familie von Galen wohl nicht die Möglichkeit, selbst Obstbäume zu ziehen, doch wird er die Möglichkeit, frisches Obst zu genießen, zu schätzen gewusst haben.

---

28 Offizialatsarchiv Vechta, Pfarrarchiv Cappeln, Schreiben des Pastors Dyckhoff an den Dechanten, 24.8.1824. Der Adressat Anton Beckering war von 1799 bis 1852 Pfarrer in Lastrup.
29 Nach AMESKAMP, Anspruch (2022), S. 436.
30 HUNTEMANN, Entwicklung (1894), S. 274.
31 Neuer Nekrolog der Deutschen (1840), S. 1048.
32 So bei FREITAG, Pfarrer (1998), S. 354.
33 Folgendes nach dem im Anhang wiedergegebenen Bericht Frillings.
34 HEITMANN, Kirche (1971), S. 124 und 131.

2. Baumobst

Die Kirschsteine und Apfelkerne legte Frilling in den Jahren 1815 und 1816 im Garten des Kaplanshauses aus. Bereits im zweiten Jahr konnte er die stärksten Stämme veredeln. Als Standort seiner Baumschule hatte Frilling den Teil seines Gartens gewählt, der von Vorübergehenden gesehen werden konnte, um sie auf die Obstbäume aufmerksam zu machen. Zu diesem Zweck hatte er mit dem Gewürzpepping und dem englischen Goldpepping Apfelsorten ausgewählt, die früh blühten und früh Früchte trugen. Offenbar hatte sich Frilling bereits vor der Anlage der Baumschule über das zweckmäßige Vorgehen kundig gemacht und auch die Sorten, von denen er Reiser bezog, sorgfältig ausgewählt.

Der Zuspruch unter den Ortsbewohnern war allerdings recht verhalten: „Anfangs schien man wenig auf meine lieben Zöglinge zu achten, doch hörte ich zuweilen von den Vorbeygehenden sagen: Wat mag de Caplan mit all de Appelböme doen willen? – Das war dann auch alles."

Auch als die Bäume mit zunehmendem Wachstum mehr Beachtung genossen, hatte dies noch keine praktischen Folgen. Und als Frilling Anfang der zwanziger Jahre einigen Dinklagern Apfelbäume als Geschenk anbot und sie beredete, sie in ihren Gärten anzupflanzen, taten sie dies, wie er vermutete, eher aus Gefälligkeit gegen ihn als aus wirklichem Interesse. In den folgenden Jahren erfuhren die Obstbäume jedoch größere Verbreitung, auch hörten, wie Frilling bemerkt, die Apfeldiebstähle in dieser Zeit beinahe auf.

Unterstützung erfuhr Frilling in seinem Bemühen durch Johann Heinrich Christian Lohmann, der an der Dinklager Knabenschule unterrichtete.[35] Lohmann unterhielt ebenfalls eine Baumschule und ermunterte seine Schüler zum Anpflanzen junger Obstbäume.

Eine große Freude war es für Frilling, wenn Leute, denen er einst Bäume gegeben hatte, mit Äpfeln in der Tasche zu ihm kamen, ihm die Früchte gleichsam als Wunderdinge zeigten und dabei sagten: „ick moet eer doch ees de Apfel wiesen, de up dat Bömken, wad se mi gewen hebbed, all wassen sind".

Ebenso wie Heinrich Dyckhoff sah sich auch Frilling später aus gesundheitlichen Gründen gezwungen, seine Obstbauarbeit zu beenden. 1830 fügte er seinen Aufzeichnungen eine Notiz hinzu, dass er seit einigen Jahren gichtische Anfälle bekomme, sich im Frühjahr nicht mehr der Kälte bei den Bäumen aussetzen dürfe und, so hart es ihm auch sei, von der Baumschule Abschied nehmen müsse. Damit dürften die Baumschulen der beiden Geistlichen nach wenigen Jahren verfallen sein – die kleinen, von engagierten Liebhabern angelegten Baumschulen waren ohnehin von relativ kurzer Dauer.

Ein weiterer Geistlicher, der sich stark für die Obstkultur einsetzte und viele Sorten einführte, war Johann Heinrich Krümpelbeck (1786–1870), der ab 1817 Pastor in Lut-

---

35 Lohmann war bis 1838 Lehrer an der Knabenschule und zeitweise zugleich auch Küster der Dinklager Pfarrkirche; siehe HEITMANN, Kirche (1971), S. 147 und 158.

ten (heute Gemeinde Goldenstedt) war.³⁶ Nach einem vom Heimatforscher Georg Reinke wiedergegebenen Bericht hatte Krümpelbeck, der auch sonst ein tüchtiger Landwirt gewesen sei, einen riesigen Dörrofen angelegt; deshalb sei die Lutter Pfarrstelle scherzhaft auch Pflaumenpastorat genannt worden.³⁷ Der in Lutten aufgewachsene Obstbauer Heinrich Dammann erinnert sich, dass Krümpelbecks Amtsnachfolger es ihm und den anderen Schulkindern erlaubte, im Spätherbst Nachsuche zu halten. Auch Krümpelbecks Obstgarten überdauerte ihren Schöpfer nicht lange. Mit der Zeit wurden die mehrere Hundert altersschwach gewordenen Obstbäume gerodet und durch Laub- und Nadelhölzer ersetzt.³⁸

Wie das Beispiel des von Frilling genannten Lehrers Johann Christian Lohmann zeigt, suchten auch Lehrer die Verbreitung der Obstkultur zu fördern. Überliefert ist, dass der Lehrer Bernard Anton Joseph Frye (1763–1838) in Langförden 1818 ein Grundstück erwarb, auf dem er eine Baumschule anlegte und die Kinder in der Pflege und Anzucht der Obstbäume anleitete. Als Größe des Grundstücks sind 1590 Quadratfuß genannt; das entspricht gut 139 Quadratmetern.³⁹ Dies ist im Vergleich zu den professionellen Baumschulen unserer Zeit zwar wenig;⁴⁰ für den Haushalt eines damaligen Lehrers dürfte der Umfang jedoch bemerkenswert gewesen sein. 1842, wenige Jahre nach dem Tode Fryes, erstand sein Sohn Adolf Frye das Baumschulgrundstück und baute darauf ein Geschäftshaus. Von Bernard Anton Joseph Fryes älterem Sohn Bernard Anton Henricus Frye (1802–1882), der über sechzig Jahre an der Bürgerschule in Vechta unterrichtete, ist zwar nicht bekannt, dass er eine Baumschule betrieb, doch unterhielt er zumindest einen Garten, in dem er seine Schüler anleitete, Obstbäume zu veredeln.⁴¹

Zum Nachfolger des 1838 gestorbenen Bernard Anton Joseph Frye als Hauptlehrer hatte die Schulbehörde den Lehrer Anton Heinrich Wilking ernannt. Auch Wilking zeigte sich sehr am Obstbau interessiert. Er legte in seinem Küstereigarten eine kleine Baumschule an und setzte sie auch im Unterricht ein. Überdies stellten ihm die Calveslager Markeninteressenten ein Stück Land in der Calveslager Mark für eine Baumschule zur Verfügung.⁴²

In Lohne wirkte Rektor Brockhage, der 1828 mit einer Medaille der Oldenburgischen Landwirtschafts-Gesellschaft ausgezeichnet wurde. Über Brockhage bemerkt 1894 der

---

36 DAMMANN, Vergangenheit (1947), S. [2]. Nach dem Zeugnis der Zeitgenossen tat Krümpelmann auch sonst sehr viel für die Gemeinde; vgl. RIESSELMANN u. a., Lutten (1979), S. 22f.
37 REINKE, Wanderungen, Bd. 1 (1920), S. 94, wohl nach mündlicher Überlieferung.
38 DAMMANN, Vergangenheit (1947), S. [2].
39 Hierzu und zum Folgenden OSTENDORF, Obstanbau (1941), S. 54. Zum Leben Fryes siehe FRYE, Lehrerfamilie Frye (1991), S. 80–84, die dort allerdings nicht auf seine Obstbautätigkeit zu sprechen kommt.
40 2021 umfasste die von deutschen Baumschulen bewirtschaftete Fläche im Durchschnitt gut elf Hektar (Statistisches Bundesamt, nach Nordwest-Zeitung, Nr. 268, 16.11.2021, S. 22).
41 Vgl. FRYE, Lehrerfamilie Frye (1991), S. 86: „In Freistunden lernten die Knaben in seinem Garten Obstbäume okulieren, Rosen beschneiden oder Wissenswertes über die Bienenzucht."
42 OSTENDORF, Obstanbau (1941), S. 54; BAUMANN, Persönlichkeiten (2005), S. 104.

Abb. 3: Gymnasialprofessor Dr. Bernhard Brägelmann, mit Pinsel und Säge auf einer von ihm konstruierten Baumleiter die Obstbaumpflege vorführend, um 1900. Foto: Prof. Struck, nach KRÜGERKE, Obsthof (1972), S. 163.

bereits genannte Landwirtschaftslehrer Johann Huntemann, dass er ein tätiger Mitarbeiter Heinrich Dyckhoffs gewesen sei und sich auch große Verdienste um die Zwergobstkultur erworben habe.[43] Das Zwergobst ist eine vermutlich seit dem 17. Jahrhundert in Frankreich entwickelte Zuchtform, bei der durch Pfropfen auf geeignete niedrigstämmige Obstbäume – z. B. Äpfel auf Paradiesäpfel, Birnen auf Quitten – und intensiven Baumschnitt kleine Kernobstbäume gepflegt wurden.[44] Aus der Kultur kleinwüchsiger Unterlagen ging in der zweiten Hälfte des 19. Jahrhunderts der Anbau auf schwachwachsenden Unterlagen, der dem modernen Erwerbsobstbau sein Gepräge gegeben hat, hervor.[45]

In jüngerer Zeit gehörte Dr. Bernhard Brägelmann (1836–1917), Priester und Professor am Vechtaer Gymnasium, zu den Förderern des Obstbaus (Abb. 3). Über ihn wird berichtet, dass er als anerkannter Fachmann Vorträge vor Obstbauern hielt.[46] Mit Brägelmann arbeitete Dr. Clemens Willenborg (1827–1900), gleichfalls Lehrer am Vechtaer Gymnasium, zusammen; beiden stand jeweils ein großer Garten zur Verfügung.[47]

Dass es sowohl unter Lehrern als auch unter Pastoren eine Reihe von Berufsangehörigen gab, die unter ihren Schülern bzw. unter ihren Pfarrkindern die Neigung zum Obstbau zu fördern suchten, ist kein Zufall, sondern dürfte auf einer Strukturgemeinsamkeit beruhen. Lehrer und Pastoren waren, zumal auf dem Lande, darauf angewie-

---

43 Vgl. HUNTEMANN, Entwicklung (1894), S. 274.
44 Vgl. DIETRICH, Gartenbau (1863), S. 125; WIMMER, Obstsorten (2003), S. 22.
45 Anschaulich aus naher Kenntnis beschrieben bei SCHMITZ-HÜBSCH, Entwicklung (2002).
46 ZIMMERS, Brägelmann (2006), S. 232, der auch eine nach ihm benannte Apfelsorte „Brägelmann-Renette" erwähnt. Dieser Name lässt sich in den einschlägigen Sortenlisten nicht finden; möglicherweise ist die auf Anregung Brägelmanns im Vechtaer Gebiet verbreitete „Gestreifte Winterrenette" (siehe auch DAMMANN, Vergangenheit, 1947, S. [1]) so genannt worden.
47 DAMMANN, Vergangenheit (1947), S. [1].

sen, Gärten zu ihrer Selbstversorgung zu unterhalten, und als die meist einzigen an Universitäten oder in Lehrerseminaren ausgebildeten Personen im Ort übten sie eine Vermittlerfunktion aus. Freilich war die Neigung, sich intensiv dem Obstbau zu widmen und die Kenntnisse hierüber zu vermitteln, bei den einzelnen Angehörigen dieser Berufsgruppen unterschiedlich stark ausgeprägt.

Neben einzelnen Lehrern und Geistlichen war auch den Schulverwaltungen und landwirtschaftlichen Gesellschaften an der Vermittlung des obstbaulichen Wissens gelegen. 1833 verbreitete die Oldenburgische Landwirtschafts-Gesellschaft einen gedruckten Bogen „Wandtafel für Freunde der Obstbaumzucht", der in den Schulen verwendet werden sollte. Das an seinen Rändern mit erläuternden Zeichnungen versehene, ansonsten engbedruckte Blatt gibt detaillierte Hinweise für die Aussaat und Veredelung der Bäume und zur Anlage eines Obstgartens (Abb. 4).

Da die Schulaufsicht in den Kreisen Cloppenburg und Vechta bei der Kirche lag, wurde die Wandtafel über die Pastoren verteilt. So erhielt z. B. der Pastor von Steinfeld durch Vermittlung der Lohner Pfarrei vier Exemplare zugesandt, um sie an die vier Schulen seines Kirchspiels weiterzugeben.[48]

Auch das Bischöflich Münstersche Offizialat in Vechta ließ sich die Förderung des Obstbaus angelegen sein. Ein wenige Wochen zuvor versandtes Rundschreiben an die Schulvorstände der Kirchspiele des Oldenburger Münsterlandes forderte die Einrichtung von Obstbaumschulen auch in den Dorfschulen:

„Der in einigen Kirchspielen immer noch herrschende Mangel an guten Obstbäumen veranlaßt das Bischöfliche Officialat, den Schul-Vorständen in den katholischen Kirchspielen der Kreise Cloppenburg und Vechta es zur besonderen Pflicht zu machen, daß sie ihr Augenmerk auf die Anlegung von Baumschulen, worin die Jugend in der Obstcultur unterwiesen wird, richten. Der Nutzen der Obstbaumzucht ist so mannigfach, daß die Befolgung dieser Vorschrift sich von selbst empfiehlt. Auch bei jeder größeren Nebenschule wollen Schul-Vorstände die Einrichtung einer Obstbaumschule möglichst zu verwirklichen suchen."[49]

„Baumschule" bekommt hier eine doppelte Bedeutung: einmal im eigentlichen Sinne für die Einrichtung, in der Gehölze gezogen werden, dann aber auch in einem weiteren Sinne, dass Schüler im Umgang mit den Bäumen unterwiesen werden. Aus heutiger Sicht mag es umständlich erscheinen, die Schüler, denen das Thema Obst nahegebracht werden sollte, gleich in das Betreiben einer Baumschule einzuführen. Die Kenntnis der Aufzucht und Veredelung von Obstbäumen war jedoch das Mittel der Wahl, um an geeignete Pflanzen und damit auch an erschwingliches Obst zu gelangen, denn Handelsbaumschulen, bei denen man Obstbäume hätte kaufen können, gab es in den Dörfern

---

48 Offizialatsarchiv Vechta, Pfarrarchiv Steinfeld, Begleitschreiben vom 5.4.1833.
49 Offizialatsarchiv Vechta, Pfarrarchiv Steinfeld, Zirkular vom 2.3.1833.

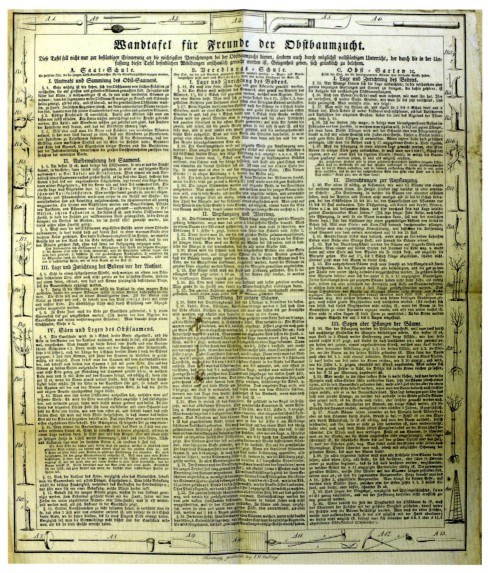

Abb. 4: „Wandtafel für Freunde der Obstbaumzucht", gedruckt im Verlag Stalling, Oldenburg, um 1833. Offizialatsarchiv Vechta, Pfarrarchiv St. Gertrud, Lohne.

nicht; sie gewannen in Mitteleuropa erst sehr allmählich an Verbreitung,[50] und für die allermeisten Landleute wären sie nicht erreichbar gewesen, und erst recht konnte von einem Obsthandel, von dem man sich hätte versorgen lassen können, noch keine Rede sein.

Der Einfluss der Lehrer und Pastoren auf den Obstbau sollte indes nicht überschätzt werden. Nur in einem Teil der Kirchengemeinden und Schulorte wirkten an der Vermittlung der Obstkultur sehr interessierte Lehrer und Geistliche. Die durch sie gegebenen Anstöße erstreckten sich auf den häuslichen Anbau; den Erwerbobstbau, der in Südoldenburg erst im ausgehenden 19. Jahrhundert einsetzte, haben sie wohl eher auf indirekte Art, durch die Verbreitung des nötigen Wissens über den Anbau, begünstigt.

Verhältnismäßig groß war die Zahl der im 19. Jahrhundert angebauten Obstsorten. Die beeindruckende Vielfalt der Sorten, die der Cappelner Pfarrer Dyckhoff in seinem Garten kultiviert hatte, stand im Zeichen der Pomologie, der im Zeitalter der Aufklärung aufblühenden Obstwissenschaft. Ihre Hauptaufgabe sah die Pomologie in der genauen Beschreibung und Systematisierung der Obstsorten. Mit der Konjunktur der Pomologie nahm bis ins 19. Jahrhundert auch die Menge der in Mitteleuropa kultivierten und beschriebenen Sorten stetig zu, und in dieser Leistung lag zugleich die Schwäche der Obstwissenschaft. Die Zahl möglicher Sorten war und ist zwar im Prinzip unendlich, doch nahmen mit deren Menge die Unterschiede zwischen einzelnen Sorten ab, und bisweilen waren sie kaum zu bemerken. Erschwert wurde die pomologische Arbeit durch den Umstand, dass es kein einheitliches Klassifikationssystem für die Sorten gab.

Bereits seit dem frühen 19. Jahrhundert mahnten Pomologen wie Johann Volkmar Sickler (1742–1820) und Johann Georg Conrad Oberdieck (1794–1880) zur Beschränkung der Vielfalt.[51] Eine bis ins Unübersichtliche anwachsende Zahl der Sorten bringe keinen wirklichen Nutzen und behindere den Fortschritt der Pomologie eher, als dass sie ihm nütze, auch gehe bewährtes Altes über dem vielen Neuen verloren.[52] Dabei strebte Oberdieck gewiss nicht nach Monotonie, kultivierte er doch in seinem eigenen Garten mehr als tausend Apfelsorten.[53]

---

50 Auch im Oldenburgischen war es erst nach der Mitte des 19. Jahrhunderts möglich, Obstbäume und weiteres Gehölz aus Handelsbaumschulen zu beziehen; siehe das Zitat einer Oldenburger Baumschule in den Oldenburgischen Anzeigen vom 24.11.1859 bei KAISER, Gutshaus (1998), S. 70.
51 Vgl. LIEBSTER, Obstbau (1984), S. 151, mit Bezug auf Sickler.
52 OBERDIECK, Anleitung (1852), S. 49–63; siehe auch LAUCHE, Handbuch (1882), S. 194f.
53 Wegen seiner begrenzten Gartenfläche pfropfte er jeweils mehrere Sorten auf einen Baum. Nach Oberdiecks Erfahrung trug ein Stamm je nach seiner Größe hundert bis dreihundert Sorten; vgl. OBERDIECK, Anleitung (1852), S. 10. Auch unter diesen Umständen hielt Oberdieck auf Genauigkeit. So erinnert sich LAUCHE, Handbuch (1882), S. 193, dass er sich 1860 von Oberdieck an die 1600 Apfel- und Birnensorten schicken ließ, und erkennt an: „ich erinnere mich nicht, eine falsche Sorte erhalten zu haben, was ich leider nicht von allen Bezugsquellen sagen kann".

2. Baumobst

Abb. 5: Sortenschilder für Obstbäume auf dem Hof Haake, Cappeln, um 1900. Museumsdorf Cloppenburg.

In der zweiten Hälfte des 19. Jahrhunderts setzten sich innerhalb der Obstbauwissenschaft die Vertreter durch, die die Begrenzung auf wenige, gut zu vermarktende Sorten und die Aufgabe von Provinzialsorten zugunsten überregionaler Normalsortimente forderten.[54] Die Forderung nach Reduktion und Standardisierung entsprach den Bedürfnissen des aufkommenden Obsthandels: Um ihre Kunden zufriedenstellen zu können, fragten die Händler nach einheitlichen Partien mit verlässlichen Eigenschaften. Damit war auch der aufkommende Erwerbsobstbau gehalten, einheitliche, klar definierte Sortimente anzubieten.

Nicht zuletzt mit dem Blick auf Dyckhoff bemerkte 1899 der Oldenburger Schriftsteller Emil Pleitner: „Die heutige Beschränkung auf wenige Sorten kannte man damals noch nicht."[55] Hier sieht es so aus, als sei zum Ende des 19. Jahrhunderts das Verständnis für die Absichten der Pomologen verlorengegangen. Statt des Bestrebens, aus der Vielzahl der Sorten die jeweils geeigneten herauszufinden, erblickte man im Wirken der frühen Obstwissenschaftler nur noch eine ungezügelte Vermehrung der Varietäten.

In der Geschichte des Obstbaus überschnitten sich mehrere Entwicklungslinien. So gehörte das Veredeln von Bäumen wenigstens bis ins 19. Jahrhundert zu den vornehmeren Freizeitbeschäftigungen. In dieser Tradition stand auch der Obstbau des Landwirtsehepaars Gerhard und Jenny Haake, die ab 1905 einen Hof in Cappeln bewirtschafteten. In ihrem Garten pflanzten sie neben einer großen Vielfalt von Zierpflanzen mindestens elf Birnen- und 44 Apfelsorten auf Formobstbäumen, in der Regel jeweils in einem Exemplar und mit eigens dafür angefertigten Porzellanschildchen bezeichnet (Abb. 5).[56] Die Pflege einer großen Sortenvielfalt und deren Dokumentation zeigen zu-

---

54 PLEITNER, Oldenburg (1899), S. 331; siehe auch KAISER, Gutshaus (1998), S. 65.
55 PLEITNER, ebd.; siehe auch LIEBSTER, Obstbau (1984), S. 151; WIMMER, Obstsorten (2003), S. 35f.
56 SCHWENDER/DURAJ, Gärten (2019), S. 150f.

gleich die Nähe zur Pomologie. Verwendet wurde das von den Haakes angebaute Obst im eigenen Haushalt.

Anfänge des Erwerbsobstbaus

Die ersten Nachrichten über den Erwerbsobstbau und Obsthandel im Oldenburger Münsterland sind eher zufällig. Deutlich wird auch, dass die Grenzen zwischen Selbstvermarktung und Großhandel fließend waren.

Frühe Hinweise gibt das von 1847 bis 1904 geführte Tagebuch des Landwirtes Bernhard Sieveke aus Lutten.[57] Für das Jahr 1857 notiert Sieveke, dass es sein segensreiches Jahr gewesen sei und die Familie für 88 Reichstaler Obst aus dem Hause verkauft habe. Fünf Jahre später hält er fest: „1862 bin ich mit 1 Pferd und Wagen nach Bremen gewesen, hatte grüne Pflaumen geladen, bekam dafür 75 Rthlr." Ein beachtlicher Betrag, wenn man dagegenhält, dass Sieveke noch 15 Jahre zuvor 20 Reichstaler als Jahresgehalt eines Knechtes und zehn Reichstaler als Jahresgehalt einer Magd angegeben hatte.

Für das Jahr 1867 notiert Sieveke: „Es gab viel Obst. Mit 3 Fuder bin ich nach Bremen gewesen und habe 100 Rthlr. dafür bekommen." Es kann vermutet werden, dass Sieveke auch in anderen Jahren Obst in Bremen verkaufte, es in den genannten drei Jahren aber für erwähnenswert hielt, weil die Erlöse überdurchschnittlich hoch waren.

Von Lutten nach Bremen war es mit dem Ackerwagen mindestens eine Tagesreise, und dass Sieveke diese anstrengenden und gewiss nicht ganz ungefährlichen Reisen unternahm, lässt erkennen, dass man aus Südoldenburg weit fahren musste, um zu den größeren Absatzmärkten zu gelangen.

Bremen war auch der erste Anlaufpunkt für den Obstbauern Joseph Siemer (1850–1923) in der Langfördener Bauerschaft Spreda.[58] Am Beispiel Siemers lässt sich auch der Weg vom Obsterzeuger zum Obsthändler gut nachverfolgen. Während des Deutsch-Französischen Krieges 1870/71 hatte Joseph Siemer in der Normandie und der Bretagne den Anbau von Mostäpfeln kennengelernt.[59] Nachdem er aus dem Krieg zurückgekehrt war, fand er sich unversehens als Nachfolger seines Vaters auf einem kleinen landwirtschaftlichen Betrieb wieder.

Siemer war schon von seinem Lehrer Anton Heinrich Wilking in Langförden im Obstbau unterrichtet worden. Auch auf dem Hof seiner Eltern wurde Obst angebaut; jedenfalls war Siemer früh in der Lage, Äpfel zu verkaufen. Zusammen mit seinem Ver-

---

57 Folgendes nach HASENKAMP, Heuerleute (1998); siehe auch KAISER, Gutshaus (1998), S. 70. – Der Begriff „Tagebuch" ist hier sehr weit gefasst. Wie die Zitate erkennen lassen, handelt es sich um Notizen, die zum Ende eines Jahres gemacht wurden.
58 Folgendes nach OSTENDORF, Obstanbau (1941), S. 54f., und BAUMANN, Persönlichkeiten (2005), S. 103–107. Siehe auch WINDHORST, Agrarwirtschaft (1975), S. 150.
59 SEIPP, Obstwiesen (1996), S. 224.

Abb. 6: Niederstammanlage für Äpfel auf dem Hof Siemer in Spreda. Foto: unbekannt, nach OSTENDORF, *Obstbau (1941), S. 53.*

wandten August Siemer brachte er eine Fuhre Äpfel nach Bremen; das Obst verkauften die Siemers von Haus zu Haus. Das Haustürgeschäft dürfte mühsam gewesen sein; es war jedoch eine durchaus übliche Verkaufsform, denn stationäre Lebensmittelgeschäfte erfuhren im Lauf des 19. Jahrhunderts erst allmählich an Verbreitung. Die Wahl Bremens als Anlaufpunkt seiner Verkaufsfahrt mag für Joseph Siemer auch deshalb nahegelegen haben, weil dort sein Bruder Clemens an der katholischen St. Johannis-Schule als Lehrer arbeitete und Siemer hierdurch erste Kontakte knüpfen konnte.

Auftrieb erhielt das Geschäft, das Joseph Siemer inzwischen allein weiterführte, durch die 1885 eingerichtete Bahnverbindung von Vechta nach Ahlhorn; mit ihrer Hilfe konnte auch Bremen mit der Bahn erreicht werden. Da der eigene Hof die Nachfrage seiner Kunden nicht mehr zu decken vermochte, kaufte Siemer Äpfel aus Betrieben in seiner Umgebung zu, und damit wurde er vom reinen Selbstvermarkter zum Obsthändler. Der Absatz erweiterte sich bald auf die Stadt Oldenburg und auf Wilhelmshaven, wo Siemer einige Jahre lang mehrere Verkaufsstellen unterhielt.

Neben dem Handelsgeschäft baute Siemer seinen Obsthof aus und erwarb Flächen hinzu.[60] Sinn fürs Geschäft bewies er nicht zuletzt, indem er einen auf seinem Obsthof gefundenen Zufallssämling mit dem Namen „Siemers Boskoop" versah. Der Apfel war zwar mit der Sorte „Schöner aus Boskoop" nicht verwandt,[61] doch baute Siemer auf die Popularität des Sortennamens.

Joseph Siemer, der im Juli 1923 unerwartet starb – er war vom Balken seiner Scheune gestürzt –, war unverheiratet geblieben und hatte keine direkten Nachkommen. Den Obsthandel führte sein Neffe Gottfried Deye (1885–1961), den Siemer bereits 1907 zum Mitinhaber des Handelsgeschäftes gemacht hatte, weiter.[62] Den Obsthof erbte Siemers inzwischen als Lehrer pensionierter Bruder Clemens Siemer; nach Clemens Siemers Tod übernahm beider Neffe, der Wirtschaftswissenschaftler Hermann Siemer (1902–1996),[63] 1938 den Hof in Spreda und einen weiteren Hof, den Joseph Siemer in der benachbarten Bauerschaft Strohe erworben hatte.

Hermann Siemer, der später durch den Aufbau einer Süßmosterei, deren Erzeugnisse er unter dem Markennamen Dr. Siemer vertrieb, weitere Bekanntheit erlangte,[64] entwickelte den Obstbaubetriebes mit großer Energie weiter. Bereits 1938 ließ er als einer der ersten in Südoldenburg in großer Zahl Apfelbäume auf schwachwüchsigen Unterlagen pflanzen (Abb. 6).

Damals begannen auch andere Landwirte mit dem Niederstammanbau. So bepflanzte Hermann Bergmann in Hagstedt 1939 eine Fläche von 0,7 Hektar mit Halbstamm-Apfelbäumen und im folgenden Jahr eine weiter Fläche, hier allerdings mit Hoch- und Halbstamm durchsetzt (67).

In Hagstedt (Gemeinde Visbek) war es nach mündlicher Überlieferung der Schuhmacher Lampe,[65] der gegen Ende des 19. Jahrhunderts durch den Aufbau einer Baumschule Anstöße für den Obstbau gab. Angefangen habe Lampe mit Walnussbäumen, die er zunächst in Holzschuhen, die er unter das Bett geschoben habe, keimen ließ. Daneben habe er Apfelbäume veredelt und als Alleebäume für das Gebiet der Gemeinde Visbek verkauft. Von einzelnen Landwirten habe Lampe Flächen im Umfang von etwa einem halben Hektar gepachtet und dort Obstbäume angezogen. Bei der Rückgabe der Flächen habe er den Bauern zum Abschluss Hochstammbäume gepflanzt (67).

---

60 OSTENDORF, Obstbau (1941), S. 55.
61 Vgl. MÜLLER/SEIPP, Apfelsorten (2021), S. 372, dort erstmalige pomologische Beschreibung der Sorte „Siemers Boskoop".
62 Siehe unten Kap. 6.
63 Zu Siemer siehe KLOSTERMANN, Politiker (1990); BAUMANN, Persönlichkeiten (2005), S. 113–146.
64 Hierzu siehe weiter unten in diesem Kap.
65 Heinrich Arnold Lampe (*1852 in Hagstedt, †1930 ebd.); sein Sohn Ignatz Lampe (1887–1941) führte in den 1920er Jahren hinter dem Schusterhaus eine Baumschule; vgl. AKA u. a., Hagstedt, Bd. 1 (2017), S. 332; genealogische Daten in: Oldenburgische Gesellschaft für Familienkunde e.V.: Auswanderer aus dem Großherzogtum Oldenburg, https://www.auswanderer-oldenburg.de/getperson.php?personID=I168075&tree=Auswanderer&sitever=standard (16.1.2024).

Abb. 7: Apfelernte in Langförden (Kr. Vechta), um 1950. Foto: Archiv der Versuchs- und Beratungsstation für Obst- und Gemüsebau Langförden, nach Seipp, *Obstwiesen (1996), S. 230.*

Weitere Anstöße gab Heinrich Tabeling, der als junger Mann bei Lampe arbeitete und später einer Reihe von Hagstedter Landwirten den Baumschnitt beibrachte. Tabeling hatte vom Landkreis Vechta die Apfelbäume in Hagstedt an der Straße nach Erlte und eine Straße zur Bauerschaft Astrup gepachtet, um das dort geerntete Obst zu verkaufen (67).

Erwerbsobstbau nach dem Zweiten Weltkrieg

Nach dem Zweiten Weltkrieg wurde der Erwerbsobstbau des Oldenburger Münsterlandes rasch modernisiert. Bei Neuanpflanzungen wurde der Niederstammanbau die Regel (Abb. 7). Nach der Bodennutzungserhebung von 1953 waren von 285 Hektar Obstbaumfläche im Kreis Vechta 40 Prozent ausschließlich mit Hochstämmen, 26 Prozent mit Spindelbüschen und 30 Prozent mit Mischpflanzungen aus Hochstämmen und Spindelbüschen bepflanzt. Fünf Jahre später betrug der Anteil der Hochstämme nur noch 24 Prozent, der Anteil der Spindelbüsche bzw. Büsche dagegen 76 Prozent. Damit

Abb. 8 und 9: Apfelernte auf dem Hof Dammann in Astrup, Gem. Visbek, 1950er Jahre.

Abb. 10: Sortiermaschine auf dem Hof von Bernhard Dammann, Astrup, Gem. Visbek, um 1953. Mit Hilfe der Maschine, die allein durch das Gewicht der Früchte angetrieben wird, lassen sich die Früchte in sieben Größenklassen einteilen.

wurden die Anlagen schneller umgestellt als im Alten Land, wo der Anteil der Hochstammanlagen zu jener Zeit noch bei 87 Prozent lag.[66]

Im Vergleich zum Hochstamm hatte der Niederstamm für den Erwerbsobstbau mehrere Vorteile:[67]
- für Baumpflege und Ernte wurde mehr als die Hälfte der nötigen Arbeit erspart;
- die Erträge der Niederstämme waren oft höher und regelmäßiger als die der Hochstämme;
- die Bäume standen bereits fünf bis sechs Jahre nach der Pflanzung im Vollertrag;
- durch den früheren Ertrag konnten die Erzeuger rascher auf gewandelte Ansprüche des Marktes reagieren;
- dadurch, dass die Früchte der kleineren Bäume besser belichtet wurden, waren sie intensiver ausgefärbt.

Zu den Landwirten, die sich nach dem Zweiten Weltkrieg an der Modernisierung des Obstbaus beteiligten, gehörte Bernhard Dammann (1900–1968) in der Visbeker Bauerschaft Astrup (Abb. 8, 9). Eine Befragte im Nachbarort Lutten erinnert sich, dass

---

66 Nach Seipp, Visbek (2009), S. 214.
67 Siehe auch Seipp, Obstwiesen (1996), S. 229.

Abb. 11: Die Sortiermaschine von Bernhard Dammann auf der Internationalen Gartenbauausstellung 1953, der zweiten Bundesgartenschau, in Hamburg. Ausstellungsgebäude des Händlers August Wickersheim aus Hamburg-Lokstedt, über den die Maschine vertrieben wurde.

sie sich Ende der sechziger Jahre ihr Taschengeld verdiente, indem sie bei Dammann Obst pflückte. Ein Teil des Obstes wurde noch auf Hochstämmen angebaut:

Da kann ich mich erinnern, Dammann, ... wo wir als Kinder immer hinmussten, Kirschen und Äpfel pflücken. Das waren damals immer die großen Bäume. Wie wir noch Kinder waren. ... In Astrup... Damals ... waren wir immer auf großen Leitern. Und wie wir 16, 17, 18 waren, das war ja zu der Zeit, dann hieß es plötzlich: Der pflanzt jetzt nur noch kleine Bäume; jetzt könnten wir auch ohne Leiter pflücken (56).

Dammann betrieb den Obstbau mit großem persönlichen Interesse. Neben anderen landwirtschaftlichen Sparten kultivierte er auf rund dreißig Hektar verschiedene Obstarten, vor allem Äpfel. Auf seine Neigung zum Obstbau deutet auch, dass er an der Entwicklung von Sortiermaschinen arbeitete (Abb. 10). 1953 präsentierte Dammann eine Maschine auf der Internationalen Gartenbauausstellung in Hamburg. Zuvor war die Maschine einer Vergleichsprüfung der Deutschen Landwirtschafts-Gesellschaft unterzogen und mit der großen bronzenen Preismünze ausgezeichnet worden (Abb. 11).

1956 führte auch das Obstbau-Lehrbuch von Rudolf Trenkle die fünf Sortiermaschinen auf, die von der Deutschen Landwirtschafts-Gesellschaft geprüft worden waren und die Prüfung mit Erfolg durchlaufen hatten, darunter die „Dammannsche Obstsortiermaschine, Modell A der Fa. B. Dammann in Astrup", die sich „für kleinere Obstbaubetriebe"

Abb. 12: *Verlesen der Äpfel auf der Diele. Astrup, Gem. Visbek, 1950er Jahre.*

eigne.⁶⁸ Als einzige der fünf Maschinen arbeitete sie ohne Motor, d. h. sie wurde im Wesentlichen durch das Gewicht der eingeworfenen Früchte betrieben. Mit sieben Sortiergrößen entsprach sie dem Grad der Kalibrierung, den auch die Maschinen anderer Hersteller erfüllten.⁶⁹ Der Raumbedarf der Maschine war mit acht Quadratmetern vergleichsweise gering, und auch der Anschaffungspreis fiel deutlich niedriger aus als bei den anderen genannten Maschinen.⁷⁰ Vermutlich entwarf Dammann auch weitere Sortiermaschinen.⁷¹

Das Sortieren des Obstes erstreckt sich zum einen auf das Auslesen schadhafter oder anderer den Qualitätsansprüchen nicht genügender Ware (Abb. 12, 13) und zum anderen auf die Einteilung nach Größenklassen.⁷² Es ist ein Teil der Aufbereitung, der als ursprüngliche Aufgabe des Handels zum Teil auf die Erzeuger übergegangen ist. Mit dem verstärkten Angebot an in- und ausländischer Ware haben sich seit dem frühen 20. Jahrhundert auch die

---

68 TRENKLE, Obstbau (1956), S. 407.
69 Für die vier weiteren aufgeführten Sortiermaschinen, werden zweimal ebenfalls sieben, einmal zwölf und einmal keine Zahl der Sortiergrößen genannt (ebd.).
70 Genannt wird ein Preis von „etwa 742,– DM"; die mit Elektromotoren ausgestatteten Maschinen kosteten 1580, 2475, 2520 und „etwa 3000" DM (ebd.).
71 Auf den vorgefundenen Fotos sind mindestens zwei weitere Maschinen ungeklärter Herkunft abgebildet. Das Handbuch „Faustzahlen für den Gartenbau" (1963), S. 213, nennt eine von Dammann entworfene Maschine, mit der sich in einer Stunde bis zu 5000 Kilogramm Äpfel sortieren ließen; dabei könnte es sich um eine andere als die bei Trenkle aufgeführte Maschine handeln. Die Charakterisierung als „ebenso einfach wie genial" bei SEIPP, Langförden (1990), S. 514, bzw. als einfach, aber funktionsfähig bei SEIPP, Visbek (2009), S. 213, bezieht sich dagegen anscheinend auf die bei Trenkle genannte Maschine.
72 Zum Sortieren siehe auch weiter unten in diesem Kap.

Ansprüche der Kunden an gutsortierte Ware erhöht.[73]

Im Zuge der Modernisierung des Obstbaus änderte sich nicht zuletzt das Sortenspektrum der angebauten Äpfel. So wurde die Zahl der auf den einzelnen Betrieben angebauten Apfelsorten stark verringert. Die Anteile regional verbreiteter Varietäten wie Roter Münsterländer oder Siemers Boskoop gingen zugunsten marktgängiger Sorten wie Cox Orange, Golden Delicious und Goldparmäne zurück (39). Zu Beginn der siebziger Jahre ent‑

Abb. 13: Arbeit am Verlesetisch. Astrup, Gem. Visbek, 1950er Jahre. Durch das Rotieren der Rollen werden die Früchte gedreht und von allen Seiten sichtbar, so dass ungeeignetes Obst gleich aussortiert werden kann.

fielen rund 45 Prozent der zur Rodung gemeldeten Apfelbäume im Oldenburger Münsterland auf die Sorten Gelber und Roter Münsterländer.[74]

1965 gehörten 40 Prozent der an den Erzeugergroßmarkt Langförden-Oldenburg (ELO) gelieferten Äpfel zur Sorte Cox Orange. Goldparmäne und James Grieve bestritten zusammen 27 Prozent, die neu in den Anbau gekommene Sorte Golden Delicious lag bei sechs Prozent.[75]

Ab 1967 geriet der Obstbau in eine Absatzkrise, nachdem im verstärktem Maße Importe aus anderen EWG-Ländern auf den Markt drückten. Sorten wie James Grieve, Cox Orange oder Golden Delicious ließen sich nur noch schwer verkaufen.[76]

Um dem Überangebot auf dem europäischen Markt entgegenwirken, gewährten die EWG und die Bundesrepublik Deutschland in den Jahren 1970 bis 1973 Prämien für die Rodung von Apfel-, Birnen- und Pfirsichbäumen[77] und dann noch einmal 1977 für die Rodung von Apfelbäumen der Sorte Golden Delicious. Mit den Rodungen sollten die Erzeuger dazu bewegt werden, den Anbau von Äpfeln, Birnen und Pfirsichen ganz oder teilweise einzustellen. Wer die Prämien in Anspruch nahm, verpflichtete sich, für die folgenden fünf

---

73 Zur Entwicklung der Obstsortierung im Niederelbegebiet siehe KAISER, Obstland (2009), S. 98–114.
74 Vgl. SEIPP, Obstwiesen (1996), S. 225.
75 Nach SEIPP, Visbek (2009), S. 214.
76 Ebd., S. 214.
77 Verordnung (EWG) Nr. 2517/69 des Rates vom 9. Dezember 1969 zur Festlegung einiger Maßnahmen zur Sanierung der Obsterzeugung in der Gemeinschaft. In: Amtsblatt der europäischen Gemeinschaften Nr. L318/15–17, 18.12.69, https://op.europa.eu/mt/publication-detail/-/publication/e7165206-690f-4b68-a96a-bf9f506fc302/language-de (14.9.2023).

Jahre auf Neuanpflanzungen dieser Obstarten zu verzichten.[78] Die gewährten Prämien für einen gefällten Hochstammbaum reichten von 18 bis 39 Mark.[79] Ein befragter Landwirt aus der Gemeinde Cappeln erinnert sich, dass man 25 Mark für jeden gefällten Obstbaum bekam. Er selbst hatte auf drei Hektar Äpfel angebaut; die Bäume waren bereits vor dem Zweiten Weltkrieg von seinen Vorfahren gepflanzt worden. Im Zuge der Rodungsaktion stellte er den Apfelanbau ein und behielt nur noch einige Bäume für den eigenen Haushalt bei (40).

In seinem Falle handelte es sich um hochstämmige Apfelbäume, doch fielen den Rodungen wohl zum größeren Teil Niederstammanlagen, die seit den sechziger Jahren den Standard bildeten, zum Opfer. Für eine befragte Landwirtsfamilie in der Gemeinde Visbek, die um 1960 auf zwei Hektar auf Niederstämmen Äpfel angebaut und schon erwogen hatte, den Obstbau zur Hauptsparte zu machen, gab die Prämie den Anstoß, den Apfelanbau zu verwerfen und sich auf die damals lohnende Mastschweinhaltung zu konzentrieren (53).

In verschiedenen Teilen der Bundesrepublik, vor allem im Süden, wo die Streuobstwiesen eine lange Tradition hatten, gaben die Prämien den Anstoß für eine deutliche Verringerung des Obstbaumbestandes. Im Vechtaer Gebiet, wo verhältnismäßig viele Bäume in Langförden gefällt wurden,[80] begünstigten die Rodungen den Strukturwandel des Obstbaus: Der Großteil der Landwirte, die Kernobst im Nebenerwerb kultiviert hatten, gab den Anbau auf; zurück blieb eine verhältnismäßig kleine Zahl von Erzeugern, die Äpfel in Niederstammanlagen anbauten. Damit gaben die Rodungsprämien einen letzten Anstoß zur Modernisierung und Konzentration des Erwerbsobstbaus. Viele Südoldenburger Landwirte bauten, soweit sie den Sonderkulturanbau beibehielten, anstelle der Äpfel Beerenobst oder Gemüse an.

Eine organisatorische Besonderheit innerhalb des Oldenburger Münsterlandes war die Gemeinschaftsobstanlage „Obstbau Hagstedt", die vier Landwirte Anfang der 1970er Jahre gründeten. Insgesamt brachten die Gesellschafter etwa 15 Hektar in die Anlage ein. Dieser Umfang ermöglichte es, eine angestellte Fachkraft auszulasten; zusätzliche Arbeiten wurden von den Gesellschaftern erledigt; für die Ernte wurden Hausfrauen beschäftigt. *Die wollten natürlich alle lieber in dieser großen Gemeinschaft pflücken als bei uns alleine. Wir waren ja immer alleine*, erinnert sich eine befragte Landwirtin (53). Das gemeinschaftliche Unternehmen bestand knapp zwanzig Jahre lang. Angebaut wurden zunächst vor allem Erdbeeren, später vermehrt Himbeeren und Äpfel (67).[81] Im Ort wurde die Obstanlage „Kolchose" genannt, und dieser ironische Name deutet zugleich auf die Zurückhaltung hin, die die Mehrzahl der Landwirte derartigen Gemeinschaftsunternehmen entgegenbrachte.

---

78 Deutscher Bundestag: Antwort der Bundesregierung auf die Kleine Anfrage des Abgeordneten Werner und der Fraktion DIE GRÜNEN, 16.4.1986. 1970 bis 1973 wurden 2928 DM pro Hektar, insgesamt 77,6 Mio. DM, und 1977 noch einmal 3829 DM pro Hektar, insgesamt 1,6 Mio. DM gezahlt.
79 Siehe auch SEIPP, Obstwiesen (1996), S. 232.
80 SEIPP, Visbek (2009), S. 215.
81 Ebd.; AKA, u. a., Hagstedt (2017), Bd. 1, S. 333.

Forschung und Beratung

Einige zentrale Einrichtungen für Forschung, Beratung und Vermarktung rund um den Obst- und Gemüsebau des Oldenburger Münsterlandes bestehen in Langförden (Stadt Vechta).[82] Entstanden sind sie unmittelbar nach dem Zweiten Weltkrieg.[83]

Am 30. März 1946 gründeten Obsterzeuger aus Langförden und angrenzenden Bauerschaften den Obstbauberatungsring Südoldenburg in Langförden; erster Vorsitzender wurde der Landwirt Alfons Rosenbaum aus Spreda. Bis Ende Juli 1946 hatte der Beratungsring 46 Mitglieder, im Herbst 1947 gehörten ihm bereits 232 Obsterzeuger an. Zum Teil reichte der Mitgliederkreis weit ins Bundesgebiet.

Nur zwei Tage nach der Entstehung des Beratungsrings, am 1. April 1946, gründeten die Landesbauerschaften (die spätere Landwirtschaftskammer Weser-Ems) die ebenfalls in Langförden ansässige Obstbauversuchsanstalt (OVA). Zum ersten Leiter der Einrichtung wurde der Botaniker Günther Liebster (1911–2007) berufen; er wechselte 1953 als Ordinarius an die Technische Universität München.[84] Die OVA unternahm Sortenversuche zu Äpfeln, Erprobungen zu Pflanzenschutz, Ernte, Lagerung und Aufbereitung des Obstes.[85] In Schneiderkrug (Gemeinde Emstek) unterhielt die OVA eine Sortenversuchsanlage von drei Hektar Umfang mit 390 Apfel- und 53 Birnensorten auf Hoch- und Niederstämmen.[86]

Die Ausstattung der Versuchsanstalt war zunächst bescheiden. Erst um 1960 konnte sie ein eigenes Dienstgebäude mit Lagereinrichtungen beziehen; heute umfasst der Versuchsbetrieb etwa zwölf Hektar. 1986 wurde die Einrichtung um eine Gewächshausanlage ergänzt, die Gemüseversuche unter Glas ermöglichte.

Besonders in den achtziger Jahren spielte die OVA innerhalb Deutschlands eine führende Rolle in Versuchen zum Beerenobstanbau. Unterstrichen wird die Bedeutung der Einrichtung nicht zuletzt dadurch, dass Walter Krügerke, der die OVA von 1952 bis 1978 leitete, das monatlich erscheinende Mitteilungsblatt des Obstbauberatungsrings zu einer überregional ausgerichteten und angesehenen Fachzeitschrift entwickelte; aus ihr ging die seit 1976 erscheinende, bundesweit verbreitete Zeitschrift „Obstbau" hervor.[87]

In Abstimmung mit der Versuchsanstalt gab der Beratungsring Empfehlungen zum Pflanzenschutz, zu Schnitt und Pflege der Bäume und zur Vermarktung des Obstes. Ein Landwirt aus Elsten (Gemeinde Cappeln) erinnert sich, dass der Obstbauberatungs-

---

82 Zum Erzeugergroßmarkt Langförden-Oldenburg siehe unten Kap. 8.
83 Folgendes nach SEIPP, Langförden (1990), S. 515–517; DERS., Visbek (2009), S. 212–214, und ergänzenden Mitteilungen von Dr. Dankwart Seipp, Lutten.
84 Siehe FEUCHT/TREUTTER, in memoriam Günther Liebster (2007).
85 Vgl. SEIPP, Langförden (1990), S. 515–517, und DERS., Visbek (2009), S. 212–214.
86 Vgl. SEIPP, Visbek (2009), S. 213f.
87 Vgl. SEIPP, Langförden (1990), S. 516.

ring in den sechziger Jahren regelmäßig Spritzempfehlungen, z. B. gegen Mehltau und Schorf, versandte: *Die sagten denn: Nach so und so viel Millimeter Regen, dann ist die Gefahr, dass der Schorf sich ausbreitet... Dann war das Obst ja minderwertig.*

Die Hinweise aus Langförden wurden mit Postkarten verschickt; wenn Eile geboten war, rief der Beratungsring auch an. Die Frau des befragten Landwirts, die 1964 aus Westfalen nach Südoldenburg gekommen war, war von der Beratung beeindruckt: *Also das fand ich damals ganz spannend. ... Da wird man ja gut betreut!* (40).

In den ersten Jahrzehnten war die Arbeit beider Einrichtungen, des Beratungsrings und der Versuchsanstalt, stark auf Äpfel konzentriert. Entsprechend den gewandelten Anbauschwerpunkten wurde die Obstbauversuchsanstalt in Langförden 1975 zur Versuchs- und Beratungsstation für Obst- und Gemüsebau (VBOG) erweitert; beim Obst verschob sich der Schwerpunkt vom Kern- auf das Beerenobst.

Der Obstbauberatungsring Südoldenburg e.V. schloss sich zum Jahreswechsel 2015/16 dem Obstbauversuchsring des Alten Landes e.V. an, indem er sich auflöste und seinen Mitgliedern den Beitritt zum Obstbauversuchsring empfahl. Dieser Empfehlung folgten fast alle angeschlossenen Betriebe.[88]

Bis in die Gegenwart nimmt die Versuchs- und Beratungsstation eine zentrale Stellung für die Obst- und Gemüseerzeuger in Niedersachsen ein. Mehrere Obstbauern haben dort auch eine gärtnerische Ausbildung in der Fachrichtung Obstbau absolviert.

Für den Kernobstbau hat sich die Bedeutung der Langfördener Einrichtung den gewandelten Schwerpunkten entsprechend etwas verringert. Die für den Obstbau nötigen Empfehlungen beziehen die Apfelerzeuger heute aus verschiedenen Quellen. Regelmäßig kommt eine Beraterin vom der Obstbauversuchsring (OVR) aus Jork im Alten Land. Zu den Themen der Beratung gehören Baumschnitt, Pflanzenschutzrecht und eingesetzte Pflanzenschutzmittel oder auch die Obstlagerung.

Damit sich die Fahrten aus Jork lohnen, versammeln sich mehrere Kernobsterzeuger bei einem der Kollegen. Ergänzend hierzu lässt sich zumindest einer von ihnen gegen Honorar von der niederländischen Firma Fruitconsult beraten:

Da kriegen wir Info-Faxe, die sehr lehrreich sind, und jetzt kommt zweimal im Jahr noch ein Berater vorbei, hauptsächlich für Steinobst. Das machen wir ein bisschen anders als die Altländer, und er gibt auch ein bisschen Kernobstberatung, wobei ich sagen muss: Die Unterschiede sind nicht mehr so groß. Früher waren die Unterschiede zwischen der Beratung im OBR hier in Langförden und den Holländern riesig.

Mittlerweile, sagt er, zeigten sich auch die Berater im OVR weltoffener und berücksichtigten auch verstärkt die Praxis in den Niederlanden und Belgien. *Die Unterschiede sind nicht mehr so groß* (44).

Im jahreszeitlichen Verlauf der Vegetationsentwicklung steht das Oldenburger Münsterland etwa zwischen den Niederlanden und dem Alten Land. Dies gilt, wie der-

---

88 Vgl. KLOPP/KOSCHNICK, Beratungsring (2016).

selbe befragte Obsterzeuger schildert, sowohl für die Erntezeiten als auch für andere Ereignisse wie z. B. das Auftreten von Baumschädlingen. Daher ist es für ihn besonders hilfreich, sich an aktuellen Hinweisen aus den Niederlanden zu orientieren:

Wir sind ein bisschen früher als das Alte Land. Wir sind gleichauf mit Meckenheim, komischerweise. Wir sind ein bisschen später als die Niederländer. Was von der Beratungszeit her immer den Vorteil hat: Wenn ich die niederländischen Faxe lese, weiß ich, was auf mich zukommt. Wenn die schreiben, es wäre jetzt angebracht, das und das auszudünnen, habe ich immer noch eine Woche Zeit, mich drauf einzustellen, Sachen zu kaufen. Wenn irgendwelche Schädlinge aufgetaucht sind in den Niederlanden, kann ich immer noch kucken: Habe ich die? Hingegen bei den Altländern ist das Problem immer so, die schreiben oft Beraterfaxe, und dann sag ich: „Ja, habe ich letzte Woche schon gemacht." ... Wenn Ernteprognosen sind, trifft das eigentlich immer zu mit den Niederlanden. Bei den Altländern muss ich sagen: Wenn die sagen, Erntetermin dieses Jahr ist 20. September, gut, dann ist das bei mir wohl der 15. Also eine Woche eher. Oft ist das so. Manchmal kommt man sich auch ziemlich nahe (44).

Kernobstbau in der Gegenwart

Wenn man den Umfang des Obstbaus im Oldenburger Münsterland mit jenem in einem Intensivanbaugebiet wie dem Alten Land vergleicht, mutet er mehr als bescheiden an. So zählte das Niedersächsische Landesamt für Statistik im Jahr 2022 für den Kreis Vechta, wo der Großteil des südoldenburgischen Obstbaus besteht, zehn Betriebe, die auf insgesamt 65 Hektar Baumobst erzeugten, darunter sieben Apfelerzeuger mit zusammen 45 Hektar Fläche. Dagegen wurden für den Landkreis Stade – dieser umfasst den Großteil des Obstbaugebietes an der Niederelbe, einschließlich des Alten Landes – 352 Obstbaubetriebe, die auf 8169 Hektar arbeiteten, gezählt, darunter 333 Apfelerzeuger mit 7366 Hektar.[89] Die Zahl der Baumobst-Erzeuger im Kreis Vechta entsprach also 2,8 Prozent der Zahl im Kreis Stade, der Umfang der Baumobstflächen 0,8 Prozent, bei Äpfeln lag das Verhältnis bei 2 Prozent der Erzeuger und 0,6 Prozent der Anbauflächen (Tab. 2).

Ein derartiger Vergleich wird dem Obstbau im Oldenburger Münsterland natürlich nicht gerecht, weil die Ausgangsbedingungen in beiden Landkreisen völlig unterschiedlich sind, doch wird deutlich, dass nicht nur die Zahl der Erzeuger viel geringer ist, sondern dass auch die durchschnittliche Größe der Obstbaubetriebe deutlich geringer ausfällt. Dabei sind die Obstbaubetriebe im Durchschnitt auch um so größer, je intensiver

---

89 Landesamt für Statistik Niedersachsen, Baumobstanbauerhebung 2022. In jeweils sieben Betrieben wurden Birnen und Pflaumen/Zwetschen, in fünf Süßkirschen, in jeweils zwei Sauerkirschen, Mirabellen und sonstiges Baumobst angebaut.

2. Baumobst

	Niedersachsen	Kreis Stade	Weser-Ems	Kreis Vechta
Baumobsterzeuger	492	352	21	10
Baumobstfläche (ha)	9440	8169	100	65
Apfelerzeuger	450	333	17	7
Apfelbaumfläche (ha)	8353	7366	67	45
Durchschnittsfläche Baumobsthöfe (ha)	19,2	23,2	4,8	6,5
Durchschnittsfläche Apfelhöfe (ha)	18,6	22,1	3,9	6,4

Tab. 2: Baumobst- und Apfelerzeuger und ihre Anbauflächen in den Kreisen Stade und Vechta, nach: Baumobstanbauerhebung 2022. 1.1 Betriebe mit Anbau von Baumobstarten 2022 nach regionaler Einheit mit ausgewählten Kreisen; Durchschnittflächen nach eigener Berechnung.

das Obstbaugebiet ist. So ist die Durchschnittsgröße der Betriebe im Alten Land höher als im gesamten Niedersachsen, die Größe der Betriebe im Kreis Vechta höher als im übrigen Weser-Ems-Gebiet.

Unter den wenigen verbliebenen Kernobsthöfen ist die Kooperation umso enger. So tauscht sich eine Gruppe von sechs Apfelerzeugern aus den Kreisen Vechta und Cloppenburg sowie aus dem angrenzenden Osnabrücker Artland regelmäßig über anstehende Fragen aus und hält Verbindung über WhatsApp. Darüber hinaus unterhalten drei Betriebe, die in der Gemeinde Visbek liegen, einige Maschinen gemeinsam (67).

Innerhalb Südoldenburgs hat die Kernobsterzeugung nach wie vor ihren Schwerpunkt im naturräumlich begünstigten Gebiet nördlich von Vechta, doch gibt es einzelne Betriebe, die den Apfelanbau zu einem wirtschaftlichen Standbein entwickelt haben, auch in anderen Landesteilen, so im Dinklager Becken[90] oder im Gebiet der Stadt Friesoythe.

Der Obsterzeuger Michael Kühling in Hagstedt (Gemeinde Visbek) gibt sich mit einer Punktzahl von 55 bis 60 zufrieden, wenngleich es noch deutlich bessere Lagen gibt:

Für Südoldenburg ist das super. Natürlich erblasst man vor Neid, wenn man die Böden im Meckenheimer Raum um Bonn herum sieht, wo die hundert Bodenpunkte erreicht werden. Letztens hatte ich noch ein Gespräch mit der Baumschule, als es darum ging, eine Sorte zu pflanzen, die etwas schwächer ist, und dann sagte sie: „Ja, wenn Sie so siebziger Böden haben, ist das kein Problem." Ich sagte: „Oh, da kommen wir nicht ran." (lacht) Die gehen einfach von was anderem aus, wenn die auf Obstbauern treffen, die sich grundsätzlich eher in solchen Gebieten niederlassen, wo gute Böden sind.

Weit von so hohen Punktzahlen entfernt arbeitet der Landwirt Hans-Heinrich Klöker in der Dinklager Bauerschaft Langwege auf Flächen mit etwa 25 Bodenpunkten:

---

90 Siehe KLÖKER/WILKING, Appel (2009).

Wir sind hier auf einem sehr sandigen Standort, gegenüber anderen Kernobstleuten. ... Das Gute an unserem Boden ist: Er ist sehr wasserdurchlässig, gut durchwurzelbar. Er hält nur nicht das Wasser so lange und ist auch dementsprechend nicht so ertragreich, das müssen wir einfach zugeben.

Zu seinem Betrieb gehören zwar auch Flächen mit größerer Fruchtbarkeit, doch liegen die in großer Entfernung zur Hofstelle. Der Befragte ist allerdings nicht bestrebt, um jeden Preis Höchstmengen zu erzeugen, und er sieht sich schon deshalb, weil er das Obst selbst vermarktet, nicht dem Druck ausgesetzt, ein Maximum aus dem Boden hervorzubringen:

Wenn wir an den Großhandel liefern würden, dann müssten wir jeden Hebel in Bewegung setzen, um wirklich den besten Ertrag zu erwirtschaften. Aber das ist ja nicht unser Ziel. Unser Ziel ist es, unseren Hofladen aufrechtzuerhalten und die Direktvermarktung aufrechtzuerhalten und dass die Leute auch wiederkommen wollen.

In diesem Falle tragen der Verzicht auf den höchsten Grad von Intensität und die Verteilung der Risiken auf mehrere landwirtschaftliche Sparten dazu bei, mit den bescheidenen Bodenqualitäten zurechtzukommen.

Neueinrichtung und Ausbau der Obstanlagen

Auch in der Gegenwart werden nicht nur bereits vorhandene Obstbauflächen erweitert, sondern auch völlig neue eingerichtet. So nahm Jan Wreesmann in Altenoythe, der in den 2010er Jahren die Nachfolge im elterlichen Betrieb angetreten hat, den Obstbau völlig neu auf. Den Anfang machte er 2013 mit einem Hektar Aroniabeeren. Seit 2016 kultiviert er Äpfel, von denen er inzwischen zwölf Sorten auf drei Hektar anbaut. Daneben baut er Birnen und Pflaumen an.

Irgendwann, sagt Wreesmann, habe er das Gefühl bekommen, „jetzt werde ich langsam ein Obstbauer".[91] Der Obstbau soll ihm jedoch nicht nur Freude bereiten, sondern auch den Betrieb voranbringen. So sieht Wreesmann im Obstbau und der Direktvermarktung eine Chance, *eine relativ hohe Flächenrente* zu erzielen.

Für seine Obstanlagen plant Wreesmann ein schrittweises Wachstum. Daher sah er sich in den ersten Jahren noch nicht nach bezahlten Erntehelfern um, sondern bot seine Äpfel komplett zur Selbstpflücke an. *Wir hatten im letzten Jahr unser Apfelfest, wo dann auch ein Großteil der Ernte direkt gepflückt wurde.*

Anfang 2020 standen in der Selbstpflückanlage *neun gängige Apfelsorten und ein kleiner Streifen mit traditionellen Apfelsorten*. Damit seine Kunden ihn als Obstlieferanten in der Erinnerung behalten, will er mittelfristig auch über den Winter hinaus Obst in seinem Hofladen anbieten können.

---

91 STIX, Wellant (2023).

Auch in der Saison 2023 hat Wreesmann die Selbstpflücke beibehalten. Von insgesamt gut vierzig Tonnen Äpfeln ernteten Wreesmann und ein Mitarbeiter rund dreißig Tonnen, zehn bis zwölf Tonnen pflückten die Kunden selbst. Für die Selbstpflücker hat Wreesmann eine eigene Pflanzung angelegt, in der ein Abstand von anderthalb Metern zwischen den Bäumen es auch erlaubt, zwischen den Bäumen durchzugehen.[92]

Anfang der 2020er Jahre richtete Wreesmann ein Kühllager ein, in dem die Äpfel in einer Umgebung mit minimalem Sauerstoffgehalt lagern. Von hier aus gehen die Äpfel im Laufe der Monate an Kunden im Oldenburgischen und in Ostfriesland sowie in den eigenen Hofladen.

Auf großen Neuerungsbedarf stieß Klaus Bergmann in Hagstedt, als er gegen 2000 den Hof übernahm: *Der Obstbaumschnitt wurde komplett verändert. Als ich hier anfing, haben wir mit Kettensägen die großen alten Bäume im Zaum zu halten versucht – eine Mordsarbeit*, wie er sich erinnert.

Auch die angebauten Apfelsorten entsprachen nicht mehr den aktuellen Ansprüchen. So stand auf etwa drei Hektar Grüner Boskoop, den der Handel nicht mehr annahm, weil nur noch die rote Variante gefragt war. Hier lag der Grund, die Bäume durch neue zu ersetzen, allein in der vom Handel verlangten Ausfärbung der Früchte. Geschmacklich bestehen keine Unterschiede zwischen grünem und rotem Boskoop: *Das ist einfach nur fürs Auge*. Andere Apfelflächen wurden neu bepflanzt, weil die Sorte nicht mehr gefragt war: *Wir hatten eine große Golden-Delicious-Anlage, und so was braucht man jetzt nicht mehr.*

Bei den Neuerungen hielten sich kleinere Erfolge und Misserfolge die Waage. So hatte er z. B. die Idee, mehr Birnen anzubauen. *Das ist bei den Kunden sehr beliebt, die Birnen. Aber der große Wurf war das finanziell auch nicht*. Einige Sachen, sagt er, hätten sich sehr gelohnt. Richtig war etwa das Umstellen auf kleinere Unterlagen, auf die Sorte Elstar oder auf den rotfrüchtigen Boskoop. *Andere Sachen hätte man besser seinlassen*.

Eine bereits von seinem Vater begonnene, auf größere Dauer angelegte Kultur sind Walnüsse. Bereits um 1975 hatte der Vater mit Unterstützung der Obstbauversuchsanstalt auf einem halben Hektar Walnussbäume gepflanzt, nach deren Erfolg fügte er einen weiteren halben Hektar hinzu.[93] Innerhalb Nordwestdeutschlands gibt es keine weitere Anlage dieses Umfangs. Bald nach den ersten Anstrengungen um das Kernobst richtete Klaus Bergmann seine verstärkte Aufmerksamkeit auch auf das Schalenobst: *Da war auch mein erster Gedanke: Mensch, Walnüsse, das wäre ein Produkt, was gehen könnte.*

Zu seinem Bedauern geriet die Walnussanlage über den anderen Anstrengungen zunächst etwas aus dem Blickfeld; *also wir haben das nicht forciert. Wir haben jetzt hier*

---

92 Ebd.
93 Siehe auch SEIPP, Visbek (2009), S. 220.

einen Hektar Walnüsse, der ist im Ertrag, das ist super, weil, jetzt zur Zeit stellt sich raus, dass Walnüsse eigentlich ein Artikel ist, was sich wohl lohnt.

Bis die Bäume aber überhaupt in den Ertrag kommen, muss man wenigstens zehn oder zwölf Jahre warten. Dennoch hat die Familie, sagt Bergmann, in den 2010er Jahren *nachgelegt* und noch einmal in Walnüsse investiert, *weil wir da eine Zukunft sehen.*

Dadurch, dass Walnüsse auf Hochstämmen wachsen, deren Pflanzung sich erst nach Jahrzehnten lohnt, wird der Anbau zu einem langfristigen Unternehmen, das sich auf mindestens eine Generation erstreckt. Dass Klaus Bergmann dies in Angriff nimmt, obwohl er sich inzwischen auch über die Hofnachfolge Gedanken macht, zeigt, wie überzeugt er vom Sinn der Pflanzung ist.

Der Anbau von Walnüssen ist eine langfristige Angelegenheit, weil die Früchte auf hochstämmigen Bäumen wachsen. Hat der Anbau auf Hochstämmen auch für Kernobst eine Zukunft? Als dominierende Kultur sicher nicht, doch entstehen an einigen Orten neue Hochstammanlagen im Zeichen der Agroforstwirtschaft. Diese Form der Flächenbewirtschaftung erinnert an den Erwerbsobstbau mit Unterkulturen, wie er im Alten Land zum Teil bis in die 1960er Jahre betrieben wurde,[94] doch liegt der Agroforstwirtschaft ein extensiveres Verständnis der Landwirtschaft zugrunde.

Die Landwirte Angelika und Michael Balz in Bakum (Kr. Vechta) hatten beide eine am intensiven, gärtnerischen Obstbau orientierte Berufsausbildung gemacht und vollzogen nun in gleichsam umgekehrter Richtung den Schritt zum weniger intensiven landwirtschaftlichen Obstbau. Nachdem sie anfangs auf zehn Hektar Kernobst auf niedrigstämmigen Unterlagen angebaut hatten, verkleinerten sie die Obstanlagen zugunsten anderer landwirtschaftlicher Kulturen auf vier Hektar. Auch diese verbleibenden Obstflächen werden allmählich umgestaltet, so *dass es irgendwann Hochstammanlagen werden.* Die Anlagen werden als Agroforst-System betrieben: *Wir haben da jetzt keinen Grünkohl drunter stehen, sondern es laufen Schafe und Hühner, und ein paar Puten sind auch dazwischen, laufen drunter und halten diese Anlagen kurz, und ja, drängen eben auch die Schaderreger zurück.* Da sie bei der Behandlung der Äpfel auf Mittel verzichten, die auch im Öko-Landbau zugelassen sind, nehmen sie Abstriche im Erscheinungsbild der Früchte in Kauf: *Also wir haben nicht so schöne, makellose Äpfel, aber wir haben dann in diesen Anlagen halt unbehandelte Äpfel.* Und dies könne der Bio-Landbau nicht ohne weiteres von sich behaupten.

An Agroforst-Konzepten orientiert sich auch Joost Böckmann in Deindrup (Stadt Vechta), der 2019 begonnen hat, die im Familienbesitz überlieferten landwirtschaftlichen Flächen neu zu gestalten. Böckmann beabsichtigt keinen als ökologisch deklarier-

---

94 Eine Beschreibung des Ackerns in jungen Obstanlagen gibt Quast, Haus (2007), S. 48–50; zu landwirtschaftlichen Unterkulturen im Altländer Obstbau siehe auch Schürmann, Schatten (2005/06), S. 525–529.

ten Landbau, wirtschaftet aber ebenfalls extensiv. Im Frühjahr 2019 säte er zunächst die Flächen ein; später, im November, pflanzte er die ersten Obstbäume: Äpfel, Kirschen, Pflaumen, Birnen, im Rahmen unseres Ausgleichsflächenprojekts. Das Kern- und Steinobst steht auf Hochstammunterlagen. *Alte Sorten auf altem Anbausystem. Mein Ziel*, sagt er, *ist es sozusagen, unseren Betrieb in die Agroforstwirtschaft zu überführen. Also Landwirtschaft, die auf dem Ertrag von Bäumen basiert.* Die Vorstellung von einer baumgetragenen Landwirtschaft beruht, wie er vermutet, auf einer *Passion für Bäume*, die er von seinem Vater, einem gelernten Förster, geerbt hat.

Ebenfalls Hochstamm-Apfelbäume, wenngleich nicht als Teil eines Agroforst-Konzeptes, kultiviert Sebastian Oevermann in Höltinghausen (Gemeinde Emstek). Bei ihm orientiert sich die Wahl der Unterlagen und der Sorten an der den Bäumen zugedachten Aufgabe, Äpfel für die Saftgewinnung zu hervorzubringen.[95]

Baumschnitt und Pflege

Nach der Einschätzung eines befragten Landwirtes im Kreis Vechta gehören neue Apfelanlagen zu den arbeitsintensivsten Kulturen: *Die ersten Jahre, da müssen wir so viel machen! Da müssen wir schneiden, da müssen wir Zweige runterbinden, teilweise, und anbinden. Da muss viel Pflege reingesteckt werden, um erst mal überhaupt vernünftig zu ernten* (54).

Vielleicht erscheint das Maß der aufgewendeten Mühen in den ersten Standjahren auch deshalb umso höher, weil die Arbeit in dieser Zeit noch keine Früchte trägt. Gepflegt werden müssen die Obstbäume ihre ganze Lebensdauer hindurch, und das arbeitsintensivste Element der Pflege ist der Schnitt.

Beim Schnitt sind die Obstarten wenig unterschieden; allerdings zeigen sich Birnbäume gegenüber etwas ungenauem Schnitt weniger empfindlich als Apfelbäume. Viele Übereinstimmungen gibt es etwa auch mit der Pflege der Pflaumenbäume: *Die Spritzmittel sind teilweise dieselben. Vom Schneiden her ist es auch ähnlich* (53).

Grundsätzlich ist das Schneiden des Obstbaumes im ganzen Jahr möglich, abgesehen vom Herbst, wo man dem Baum Kräfte entziehen würde. Als Hauptsaison für den Schnitt hat sich aber der Winter gehalten, weil das landwirtschaftliche Jahr am ehesten dann die nötige Zeit dafür lässt. Je nach dem Verlauf des Winters reicht die Zeit des Baumschnitts von Januar bis März (Abb. 14–16).

Wie viel Zeit braucht man für den Baumschnitt? Der Obsterzeuger Jan Wreesmann in Altenoythe rechnet für den Schnitt 80 Arbeitsstunden auf einen Hektar. Diesen Umfang bestätigt auch sein Kollege Michael Kühling in Hagstedt, der auf 16 Hektar Kern-

---

95 Siehe auch weiter unten in diesem Kap.

und Steinobst anbaut. Er arbeitet gemeinsam mit vier polnischen Helfern. Für die Schnittsaison rechnet er vier Wochen, von Mitte Februar bis Mitte März oder den März hindurch. Bei der Arbeit achtet er auf ökonomischen Einsatz der Kräfte: *Wir halten den Schnitt sehr einfach. Wir machen den sehr nach Fließbandarbeit in mehreren Schnittdurchgängen, damit man sich immer auf eine Sache konzentrieren kann und weiterzieht.*

Bei entsprechender Höhe der Bäume wird in zwei Durchgängen geschnitten: einmal vom Boden aus mit kleinen Ast- und mit Langastscheren und einmal aus größerer Höhe mit Hilfe einer Arbeitsbühne. Die Bühne wird von einem kleinen Schlepper in sehr geringer Geschwindigkeit durch die Reihen gezogen (Abb. 17). Auf der Bühne arbeiten die Helfer mit druckluftgetriebenen Scheren. Es gibt auch elektrische Scheren, doch wiegen diese hundert Gramm mehr, und schon dies brächte im Laufe eines ganzen Arbeitstages ein hohes Maß an zusätzlicher Anstrengung mit sich.

Mit Hilfe der Bühne kann auf gleicher Höhe und von oben heruntergeschnitten werden. Dies ist, wie Michael Kühling bemerkt, für die Beteiligten vor allem weniger anstrengend: *Wir hatten früher alles von unten geschnitten, mit Langastscheren, aber die kleinen Triebe oben und das Hochkucken: ... Irgendwann ist man ziemlich kaputt.*

Überdies begünstigt das Schneiden aus größerer Höhe passgenaueres Arbeiten:

Oben ist man schneller im Schnitt mit der Bühne und auch ein bisschen genauer,

Abb. 14: Jan Wreesmann beim Baumschnitt (Äpfel) in Altenoythe, Januar 2022.

Abb. 15: Michael Kühling (rechts) mit einem Mitarbeiter beim Baumschnitt (Birnen) in Hagstedt, März 2023.

Abb. 16: Brigitte Aka beim Baumschnitt (Sauerkirschen) mit der Langastschere. Hagstedt, April 2023.

Abb. 17: Zwei Mitarbeiter beim Baumschnitt (Birnen) auf der fahrbaren Bühne. Hagstedt, März 2023.

man kann filigraner schneiden. Wenn man mit der großen Schere kommt, entscheidet man sich doch eher für den einen großen Schnitt statt für sechs kleine, weil sechs kleine ziemlich anstrengend sind.

Allerdings erwies sich die anfängliche Erwartung, dass man mehr Obst erhält, wenn man mit Hilfe der Bühne auch höhere Bäume kultiviert, sehr bald als trügerisch:

Wir sind angefangen mit der Bühne, weil wir die Hoffnung hatten: Je höher wir mit den Bäumen kommen, desto mehr können wir vom Hektar ernten. Die Rechnung geht aber nicht ganz auf. Man hat nicht unbedingt mehr. Man hat ein bisschen regelmäßiger Äpfel. Man hat die Bäume ein kleines bisschen ruhiger, weil die ein kleines bisschen mehr Platz haben zu produzieren. Aber jetzt zu sagen, ich mach einen Meter mehr und hab statt zwei nun drei Meter und habe also 30 oder 33 Prozent mehr Äpfel: So funktioniert es leider nicht.

Dafür tragen die größeren Baumhöhen zum Frostschutz bei: Mit Hilfe der fahrbaren Bühne ist es einfacher, etwas höhere Bäume zu kultivieren und damit einen größeren Teil der Obstblüte oberhalb des Frostes, der häufiger in Bodennähe vorkommt, zu halten: *Manchmal ist es wirklich so, dass unten die Äpfel schneller erfrieren im Frühjahr bei Blütenfrost.*

Die Landwirtin Brigitte Aka, die in Hagstedt auf einem halben Hektar Sauerkirschen auf Niederstammunterlagen anbaut, verwendet für den Schnitt zwar keine Arbeitsbühne, weil sich das bei der geringen Fläche nicht lohnt; dafür hat sie sich eine akkugetriebene Baumastschere bzw. eine Teleskopsäge am Stiel angeschafft. Ansonsten benutzt sie ihre *normale Astschere für das alles, was unten ist. Und die Kniepe, die kann ich fast einen Meter, 1,20 Meter ausziehen.*

Da jeder seine eigenen Erfahrungen mit dem Baumschnitt macht, unterscheiden sich auch die Anschauungen über die richtige Art des Schnitts. *Das ist heute noch so*, sagt einer der befragten Obsterzeuger: *Frag fünf Bauern, wie der Baum beschnitten werden soll, und du hast fünf Meinungen* (67).

Ertrag und Beregnung

Wie der Obsterzeuger Hans-Heinrich Klöker in Dinklage veranschaulicht, sind schon während der Blütezeit verschiedene Faktoren für den Ertrag ausschlaggebend. So ist für den Ertrag der Apfelbäume nicht zuletzt entscheidend, ob die Knospen Blätter oder Obstblüten entwickeln:

Es kommt auch auf die Blühstärke an. … Wir haben Jahre gehabt, da hat man gedacht: Bei den Knospen, die da alle dran sind, müssten da eigentlich ohne Ende Blüten kommen. Da kamen aber leider nur Blätter raus. Und dann hat man nachher gekuckt und hat teilweise wirklich Bäume gehabt, da waren gar keine Äpfel drauf. Und das ist jedes Jahr anders.

Dann kommt es darauf an, ob die Witterung zur Zeit der Obstblüte für die Bestäubung günstig ist:

Es liegt immer daran, wie das Wetter in der Blühphase war: Wie war das Befruchtungswetter, wie waren die Befruchtungsverhältnisse? Wenn das zum Beispiel kalt geworden ist, dass die Bienen nicht fliegen wollen, dann haben wir eine schlechtere Befruchtung, als wenn das jetzt, keine Ahnung, zwanzig Grad zur Blüte ist und da alles am Summen ist, was geht.

In manchen Jahren haben Ertragseinbußen durch Spätfröste dazu geführt, dass die Vorräte nicht mehr ausreichen, um im Hofladen bis zur nächsten Ernte ein Angebot an Äpfeln bereitzuhalten:

Normalerweise wird es so aussehen, dass wir bis zur nächsten Ernte Äpfel haben, und das ist eigentlich auch immer so Gesetz. Die letzten Jahre was es nicht so, weil hier in der Blühphase viele Spätfröste dazwischengekommen sind und dadurch die Blüten kaputtgefroren sind. Deswegen hatten wir sehr hohe Ertragseinbußen, so dass wir letztes Jahr im April gar keine Äpfel mehr hatten.

Für den modernen Erwerbsobstbau bedeuten Ertragsausfälle eine deutlich größere wirtschaftliche Gefahr als noch vor wenigen Generationen. Einerseits ist der Obstbau mit großem Kapitaleinsatz verbunden, und damit sind die Fixkosten für den Betrieb sehr hoch. Andererseits gibt es, wenn der Betrieb auf bestimmte Obstarten spezialisiert ist, keine anderen Kulturen, die die Verluste aus dem Obstbau auffangen könnten.

Ein Mittel, das die Ertragssicherheit erhöhen hilft, ist die seit der Mitte des 20. Jahrhunderts verbreitete Frostschutzberegnung:[96] Damit die Obstblüte im Frühjahr in Frostnächten nicht erfriert, werden die Bäume ohne Unterbrechung so lange beregnet, bis das Wasser durch die am Morgen steigenden Temperaturen wieder auftaut. Auf den ersten Blick sieht dies so aus, als solle die Blüte mit einem Schutzmantel aus Eis überzogen werden, doch ist es die Erstarrungswärme des Wassers, die die Blüte über dem Gefrierpunkt hält. Auf diese Weise können Temperaturen bis -7 °C abgefangen werden.

Wenn das jetzt acht Grad minus ist, dann wird das irgendwann schwierig, dann friert alles ein. Aber wenn das jetzt so vier Grad minus ist und die Beregnung läuft, dann ist das bei dem Kernobst gar kein Problem (54).

Die Obstbauern in Hagstedt gleichen ihre Erfahrungen mit anderen Anbaugebieten ab: *Wir tauschen uns mal aus mit Altländer Kollegen: „Und, habt ihr diese Nacht beregnet? Wir schon." Und das ist ganz unterschiedlich. Mal haben die es zwei Grad kälter, mal wir* (44).

Frostschutzberegnung funktioniert auch bei anderen Obstarten, selbst bei Erdbeeren; allerdings ist sie in diesem Falle nicht überall sinnvoll. So lässt sich im Gebiet nördlich von Vechta das für die großen Flächen nötige Grundwasser nicht beschaffen; auch ist, wie ein Erdbeererzeuger erläutert, der Boden nicht wasserdurchlässig genug, um das in den Spätfrostnächten ausgebrachte Wasser wieder abzuführen:

Frostschutzberegnung ist auf unseren Böden gar nicht machbar. … Wir pumpen pro Hektar etwa dreißig Kubik, pro Stunde, und das dann über die ganze Nacht. Erst mal gibt's die Wassermengen gar nicht – also solche großen Pumpanlagen hat kein Mensch hier –, und dann wären die Flächen erst mal über Wochen nicht befahrbar. Also Frostschutzberegnung ist ganz, ganz schwierig hier (64).

Verhältnismäßig große Vorsicht ist bei der Beregnung der Kirschbäume nötig. Hier kann nur, solange die Blüte noch geschlossen ist, von oben beregnet werden. *Aber sobald die Blüte offen ist, müssen wir bei Kirschen unten Wasser geben, weil, die Blüte, der*

---

[96] Als sichersten Schutz der Kulturen gegen Frost beschreibt sie bereits TRENKLE, Obstbau (1956), S. 389–391.

Stempel und die Narbe, das verklebt, und da wird die Blüte zerstört. Und deswegen muss man bei Kirschen da aufpassen (54).

Grundsätzlich möglich, doch für die Praxis zu aufwendig ist die Beregnung auch bei Hochstammanlagen. Die Verluste durch erfrorene Blüten können auch hier extrem ausfallen. So berichtet ein Landwirt, der auf vier Hektar Hochstamm-Apfelbäume zur Mostobstherstellung gepflanzt hat, dass ihm vor einigen Jahren die Ernte infolge Frostes auf etwa ein Fünftel der Vorjahresernte geschrumpft sei (58).

Nicht immer ist die Beregnung auch wirtschaftlich sinnvoll; sie lohnt sich, wie Michael Kühling erläutert, nur, wenn die Flächengröße in einem angemessenen Verhältnis zum Aufwand für das Anlegen eines Brunnens steht. Keine Schwierigkeit war es, auf einer gepachteten Fläche von vier Hektar die Überkronenberegnung einzurichten, weil er die Anlage an das bestehende Reservoir anschließen konnte und hierzu nur eine zusätzliche Pumpe benötigte. Eine andere Frage sei es aber, wenn man für eine Fläche der gleichen Größe eine komplette Brunnenanlage brauche:

Eine Fläche haben wir zwei Kilometer weiter weg, da bräuchten wir ein neues Reservoir. Und das wird dann teuer. Also sich erst mal eine Genehmigung holen vom Landkreis, Erde ausheben, einen Brunnen bohren, der das schafft, das aufzufüllen. Und dann ist man schon im Bereich, wo man sich fragt: Kriege ich das wieder rein? Ich stehe da jedes Jahr vor dieser Entscheidung: Machen wir das jetzt, oder machen wir das nicht? Oft ist es ja auch gutgegangen auf den Flächen, und ein bisschen Risiko muss man ja auch mal fahren. Und dann nur für eine Parzelle von, ich sag jetzt mal, vier, fünf Hektar so was zu machen, ist einfach zu teuer. Würden dahinter zwanzig Hektar stehen und man macht das dementsprechend groß, wäre das was anderes. Aber alles neu aufzubauen, alles neu zu kaufen für eine kleine Parzelle, das geht nicht. Und deswegen wird es auch immer Flächen geben, die nicht daran angeschlossen sind.

Der wirtschaftliche Druck zur Beregnung wird jedoch weiter zunehmen, denn im Zuge der klimatischen Veränderungen wird inzwischen nicht nur gegen Frost, sondern in zunehmendem Maße auch gegen ein Übermaß an Hitze beregnet:

In der Mittagszeit, von 12 bis 15 Uhr meinetwegen, machen wir zwischendurch immer wieder die Beregnung an. Machen so, wie wir gerade können, eine Stunde das Wasser an, damit die Äpfel einmal mit der Temperatur runterkommen, damit die gekühlt werden (54).

Sonnenbrand bei Äpfeln wird seit den 2000er Jahren in größerem Maße beobachtet. Durch intensive Sonneneinstrahlung werden die Früchte bereits bei Temperaturen der Fruchtoberfläche um 30 °C geschädigt: Durch das Absterben der äußeren Teile der Frucht verfärbt sich die Schale braun, die Äpfel fallen ein und verfaulen. Wenn sie nicht ausgepflückt werden, stecken sie auch weitere, bisher unversehrte Früchte an. Maßnahmen gegen den Sonnenbrand bestehen z. B. darin, die Bäume mit Hagelnetzen abzudecken oder sie bei Erreichen einer Schwellentemperatur für kurze Zeiträume zu beregnen. Hierbei wirken sowohl das Auftragen des kühlen Wassers als auch die Verdunstungskühle der Hitze entgegen.[97]

Die Obsterzeugerin Britta Bramlage in Hogenbögen (Gemeinde Visbek) hat ebenfalls im Sommer zu beregnen begonnen: *Die letzten beiden Sommer waren ausgesprochen heiß; da hatten wir sehr große Probleme mit dem Sonnenbrand. Deshalb machen wir, wenn die Sonneneinstrahlung zu stark wird, die Überkronenberegnung, und die stellen wir von zwei Uhr bis ungefähr halb vier an.*

Bis Anfang der 2020er Jahre waren durch den Sonnenbrand immer wieder Teile der Ernte verdorben: *Das ist jetzt nicht eben mal ein Apfel. Es ist noch nicht sehr lange her, da hatten wir einen Schaden von fünfzehn Prozent. Und das kurz vor der Ernte, da wird einem doch anders.*

Gegenüber der Öffentlichkeit sieht sie sich vor Legitimationsschwierigkeiten, weil die Sommerberegnung nicht in die Abendstunden, sondern ausgerechnet in die heiße Nachmittagszeit fällt:

Unter bestimmten Umständen brauchen wir es einfach. Wir beregnen erst, wenn die Sonne am höchsten Punkt steht und die große Hitze kommt. Dann beregnen wir für eine oder anderthalb Stunden, und dann wird es ausgestellt. Das machen wir nicht, weil wir meinen, wir müssten die Bäume bewässern. Mit dem Sonnenbrand haben wir wirkliche Probleme.

Für die Beregnung braucht sie eine wasserrechtliche Erlaubnis vom Landkreis als Unterer Wasserbehörde. Auch hier sieht sie sich in der Situation, sich rechtfertigen zu müssen: *Ich sag mal, wir beregnen ja nicht aus Langeweile. Für uns geht es um die Existenz.*

Hans-Heinrich Klöker in Dinklage lobt im Zusammenhang mit der Beregnung die Weitsicht seiner Vorfahren. In seinem Betrieb hatte bereits die Großelterngeneration die nötigen Voraussetzungen geschaffen: *Der Hauptteil der Obstanbauflächen kann beregnet werden, also da hat man damals schon richtig gut aufgepasst. Man hat hier damals einfach aufs ganze Hofgelände eine große Wasserleitung gelegt, die wir mit Brunnenwasser beliefern können.*

Er selbst arbeitet seinerseits an einer großzügigen Lösung, mit der der Betrieb den klimatischen Herausforderungen in der Zukunft begegnen kann:

Und deswegen haben wir uns überlegt: Wir bauen einen Beregnungsteich, um das Wasser aus der Entwässerung, die jetzt gerade laufen müsste, durch den ganzen Niederschlag, schon aufzufangen. Da wären wir dann wieder bei dem Thema Nachhaltigkeit. Und da sind wir jetzt in der Planung. Wir suchen noch einen guten Baggerfahrer, der uns das durchsetzen kann.

Für den Teich rechnet er mit einem Fassungsvermögen von rund 27 000 Kubikmetern. *Wenn man grob überschlägt, ist das ein Hektar Land, 2,70 Meter tief.*

---

97 Vgl. THALHEIMER u. a., Sonnenbrand (2019), S. 23.

Dass diese Fläche für andere Nutzungen verlorengeht, ist für ihn zwar bedauerlich, doch *wenn das in der Zukunft so weitergehen wird mit Spätfrösten in der Blüte und Sommern, die ... mehr als drei bis vier 30-Grad-und-mehr-Tage haben, dann kommen wir da nicht drum zu, das weiter zu betreiben.*

Das Gebot, an langfristigen Lösungen zu arbeiten, ergibt sich für ihn gerade aus dem Denken, das über die eigene Generation hinwegreicht. Man dürfe seine Überlegungen nicht darauf beschränken, dass man in einem Jahr säe und im selben Jahr wieder ernte. *Deswegen müssen wir da ja immer weiter denken, dass wir das noch in die Zukunft auch weiter betreiben können, so dass wir auch in fünfzig Jahren noch existieren.*

Sortierung

Mit dem Pflücken des Obstes ist es noch lange nicht getan. Zu den Aufgaben, die zum Teil bei den Erzeugern, zum Teil bei den Händlern liegen, gehört das Sortieren der Früchte nach ihrer Größe, möglichen Schäden und Schönheitsfehlern.[98] Mit der Sortierung geht die Standardisierung des Obstes einher. Dies entspricht auch den Erfordernissen des reibungslosen Handels: Die Abnehmer, mit denen die Verkäufer evtl. nur am Telefon kommunizieren, müssen sich auf die Verbindlichkeit bestimmter Merkmalsbeschreibungen und die Einheitlichkeit der gehandelten Partien verlassen können. Auch die Einteilung der Früchte nach Güte- bzw. nach Handelsklassen verlangt die Sortierung.

Sofern auf dem Markt kein ausgesprochener Mangel an Lebensmitteln besteht, drängt schon die Konkurrenz der Anbieter auf gute Sortierung, d. h. auf die Aussortierung aller als minderwertig angesehenen Früchte. Bereits um 1900 wurde Forderung, das Obst zu sortieren, mehrmals auch in Obstbauvereinigungen angesprochen. Für einen erhöhten Druck sorgte das Angebot gutsortierten amerikanischen Obstes, das nach dem Ersten Weltkrieg auf die europäischen Märkte drängte und die Entwicklung beschleunigte, dass sowohl Obsthändler als auch marktorientierte Obsterzeuger das Sortieren als ihre Aufgabe wahrnahmen.

Heute liegt die Obstsortierung vor allem bei jenen Erzeugern, die ihr Obst selbst vermarkten. Hier ist die Sortierung eine regelmäßige Arbeit in den Herbst- und Wintermonaten. So beschäftigt ein besuchter kleinerer Obsthof im Kreis Vechta, der sich auf die Selbstvermarktung konzentriert hat, vormittags eine Sortierkraft (48).

Ein anderer Erzeuger, der in größerem Umfang Obst anbaut, es aber ebenfalls komplett selbst vermarktet, lässt die Äpfel schon auf dem Feld von den Pflückern vorsortieren: Früchte mit weniger als 60 Millimetern Durchmesser werden als Industrieware vermarktet. Sobald eine LKW-Ladung dieser kleineren Äpfel zusammengekommen ist, ruft er einen Großhändler an, der die Ware abholt.

---

98 Zum Folgenden siehe zum Vergleich für das Niederelbegebiet auch KAISER, Obstland (2009), S. 98–113.

Abb. 18: Apfelernte auf dem Obsthof Bergmann in Hagstedt, September 2021

Abb. 19: Apfelernte in Hagstedt, September 2021. Gepflückt wird mit einer leichten Drehung, bei der man den Apfel mit dem Stiel vom Baum nimmt.

Er selbst würde die kleineren Äpfel lieber als Tafelobst verkaufen, schon weil sie sich besser lagern lassen als größere Früchte, *aber von der Pflückleistung her sind die kleinen Äpfel schlecht*. Man bekomme die Pflückkiste nicht schnell voll; bei den großen Äpfeln dagegen sei die Ernte für die Pflücker befriedigender. Vor allem aber sind es die Kunden, die, wie er beobachten kann, größere Früchte bevorzugen: *Die kleinen Äpfel will keiner. Also kleiner als, sage ich jetzt mal, 65 Millimeter oder 60 Millimeter ist eigentlich für uns uninteressant.*

Auf seinem Hof wird komplett von Hand sortiert; das Sortieren geht nach Gefühl und ohne mechanische Hilfen,

Abb. 20: Kirschernte auf dem Obsthof Kühling. Hagstedt, Gem. Visbek, Juli 2022.

Abb. 21: Michael Kühling (rechts) und zwei Helfer beim Kirschensortieren. Hagstedt, Gem. Visbek, Juli 2022.

Abb. 22: Für den Versand vorbereitete Kirschen. Hagstedt, Gem. Visbek, Juli 2022.

auch weil die kleinen Äpfel bereits vorher aussortiert worden sind. Für die nähere Zukunft plant er jedoch die Anschaffung einer Sortiermaschine, um das Sortieren zu beschleunigen, doch muss hierfür zunächst noch ein Gebäude eingerichtet werden (54).

Michael Kühling, der einen kleineren Teil seines Obstes über seinen Hofladen vermarktet, sortiert die dafür bestimmten Früchte zu Hause. Die Menge der hier verkauften Äpfel ist zu gering, als dass sich die Anschaffung einer Maschine lohnte: *Das ist noch so wenig und so übersichtlich, das packen wir in Beutel ab, per Hand. Sortieren das einmal nach Größe und nach Beschädigung aus, und dann verkaufen wir das hier im Hofladen.*

Die für den Erzeugergroßmarkt Langförden-Oldenburg bestimmten Äpfel sortiert er dort mit einer Sortiermaschine des ELO. Dazu bringt er eigenes Personal, d. h. eine feste Gruppe von Rentnern aus dem Kreis Cloppenburg, mit. Ihre Aufgabe ist: *die Äpfel in die Kisten packen, abwiegen und auf die Palette stellen. Das machen die dann immer vormittags, vier Stunden.*

Ein Obsthändler im Kreis Vechta, der Äpfel von Erzeugern aus der Umgebung und später auch aus dem Alten Land zukaufte, ließ die Früchte über eine eigene Sortiermaschine laufen und packte sie für seine Kunden in kleinere Kisten ab. Im Gegensatz zur Selbstvermarktung im eigenen Hofladen, wo drei Größenklassen ausreichten, war er als Großhändler gehalten, die Früchte in Schritten zu fünf Millimetern zu sortieren:

Wir haben dann ja als Handelsbetrieb die Ware in den Verkehr gebracht. Dann konnte man nicht wie ein Direktvermarkter unten die dicken Äpfel rein und oben die kleinen drauf. Also wir mussten dann schon so, wie es die Marktordnung vorgab, sortieren, in Fünf-Millimeter-Schritten. Und das gab die Maschine hier auch her, und das haben wir auch so gemacht. Irgendwann später sind wir dazu übergegangen, weil eine bestimmte Größe, ich glaub, 65–75, die gängigsten Äpfel waren. Dann hab ich diese vorsortierten Äpfel eingekauft, und die haben wir hier nur noch abgepackt. Haben die Großkisten in die Maschine rein, und die liefen dann über die Anlage, und dann konnten wir hier abpacken, um dann die Ware am nächsten Tag auszuliefern (57).

Lagerung

Im Laufe des Frühjahrs verringert sich das Angebot eigener Äpfel in den Hofläden, so dass in den Monaten kurz vor der nächsten Ernte oft Pause ist. Dagegen hat ein befragter Obsterzeuger im Kreis Vechta, von wenig ertragreichen Jahren abgesehen, normalerweise mehrere Sorten bis zur nächsten Ernte im Angebot (54).

Möglich wird dies durch das Lagern in einer Umgebung mit geringem Sauerstoffgehalt. Im Alten Land empfahl der Obstbauversuchsring bereits in den 1950er Jahren die Aufbewahrung von Äpfeln unter den Bedingungen einer gesteuerten Atmosphäre. Seit den sechziger Jahren wurden CA-Lager (controlled atmosphere) errichtet. In gasdicht verschlossenen Räumen lagert das Obst bei niedriger Temperatur, hoher Luftfeuchtigkeit, hohem Kohlendioxid- und niedrigem Sauerstoffgehalt. Da die eingelagerten Äpfel atmen, dabei Sauerstoff verbrauchen und Kohlendioxid abgeben, verringert sich der Sauerstoffgehalt der Umgebung von selbst. In den achtziger Jahren wurde diese Lagerform zum ULO-Lager (ultra low oxygen) weiterentwickelt. Hier wird das Reifen der Früchte durch ein Minimum an Sauerstoff extrem verzögert.[99]

Einige Erzeuger, die nur einen kleinen Teil der Ernte selbst vermarkten und für die es sich nicht lohnt, eigene ULO-Lager zu unterhalten, lassen die Äpfel beim Erzeugergroßmarkt oder beim Händler, mit dem sie kooperieren, einlagern.

Die Apfelsorten haben unterschiedliche Lagereigenschaften, daher kann man, wie Hans-Heinrich Klöker in Dinklage erläutert, nicht alle Sorten ohne Verluste zusammenstellen. Im ULO-Lager entfeuchten die Äpfel z. B. unterschiedlich stark. So gibt Elstar eher Wasser ab als Jonagold, so dass alles Wasser, das der Verdampfer aus dem Raum zieht, auf Kosten des Elstar geht. Elstar, Gala und Topaz können dagegen eher zusammen gelagert werden. Sehr stark entfeuchtet auch Wellant.

---

[99] Zur Entwicklung der Kernobstlagerung nach dem Zweiten Weltkrieg siehe auch KAISER, Obstland (2009), S. 90–96; zum Prinzip der Lagerarten siehe auch https://www.ima-agrar.de/wissen/agrilexikon/ca-oder-ulo-lager (2.2.2023).

Im Frühjahr, wenn das meiste Obst abverkauft und die Lagerräume größtenteils geleert sind, sieht sich der Landwirt schon wegen des Energieaufwandes genötigt, das verbleibende Obst in einem Raum unterzubringen. Der starken Entfeuchtung versucht er z. B. dadurch entgegenzuwirken, dass er die einzelnen Kisten mit Folie einwickelt.

In näherer Zukunft will er die Lagerräume umrüsten, indem z. B. die Äpfel, die in einem Zeitraum von vier bis sechs Wochen verkauft werden, jeweils in einen Raum gestellt werden. Doch dies verlangt einen erhöhten baulichen Aufwand: Wände müssen gezogen und isoliert werden, und *der Raum muss gasdicht sein. Neue Türen müssen herein. Dann muss in jeden Raum ein neuer Verdampfer rein. Dann muss die Lagerüberwachung, die Verrohrung neu gelegt werden. Jeder Raum braucht eine eigene Lunge. Da kommen Summen zusammen, das ist gewaltig.*

Groß ist der Aufwand in diesem Falle wegen der Vielzahl der angebauten Apfelsorten, in diesem Falle etwa zwanzig.

Die Apfelsorten

Äpfel und Birnen sind die Obstarten, die am ehesten auch in Gestalt einzelner Sorten wahrgenommen werden. Bei Stein- und Beerenobst dagegen und erst recht bei den verschiedenen Gemüsearten ist die Kenntnis der Sorten eine Sache der Experten. So kann es z. B. passieren, dass man auf einem Selbstpflückfeld für Erdbeeren erst durch ein Telefongespräch mit dem Erzeuger in Erfahrung bringen kann, welche Sorte man gepflückt hat. Neben Äpfeln und Birnen gehören Kartoffeln zu den Früchten, von denen einzelne Sorten auch breiteren Kreisen bekannt sind und deren Namen etwa auf Wochenmarktständen oder in den Auslagen der Supermärkte angegeben werden. Bisweilen kann man im Gespräch die kulturpessimistisch getönte Klage hören, dass es in Supermärkten nicht viele Apfelsorten gebe. Tatsächlich aber stehen in den meisten Supermärkten rund zehn Sorten zur Auswahl.

Während für die Endverbraucher Unterschiede in Aussehen und Geschmack der Sorten im Vordergrund stehen dürften, sind aus der Sicht der Obstbauern überdies die unterschiedlichen Reifezeiten, die Wetterempfindlichkeit und die Lagereigenschaften der Sorten von Bedeutung.[100]

Für die Obsterzeuger ist es eine Herausforderung, zum Anbau eine Sorte zu wählen, von der sie hoffen können, dass sie nicht nur in der nächsten Saison, sondern auch in einer Reihe von Jahren auf Zuspruch beim Publikum stoßen wird. Anders als bei einjährig angebautem Beerenobst ist die Wahl der Sorten beim Baumobst eine Entscheidung für Jahrzehnte. So rechnet man für Apfelanlagen mit Niederstämmen, die eine deutlich

---

100 Siehe auch KECKL, Obst (2008).

geringere Standzeit haben als Hochstämme, mit einer Dauer von 15 Jahren (44). Sinnvoll ist es, Bäume wenigstens anderthalb Jahre vor der Anpflanzung zu bestellen:

Es gibt Sorten, die haben die Baumschulen immer vorrätig da. Da kann man auch kurzfristiger was kriegen in kleinen Mengen. Wenn man aber Sonderwünsche hat, ich sag jetzt mal, einen zweijährigen Baum und geknippt und auf der Unterlage, dann sollte man den schon anderthalb Jahre vorher bestellen. Das ist so das Kurzfristige im Obstbau. Und dann kann man sich nach der Ernte noch entscheiden: Ich rode die jetzt und pflanz dann wieder was rein, sofort. Oder ich rode die und mach noch ein Jahr Pause, mach eine Gründüngung rein (44).

Das wäre jedoch eine schwere Entscheidung, die die Überzeugung vom Totalverlust der Pflanzung voraussetzt.

Die Sortenwahl entscheidet erheblich über den wirtschaftlichen Erfolg des Betriebes, und dementsprechend spricht man über diese Frage auch häufiger mit Kollegen:

Der Austausch ist immer da, weil, diese Frage „Was pflanzt du?" ist immer brandaktuell. Jedes Jahr. Immer. ... Wir sind Berufskollegen, und man fragt sich dann auch: „Und was pflanzt du?" Und das geht in sehr unterschiedliche Richtungen (44).

Die Wahl der Sorten ist mit einem hohen Maß an Verantwortung verbunden, und daher kann sie, wie der Obsterzeuger Michael Kühling weiß, auch belastend sein. Entsprechend wichtig ist es, die Wahl gründlich vorzubereiten:

Nichts ist so nervenaufreibend wie die Sortenwahl, was man pflanzt. Davon hängt wirklich auch Erfolg und Misserfolg ab. Und das ist immer das Thema, wofür ich brenne, z. B. wenn es um Fortbildungen geht: Wie ist gerade der Stand der Sorten? Welche Sorten sind im Kommen? Wie schmecken die? Geschmacksverkostung mitmachen, also Apfelbeprobung, und zu entscheiden: Welches Konzept ist dahinter? Schmeckt der Apfel? Ist der Baum einigermaßen pflanzbar, im Sinne von resistent und hart? Das ist total wichtig. Und in der Vergangenheit haben wir schon gesehen: Manchmal lohnt es sich zu pokern und auf eine Sorte zu setzen, die weniger bekannt ist, die aber schmeckt und von der man glaubt, sie kommt gut an. Andere Betriebe setzen wieder auf die alten Pferde, aber die laufen nicht mehr so gut, und davon hängt sehr viel ab. Und da sind wir immer dran, auf der Suche nach der richtigen Sorte, weil man sich eben einmal entscheidet. Man muss jetzt keine Kultur fünfzehn Jahre lang durchmachen, wenn sie nicht funktioniert. Aber nach fünf, sechs Jahren hat man das Geld gerade mal wieder raus, bevor man anfängt zu verdienen. Man kann sich auch nicht unglaublich viele Fehlschläge leisten. Das macht ein Betrieb nicht mit.

Die Kollegin Britta Bramlage in der Bauerschaft Hogenbögen empfindet die Sortenwahl zwar nicht als nervenaufreibend, aber als spannend. Sie spricht sich intensiv mit ihrem Vater ab, der ihr vor wenigen Jahren die Leitung des Betriebes übertragen hat. Von neuen Sorten pflanzt sie probeweise jeweils zwanzig Bäume, um zu sehen, wie sich Bäume und Früchte in der Praxis entwickeln:

Da sind wir beide intensiv im Gespräch. Mein Vater hat sehr viel Spaß daran und ich auch. Und da werden wir beide uns auch stets einig. Wir informieren uns sehr intensiv und probieren momentan auch sehr viel aus. Wir pflanzen immer nur jeweils zwanzig Bäume von dieser und zwanzig Bäume von einer anderen Sorte, damit wir sehen können, wie sich das überhaupt entwickelt. Auf einem Blatt Papier sind die Sorten ja ganz anders beschrieben, als wenn die Bäume an unserem Standort wirklich in der Erde stehen.

Die Zahl der in einem Betrieb angebauten Apfelsorten ist verhältnismäßig groß, doch besteht das Gros der Bäume aus Vertretern einiger weniger Sorten.

Hans-Heinrich Klöker in Dinklage baut zwanzig Apfelsorten an, stellt aber immer nur eine Auswahl zum Verkauf aus: *Wir haben da nur die Hauptsorten, [z. B.] Elstar, Gala, und ... wenn der Wellant dann durch ist, kommt dann eine andere Sorte dazu, so dass wir immer drei Sorten verfügbar haben.*

Michael Kühling baut zehn Apfelsorten an: *Delbar, Elstar, Gala, Boskoop, Wellant, Jonagold, Red Prince, Golden Delicious, Braeburn, Rubinette. Und dann noch vier Birnensorten.* Auf die Dauer möchte er die Vielzahl der Sorten etwas beschränken, um *nicht mehr hier noch eine Sorte und da noch eine Sorte zu machen.* Beim Verkauf im Hofladen beschränkt er sich auf fünf Sorten, weil die Sorten, die Kunden nicht bekannt sind, auch nicht gekauft werden: *Die stehen sich da schlecht.*

Zu den im Hofladen bereitgehaltenen Sorten gehören *Elstar, Wellant, Gala. Jonagold nehmen wir rein, Boskoop nehmen wir rein. Aber die Mengen, die da an solchen Sorten über den Tisch gehen, sind wirklich überschaubar.* Diese Sorten stelle man hinzu, um das Angebot zu erweitern, damit der Kunde wählen könne und sich nicht den Eindruck habe, aus nur drei Sorten wählen zu müssen. Oft sei es aber so, dass die Kunden, wenngleich sie die Auswahl hätten, doch immer wieder Elstar nähmen.

Gibt es auch Sorten, die er nur für den Hofladen anbaut?

Ja, wir haben Rubinette. Rubinette haben wir zum Beispiel als Befruchter zwischen eine Sorte gepflanzt. Nur damit wir die im Hofladen haben. Davon ernten wir im Jahr zwei, drei Großkisten, und die verkaufen wir ab Hof. Dabei geben wir eine Kiste meistens noch zur ELO, und die verkaufen die noch weiter. Eine verkaufen wir aber ab Hof, und das ist auch wirklich nur, um die Sorte im Laden anzubieten. Ansonsten haben wir alle Sorten auch im großen Stil, und die gehen dann zur ELO.

Bei der Selbstvermarktung im Hofladen und dem Verkauf an den Großhandel werden unterschiedliche Sortenschwerpunkte gesetzt:

Ein Direktvermarkter, der wirklich nur ab Hof verkauft, konzentriert sich mehr so auf Topaz und Rubinette und hat diese spezifischen Sorten, die würde ich aber nie im großen Stil pflanzen. Da bleibt man bei Elstar, Wellant und vielleicht Jonagold.

Bei Geschmacksverkostungen lerne er Sorten kennen, die oft sehr lecker seien, aber auch viel Geld kosteten. Manchmal denke er sich, dass es schön wäre, sie für den Hofladen zu pflanzen, doch stelle sich dann gleich die Frage, ob sich das lohne:

Also wieder eine Reihe irgendwo hinsetzen, nur deswegen? Und dann ist es doch zu viel für den Laden. Für ELO wiederum ist das viel zu wenig; die wissen dann gar nicht, was sie damit anfangen sollen. Also verschenken sie es fast. Ja, es hat schon seine Schwierigkeiten, im kleinen Stil Sorten zu anzubauen, für den Hofladen.

Direktvermarkter müssen schon deshalb eine Reihe von Sorten vorhalten, damit die Kunden das Empfinden einer größeren Auswahl haben:

Was nützt es, wenn ich jetzt sage, ich habe meine drei Sorten, und wenn ihr die nicht haben wollt, müsst ihr woanders hingehen? Ich selbst kaufe ja auch gern in einem Laden, wo ich Vielfalt erleben und ausprobieren kann, anstatt vor vollendete Tatsachen gestellt zu werden: Das ist jetzt der Apfel, den du jetzt kaufen musst, und viel Spaß! Dann macht's mir auch keinen Spaß, da zu kaufen (44).

Eine größere Zahl von Sorten erfordert allerdings auch einen größeren Aufwand für die Lagerung und an Arbeit überhaupt: *Wir haben*, sagt ein anderer Obsterzeuger, *eigene ULO-Räume, und das klappt eigentlich ganz gut. ... Wir könnten eigentlich noch mehr lagern, aber... das ist von damals her noch so ausgelegt worden. ... Wir wollen das ein bisschen umrüsten und kleinere Räume bauen* (54). Der Hintergrund ist in diesem Falle die Umstellung auf eine größere Zahl von Sorten, die dafür in kleineren Mengen produziert werden.

Um die Auswahl für ihre Hofläden zu erweitern und über längere Zeiträume Obst anbieten zu können, tauschen Obsterzeuger, wie ein Landwirt im Kreis Cloppenburg bemerkt, zuweilen untereinander Früchte aus. Es sei unter den Kollegen durchaus üblich, kleinere Partien etwa im Umfang einer Kiste zu tauschen, *also wenn der eine sagt: „Ich habe die Sorte nicht mehr, hast du davon noch?"* (15) Er selbst habe z. B. Obst aus Visbek zugekauft, um den ganzen Winter über Äpfel im Hofladen anbieten zu können.

Wenn sich der Anbau einer bestimmten Sorte nicht lohnt, trifft der Erzeuger im äußersten Fall die Entscheidung, die entsprechenden Flächen zu roden. Hierzu kann er sich durch Baumkrankheiten gedrängt sehen; meist gibt aber die fehlende Nachfrage auf dem Markt den Ausschlag, wie z. B. bei der Sorte Braeburn:

Jetzt haben wir wieder eine Sorte. Das ist, glaube ich, die erste Sorte, die ich gepflanzt habe, die ich vorzeitig wieder rausnehmen werde, aufgrund von Baumgesundheit, die nicht gut ist, und Verkaufspreisen, die einfach in den Keller purzeln. ... Die Anlage ist uns, ich sag jetzt mal, entglitten. Da sind zu viele Baumkrankheiten reingekommen. Und dann stellt sich immer die Frage: Pflanze ich wieder auf und nach, also fülle ich die Lücken wieder aus mit neuem Pflanzmaterial, das ist ja möglich. Oder sage ich: Okay, das hat gar keinen Sinn mehr. Und ich muss jetzt noch dieses Jahr die Abrechnung abwarten, wie gut die verkauft wurden, aber die letzten Jahre waren da nicht toll.

Der Befragte weiß auch von einem Kollegen, der dieselbe Sorte als bald nach der Hofübernahme abgeschafft hat: *So einen Braeburn hat er sofort gerodet. Aber nicht we-*

gen der Baumgesundheit, sondern wegen der Kundennachfrage. Den wird er nicht los. Golden [Delicious] auch gar nicht mehr (44).

Immerhin stand Braeburn in Niedersachsen 2022 auf 844 Hektar und rangierte damit unter den angebauten Sorten an dritter Stelle.[101]

Golden Delicious, der 1914 in den USA auf den Markt gebracht wurde, gehörte in Deutschland und der Welt jahrzehntelang zu den verbreitetsten Sorten;[102] auch andere am Markt erfolgreiche Sorten wie Jonagold, Elstar, Gala und Rubinette gehen auf ihn zurück. Inzwischen hat er jedoch seine führende Stellung zumindest auf dem deutschen Markt längst eingebüßt. 2022 wurde Golden Delicious in Niedersachsen nur noch auf 25 Hektar und damit auf 0,3 Prozent der Baumobstflächen angebaut.[103] Dementsprechend wundern sich Altländer Kollegen, wenn sie bei Michael Kühling in Hagstedt immer noch Golden Delicious vorfinden:

Die Altländer kucken immer: „Der hat hier jetzt einen halben Hektar Golden stehen. Wieso hast du denn hier Golden? Willst du die nicht umveredeln?" – also abkneifen und was anderes draufpfropfen. Ich sag: „Nee, den kann ELO verkaufen. Einen halben Hektar können die verkaufen. Mehr aber auch nicht."

Sein Kollege Hans-Heinrich Klöker beobachtet, dass Äpfel der Sorten Jonagold und Rubinstar seit einigen Jahren nur noch gekauft werden, wenn es keine anderen mehr gibt. *Es werden jetzt auch keine neuen Jonagold oder Rubinstar mehr nachgepflanzt. Die Leute haben da einfach kein Interesse mehr daran* (54).

Spätestens seit Anfang der neunziger Jahre dominiert sehr deutlich die Sorte Elstar. Elstar, eine 1955 in den Niederlanden entstandene Kreuzung aus Golden Delicious und Ingrid Marie, wird seit 1975 angebaut.[104] In der niedersächsischen Statistik wird Elstar seit den achtziger Jahren erfasst. Bereits 1992 rangierte er, gemessen an den Anbauflächen, an zweiter und seit 1997 an erster Stelle.[105] Nach wie vor ist Elstar die am meisten angebaute Sorte. So stand Elstar 2022 bundesweit auf 6611 Hektar bzw. auf 24,1 Prozent der Baumobstflächen;[106] in Niedersachsen stand er auf 2612 Hektar bzw. auf 32,1 Prozent der für den Anbau von Tafeläpfeln bestimmten Flächen.[107]

Alle Welt wollte Elstar haben, erinnert sich ein Obsthändler, der in den neunziger Jahren fünf Hektar Apfelflächen im Kreis Vechta unterhielt:

In der einen Anlage war Elstar, das war gut, aber wir hatten einen ziemlichen Überhang an Jonagold und an Gloster und an Golden Delicious, und die gingen in der Zeit da-

---

101 Nach Elstar und Jonaprince; siehe Landesamt für Statistik Niedersachsen: Ergebnisse der Baumobsterhebung in Niedersachsen (2022), und Baumobstanbauerhebung 2022. 2 (Tabelle). Braeburn ist ein 1952 in Neuseeland gefundener Zufallssämling; siehe MÜLLER/SEIPP, Apfelsorten (2021), S. 102.
102 Siehe auch MÜLLER/SEIPP, Apfelsorten (2021), S. 192f.
103 Landesamt für Statistik Niedersachsen, Baumobstanbauerhebung 2022. 2 (Tabelle).
104 Vgl. MÜLLER/SEIPP, Apfelsorten (2021), S. 142.
105 Siehe auch KAISER, Obstland (2009), S. 274.
106 Statisches Bundesamt, Baumobsterhebung 2022, S. 26.
107 Landesamt für Statistik Niedersachsen, Baumobstanbauerhebung 2022. 2 (Tabelle).

mals überhaupt nicht. ... Alle Welt wollte Elstar haben. Ein paar Cox Orange hatten wir, glaube ich, auch noch. Die gingen noch. Ich glaube, die könnte man heute immer noch verkaufen. Also die Nachfrage wäre dafür noch da. Aber dann war dieser Umbruch, dass die Leute Elstar und dann auch roten Elstar mit einer roten Wange haben wollten* (57).

Elstar ist immer noch das Hauptgeschäft, bemerkt ein anderer Obsterzeuger auch für die Gegenwart (54). Einige Obstbauern versuchen, die Besucher ihrer Hofläden auf andere Sorten zu bringen, indem sie ihnen einzelne Äpfel dazugeben:

Als Wellant neu kam, wir haben denen immer gratis einen Apfel mitgegeben: „Hier, nehmen Sie den mit!" Dann geht es. Zum Kaufen überreden ist immer schwer, aber so einen Apfel mitnehmen, machen sie. Und das hat auch gut funktioniert. Viele Leute sind dann darauf umgeswitcht, und die kaufen den und essen den auch mehr, und das war ja Sinn und Zweck der Sache (44).

Allerdings ist der Erfolg derartiger Erzeugungsarbeit begrenzt, weil die Kunden die Namen der vorgeschlagenen Sorten oft sehr bald wieder vergessen: *Meistens ist das so, dass die Leute sich nicht mehr an den Namen erinnern können und dann doch wieder Elstar nehmen* (54).

Die Kunden bleiben, wie auch Britta Bramlage feststellen muss, den gewohnten Sorten treu: *Das ist natürlich nicht ganz einfach, weil die Leute schon sehr stark auf ihre Sorten eingefahren sind. Elstar und Gala, das sind die beiden Standardsorten. Da kommt auch kein anderer Apfel heran. Aber trotzdem gibt es viele, die gerne mal etwas Neues ausprobieren wollen.*

Bisher habe sich noch nicht erwiesen, welche Sorte die führende Stellung einnehmen könnte: *Es hat sich noch keine Sorte so richtig durchgeschossen, dass man sagt: Die ist es; die hat Potential dafür, die alten Sorten abzulösen*. Ein neuer Apfel werde zwar gelegentlich ausprobiert, doch entschieden sich die Kunden im Zweifelsfalle wieder für das Bekannte: *Die probieren den auch mal aus, aber meistens gehen sie doch wieder auf Elstar, Gala oder andere gewohnte Sorten zurück. Also, da gibt's keinen Apfel, von dem die Leute sagen: Mensch, das ist er!*

Zwar hat sich dieses Erlebnis bisher noch nicht eingestellt, doch wird die Erfahrung, dass sich eine neue Sorte durchsetzt, vielleicht auch erst im Nachhinein so wahrgenommen.

Das Bedürfnis, einen Nachfolger für Elstar zu finden, entsteht schon daraus, dass Äpfel dieser Sorte, je länger sie am Markt erfolgreich sind, an umso mehr Standorten des In- und Auslandes angebaut werden, dadurch im Lebensmittelhandel umso eher austauschbar sind und ihr Preis verfällt. Also sind die Erzeuger, die die neue Leitsorte früh anbieten können, im Vorteil.

Zu einer der bedeutendsten Sorten nach Elstar scheint sich in den letzten Jahren Wellant entwickelt zu haben: *Der Elstar ist nach wie vor das Hauptgeschäft, und danach kommt schon der Wellant* (54). 2022 lag Wellant mit 518 Hektar Anbaufläche an vierter Stelle der niedersächsischen Anbaustatistik.[108]

Wellant ist ein Markenname, unter dem die Sorte Fresco, eine Züchtung aus dem Wageningen Plant Research, als Clubsorte verkauft wird.[109] Wer Äpfel einer Clubsorte anbauen will, entrichtet dem Inhaber der Markenrechte Lizenzgebühren und unterwirft sich als Mitglied eines Sortenclubs bestimmten Regeln für den Anbau und die Vermarktung. Während die Vorschriften für den Anbau zu einer möglichst einheitlichen Qualität der Früchte beitragen sollen, wollen die Markeninhaber das Sinken der Erlöse verhindern, indem sie das Angebot regulieren. So dürfen Äpfel der Clubsorten in der Regel nur über Erzeugerorganisationen vermarktet werden; die Selbstvermarktung durch die Erzeuger wird auf kleine Anteile beschränkt. Hier bildet Wellant insofern eine Ausnahme, als auch der Direktabsatz in größerem Umfang gestattet wird.

Zur Beliebtheit der Sorte beim Publikum trägt neben einem rustikalen Erscheinungsbild auch sein verhältnismäßig ausgeprägter Geschmack bei. So macht denn auch der Altenoyther Obsterzeuger Jan Wreesmann, der sich bei Clubsorten ansonsten zurückhält, bei Wellant eine Ausnahme, wie er Anfang 2020 im Gespräch sagt:

Das ist ein so wahnsinnig leckerer Apfel, den muss ich auf jeden Fall anbauen. Die Bäume sind auch irrsinnig teuer, aber auf den möchte ich auch auf gar keinen Fall verzichten. Und da habe ich auch schon viele Leute, die danach fragen. Das merkt man richtig, der rennt gerade, also das funktioniert gerade richtig toll. Es wird sich sicherlich auch einpendeln, wenn der mal in dem Maßstab angebaut wird wie heute der Elstar; dann, denke ich, wird sich das auch beruhigen. Aber er schmeckt einfach, also er hat wirklich ein Aroma im Gegensatz zum Pink Lady.[110]

Auch gut drei Jahre später zeigt sich Wreesmann von Wellant überzeugt: „Bei den meisten modernen Äpfeln habe man dieses Geschmackserlebnis nicht mehr", wird er im Herbst 2023 von einer Zeitung zitiert.[111]

Allerdings gilt Wellant als anfällig für Krebs, Mehltau und Schorf. Ein anderer Obsterzeuger kann überdies davon erzählen, dass sich die Sorte im Anbau bisweilen etwas unberechenbar verhält. Die Wuchseigenschaften der Sorten unterscheiden sich bisweilen stark:

Es gibt auch manche Sorten, die sind von der Pflege her intensiver als andere. Zum Beispiel Wellant ..., die Sorte, die ist so was von anspruchsvoll. Der [Baum] will gar keine Äpfel produzieren. (lacht) Also sobald der Äpfel hat, überlegt der sich das ganze Jahr über,

---

108 Landesamt für Statistik Niedersachsen: Ergebnisse der Baumobsterhebung in Niedersachsen (2022), und Baumobstanbauerhebung 2022. 2 (Tabelle).
109 Bayerische Landesanstalt für Weinbau und Gartenbau (Hg.): Apfel – neuere und bewährte Sorten für den Erwerbsanbau (o. J.), https://archive.ph/5kmJ9 (1.2.2023).
110 Pink Lady ist der Markenname der Clubsorte Cripps Pink; in Niedersachsen wurde 2022 kein Anbau von Cripps Pink erfasst; siehe Baumobstanbauerhebung 2022. 2 (Tabelle).
111 STIX, Wellant (2023).

da mal ab und zu mal welche von wegzuschmeißen, und dann werden das alles nachher solche Kinderköpfe. Und dann hat man auch andere Sorten dabei, die dann genau das Gegenteil machen, die sitzen dann voll bis oben hin, und da sitzen dann zu viele Äpfel drauf, und da muss man dann reagieren, dass da welche runterkommen, weil da sonst die Fruchtgröße zur Ernte nicht erreicht wird, die man gerne hätte (54).

Verarbeitende Betriebe für Obst

Ohne Hilfsmittel wie Kühlhäuser, nur im Keller gelagert, halten sich Äpfel mit einigem Glück bis in den Winter. Auch Nüsse lassen sich verhältnismäßig lange aufbewahren. Andere heimische Obstarten verderben deutlich schneller, und in der Regel ist es nur durch Einkochen und andere Konservierungsmethoden möglich, sie über die Erntezeit hinaus zu genießen. Daher gehört die Verarbeitung des Obstes zu den ältesten Kulturtechniken.

Zu den wichtigsten Arten gewerblicher Erzeugnisse gehören Säfte, Obstweine, Brotaufstriche und Obstbrände. Während das Schwergewicht der Produktion bei den meisten Obsterzeugnissen weiter im Süden Deutschlands liegt, finden sich Süßmostereien auch im Norden in verschiedenen Landesteilen.[112] Obstsaft ist denn auch das einzige Erzeugnis, zu dem Äpfel im Oldenburger Münsterland gewerblich verarbeitet wurden.

Bis ins ausgehende 19. Jahrhundert konnte Apfelsaft nur in Form vergorenen Mostes als Apfelwein haltbar gemacht werden.[113] 1895 stellte der Schweizer Biologe Hermann Müller (1850–1927), auf den auch die Rebsorte Müller-Thurgau zurückgeht, ein an Louis Pasteur (1822–1895) angelehntes Verfahren vor, durch kurzzeitige Erhitzung die Gärung des Fruchtzuckers zu stoppen und einen für mehr als ein Jahr haltbaren alkoholfreien Obstsaft herzustellen.[114] Bereits 1896 entstand in Geestemünde (heute ein Teil der Stadt Bremerhaven) ein Unternehmen zur Herstellung alkoholfreier Obstsäfte.[115] Mindestens 24 weitere, seit den 1920er Jahren entstandene Süßmostereien[116] konnten für das Obstbaugebiet an der Niederelbe namhaft gemacht werden.[117]

Für das Oldenburger Münsterland ließen sich fünf Obstmostereien ermitteln. Bei den von ihnen verarbeiteten Früchten handelt es sich in der Hauptsache um Äpfel. Lediglich Hersteller, die nicht ausschließlich als Lohnmostereien für Obstanlieferer arbei-

---

112 Eine, wenngleich unvollständige, Liste enthält die Seite des Naturschutzbundes Deutschland, https://www.nabu.de/natur-und-landschaft/landnutzung/streuobst/service-und-adressen/05812.html (23.12.2022).
113 Siehe auch LINDLOFF, Apfelwein (2014).
114 Siehe auch KAISER, Obstland (2009), S. 402.
115 Ebd.
116 Wenn im Folgenden der Kürze halber schlicht von Mostereien gesprochen wird, sind Süßmostereien, bei deren Erzeugnissen der Fruchtzucker nicht zu Alkohol vergoren wird, gemeint.
117 Vgl. KAISER, Obstland (2009), S. 399–419.

Abb. 23–28: Flaschenetiketten für Apfelsaft aus dem Oldenburger Münsterland, um 2020. Die Säfte werden in den Hofläden der Obsterzeuger verkauft.

teten, sondern auch Saft verkauften, erweiterten ihr Sortiment auf andere Fruchtarten wie Weintrauben, Sauerkirschen oder Johannisbeeren. Im Folgenden seien die Mostereien kurz vorgestellt.

Uptmoor, Schneiderkrug

Die vermutlich erste Südoldenburger Mosterei entstand in Schneiderkrug (Gemeinde Emstek).[118] Dort hatten Gottfried Uptmoor (1880–1953) und seine Frau Antonette (1870–1955), die den Gasthof zum Alten Schneiderkrug besaßen – auf ihn geht der Name des Dorfes zurück – sich von Anfang an nicht auf das Betreiben einer Gastwirtschaft beschränken wollen. Neben dem Gasthof bewirtschafteten die Uptmoors vierzig Hektar landwirtschaftliche Flächen. 1930 eröffneten sie eine Gärtnerei und 1939 eine Mosterei.

Abb. 29: Das Ehepaar Antonette und Gottfried Uptmoor (1. Reihe 2. und 3. von links) mit seinen Mitarbeitern, um 1950. Foto: unbekannt, aus: Schneiderkrug (2005), S. 79.

In der Mosterei verarbeiten die Uptmoors Äpfel, rote und schwarze Johannisbeeren sowie Holunderbeeren, die aus der Umgegend angeliefert und gegen Saft und Wein getauscht wurden. Überlieferte Namen der Weine wie „Zigeunerglut", „Tante Nettken" und „Onkel Gottfried" deuten darauf hin, dass bei Uptmoor hergestellte Getränke auch unter diesen Namen verkauft wurden.

---

118 Folgendes nach Schneiderkrug (2005), S. 76–81.

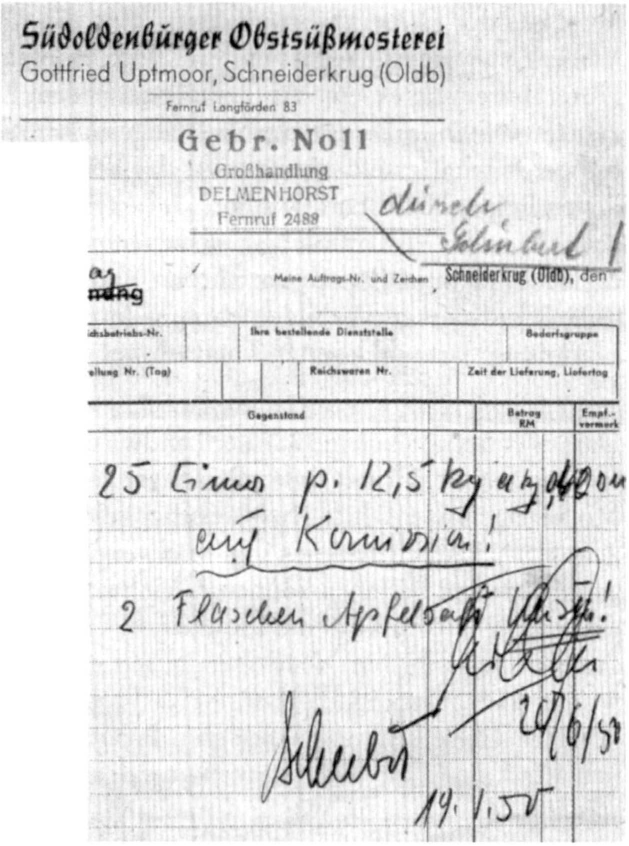
Südoldenburger Obstsüßmosterei
Gottfried Uptmoor, Schneiderkrug (Oldb)
Fernruf Langförden 83

Gebr. Noll
Großhandlung
DELMENHORST
Fernruf 2488

Meine Auftrags-Nr. und Zeichen
Schneiderkrug (Oldb), den

Ihre bestellende Dienststelle	Bedarfsgruppe
Reichswaren Nr.	Zeit der Lieferung, Liefertag

Gegenstand	Betrag RM	Empf.-vermerk
25 Eimer p. 12,5 kg		
auf Kommission!		
2 Flaschen Apfelsaft		
19.1.50		

Abb. 30: Rechnung der Süßmosterei Uptmoor vom Januar 1950 (Ausschnitt). Aus: Schneiderkrug (2005), S. 81.

Unmittelbar nach dem Zweiten Weltkrieg wurde in großem Umfang Sirup aus Zuckerrüben hergestellt. Hierzu bauten die Uptmoors 1948 ein Kesselhaus, das den Mangeljahren entsprechend aus selbstgefertigten Zementsteinen gemauert wurde. Zeitweise waren bis zu 60 Personen in zwei Schichten mit der Sirupherstellung beschäftigt. Nach dem Ende der nachkriegsbedingten Sirupzeit nahm der Betrieb die Abfüllung von Limonaden auf. Hierzu nahm er eine Lizenz des Heidelberger Unternehmers Rudolf Wild, der 1951 die Limonade „Libella" auf den Markt brachte und die von ihm produzierten Erfrischungsgetränke vor allem von mittelständischen Brauereien abfüllen ließ.[119]

1974 wurde der Mostereibetrieb in Schneiderkrug eingestellt.[120]

119 Angaben nach https://www.libella.de/marke/tradition (23.12.2022).
120 Schneiderkrug (2005), S. 78.

Abb. 31: Das Gelände der Süßmosterei Dr. Hermann Siemer in Spreda, um 1970. Aus einer Broschüre zum dreißigjährigen Betriebsjubiläum, 1972. Offizialatsarchiv Vechta.

Siemer, Spreda

In Spreda (Stadt Vechta) nahm Hermann Siemer während des Zweiten Weltkrieges die Produktion von Obstsäften auf. Siemer, der sich erst wenige Jahre zuvor in Berlin als Textilhändler und -fabrikant selbständig gemacht hatte, übernahm 1938 den von seinem Onkel Joseph Siemer geerbten Obsthof in Spreda und einen weiteren Hof in der benachbarten Bauerschaft Strohe.[121] Sehr bald begann er, in den Gebäuden des Spredaer Hofes eine moderne Süßmosterei einzurichten. Die Genehmigung für den Betrieb – das Obst unterlag in den Kriegs- und Nachkriegsjahren der Bewirtschaftung – bekam er 1942.[122]

Gegründet wurde die Mosterei mit der Absicht, die in der Region geernteten Äpfel, die sich nicht als Tafelobst verkaufen ließen, zu verwerten. Auch auf den eigenen Flächen produzierte Siemer – um 1975 erstreckten sich die Anbauflächen auf rund dreißig Hektar – in erster Linie Tafelobst; die hier erzeugten Äpfel gingen nur bei ungünstigen Preisen in die Mosterei.[123]

---

121 Siehe weiter oben in diesem Kap.
122 Vgl. Baumann, Persönlichkeiten (2005), S. 116f.
123 Vgl. Windhorst, Agrarwirtschaft (1975), S. 154f.

Abb. 32: Abfüllanlage der Süßmosterei Dr. Hermann Siemer in Spreda, um 1970. Aus einer Broschüre zum dreißigjährigen Betriebsjubiläum, 1972. Offizialatsarchiv Vechta.

Abb. 33: Sortiment der Süßmosterei Dr. Hermann Siemer, um 1972. Aus einer Broschüre zum dreißigjährigen Betriebsjubiläum, 1972. Offizialatsarchiv Vechta.

Nachdem der Betrieb bis Ende der sechziger Jahre in mäßigem Tempo gewachsen war und unter dem Markennamen Dr. Siemer zunächst nur heimisches Obst verarbeitete, stieg die Produktion in den siebziger Jahren sprunghaft an.[124] Allerdings geriet das Unternehmen zu Beginn der achtziger Jahre in finanzielle Schwierigkeiten. 1984 beteiligte sich die sportfit Fruchtsaft GmbH & Co. KG an der Firma und übernahm sie 1986 ganz. In den folgenden Jahren wurde der Betrieb erheblich ausgebaut.[125]

---

124 Vgl. ebd., S. 155; CAO, Sonderkulturanbau (1993), S. 123.
125 AHLRICHS/MEYER, Handel (1990), S. 679f.; BAUMANN, Persönlichkeiten (2005), S. 136.

Um 1990 beschränkte sich die Primärproduktion, d. h. die Vermostung von Obst, bei sportfit weitgehend auf Äpfel. Das verarbeitete Obst stammte größtenteils aus Vertragsanbau im Alten Land und zu etwa zehn Prozent aus Südoldenburg. Neben Äpfeln scheinen lediglich Weintrauben aus Vertragsanbau in Rheinland-Pfalz direkt zu Saft verarbeitet worden zu sein. Für Säfte aus anderen Obstarten bereitete der Betrieb Rohware bzw. Konzentrate wie Orangensaft-Konzentrat, Aprikosen-, Pfirsich- oder Birnenmark auf.[126]

2001 erwarb Wilfried Mocken, Eigentümer der sportfit und Vorstandsvorsitzender der Underberg AG, die Rechte an der Marke des Fruchtsaftherstellers Valensina;[127] aus der Firma sportfit ging später die Valensina GmbH hervor. 2002 wurde die eigene Vermostung eingestellt.[128] Als eine von drei Betriebsstätten der Valensina GmbH ist die einstige Mosterei heute der Standort einer Abfüllstation für Säfte aus Saftkonzentraten in Kunststoffflaschen und Kartonverpackungen. Die Firma unterhält eigene Tiefbrunnen mit Förderrechten für 800 000 Kubikmeter pro Jahr sowie eine eigene Kläranlage für Produktionsabwässer.[129]

Abb. 34: Die letzte Spur im Ortsbild: Bushaltestelle Dr. Siemer, Spreda, Oktober 2023.

Der Markenname Dr. Siemer ist inzwischen fast ganz aus dem Ortsbild gewichen (Abb. 34). Zwar ist die Wortmarke Siemer nach wie vor als Eigentum der Valensina GmbH beim Deutschen Patent- und Markenamt eingetragen,[130] doch tritt sie in der Selbstdarstellung ihres Eigentümers nicht in Erscheinung.[131]

---

126 Vgl. Cao, Sonderkulturanbau (1993), S. 123 und 126.
127 Birger Nicolai: Underberg-Chef kauft Markennamen Valensina. In: Die Welt, 20.11.2001, https://www.welt.de/print-welt/article488351/Underberg-Chef-kauft-Markennamen-Valensina.html (18.2.2022).
128 Vgl. Seipp, Entwicklung (2005), S. 58.
129 https://www.valensina-gmbh.de/Nachhaltigkeit (18.2.2022).
130 https://register.dpma.de/DPMAregister/marke/register/3020210057445/DE# (18.2.2022).
131 Keine entsprechenden Hinweise ergab die Suche auf den Seiten valensina.de und valensina-gmbh.de (18.2.2022).

2. Baumobst

Abb. 35: Eröffnungsanzeige der Süßmosterei Hagena. Oldenburgische Volkszeitung, 2.7.1948.

Hagena, Lutten

Bald nach seiner Gründung stand der Betrieb Uptmoor in Schneiderkrug bei der Gründung einer weiteren Mosterei Pate: Nach dem Zweiten Weltkrieg kooperierten Gottfried Uptmoor und Gottfried Hagena (1912–2014), der sich in Lutten selbständig machte.[132] Gottfried Hagena, Sohn eines Baumschulgärtners aus Vechta, war Flugzeugpilot. Während des Zweiten Weltkrieges hatte er als Aufklärungsflieger gedient und suchte nun nach einem Auskommen für sich und seine Familie. Nach dem Vorbild Uptmoors begann er, in dem von ihm gepachteten rückwärtigen Teil der vormaligen Lutter Molkerei Zuckerrübensirup herzustellen. Der dunkle Sirup wurde in kleinen Flaschen verkauft. Überliefert ist auch, dass Hagena gemeinsam mit Gottfried Uptmoor in Geisenheim mehrere Kurse zur Obstverarbeitung besuchte, die für Quereinsteiger angeboten wurden.[133]

Im Juli 1948, wenige Tage nach der Währungsreform, eröffnete Hagena eine Süßmosterei (Abb. 35) und begann hauptsächlich Äpfel, aber auch Johannisbeeren, Stachelbeeren und Kirschen zu pressen. In technischer Hinsicht arbeitete man mit den damals

---

132 Folgendes nach einem Interview mit der Familie Hagena im Frühjahr 2022.
133 Vermutlich an der Hessischen Lehr- und Forschungsanstalt für Wein-, Obst- und Gartenbau.

Abb. 36: Einladen von Äpfeln in der Süßmosterei Hagena, 1964.

Abb. 37: Leere Ballonflaschen auf dem Betriebshof. Obstmosterei Hagena, Lutten, um 1964.

verfügbaren einfachsten Mitteln. So wurde der Saft, um ihn haltbar zu machen, anstatt ihn in einem Wärmeaustauscher zu pasteurisieren, in einem Kochkessel aufgekocht. Dies dauerte allerdings entsprechend länger und konnte dem Saft auch einen Kochgeschmack geben. Anfangs wurde der Saft mit dem Fahrrad oder mit der Bahn an Gaststätten und Lebensmittelgeschäfte in der Region geliefert.

Im Laufe der Jahrzehnte wurde der Betrieb fortlaufend modernisiert. 1980 übernahm Gottfried Hagenas Sohn Uwe, der zuvor ein Studium der Getränketechnologie ab-

Abb. 38: Befüllung der Ballonflaschen 1955. Foto: Heinz Zurborg, Vechta / Familie Hagena, Lutten.

Abb. 39: Bis in die 60er Jahre wurde der Saft zum Schutz vor Frost in einer Erdmiete gelagert. Foto: Familie Hagena, Lutten, um 1964.

geschlossen hatte, mit Unterstützung seiner Frau Monika die Leitung der Firma. Vierzig Jahre später trat mit dem studierten Betriebswirt Daniel Hagena die dritte Generation an.

Eine Konstante, die sich aus der Natur des Geschäftes ergibt, ist der besonders große Arbeitsschwerpunkt im Herbst. Von Anfang September bis Ende Oktober sind alle Kräfte angespannt:

Freizeit, sagen Sohn Uwe und Enkel Daniel Hagena, *ist in den beiden Monaten nicht angesagt. Da ist man von montags bis samstags auf jeden Fall von morgens bis abends auf den Beinen. So wie die Äpfel angeliefert werden, müssen wir sie auch verarbeiten.*

Außerhalb der Saison helfen, wie Monika Hagena erläutert, zwei bis drei Hausfrauen und Rentner als geringfügig Beschäftigte beim Abfüllen und anderen Tätigkeiten. In der Hauptsaison, während der Apfelannahme im Herbst, werden immer drei Arbeitskräfte dazu benötigt. Von Vorteil ist es natürlich, wenn die Mitarbeiter in der Nähe wohnen und bei Bedarf kurzfristig einspringen können.

Für die Verarbeitung des Obstes, in der Regel Falläpfel, ist es unerlässlich, dass es reif und gesund ist. Ein Mitarbeiter, der das Obst annimmt und wiegt, achtet zugleich auf den Zustand der Äpfel. *Und wenn dann mal vereinzelt ein fauler drin ist, sucht man den natürlich raus.* Grundsätzlich gilt, dass Äpfel, da sie bei längerem Liegen leicht verderben, nach Möglichkeit am Tag nach dem Auflesen zur Verarbeitung gebracht werden sollten.

Abb. 40: Zwei Mitarbeiterinnen an der Packpresse, 1955. Foto: Heinz Zurborg, Vechta / Familie Hagena.

Abb. 41: Vor dem Pressen werden die Äpfel zerkleinert. Aufnahme aus den 1980er Jahren.

Abb. 42: Reinigung der zurückgebrachten Flaschen, 1980er Jahre.

Abb. 43: Getränkesortiment der Mosterei Hagena für den Verkauf, 1955.

Da es nicht viele Annahmestellen gibt, fahren Privatleute mitunter Strecken von über fünfzig Kilometern, um ihr Obst anzuliefern. Für das Obst können sie als Gegenleistung entweder Apfelsaft in klarer und naturtrüber Form oder auch andere Säfte und Nektare aus dem Sortiment in einer dem Wert des Obstes entsprechenden Menge erhalten.

Die Obstanlieferer kommen aus den Kreisen Vechta, Cloppenburg und Diepholz, in einzelnen Fällen auch aus dem Emsland. In derartigen Fällen liegt das Motiv der Anlieferer wohl nicht in wirtschaftlichen Erwägungen. Man bringt das Obst zum Pressen, weil man es sinnvoll verwenden will, statt es verkommen zu lassen.

Mit dem Wechsel der Generationen, beobachtet Monika Hagena, setzen sich jedoch neue Anschauungen durch: *Es rentiert sich nur noch bedingt, das Obst zu suchen, wenn man die Zeit und die Anfahrt rechnet.* Anknüpfend an eine Rundfunksendung vom Herbst 2021[134] vermutet sie, dass die „Bück-Generation", d. h. die Älteren, die stets fleißig das Obst zu den Mostereien gefahren hätten, aussterbe.

Seit zehn, fünfzehn Jahren sehen die Hagenas, dass das angelieferte Obst kontinuierlich weniger wird. Bisweilen kündigten ältere Anlieferer an, dass sie zum letzten Mal kämen: „*Ja, das ist dies Jaohr dat letzte Jaohr. Wi heww die Böme jetzt wegmaokt. [...] Wir werden wohl nicht wiederkommen.*" Oder: „*Opa und Oma sind gestorben, jetzt söch kiener mehr die Appels.*"

Für Süßmostereien sind dies keine guten Aussichten. Hinzu komme, bemerkt Uwe Hagena, dass das Ernteaufkommen nach 2000 nicht mehr groß gewesen sei. Im Jahr 2000 habe es eine Gewalternte gegeben, die auch die Großmostereien an die Grenze ihrer Kapazitäten gebracht habe. *Und seitdem haben wir nur noch unterdurchschnittliche Ernten gehabt.*

Damit nicht nur Obstbäume gefällt, sondern auch neue gepflanzt werden, machten die Hagenas mit Unterstützung der Baumschule Funke aus Hagstedt ein Angebot: „*Ihr könnt im Herbst bei uns Bäume bestellen und sie dann Anfang November abholen.*" Dies wurde über einige Jahre wenigstens vereinzelt angenommen.

Ein anderer ungünstiger Umstand ist, dass es schwieriger wird, Fachpersonal für kleinere Betriebe zu finden. Anstelle des bisherigen Mitarbeiters, der über vierzig Jahre im Betrieb war und sich im Laufe der Jahrzehnte viele Maschinenkenntnisse selbst angeeignet hatte, müsste ein ausgebildeter Fruchtsafttechniker angestellt werden. Auch Aushilfskräfte für die Hauptsaison waren nach 2020 schwerer zu bekommen. Überdies zeichnete es sich ab, dass auf die Dauer neue Maschinen angeschafft werden müssten; dies bedeutete jedoch angesichts der abnehmenden Obstanlieferung und des Mangels an Fachleuten ein erhebliches Risiko. Um angesichts dieser Entwicklungen die Firma weiterzuführen, hat die Familie Hagena beschlossen, bestimmte Schritte der Verarbeitung auszulagern. Auf jeden Fall aber wird die Firma Hagena auch weiterhin Äpfel annehmen und den Saft unter dem eingeführten Namen verkaufen.

Da das Unternehmen sich nicht als bloße Lohnmosterei versteht, lebt es von einem breitgestreuten Absatz. Vertreten ist es mit seinen Säften in den Kreisen Cloppenburg, Vechta, Oldenburg und Ammerland und vereinzelt bis Bremerhaven. Wert legen die Hagenas darauf, dass alle Säfte in Mehrwegflaschen abgefüllt werden.

---

134 Sendung „Mosterei-Saison läuft – Interesse lässt seit Jahren nach", Antenne Niedersachsen, 5.10.2021, https://www.antenne.com/niedersachsen/regionalnachrichten/news_ueberregional/Mosterei-Saison-l%C3%A4uft-Interesse-l%C3%A4sst-seit-Jahren-nach-id593728.html (12.5.2022).

Abb. 44: Obstanlieferung bei der Lohnmosterei Zobel, September 2023.

Zobel, Löningen

Anders als die Unternehmen Uptmoor, Siemer und Hagena versteht sich der seit dem Herbst 1995 aktive Betrieb von Norbert Zobel in der Löninger Bauerschaft Augustenfeld als reine Lohnmosterei: Gepresst wird nur im Auftrag der Anlieferer, auch gibt es keinen Verkauf von Saft, sondern allenfalls in geringem Umfange einen Austausch zwischen Kunden, die bisweilen etwas mehr oder etwas weniger Saft verwenden können, als sich aus ihrem angelieferten Obst herstellen lässt.

Als Norbert Zobel auf die Idee kam, sich mit Apfelsaft zu befassen, hatte er bis dahin nur eine markante Erinnerung an dieses Getränk: Als Junge, um 1960, hatte er in der Nähe seines Elternhauses in Goldenstedt beim Kohlpflanzen geholfen, um sich etwas Taschengeld zu verdienen. Zum Abendbrot gab es dort bei der Großmutter Schwarzbrot mit Apfelmus und dazu ein Glas Apfelsaft. Von dem Apfelsaft bekam er einen heftigen Nachdurst, so dass er sofort den Wasserhahn aufsuchen musste. Woran das lag, kann er bis heute nicht sagen, auf jeden Fall war es *Apfelsaft mit Nachdurst. So hatte ich das in Erinnerung.*

In den späteren Jahren sah sich Norbert Zobel denn auch nicht veranlasst, Apfelsaft zu trinken, und auch vom Berufsweg her ergab sich keine zwingende Verbindung mit der Obstmosterei. Zobel absolvierte eine Ausbildung zum Landwirt, legte die Meisterprüfung ab und wurde später Milcherzeugerberater bei der Molkerei Löningen. In

Abb. 45: Norbert Zobel an der Packpresse, September 2023. Die in der Mühle zerkleinerten Äpfel werden in auf Pressblechen in Presstücher geschlagen, die Presstücher zu einem Stapel geschichtet und anschließend unter die Presse (rechts im Bild) geschwenkt.

den neunziger Jahren fuhr er zusammen mit seinem Chef zu einem Demeter-Hof in der Nähe von Aurich und nahm dort Milchproben, um sie in der Molkerei zu untersuchen. Als der Landwirt etwas zu trinken anbot, er habe Wasser und Apfelsaft, entgegnete Norbert Zobel spontan: *Apfelsaft wäre ganz gut!* Und nachdem er davon getrunken hatte: *Das ist der erste Apfelsaft, den ich in meinem Leben trinke, ohne Nachdurst zu verspüren.*

Als er auf dem Rückweg nach Löningen meinte: *Was die können, das müsste man doch auch können*, ermutigte ihn sein Chef: *Machen Sie mal!*

Der erste Versuch, Saft herzustellen, war eher auf Wagemut als auf Erfahrung gegründet: *Irgendwie hatten wir Äpfel und haben geglaubt, wir könnten Apfelsaft machen.* Ein Nachbar baute ihm eine Spindelpresse. *Und da haben wir die Äpfel dann gesäubert, geviertelt rein und dann gepresst. Nee, kam kein Saft raus.*

Beim nächsten Versuch zerkleinerte er die Äpfel mit einem Gartenhäcksler, den er von seinem Chef geliehen und gereinigt hatte. *Und dann lief der schon, der Saft*. Nachdem er die zerkleinerten Äpfel in ein Tuch geschlagen und gepresst hatte, bekam er 68 Flaschen Apfelsaft. Den Saft erhitzte er in einem großen Einkochtopf und füllte ihn mit einem Trichter in Flaschen ab.

Eine unter den Kollegen in der Molkerei veranstaltete Blindverkostung, bei der sein Saft deutlich besser abschnitt als gekaufte teure Säfte, ermunterte Zobel, mit der Herstellung weiterzumachen. Zwei oder drei Jahre stellte er mit der Spindelpresse Saft für den privaten Verbrauch her. Daneben sah er sich bei anderen Betrieben um. So brachte

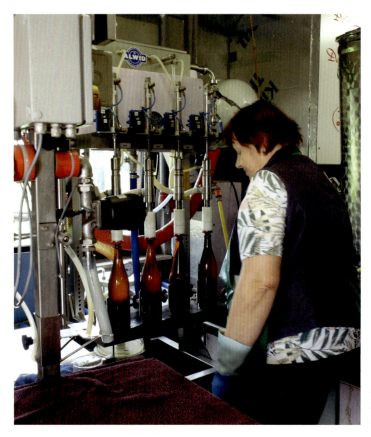

Abb. 46: Berna Zobel an der Flaschenabfüllmaschine, September 2023.

er zusammen mit seinem Schwager eine Tonne Äpfel, die er bei Bekannten gesammelt hatte, zu einer Lohnmosterei im Kreis Diepholz, um sich die dortigen Arbeitsabläufe anzusehen. Als ermutigend empfand Zobel die Aussage eines Mosters aus Bad Iburg, dass nach Löningen wohl eine Lohnmosterei hinpasse: *Macht das in Ruhe, das wird klappen.*

Auf dem Hof des Schwagers in der Bauerschaft Augustenfeld baute die Familie einen vormaligen Sauenstall aus. Einen geeigneten Maschinensatz mit Packpresse und Reinigungsanlage erwarb Norbert Zobel auf einer Messe. Zu den Erfahrungen der ersten Jahre gehörten auch kleinere Misserfolge mit Fehlproduktionen, wie Zobel rückblickend feststellt.

Die Kunden, die zur Lohnmosterei kommen, sind Privatleute, aber auch einige landwirtschaftliche Betriebe mit Hofläden. Beide Gruppen von Kunden verbindet das Interesse, Saft aus dem eigenen Obst mit nach Hause zu nehmen:

Mit den Lohnmostereien geht es in erster Linie darum: Die Leute haben ihre 50 bis 300 Kilo Äpfel, lassen die bei uns vermosten, kriegen ihren Saft sofort wieder mit. Und dann wissen sie: Das ist alles aus meinem Obst. Die haben alles gesehen: vom Einschütten der Äpfel bis zum Abfördern, wie ich die Maische verarbeite, wie das Auspressen geht, das Saftfördern, das Erhitzen, das Abfüllen.

Daher sollten sich, sagt Norbert Zobel, die Kunden Zeit nehmen, den Besuch in der Lohnmosterei als eine Art Erlebniseinkauf empfinden, sich mit den anderen Kunden austauschen und sich gern auch selbst beteiligen, indem sie beim Auskippen der Äpfel helfen. Tatsächlich bleiben die Kunden während der Verarbeitung ihres Obstes in der Werkstatt, bis sie die noch heißen Flaschen oder Schlauchbeutel in ihre Fahrzeuge laden können.[135]

Der Umkreis, aus dem die Kunden kommen, hat einen Radius von etwa vierzig Kilometern; einzelne kommen aus entfernteren Orten wie Bielefeld oder Wilhelmshaven.

In Abgrenzung zu großen, überregionalen Getränkeherstellern, deren Erzeugnisse vom 1. Januar bis zum 31. Dezember den gleichen Geschmack hätten, betont Norbert Zobel die Vielfalt der Geschmacksnoten des in der Lohnmosterei erzeugten Saftes:

Im Herbst, von Woche zu Woche, verändern sich ja die Äpfel. Sie werden immer reifer, und damit wird der Saft immer süßer. Das heißt, mit einer Sorte, ich sag jetzt mal, Grahams Jubiläum, komme ich Mitte September mit den ersten, weil die schon fallen usw. Und dann will ich schon die ersten hundert Kilo pressen lassen. Das andere lasse ich drauf, und dann lasse ich noch mal vierzehn Tage ins Land gehen, und dann komme ich mit der zweiten Charge Äpfel als zweite Pressung, und schon habe ich einen ganz anderen Saft.

Lässt sich beobachten, dass die Generation, die noch bereit ist, das Fallobst aufzulesen, abtritt? Zum Teil lasse es sich beobachten: *Wenn der Wohlstand so weitergeht: Warum soll ich mich nach Äpfeln bücken? ... Ich pflanze ja schon mal gar keinen Baum mehr. Also brauche ich mich auch nicht danach zu bücken.*

Auch sei der Altersdurchschnitt der Kundschaft etwas höher als bei der Gesamtbevölkerung. Dies liege aber oft daran, dass auch Großeltern für die Anfuhr der Äpfel mehr Zeit hätten als ihre berufstätigen Kinder. Nicht selten seien auch junge Mütter mit ihren Kindern unter den Kunden. Insofern sieht Norbert Zobel keinen Anlass zur Sorge, dass die Nachfrage einbricht.

Vergleichsweise entspannt kann er vielleicht auch deshalb sein, weil er vom Umsatz der Mosterei niemals existentiell abhängig war, sondern sie stets im Nebenerwerb betrieben hat, sowohl in seiner Zeit in der Molkerei als auch später als Rentner. Zeitlich konzentriert sich der Betrieb auf acht Wochen, in denen für ihn 600 Arbeitsstunden zusammenkommen. Insgesamt sind, einschließlich der Bekannten und Verwandten, die als Aushilfen angemeldet sind, fünf Leute an der Presse, beim Flaschenreinigen und mit anderen Arbeiten beschäftigt.

Bisher hatte Zobel die Hilfskräfte über private Kontakte gefunden. Manche Verbindungen ergaben sich im Gespräch mit Kunden, die Interesse an einer Aushilfstätigkeit

---

[135] Beobachtet im September 2023.

äußerten und ihre Telefonnummer daließen. Anders als vor fünfzig Jahren kämen aber nicht mehr die jungen Leute zum Herbst und fragten, ob sie einen Ferienjob bekommen könnten. Vielleicht, mutmaßt er, wüssten es auch zu wenige.

Eine Zäsur zeichnete sich durch die Nachfolgefrage ab. Zwar zeigte sich eine der vier Töchter bereit, die Mosterei weiterzuführen, und brachte auch die Fähigkeiten dazu mit: *Die ist super. Die kann das.* Aber langfristig galt es sicherzustellen, dass die Tochter und die Familie nicht überlastet werden. *Und da wird ganz offen drüber geredet, bevor dort investiert wird und das weitergeht.*

Für Norbert Zobel ist die Weiterführung des Betriebes nicht nur eine wirtschaftliche, sondern auch eine persönliche Angelegenheit: *Mir geht's schon mittlerweile so ans Herz, weil man die Kunden nicht enttäuschen möchte.*

Im Laufe des Jahres 2023 hat die Familie eine völlig neue Lösung gefunden: Nachdem im Herbst zum letzten Mal in Augustenfeld gepresst wurde, ziehen die Maschinen und Gerätschaften in den Meppener Ortsteil Bokeloh um. Dort richtet das St.-Vitus-Werk, das im Interesse der Inklusion arbeitet, die Mosterei als geschützte Werkstätte neu ein. In der Saison 2023 wurde den Kunden bereits angekündigt, dass 2024 in Meppen weitergepresst wird und dass Norbert Zobel in der Einführungsphase hilft.

Oevermann, Höltinghausen

Die jüngste Südoldenburger Mosterei befindet sich in Höltinghausen bei Cloppenburg. Dort begann Sebastian Oevermann 2016 mit Hilfe einer Korbpresse die Herstellung von Apfelsaft. Den Gedanken an die eigene Saftproduktion hatte Oevermann bereits seit längerem gehegt, doch den Anstoß, ihn umzusetzen, gab erst die Anfrage des Kulturkreises Höltinghausen, der auf einer Veranstaltung das Pressen von Äpfeln zeigen wollte und hierzu einen Partner suchte. Zunächst stellte Oevermann die Korbpresse in seiner Scheune auf. Da der Raum auf die Dauer ungeeignet war, richtete er im folgenden Jahr neue Räume her.

Nach 2016, berichten die Eheleute Sebastian und Oxana Oevermann, wuchs der Kreis der Gartenbesitzer, die ihr Obst vermosten lassen wollten, fast wie von selbst. Neben dem Kulturkreis trugen auch der Kindergarten und die Schule zur Mundpropaganda bei: *Zusammen mit den Kindern haben wir hier im Garten Äpfel gepresst. Die Kinder waren begeistert. Und natürlich haben sie das zu Hause erzählt.* Auch Lehrer waren mit großem Interesse beteiligt: *Die Lehrer haben zum Beispiel eine kleine Apfelsaftflasche gestaltet und für die Eltern unsere Visitenkarte daran befestigt; das war wirklich gut.*

Über den Ort hinaus machten Zeitungsberichte und das Internet die Mosterei bekannt.[136] Schwerer lässt sich einschätzen, in welchem Maße Annoncen, die Oevermann in die die regionalen Zeitungen setzen ließ, Kunden herbeiführten.

Da die kleine Korbpresse zur Verarbeitung des angelieferten Obstes bald nicht mehr ausreiche und wegen des dadurch erhöhten Arbeitsaufwandes bisweilen auch die Nächte durchgearbeitet werden mussten, kaufte Oevermann 2021 neue Maschinen, *mit Waschanlage, Presse, Erhitzung, Abfüllung, allem Drum und Dran.*

Seine Kunden, schätzt Oevermann, sind zu neunzig Prozent Privatleute. Räumlich erstreckt sich sein Einzugsbereich auf Teile der Landkreise Cloppenburg, Oldenburg und Vechta. Einen vergleichsweise weiten Weg nehmen Kunden aus Barßel im Cloppenburger Nordkreis und aus Steinfeld im Vechtaer Südkreis auf sich. In einzelnen Fällen sind Kunden schon von der Nordseeküste und aus Osnabrück gekommen. Bei weiten Anreisen suchen es die Oevermanns so einzurichten, dass die Kunden in der Mosterei warten und den Saft wieder mitnehmen können, ohne ein zweites Mal fahren zu müssen. Meist holen die Kunden den Saft jedoch am nächsten Tag ab.

Die im Zusammenhang mit den Lohnmostereien aufgekommene Frage, ob ihre Kunden höheren Alters sind, möchten die Oevermanns nicht bestätigen. Neben Älteren seien auch viele in ihrem Alter, d. h. um die vierzig, dabei, und der Anteil Jüngerer scheine sogar zuzunehmen.

Bisher führte Sebastian Oevermann den Betrieb als reine Lohnmosterei, doch möchte er nicht ausschließen, auch in den Verkauf zu gehen, je nachdem, wie die Ernte in den eigenen Obstanlagen ausfällt. Auf vier Hektar hat Oevermann gut 500 hochstämmige Obstbäume gepflanzt. Die Sorten sind auf eine geeignete Mischung für die Saftherstellung abgestimmt: Boskop, Holsteiner Cox, Jakob Lebel, Danziger Kantapfel, Celler Dickstiel, Berner Rosenapfel und Finkenwerder Herbstprinz, hinzu kommen Birnen und Quitten für Mischsäfte.

Ebenso wie die Apfelerzeuger, die Tafelobst anbauen, hat er große Sorgfalt auf die Wahl der Sorten verwendet: *Ich hatte damals ganz lange überlegt, welche Sorten ich nehme, und mir eine Liste gemacht, mit dem Pro und Contra zu jeder Sorte. Bestimmt habe ich ein Jahr lang gesucht, überlegt und Bücher dazu gelesen.*

Oevermann ist überzeugt, dass Landwirte auch im Oldenburger Münsterland nur gute Zukunftsaussichten haben, wenn sie ihre Betriebe auf die ökologische Erzeugung umstellen. Folgerichtig arbeitet er auch für die eigenen Obstanlagen auf die Anerken-

---

136 Sigrid LÜNNEMANN: Naturtrüben Apfelsaft ganz einfach selbst gemacht. In: Nordwest-Zeitung, 11.9.2018, https://www.nwzonline.de/cloppenburg/wirtschaft/hoeltinghausen-appel-schnack-naturtruebenapfelsaft-ganz-einfach-selbst-gemacht_a_50,2,1850732869.html (21.12.2022); DIES.: So kommt der Apfel ins Glas. In: Nordwest-Zeitung, 4.9.2019, https://www.nwzonline.de/cloppenburg/wirtschaft/hoeltinghausen-erntezeit-so-kommt-der-apfel-ins-glas_a_50,5,3213470154.html (21.12.2022); Tanja SCHULTE-SASS: Mosterei aus Höltinghausen stellt leckere Fruchtsäfte her. In: OM.online, 18.8.2022, https://www.om-online.de/promenade/mosterei-aus-hoeltinghausen-stellt-leckere-fruchtsaefte-her-133240 (21.12.2022).

nung als Bio-Produkt hin. Den Saft von den Äpfeln des zuerst bepflanzten Hektars konnte er ab 2022 als Umstellungsware verkaufen, die restliche Fläche soll 2024 umgestellt sein. Einem Anbauverband möchte er sich schon wegen der kostspieligen Kontrollen nicht anschließen, doch schließt er dies nicht grundsätzlich aus.

Eine zunächst erwogene Umstellung auch der Mosterei als zertifizierter Bio-Betrieb erwies sich indes als unnötig. Der Betrieb könne, sagt Oevermann, auch jetzt schon sowohl ökologisch als auch konventionell erzeugte Äpfel annehmen. Dass sie dafür nach jedem Durchgang komplett gereinigt werden müsse, bedeute für ihn keinen zusätzlichen Arbeitsaufwand, da die Maschinen ohnehin täglich zu reinigen und zu desinfizieren seien.

Dem ökologischen Gedanken entspricht auch die Abfüllung des Saftes in Glasflaschen. Bisher wird der Saft in Kunststoffschläuche, d. h. in Bag-in-Box-Behältnisse gefüllt, und die meisten Kunden sind nach seiner Aussage mit diesen Verpackungen eigentlich zufrieden. Eine Anlage zur Flaschenabfüllung hat Oevermann zwar bereits angeschafft, doch hat er sich noch nicht an die neue Maschine oder vielmehr an den mit ihrem Einsatz verbundenen Aufwand herangetraut: *Es ist wieder eine Investition. Das fängt schon mit den Flaschen an, die als Pfandflaschen herausgehen. Dann braucht man eine Waschanlage, eine Verschlussanlage und eventuell sogar eine Etikettiermaschine, falls der Saft in den Verkauf soll.*

Zwei Kunden, die Oevermann darauf angesprochen hatten, dass sie ihren Saft in Flaschen mitnehmen wollten, haben ihre eigenen Flaschen mitgebracht. Nachdem auch ein weiterer Kunde nach Flaschen fragte, will Oevermann sehen, wann er mit der Flaschenabfüllung beginnt. Für ihn bringt dies zwar neue Kosten mit sich, doch liegt es auch in seiner Absicht: *Irgendwann wollen wir da sowieso hin.*

Bis 2023 blieb es allerdings noch bei der bisherigen Art der Gebinde: In Flaschen abgefüllt bekamen die Kunden den Saft, wenn sie leere Flaschen mitbrachten; die anderen bekamen Schlauchbeutel zu fünf Litern.[137]

Mit ökologischem Denken begründet Oevermann auch, dass er die Säfte grundsätzlich naturtrüb belassen will. Um klaren Saft herzustellen, müsse man ihn zentrifugieren, doch lehne er dies nicht nur wegen der Kosten für eine Zentrifuge ab, sondern auch, weil man mit ihr das Beste aus dem Saft herausschleudere. Nicht zuletzt will er den Saft auch deshalb naturtrüb belassen, weil ihn dies von industriell erzeugten Getränken unterscheide.

Die Säfte sind sehr individuell, und besonders im unbearbeiteten Zustand fallen sie sehr verschieden aus: *Da gibt's manchen Apfelsaft, der ist glasklar. Das siehst du gar nicht, der sieht aus wie Wasser. Und es gibt auch welchen, der ist dunkel, ganz dunkel, ganz*

---

137 Thomas VORWERK: Apfelernte wird zu leckerem Saft gepresst. In: Münsterländische Tageszeitung, 2.10.2023, S. 10.

braun. Dies liege vor allem an den vermosteten Sorten: *Es kommen auch späte Apfelsorten, die sind ganz klar. Und ab und zu ist der Saft richtig braun wie Moorwasser.*

Die Mosterei versteht sich als Familienbetrieb, in dem besonders in der Hauptsaison alle mithelfen. Um die zunehmenden Arbeiten auch künftig bewältigen zu können, suchen die Oevermanns einen Mitarbeiter. Entlastung brauchen sie nicht zuletzt deshalb, weil während der Mostsaison auch die Ernte des eigenen Obstes anfällt und beides zusammen auf die Dauer nicht zu schaffen ist. *Das kann man nachher nicht mehr alles selber, das muss man sich ganz klar eingestehen. Will ich auch nicht.*

Hinzu kommt, dass Sebastian Oevermann die Landwirtschaft und die Mosterei im Nebenerwerb führt. Im Hauptberuf ist er Bautechniker. Immerhin konnte er mit seinem Chef vereinbaren, dass er während der Apfelsaison halbtags arbeitet.

Es hat wohl auch mit dem Hofgedanken zu tun, dass Oevermann den Hof seiner Familie weiterführt. Nachdem der bis zur Großelterngeneration geführte landwirtschaftliche Betrieb jahrzehntelang geruht hatte und die Flächen verpachtet waren, fing Oevermann nicht nur an, die vier Hektar als Obstflächen neu zu nutzen, sondern nahm zusammen mit seiner Familie in kleinem Umfang auch die Haltung von Tieren auf, darunter Schafweide und -wiese, auf insgesamt vier Hektar.

Das Oldenburger Münsterland und das Alte Land

Um das Oldenburger Münsterland als Anbaugebiet für Kernobst charakterisieren zu können, bietet sich ein vergleichender Blick auf andere Obstregionen an, vor allem auf das im selben Bundesland gelegene Alte Land. Dabei sind weniger die schieren Größenunterschiede als die strukturellen Gemeinsamkeiten und Unterschiede von Interesse.

Entsprechend der deutlich geringeren Größe des Südoldenburger Obstbaus finden sich einige Elemente, die die Infrastruktur des Altländer Obstbaugebietes ausmachen, in Südoldenburg nicht oder nur in kleinem Maßstab wieder. Anders als im Oldenburger Münsterland hat sich im Alten Land und den daran angrenzenden Teilen des Niederelbegebietes rund um den Obstbau ein Cluster aus vor- und nachgelagertem Gewerbe gebildet, vergleichbar mit dem Cluster, der im Oldenburger Münsterland rund um die Veredelungswirtschaft entstanden ist.

Sortiertechnik:
Geringer ausgeprägt ist im Oldenburger Münsterland, entsprechend dem geringerem Obstaufkommen, auch die Beteiligung an technischen Entwicklungen wie an Anlagen zur Apfelsortierung. So gab es im Alten Land, wo bereits in den 1920er Jahren an Obstsortiermaschinen gearbeitet wurde, mehrere Betriebe, die Sortiermaschinen fertig-

ten.[138] Im Oldenburger Münsterland bildete der Landwirt Bernhard Dammann in Astrup (Gemeinde Visbek), der in den 1950er Jahren an Sortiermaschinen arbeitete, einen Einzelfall.[139]

Institutionalisierte Forschung und Beratung:
Ebenso wie im Alten Land, wo 1929 der Obstbauberatungsring des Alten Landes und 1935 die Obstbauversuchsanstalt in Jork gegründet wurden, wurden 1946 mit dem Obstbauberatungsring Südoldenburg und der Obstbauversuchsanstalt in Langförden (Kr. Vechta) auch im Oldenburger Münsterland eigene Beratungsstrukturen für den Kernobstbau geschaffen.[140] Mit der Ablösung des Kernobstes durch das Beerenobst als wichtigste Obstarten und mit der wachsenden Bedeutung des Gemüsebaus setzte die Langförder Obstbauversuchsanstalt (seit 1975: Versuchs- und Beratungsstation für Obst- und Gemüsebau) jedoch neue Schwerpunkte; die verbliebenen Kernobsterzeuger konsultieren heute die Beratung aus Jork und zum Teil auch gewerbliche Berater aus den Niederlanden.

Verarbeitende Betriebe:
Seit Beginn des 20. Jahrhunderts entstanden im Niederelbegebiet zahlreiche obstverarbeitende Betriebe.[141] Ihre Aufgabe bestand darin, das Obst aufzunehmen, das sich nicht als Tafelobst vermarkten ließ. Die größte Gruppe bestand aus insgesamt 24 Obstmostereien, die alkoholfreien Apfelsaft herstellten. Daneben gab es insgesamt neun Marmeladenfabriken, allerdings existierten sie immer nur wenige Jahre lang. Um Obst zu verwerten, das sich auch für Marmelade oder Süßmost nicht mehr verarbeiten ließ, wurden Obstbrennereien gegründet. Unter ihnen war die 1969 als Genossenschaft gegründete Obstgemeinschaftsbrennerei Niederelbe in Guderhandviertel (Kr. Stade) am längsten aktiv.[142] Zeitweise wurden im Alten Land auch Halbfertigprodukte wie Fruchtfüllungen für das Bäckereigewerbe industriell hergestellt.

Im Oldenburger Münsterland reichte das Obstaufkommen stets nur für den Betrieb weniger Mostereien; im Maximum waren drei Betriebe zur selben Zeit aktiv. Im Jahr 2024 nehmen zwei Betriebe Obst an: die Mosterei Hagena in Lutten und die im Nebenberuf betriebene Lohnmosterei Oevermann in Höltinghausen. Zur Vollständigkeit gehört allerdings, dass es darüber hinaus in den Nachbarlandkreisen Osnabrück (Bad Essen und Badbergen) und Diepholz (Bassum) Mostereien gibt, die auch Kunden aus Südoldenburg bedienen.

---

138 Siehe KAISER, Obstland, S. 102–113.
139 Siehe weiter oben in diesem Kap.
140 Siehe weiter oben in diesem Kap.
141 Zum Folgenden siehe vor allem KAISER, Obstland, S. 383–425.
142 AG Tostedt, GnR 100008. Die Genossenschaft wurde zum 31.12.2020 aufgelöst.

Obsthandel:
Deutlich geringer ausgeprägt als im Alten Land ist nicht zuletzt der Obsthandel. Seit wann im Alten Land von einem ausgeprägten Obsthandel gesprochen werden kann, ist noch nicht geklärt, doch wird seit dem frühen 17. Jahrhundert verschiedene Male vom Handel und dem Transport von Äpfeln mit Schiffen berichtet[143] – der Obsttransport lief bis weit ins 20. Jahrhundert hauptsächlich über die Elbe und ihre Nebenflüsse. Für die Zeit vom ausgehenden 19. Jahrhundert an sind die Lebensläufe einzelner Obsthändler und Obsthändlerfamilien aus dem Niederelbegebiet dokumentiert.[144] Hier zeigt es sich, dass es oftmals nachgeborene Söhne von Obstbauern waren, die sich mit der Gründung des Handelsgeschäftes eine eigene Existenz aufbauten.

Entsprechend dem Umfang, den der Obsthandel angenommen hatte, entstanden seit dem Ende des 19. Jahrhunderts an vielen Orten des Alten Landes Vereine und Genossenschaften der Obsthändler, die neben der Vertretung ihrer Interessen auch das Niveau der Erzeugung und Aufbereitung des Obstes zu professionalisieren suchten.[145] Seit Anfang des 20. Jahrhunderts bildeten sich auch Vereinigungen von Obstgroßhändlern, die sich auf das gesamte Alte Land bzw. das Niederelbegebiet erstreckten.[146] Unter den heute bestehenden Erzeuger- und Handelsorganisationen gehören die 1968 gegründete Elbe-Obst Erzeugerorganisation[147] und die 1994 gegründete Marktgemeinschaft Altes Land (M.AL) zu den bedeutendsten.[148]

Im Oldenburger Münsterland gab es mit Gottfried Deye aus Spreda (Kreis Vechta) ab 1923 den ersten ausschließlich als Fruchtgroßhändler tätigen Unternehmer.[149] Für den Absatz von Äpfeln wurde 1950 in Langförden die Obstabsatzgenossenschaft Südoldenburg eGmbH, der heutige Erzeugergroßmarkt Langförden-Oldenburg (ELO), als Genossenschaft von Landwirten gegründet. Der Erzeugergroßmarkt ist heute eine der bedeutendsten deutschen Erzeugerorganisationen für Gemüse und Obst. Äpfel spielen dort jedoch entsprechend ihrem deutlich verringerten Anbau nur noch eine untergeordnete Rolle. Neben dem ELO gibt es im Oldenburger Münsterland gegenwärtig noch zwei kleinere Firmen, die mit Obst handeln; bei ihnen bildet das Beerenobst den Schwerpunkt.

Eine wichtige Strukturgemeinsamkeit beider Anbaugebiete kann darin gesehen werden, dass neben den Produzenten und der Forschung und Beratung auch der Handel mit starken Vertretern von bundesweiter Bedeutung angesiedelt ist. Dies ist entscheidender als das Vorhandensein einzelner Elemente der Obstverarbeitung, weil sie als Kern eines Clusters weitere Möglichkeiten zur Entwicklung der Anbauregionen enthalten.

---

143 KAISER, Obstland, S. 33f. und 161.
144 Ebd., S. 199–232.
145 Ebd., S. 312–316.
146 Ebd., S. 331–333.
147 Ebd., S. 357–369.
148 Ebd., S. 337–340.
149 Hierzu siehe unten Kap. 8.

Flächenkonzentration und Monostruktur:
Ein Merkmal, das bei einem statistischen Vergleich der Anbaugebiete Altes Land und Oldenburger Münsterland auffällt, ist, wie weiter oben bereits bemerkt, die unterschiedliche Größe der Obsthöfe. Laut der Landwirtschaftszählung von 2022 umfasste ein Betrieb im Kreis Stade im Durchschnitt 22,1 Hektar Apfelanbauflächen. Im Kreis Vechta waren es 6,4 Hektar.[150] Damit sind die Apfelhöfe im Alten Land drei- bis viermal so groß wie im Oldenburger Münsterland. Besonders im Alten Land, dessen Landwirtschaft seit den 1960er Jahren fast ausschließlich aus dem Obstbau besteht, deutet die stärkere Flächenkonzentration auf einen erhöhten Konkurrenzdruck hin. Für die Obsthöfe des Oldenburger Münsterlandes liegt dagegen eher die Frage nahe, wie die Betriebe mit ihren verhältnismäßig geringen Größen überhaupt bestehen können.

Ein Faktor, der das Überleben der kleineren Betriebe erleichtern dürfte, ist die Art der Vermarktung: Die Obstbaubetriebe des Oldenburger Münsterlandes liegen fernab städtischer Zentren, und entsprechend begrenzt ist die Aufnahmefähigkeit des regionalen Marktes, doch sind die Zahl der Obstbaubetriebe und der Umfang ihrer Erzeugnisse seit den Rodungsprogrammen der siebziger und neunziger Jahre gering genug, dass der regionale Markt einen großen Teil der Äpfel aufnehmen kann. So vermarktet der Großteil der Südoldenburger Apfelerzeuger sein ganzes Obst selbst, d. h. über das Regionalsegment des Lebensmitteleinzelhandels, über Raiffeisenmärkte, den eigenen Hofladen und auf Wochenmärkten. Andere Erzeuger, die ebenfalls Hofläden unterhalten, vermarkten den Großteil ihres Obstes über den Erzeugergroßmarkt. Bei Erzeugerorganisationen ist der Erlös naturgemäß geringer als auf dem eigenen Wochenmarktstand oder im Hofladen. Die Selbstvermarktung im eigenen Hofladen bringt aufs Ganze gesehen zwar höhere Erlöse, macht aber erheblich mehr Arbeit.

Auf den hohen Anteil der Selbstvermarktung geht wohl auch die, trotz der im Vergleich zum Alten Land geringen Flächenumfänge, große Sortenvielfalt zurück: Die einzelnen Betriebe bauen mitunter bis zu zwanzig Apfel- und dazu noch mehrere Birnensorten an. Für Obsthöfe, die nur an Erzeugerorganisationen liefern, wäre diese Vielfalt unwirtschaftlich; für Direktvermarkter ist sie aber ein Mittel, um ein interessantes Angebot vorzuhalten.

Im Alten Land bildet der Obstbau und speziell der Apfelanbau eine großflächige Monokultur. Zugleich nimmt mit der Vielzahl der Erzeuger für die einzelnen Betriebe die Möglichkeit ab, ihr Obst erfolgreich direkt zu vermarkten. Wenn im Niederelbegebiet ein ähnlich großer Anteil an Obsterzeugern wie in Südoldenburg ebenfalls selbst vermarkten würde, wäre der Wettbewerb zwischen den Direktvermarktern ruinös, weil die Absatzmöglichkeiten in keinem Verhältnis zum Angebot stünden. Daher ist die große Mehrheit der Erzeuger auf den kompletten Absatz über den Großhandel bzw. über die Erzeugerorganisationen angewiesen.

---

150 Berechnet nach den Angaben in: Baumobstanbauerhebung 2022. 1.1; siehe auch oben Tab. 2.

Ein anderer möglicher Faktor für die günstigere Stellung der kleineren Obsthöfe im Oldenburger Münsterland ist die Diversifizierung: So erzeugen einige befragte Kernobsterzeuger weitere Obstarten, z. B. Walnüsse oder Erdbeeren, oder sie halten Nutztiere, so dass sich die wechselhaften Erlöse der verschiedenen Sparten zumindest in begrenztem Maße ausgleichen können.

Der geringe Umfang des Obstanbaus ist ein Vorteil, wenn man auf eigenen Flächen arbeitet, denn die Prachtpreise für landwirtschaftliche Flächen sind in Gebieten mit Intensivlandwirtschaft wie dem Oldenburger Münsterland sehr hoch, und sie sind in Gebieten intensiven Sonderkulturanbaus nochmals höher: In Langförden und Umgebung werden Beträge bis um 1800 Euro pro Hektar und Jahr gezahlt. Dieser Umstand drückt dort, wo die Obsterzeuger auf gepachteten Flächen arbeiten, auf die Marge, weil der Flächenzuwachs der landwirtschaftlichen Betriebe in der Regel über die Pacht erfolgt.

Abgesehen von den Pachtentgelten sind die Erzeugungskosten in den größeren Betrieben des Alten Landes und den kleineren Betrieben des Oldenburger Münsterlandes nicht wesentlich unterschieden. In beiden Gebieten laufen die wesentlichen Arbeitsschritte von Hand und damit auch mit Hilfe ausländischer Saisonarbeitskräfte.

Im Zusammenhang mit der agrarischen Monostruktur steht nicht zuletzt, dass im Alten Land Bestäubungsprämien für Imker gezahlt werden. Für die Ertragssicherheit des Obstbaus ist die Bestäubung durch die Insekten unverzichtbar. Eingeführt wurden die Prämien, nachdem in den zwanziger Jahren aufgrund der chemischen Schädlingsbekämpfung zahlreiche Bienen verendet waren, die Imkervereine das Alte Land als Wandergebiet sperrten und in Folge der ausbleibenden Bestäubung die Kirschenernten einbrachen. Ab 1940 wurde den Imkern zunächst fünf Mark pro Volk gezahlt; überdies durfte während der Zeit des Bienenflugs nicht gespritzt werden.[151] Für die Imker sind die Bestäubungsprämien nach wie vor ein wichtiger Anreiz, ins Alte Land zu wandern, und zumindest die weiter entfernt ansässigen Imker würden ohne die Prämien nicht kommen.

Anders als im Alten Land zahlen die Obsterzeuger im Oldenburger Münsterland keine Bestäubungsprämien. Die Imker, sagt ein Apfelerzeuger im Kreis Cloppenburg, kämen unentgeltlich und bedankten sich noch dafür, die Bienenweide nutzen zu dürfen. So stelle ein Imker seinen Bienenstock zur Zeit der Obstblüte in seinen Anlagen auf. Alle paar Wochen komme er auf den Hof und kümmere sich um seine Bienen. Nach der Honigernte bringe er zwanzig Gläser vorbei, die der Landwirt mit seinem Etikett versehe, auf dem selbstverständlich der Imker genannt werde, und in seinem Hofladen verkaufe (15).

---

151 Vgl. KAISER, Obstland (2009), S. 306.

3. Beerenobst

Die Erdbeere wird zur Leitfrucht

Anders als die Stachel- oder die Heidelbeere ist die Erdbeere botanisch keine Beere, sondern eine Scheinfrucht.[1] Das saftige Gewebe hat sich aus dem Blütenboden entwickelt. Die eigentlichen Früchte sind die gelbbraunen kleinen Nüsse, die auf der Oberfläche der Erdbeere sitzen.

Die für den Anbau gezüchteten Sorten der Gartenerdbeere (*Fragaria x ananassa*) gehen auf die Scharlacherdbeere (*Fragaria virginiana*) und die Chile-Erdbeere (*Fragaria chiloensis*) zurück. Beide Arten wurden aus Amerika eingeführt und im 18. Jahrhundert in Europa gekreuzt. Die in Europa heimische Walderdbeere (*Fragaria vesca*) hatte an dieser Entwicklung keinen Anteil. Wald- und Gartenerdbeere sind auch im Erbgut unterschieden: Die Walderdbeere hat einen doppelten, die Gartenerdbeere einen achtfachen Chromosomensatz.

Im Oldenburger Münsterland löste die Erdbeere nach 1970 den Apfel als wirtschaftlich bedeutendste Obstart ab. Das Hauptanbaugebiet ist das gleiche wie das des Kernobstbaus: das mit besseren Böden gesegnete Gebiet nördlich von Vechta. Die meisten und größten Erdbeerbetriebe befinden sich heute in Langförden (Stadt Vechta) sowie in den angrenzenden Gemeinden Visbek und Goldenstedt, einige Betriebe außerhalb dieses Schwerpunktgebietes haben ihre Standorte in Dinklage, Essen und Löningen.

Zwischen 1972 bis 1990 verdoppelte sich die Anbaufläche in den Kreisen Cloppenburg und Vechta (Tab. 3). Und in den nachfolgenden beiden Jahrzehnten nahm sie wiederum auf das Zehnfache zu – dies auch deshalb, weil die Beschäftigung osteuropäischer Saisonarbeitskräfte den Betrieben ein enormes Flächenwachstum ermöglichte.[2] Um 2010 erreichte der Anbau seinen einstweiligen Höhepunkt; nach der Mitte des Jahrzehnts nahm die Anbaufläche etwas ab.[3]

Einen großen Anstieg erlebte auch die Zahl der Höfe, auf denen Erdbeeren angebaut wurden. Besonders hoch ist er im Kreis Cloppenburg, weil es hier zunächst wenige Erzeuger gab. Für den Kreis Vechta ist für die Zeit nach 1990 eine sinkende Zahl verzeichnet, weil sich der Anbau hier auf eine geringere Zahl von Betrieben konzentrierte.

Wie ein befragter Erdbeererzeuger erläutert, wurden die Höfe mit Erdbeeranbau anfangs zum Teil im Nebenerwerb geführt: *Die Betriebe waren auch zu klein. Also das waren schon damals Nebenerwerbsbetriebe. Da ging das noch; da blieb auch noch ein bisschen Geld dabei über. Aber da ist ja heutzutage überhaupt nicht mehr dran zu denken* (1).

---

1 Siehe SILBEREISEN u. a., Obstsorten-Atlas (1996), S. 345; LIEBEREI u. a., Nutzpflanzen (2007), S. 205f.
2 Siehe hierzu unten Kap. 7.
3 Dies auch landesweit von 3952,0 Hektar (Statistische Berichte Niedersachsen 2016, S. 31) auf 3259,6 Hektar (Statistische Berichte Niedersachsen 2019, S. 6).

	1972		1990		2016	
	Betriebe	**Hektar**	**Betriebe**	**Hektar**	**Betriebe**	**Hektar**
Kr. Cloppenburg	5	5,1	7	51,0	13	273,5
Kr. Vechta	30	55,8	38	114,6	26	1640,4
OM gesamt	35	60,9	45	165,6	39	1913,9

Tab. 3: Betriebe und Anbauflächen für Erdbeeren. Zahlen für 1972 und 1990 nach Cao, Sonderkulturanbau (1993), S. 48 und 50; für 2016 nach Landesamt für Statistik Niedersachsen (Hg.), Statistische Berichte Niedersachsen C I 3 – j / 2016 (2020), S. 31.

Ein großer Teil der Befragten oder ihre Eltern nahmen den Erdbeeranbau um oder bald nach 1970 auf, so auch auf einem Hof in Bühren (Gemeinde Emstek). Dabei waren die Anfänge zunächst zaghaft: *Mein Vater hat das wirklich nur eben so im Nebenerwerb gemacht. ... Er war Landwirt im typischen Sinne. Eine Sonderkultur war damals ja auch schon etwas Besonderes. Hier wenigstens. Das hatte nicht jeder.*

Konventionellem Wirtschaften zeigte sich der Vater auch insofern verbunden, als er die neue Kultur vorsichtig anging und für sie nicht gleich die besten Böden hergeben wollte:

Mein Vater wollte wohl Erdbeeranbau, aber er wollte nicht diesen guten Acker da zur Verfügung stellen. Wir hatten Ackerflächen, die waren eigentlich sehr gut geeignet dafür, aber er meinte: Nee, das ist zu schade dafür, die müssen hierbleiben. Und dann wurde das immer auf der gleichen Fläche kultiviert.

Zum Leidwesen des Sohnes ließ er auch später, als der Sohn bereits erste eigene Entscheidungen treffen musste, nicht von seiner Haltung ab:

Da hatte ich das erste Mal auf einem anderen Acker, auf einem guten Acker Erdbeeren angebaut. Auf einem guten Acker. Und die Erdbeeren gehören auf einen guten Acker. Habe ich da fünf Meter Vorgewende davor gelassen, um zu drehen. Und da sagte er zu mir: „Was willst du denn damit? Willst du da Reihen quer vor lang pflanzen? Du nutzt den Acker ja gar nicht aus!" (1)

Die Vorsicht des Vaters war vielleicht insofern verständlich, als die Erdbeere als ungewohnte Kultur viele Unsicherheiten barg. So bemerkt denn auch ein anderer Landwirt, der bereits in den sechziger Jahren verschiedene Gemüsearten angebaut hatte, auf die Frage, ob er auch mal Erdbeeren gepflanzt habe: *Nee, häw wi nich riskiert* (39).

Die Bedenken seines Vaters bekam auch ein Berufskollege, der sich später zu einem erfolgreichen Erdbeererzeuger entwickeln sollte, zu hören: *Ich habe 1983 unsere ersten Erdbeeren gepflanzt, und wenn es nach meinem Vater gegangen wäre, hätten wir das auch eingestampft, weil: Es ist nicht so einfach, mit einer neuen Kultur anzufangen und das erfolgreich weiterzuführen* (46). Zunächst begann er mit einem halben Hektar; im

Jahr darauf verdoppelte er die Fläche. Bis 2012 sollte er den Anbau auf 320 Hektar erweitern.

Aus heutiger Sicht steht es für die befragten Erdbeererzeuger außer Frage, das Richtige getan zu haben: *Wir sagen auch immer: Wenn wir diese Erdbeeren nicht hätten, dann wären wir auch nicht mehr da, als landwirtschaftlicher Betrieb* (1).

Der Anbau

Pflanzenvermehrung

Die Arbeit an den Erdbeerkulturen beginnt bereits im Vorjahr mit dem Heranziehen der Pflanzen. Allerdings ist die eigene Vermehrung in der Regel nur statthaft, wenn, wie etwa bei der sehr verbreiteten Sorte Elsanta, nach Ablauf von 25 Jahren der Sortenschutz ausgelaufen ist.[4] Ansonsten werden die Pflanzen von Vermehrungsbetrieben, meist aus den Niederlanden, bezogen.

So hatte ein befragter Erdbeererzeuger diesen Teil der Produktion seit den neunziger Jahren mit Unterstützung von Fachleuten betrieben. 2023 stellte er die eigene Vermehrung zusammen mit dem Anbau von Elsanta ein.

Ein Betrieb in der Visbeker Bauerschaft Hagstedt, der auf 180 Hektar Erdbeeren anbaut, verwendet für die Vermehrung zusätzliche 25 Hektar.[5] Und ein Erdbeererzeuger im Kreis Cloppenburg hat sich für die Vermehrung mit zwei Kollegen zusammengetan. Anders als für den eigentlichen Anbau nutzt er als Vermehrungsflächen entfernter gelegene, sandige Böden. *Auf diesen schweren Böden hier kann man das nicht.* Daneben kauft er Pflanzen zu. 2019 standen diese Pflanzen sogar besser als die aus der eigenen Vermehrung:

Dieses Jahr waren die zweijährigen super, wo du denkst: Wow, geht ja gar nicht! ... Gut, und dann die Frigos,[6] *unsere eigene Vermehrung, war dann leider nicht gut. Aber wir hatten auch zugekaufte, die waren besser. – Und dann sah man es: Man hatte die eigenen da stehen und die zugekauften daneben, und ja: Die zugekauften standen super, haben auch noch einen einigermaßen guten Ertrag gebracht, und dann die eigenen sind so... Und das ist immer ärgerlich; man ist auf diesen Ertrag ja noch angewiesen, auch die Pflücker* (1).

---

4   Zu den Sorten siehe weiter unten in diesem Kap.
5   Vgl. GOTHE, Erfolgsstory (2013), S. 52.
6   Hierzu siehe weiter unten in diesem Kap.

Der Anbau

Boden und Fruchtfolge

Die Erdbeerkulturen sind zweijährig: *Wir pflanzen die im Mai, dann werden die einmal geerntet im Juni, und dann das nächste Jahr noch mal. Und dann müssen die weg* (1).

Wer Erdbeeren anbaut, muss viele Flächen vorhalten: Zu den Feldern, auf denen die Erdbeeren stehen, kommen Tauschflächen, auf die sie in anderen Jahren gepflanzt werden können. Denn Erdbeeren sollen nicht mehrmals hintereinander auf derselben Fläche stehen. Hinzu kommt, dass sich nicht alle Flächen gut für Erdbeeren eignen.

Wir müssen ja Tauschland haben etc. Wir haben so 18 bis 20 Hektar Erdbeeren, und der Rest wird dann mit Mais oder Weizen angebaut. Wir brauchen das Land aber, um mit anderen Landwirten zu tauschen. Weil, gerade für Erdbeeren: Da gibt's nur ganz wenig Flächen, wo man die drauf anbauen kann (1).

Bis auf der Fläche erneuten Erdbeeren gepflanzt werden können, müssen dort mehrere Jahre lang andere Pflanzen stehen. Der eben zitierte Landwirt nennt einen Zeitraum von sechs bis sieben Jahren; ein Kollege gibt drei bis vier Jahre als Intervall an (64).

In der Regel haben Obst- und Gemüseerzeuger einen größeren Flächenpool – in einem Falle nennt ein Landwirt 350 Hektar – fest gepachtet, um in diesem Rahmen die Kulturen immer wieder wechseln oder auch mit anderen Landwirten tauschen zu können. So kooperiert ein Erdbeererzeuger im Kreis Vechta mit einem Kollegen, dessen Betriebsschwerpunkte auf der Schweinemast und Biogaserzeugung liegen. Von dem Tausch profitieren nach seiner Aussage beide Seiten, zumal der Erdbeerbauer dem Kollegen auch Gülle abnimmt. Durch den Flächentausch *kriegen wir jetzt einen ganz guten Rhythmus in unsere Flächen rein, dass da mindestens alle drei Jahre wenigstens einmal Getreide drauf steht und nicht nur Obst oder Gemüse. Und er kriegt dasselbe bei seinen Flächen auch, dass da mal was anderes außer Mais-Monokultur draufkommt* (38).

Außer mit Getreide kann man Erdbeeren z. B. auch mit Spinat abwechseln (7), nicht jedoch mit Kartoffeln: *Wenn die immer dauernd ihre Erdbeeren da drauf (haben) und nur einmal Kartoffeln dazwischen, dann ist es vorbei* (39). Eine befragte Landwirtin ist in dieser Hinsicht noch vorsichtiger: *Erdbeeren und Kartoffeln geht überhaupt nicht. Da können vor zwanzig Jahren Kartoffeln gestanden haben auf dem Acker, da kann ich keine Erdbeeren anbauen* (11).

Kartoffeln sind ebenso wie Erdbeeren durch mikroskopisch kleine Fadenwürmer (Nematoden) gefährdet. Die Würmer verbleiben nach dem Umpflügen im Boden; im folgenden Jahr greifen sie die Wurzeln der Erdbeere an, und die befallenen Pflanzen verkümmern. Ein Abwehrmittel besteht darin, als Zwischenfrucht Tagetes (Studentenblume) einzusäen. Diese Zwischenkultur führt in der Regel der Landwirt, der im Herbst die Fläche übernimmt (64). Werden die Wurzeln angefressen, geben sie für die Nematoden tödliche Stoffe ab.[7]

Damit diese Kur erfolgreich ist, muss das Feld allerdings von Unkraut frei sein, weil die Nematoden sonst auch die Wurzeln der anderen Pflanzen aufsuchen und sich ein Teil der Würmer von hier aus wieder vermehren kann. *Und dann*, bemerkt ein Erdbeererzeuger, *hat man eben keine hundertprozentige Wirkung, sondern nur eben dreißig, fünfzig Prozent, und das ist einfach zu wenig.* Er beklagt zugleich, dass ihm der Einsatz geeigneter Mittel gegen diese Unkräuter untersagt werden soll. *Das heißt, wir haben demnächst keine Herbizide mehr, um die Kultur sauberzuhalten* (46). Der Befragte sieht dies auf die Dauer als einen Nachteil der Freilandkultur an, weil den Erzeugern die Abwehrmittel genommen werden. Aus dem gleichen Grund halten auch Landwirte, die Erdbeeren ausschließlich im Freiland erzeugen, diese Anbauform für ein auslaufendes Modell (49).

Beliebt ist die Einsaat von Tagetes auch, weil sich mit ihrer Hilfe die Zeiträume zwischen Erdbeerpflanzungen verkürzen lassen. Wie ein Landwirt in Hagstedt bemerkt, ist dies vor allem nach 2000 üblich geworden:

Die also die Erdbeeren anbauen, da meint man, die kommen also recht häufig auf derselben Fläche immer wieder mit Erdbeeren. Die bauen dann aber Tagetes ein, wegen der Nematoden-Bekämpfung. Das hat es hier zum Beispiel vor fünfzehn Jahren noch nicht gegeben. Da wurde eine größere Fruchtfolge [eingehalten], aber jetzt sind die [d. h. die Betriebe] alle größer geworden, aber die Fläche wird ja nun mal nicht mehr. ... So versuchen die das mit solchen Sachen, eben mit Tagetes, das dämmt die Nematoden ein. Dann als Zwischenfrucht da wieder zwischenzubauen, damit sie denn noch schneller wieder mit Erdbeeren nachsetzen können (7).

Damit ist die vermehrte Tagetes-Einsaat auch eine Reaktion darauf, dass der Erdbeeranbau zugenommen hat: Weil die zur Verfügung stehenden Flächen begrenzt sind, mildert die Zwischenfrucht den Druck, weitere geeignete Tauschflächen zu finden.

Abgesehen von der Nematoden-Abwehr kann eine geeignete Fruchtfolge auch dazu beitragen, dass die Fläche möglichst wenig von Unkraut befallen wird. Auf einer Fläche, auf der zuletzt Erdbeeren angebaut wurden, bemerkt ein Landwirt, *kannst du erst mal zwei Jahre wieder Mais drauf anbauen, dass das Unkraut wieder kaputtgeht* (38).

Unkraut verbreitet sich mitunter auch durch das auf den Erdbeerfeldern ausgelegte Stroh, das eigentlich die Verbreitung unerwünschter Vegetation verhindern soll: *Gerade bei den Erdbeeren kriegt man ganz schnell Unkräuter rein durch das Stroh. Und man muss drauf achten, von wem man das Stroh kauft. Man kuckt sich am besten im Vorfeld die Flächen an, ob die sauber sind.*

---

7   Allerdings wirken die verschiedenen Tagetessorten unterschiedlich auf die einzelnen Nematodenarten; vgl. FRANKENBERG, Strategien (2004), S. 19f.

Abb. 47: Dämme unter Folie, mit eingesetzten Erdbeerpflanzen. Gemeinde Visbek, Mai 2022.

Der Befragte erinnert sich an die Klage eines Kollegen, der einem Erdbeerbauern eine Fläche verpachtet hatte. Anscheinend hatte der Pächter Stroh ausgelegt, das mit Disteln durchsetzt war. *„Hier"*, habe der Landwirt geklagt, *„waren noch nie Disteln drauf. Und jetzt standen sie da drauf wie Haare auf dem Hund! Und dann können wir keinen Spinat anbauen."* (38).

Die Ausdehnung der Saison

Im klassischen Freilandanbau ist die Erdbeersaison vergleichsweise kurz: In der Regel beginnt sie Ende Mai oder Anfang Juni und reicht bis Anfang Juli. Pro Pflanzenreihe gibt es meist drei Pflückdurchgänge; die gesamte Erntezeit auf einem einzelnen Feld liegt bei zwei bis drei Wochen. Den Erzeugern ist jedoch daran gelegen, die Saison auszudehnen, damit sie das Personal in einer langgezogenen Ernte besser einsetzen können und sich nicht die ganze Ernte auf einen Zeitraum konzentriert, in dem auch die Früchte anderer Erzeuger auf den Markt und auf die Erzeugerpreise drücken.

Unterm Strich behalten wir wohl ungefähr dieselbe Hektaranzahl, aber wir spielen mit den Sorten und dann mit Verfrüh- und Verspätungssystemen, dass wir eine langgezogene Ernte haben, aber dadurch weniger Personal dann einfach (38).

Einen um zehn bis 14 Tage früheren Erntebeginn kann man etwa dadurch erreichen, dass man die Pflanzen ab Mitte Februar und auch später bei Frost mit einer Folie abdeckt. In zunehmendem Umfang werden die Pflanzen auch in etwa zwanzig Zentimeter hohe Dämme gesetzt (Abb. 47). Da sich der Wurzelraum in den Dämmen im Frühjahr eher erwärmt, reifen auch die Früchte früher. Eine Vliesabdeckung dient wiederum der Abwehr der den Dämmen drohenden größeren Frostgefahr. *Der Damm*, bemerkt der Obstbauwissenschaftler Dankwart Seipp, *hat einen anderen Temperaturverlauf, so dass die Verfrühung deutlich besser ist. Im Prinzip ist es ein Damm fast wie beim Spargel, aber nicht so hoch.*

Auch unter Wandertunneln lassen sich frühere Ernten erreichen.

Die Verfrühung des Saisonbeginns trägt dazu bei, einen Marktvorteil der süddeutschen Anbaugebiete, in denen die Erdbeeren früher reifen, auszugleichen, da die Erdbeeren aus dem Süden auf die norddeutschen Absatzmärkte drängen. Günstig ist dies vor allem für Betriebe mit Direktvermarktung.[8] In überregionaler Hinsicht verringert sich der Lohn der Mühen jedoch, wenn der Anfang der Saison in den südlichen Ländern mit den gleichen Mitteln nach vorne verlegt wird. Es setzt ein sich nach Süden fortsetzender Wettlauf ein, und was für das einzelne Anbaugebiet sinnvoll erscheint, wirkt in globaler Hinsicht absurd. Entsprechend kritisch sieht dies ein befragter Obsthändler:

Ich weiß, man bekommt für die Folien aktuell Zuschüsse, über die Erzeugerorganisationen gibt es Geld aus Europa. Man muss sich letztlich nur mal fragen, ob das so sinnig ist. Ob man mit Fördergeldern Folientunnel aufstellt, um dann Obst zu produzieren, was aktuell hier noch keine Saison hat, nur um ein bisschen früher zu sein. In der Schlussfolgerung heißt das: Wir sind bei Erdbeeren nicht im Juni, sondern wir sind vielleicht schon im Mai da. Das hat dann für die Süddeutschen zur Folge, sie müssen auch einen Folientunnel bauen, damit sie im April da sind. Das heißt für die Italiener und für die Spanier, die müssen Folientunnel bauen, damit sie noch früher sind und davor die Ägypter. Der Ägypter muss auch Folientunnel bauen, damit er schon im November Erdbeeren hat (57).

Allerdings bekommen die Erzeuger den vom Folienanbau geforderten höheren Aufwand nicht immer entlohnt, zumindest nicht in den Wochen, in denen die Freilandware auf den Markt drückt:

Ab und zu hat man ja auch Pech mit den Tunneln, dass man entweder zu früh oder zu spät ist, und du hast genau den gleichen Preis wie für Freilanderdbeeren. Und das ist zu wenig. Dann kommst du nicht über die Runden, weil du so viel Unkosten hast, da gehen so viel Stunden weg (49).

---

8   Vgl. Voth, Entwicklungen (2002), S. 127.

Abb. 48: Einpflanzen von Frigo-Erdbeeren. Während der Traktor sich mit geringer Geschwindigkeit vorwärts bewegt, legen zehn auf der Anbaumaschine sitzende Arbeiterinnen und Arbeiter die Pflanzen nach. Die Maschine setzt die Pflanzen ein, bildet Erdbeerdämme; die Dämme werden anschließend mit einer Walze angedrückt. Ein hinter der Maschine gehender Arbeiter ist zur Stelle, um bei Bedarf die Position eingesetzter Pflanzen zu korrigieren, ein weiterer Arbeiter (links im Bild) reicht Pflanzen von dem an die Maschine angehängten Wagen nach. Hagstedt (Gemeinde Visbek), Mai 2023.

Ein Mittel, das Ende der Erntezeit weiter in den Sommer auszudehnen, ist die seit Ende der achtziger Jahre unter Vermittlung der Versuchs- und Beratungsstation Langförden verbreitete Frigo-Kultur (Abb. 48):[9] Erdbeerpflanzen werden in den Wintermonaten, wenn sie bereits die Blütenanlagen gebildet haben, gerodet. Der Großteil der Blätter wird entfernt; Kopf und Wurzeln der Pflanze werden durch Lagerung bei minus anderthalb Grad in einer Art künstlichem Winter gehalten. Etwa zwei Monate, nachdem sie gepflanzt worden sind, kann die Ernte beginnen. So können z. B. in der zweiten Maihälfte gepflanzte Frigos im Juli abgeerntet werden, wenn die klassische Freilandsaison bereits ausläuft. Lange Zeit waren die im Oldenburger Münsterland verhältnismäßig kühlen Maimonate für die Frigo-Kulturen besonders günstig.[10]

Zumindest die großen Betriebe ziehen die Pflanzen auf eigenen Vermehrungsfeldern. Ein etwas kleinerer Erzeuger im Kreis Cloppenburg hatte die Frigo-Pflanzen zunächst gekauft, zum größten Teil aus den Niederlanden. 2008 tat er sich mit zwei Betrieben von ähnlicher Größe zusammen; sie zogen eigene Pflanzen als Frigos und kühlten sie in einem eigenen Kühlhaus ein (49).

---

9   Siehe auch ebd.
10 Hinweis von Dr. Dankwart Seipp, Lutten, 25.9.2023.

3. Beerenobst

Witterung

Der augenscheinlichste Nachteil des Anbaus im Freiland liegt in der unsicheren Witterung. Während es in trockenen Sommern leicht passieren kann, dass man viele kleine Früchte erntet, fault in nassen Sommern ein großer Teil der Früchte, noch ehe sie gepflückt werden können. Doch auch diese Früchte müssen geerntet werden, wie ein Landwirtspaar im Kreis Cloppenburg deutlich macht:

Wenn es ein nasses Jahr ist, hast du schnell viel Fäule drin. Wir hatten Jahre, da mussten wir Anhänger voll Erdbeeren wegbringen zur Biogasanlage, weil die faul waren. Da kamen die Leute [d. h. die bezahlten Pflücker] *mit solchen Kisten angeschleppt. Nur faule, nur faule! – Die mussten ja auch mit rausgepflückt werden. Wir hatten ein Jahr, weiß ich, … der Bestand hing so voll! Aber es war fast Hälfte/Hälfte: dass es viele faule gab und auch viele gute. Aber diese faulen mussten ja immer raus, die musst du ja jedes Mal rausschleppen. Und dass wir wirklich den Leuten für diese faulen auch Geld bezahlt haben. Sonst ging's ja nicht. Das ging sonst nicht. Sonst hätten die das einfach auch nicht gemacht. Ist auch nicht in Ordnung. Wenn sie soviel pflücken müssen, da müssen sie auch den Lohn für haben. – Die bekommen einen Akkordlohn, und ein bisschen* Fäule ist *da mit reingerechnet, das die mit abpflücken. Aber wenn das natürlich überhandnimmt, da kannst du ja von keinem verlangen… Und das war die letzten zwei Jahre überhaupt nicht* (1).

Den Akkordlohn nur auf die verwertbaren Früchte zu berechnen, kann in solchen Jahren nicht durchgehalten werden, weil die Pflücker zu schlecht verdienen und dies mit einigem Recht als unfair empfinden würden.

Ebenso wie bei Äpfeln und Kirschen drohen den Erdbeerpflanzen mitunter Schäden durch Spätfröste:

Wir haben, bemerkt ein Landwirt im Kreis Vechta, *Gott sei Dank jetzt das Glück, dass die Erdbeerflächen auf einem hohen Stück liegen, so dass die kalte Luft gut abziehen kann. Aber wir hatten auch schon Jahre dabei, da saßen die Erdbeeren auf einem niedrigen Stück, und dann gab es noch mal einen Frost, und dann waren die Blüten da auch kaputt* (54).

Um dies zu verhindern, beregnet er die Pflanzen bisweilen. Dies kann er umso eher, als das Beregnungswasser durch die sandigen Böden, auf denen er arbeitet, leichter abläuft und das Feld befahrbar bleibt.

Geschützter Anbau

Wie ein Obsthändler erläutert, stieß der Erdbeeranbau um 2010 an eine Wachstumsgrenze, die sich aus dem Flächenangebot ergab:

Früher haben die Bauern fünf bis zehn Hektar Erdbeeren angebaut und konnten davon leben. Mittlerweile bauen sie Hunderte Hektar an. … Aber jetzt ist da ein Sättigungsgrad [erreicht], *… von den Landflächen her, dass man nicht genug gute, neue Flächen mehr*

	Erdbeeren insg.		Freiland (im Ertrag)		Freiland (nicht im Ertrag)		geschützter Anbau	
	Betriebe	Hektar	Betriebe	Hektar	Betriebe	Hektar	Betriebe	Hektar
Kr. Cloppenburg	13	273,5	13	273,5	3	k.A.	1	k.A.
Kr. Vechta	26	1640,4	25	1490,6	14	134,5	8	15,3
Niedersachsen	310	3952,0	289	3313,2	152	544,6	61	94,2

Tab. 4: Erdbeeren im Freiland und im geschützten Anbau 2016, nach: Landesamt für Statistik Niedersachsen (Hg.): Statistische Berichte Niedersachsen C I 3 – j / 2016 (2020), S. 28 und 31.

bekommen kann. Man hat jetzt so sein Niveau erreicht, ... und da passt das dann auch. Da hören mal Betriebe auf. Der eine macht vielleicht mal ein bisschen mehr, der andere macht ein bisschen weniger, aber ist jetzt nicht mehr so – eine Zeitlang war es immer so zehn Prozent mehr, zwanzig Prozent mehr und, und, und. Immer mehr, immer mehr, immer mehr. Die Zeiten sind vorbei (57).

Lässt sich die Wachstumsgrenze durch den geschützten Anbau umgehen? Immerhin müssen beim geschützten Anbau, jedenfalls dort, wo nicht lediglich ein Wandertunnel das Feld abdeckt, sondern die Pflanzen in einem Substrat gedeihen, die Flächen nicht gewechselt werden: *Es ist ein Standortvorteil, weil man immer auf einer Fläche bleibt. Logistisch gesehen, aber auch organisatorisch gesehen* (46).

In der Umgangssprache erstreckt sich der Begriff „Tunnel" auf eine große Spannweite, vom schlichten Wandertunnel, der im Frühjahr auf das Feld gesetzt wird, bis zum hochspezialisierten Anbau in Gewächshäusern. 2020 standen bereits zehn Prozent der deutschen Erdbeerflächen im geschützten Anbau, d. h. unter einem Folientunnel oder unter Glas.[11] Mit 21,1 Prozent stammte mehr als jede fünfte in der Bundesrepublik gepflückte Erdbeere aus dieser Anbauform.[12] In Niedersachsen war der Anteil etwa halb so groß. Hier lagen 2020 5,0 Prozent der Flächen unter Folie oder unter Glas; vier Jahre zuvor waren es noch 2,4 Prozent (Tab. 4).[13] Seit dem Beginn der 1990er Jahre, als einige süddeutsche Obsterzeuger mit dem Einsatz von Wandertunneln begannen,[14] haben die geschützten Kulturen eine enorme Verbreitung gefunden.

---

11 1669,1 Hektar im geschützten Anbau, 14 480,4 Hektar im Freiland, nach: Statistisches Bundesamt, Gemüseerhebung 2020, S. 53.
12 32 136,9 von 152 176,9 Tonnen, nach: Statistisches Bundesamt, Gemüseerhebung 2020, S. 53.
13 94,2 von insgesamt 3952 Hektar Anbaufläche; Quelle: Landesamt für Statistik, Statistische Berichte C I 3 – j / 2016 (2020), S. 28; Statistisches Bundesamt, Gemüseerhebung 2020, S. 53.
14 Interview mit Ludger Linnemannstöns, Versuchszentrum Köln-Auweiler, 12.4.2018, https://www.spargel-erdbeerprofi.de/nachricht-spargelerdbeer/detail/vom-freiland-zum-geschuetzten-anbau/ (30.6.2022).

Auch Erdbeererzeuger, die bisher im Freiland gearbeitet haben, sehen diese Anbauform auf ihre Sparte zukommen. So bemerkte 2019 ein Landwirt im Kreis Cloppenburg:

Die Tendenz beim Erdbeeranbau ... geht ja immer mehr in die Tunnel. ... Vom Freiland geht das hier runter. Also weil die Leute auch nicht mehr sich quälen wollen beim Arbeiten, beim Pflücken. Das ist ein auslaufendes Modell. ... Ich denke mal, in zehn Jahren haben wir hier Hunderte von Hektar Tunnel (1).

Eine solche Aussicht spaltet jedoch die Gesellschaft. Landwirte stoßen sich daran, dass durch den Tunnelanbau Flächen versiegelt werden, vor allem, wenn dies auf guten Böden geschieht: *Wir haben wirklich einen guten Boden*, bemerkt ein Obsterzeuger im Kreis Vechta, und er hofft, *dass man auf jeden Fall drauf achtgibt, dass prozentual gesehen nicht zu viel Flächen durch Folien versiegelt werden* (18).

Auch Anwohner oder gerade solche, die keine Landwirtschaft betreiben, möchten die Folientunnel nicht in ihrer Nähe sehen. Ein Beerenobsterzeuger beklagt die hiermit verbundene Doppelmoral:

Das Interessante ist ja: Viele möchten das nicht vor ihrer Haustür haben, diese Folientunnel, oder egal, ob es jetzt ein Schweinestall ist oder eine Biogasanlage; aber auf der anderen Seite möchte jeder trotz dessen seine regionalen Produkte das ganze Jahr haben, und möglichst früh und am besten auch noch möglichst günstig. Aber das ist ja mit allem so, egal ob es mit der Käfighaltung von den Hühnern ist. Ich möchte meine Eier nicht aus Käfighaltung, aber jetzt werden die aus Polen oder so denn wieder importiert, weil ich das nicht sehe. Ist ja nicht direkt vor meiner Nase. Und genauso ist das ja im Prinzip mit den Folientunneln auch. Auf der einen Seite möchte niemand die Heidelbeeren aus Chile haben, aber auf der anderen Seite möchte man das auch nicht selbst vor seiner Haustür haben.

Hier sieht er das gleiche Sankt-Florians-Prinzip wie beim Strom aus Windkraftanlagen: *Keiner will die Windkraftanlage haben, aber jeder will Bio-Strom haben* (38).

Allerdings wird die Abwehr einer Tunnellandschaft neben dem Wunsch, das Landschaftsbild in der eigenen Wohnumgebung zu schonen, auch mit grundsätzlichen Erwägungen begründet. So gibt ein Obsthändler zu bedenken:

Als Tunnelanbauer erschließt sich mir die Sinnhaftigkeit, aber als Kaufmann, wenn man das ohne Zuschüsse durchrechnet, bleibt da in meinen Augen nichts hängen, und stattdessen hat man Foliengegenden. Wenn man mal ein Bild von Huelva sieht in Spanien: So möchte ich nicht, dass es hier bei uns so aussieht. Also wenn das die Zukunft vom Erdbeeranbau in Deutschland ist: Nee! Lieber nicht. Da ist mir ein grünes Feld aber lieber. Das ist zwar auch Monokultur, aber das ist immer noch besser als Folientunnel an Folientunnel (57).

Die südspanische Provinz Huelva, ein Zentrum der europäischen Erdbeerproduktion, ist das extreme Beispiel für die Veränderung des Landschaftsbildes durch den geschützten Anbau. Dort wachsen nicht nur die Erdbeeren unter Tunneln, auch die meisten der rund 5000 Erntearbeiter hausen dort unter Foliendächern.[15]

Im Oldenburger Münsterland wird es schon deshalb nicht so schnell zu einem kompletten Wechsel zum geschützten Anbau kommen, weil dieser viel zu teuer ist: *Wenn wir jetzt*, bemerkt ein Erdbeererzeuger im Kreis Vechta, *den gesamten Freilandanbau in geschützten Anbau wechseln wollen: Das wäre eine Investition, die kann kein Mensch stemmen* (64).

Für die Erzeuger hat der geschützte Anbau dem Freilandanbau vieles voraus. Ein augenfälliger Vorteil sind die höheren Hektarerträge: 2020 lagen sie im Freilandanbau bundesweit bei 10,7, im geschützten Anbau bei 19,3 Tonnen. Noch etwas höher waren die Erträge in Niedersachsen. Hier kamen im Freilandanbau 11,4, im geschützten Anbau 22,8 Tonnen auf den Hektar;[16] damit war der Ertrag im Tunnel genau doppelt so hoch.

Höher ist auch der Wirkungsgrad der Ernte: *Ich hatte mal*, bemerkt ein Gemüseerzeuger im Kreis Vechta, *mit einem Kollegen gesprochen, der sagte: „Ich mache seit vierzig Jahren Erdbeeren. Im Freilandanbau habe ich eine Abernte von 60, 65 Prozent. Im Tunnel habe ich 95. Und das auch zu einer Zeit, wo die Erdbeeren noch Geld kosten"* – das heißt, im Frühjahr, wenn das massive Angebot an Freilanderdbeeren noch nicht auf die Preise drückt.

Bereits auf den ersten Blick erkennbar ist, wie ein Erdbeerbauer anschaulich macht, auch ein anderer Vorteil des geschützten Anbaus: Die Früchte sind makellos, weil sie von der Blüte bis zur Ernte nicht mit dem Erdboden in Berührung kommen. *Die liegen auch nicht auf dem Boden; die hängen in der Luft. Da kommt nichts dran. Da kommt kein Staub dran, nichts, gar nichts*. Dementsprechend sieht er auch den ganzen zusätzlichen Aufwand für den geschützten Anbau entgolten: *Man hat natürlich auch einen anderen Ertrag, und die Intensität wird auch dadurch belohnt, dass man eine ganz andere Qualität erzeugt* (46).

Die hohe Qualität wird auch von anderer Seite bestätigt. So erklärt z. B. die Frau eines befragten Landwirts in der Gemeinde Visbek, dass sie, wenn sie keine eigenen Erdbeeren habe, im Supermarkt nur jene vom Hof Osterloh und nur Tunnelware kaufe. „Weil", sagt sie, „da stimmt die Qualität, der Geschmack stimmt. Und dann bin ich auch bereit, ein paar Euro mehr auszugeben für so ein Schälchen." (65).

Bisweilen ist das Aussehen der Erdbeeren aus Tunnelanbau sogar schon zu gut. Diese Erfahrung machte jedenfalls der bereits zitierte Erdbeererzeuger: *Die Erdbeeren*

---

15 Vgl. Reiner WANDLER: Bittere Früchte. In: Magazin Mitbestimmung, Ausgabe 4/2021, https://www.boeckler.de/de/magazin-mitbestimmung-2744-bittere-fruechte-34670.htm (24.11.2022). Zu den Wanderarbeitern in Huelva siehe auch REIGALDA, Stawberry production (2017), und HELLIO, Workers (2017).
16   32 136,9 von 152 176,9 Tonnen, nach: Statistisches Bundesamt, Gemüseerhebung 2020, S. 53.

sehen einfach ganz anders aus. Wir haben die Situation gehabt, da ist ein Händler gekommen und hat gesagt, die Sorte wollte er eigentlich nicht mehr haben. Auf seine Nachfrage, was denn mit den Erdbeeren sei, habe der Händler gesagt: „*Die sehen so unnormal aus, als wenn das Plastik-Erdbeeren sind*"; d. h. sehr einheitlich, gut ausgeprägt, und glänzend. *Das war fast schon schockierend, wie extrem gut die aussahen. Aber*, betont er, *wir verfolgen weiterhin diese Strategie, gutschmeckende, gutaussehende, gesunde Kulturen darzustellen.*

Ein reeller Vorteil des geschützten Anbaus liegt in den verbesserten Möglichkeiten zur Schädlingsbekämpfung. Weil der Erzeuger mit immer weniger Bioziden auszukommen genötigt wird, ist er, wie ein Landwirt betont, im Freiland zusehends machtlos gegen Schädlinge wie den Thrips:

Wenn wir aber bestimmte Insektizide nicht mehr für den Freilandanbau haben, dann kommt z. B. der Thrips: Die Thripsfliege setzt sich auf die Blüte und saugt am Blütenboden, und dann bekommt man nachher deformierte Früchte. In schwülwarmen Nächten kann es eine solche Population an Thrips geben, dass in einer Nacht, wenn man nicht aufpasst, 30, 40, 50 Prozent der Früchte befallen werden. Das heißt, in zwei Nächten hintereinander, wenn man nicht aufpasst, ist die ganze Ernte weg. Und hiergegen muss man mit einem speziellen Insektizid spritzen. Wenn das nicht mehr da ist, brauchen wir gar nicht mehr darüber zu diskutieren. Im Freiland habe ich keine Chance, den Thrips mit Seifenwasser oder ähnlichen Mitteln *zu bekämpfen. Im Tunnel habe ich dagegen* Möglichkeiten, *mit Nützlingen zu arbeiten. Aber nur im Tunnel oder allgemein im geschützten Anbau. Und das bewegt uns dazu, verstärkt in den geschützten Anbau einzusteigen. Und wenn es so weitergeht, wird der Freilandanbau allein aus diesen Gründen sterben.*

Im Folientunnel können Fressfeinde wie die Raubmilbe zur Bekämpfung des Thrips oder der Spinnmilbe eingesetzt werden. Durch ihre gezielte Zuführung erlaubt der Anbau im Tunnel den Verzicht auf das großflächige Ausbringen von Herbiziden und Insektiziden:

Der geschützte Anbau ist für uns, ich sag mal, die Maxime für die Zukunft: Wir arbeiten dort seit über fünf Jahren ohne Insektizide, nur mit Nützlingen. Wir verwenden keine Herbizide. Bei den Fungiziden sind wir auf dem besten Weg. Wir müssen zwar noch Pflanzenschutz betreiben, aber die Erdbeeren sind im geschützten Anbau deutlich weniger anfällig als im Freiland. Das ist einfach der Weg (46).

Die gleichen Erfahrungen machte ein Kollege, der in etwas geringerem Umfang Tunnel aufgestellt hat: *Im geschützten Anbau – wir machen ja auch ein paar Hektar Folientunnel – ist es natürlich wesentlich einfacher, den Pflanzenschutz zu gestalten, d. h. die tierischen Schädlinge. Da arbeiten wir auch komplett mit Nützlingen seit dem letzten Jahr, und es funktioniert. Es geht* (64).

Ein mindestens so großer und durch die klimatischen Veränderungen in seiner Bedeutung noch erheblich zunehmender Vorteil des geschützten Anbaus ist die punktgenaue Bewässerung: *Wasser, das größte Problem, das wird auf uns zukommen. Wir arbeiten seit über 35 Jahren auch mit Tröpfchenberegnung. Wir sind einer der ersten Betriebe gewesen, die das hier überhaupt gemacht haben. Wir sind lange Zeit belächelt worden, aber das ist das Nonplusultra bezüglich Bewässerung.*

Was im Freilandanbau begonnen hat – die effizientere Zufuhr des Wassers durch Tröpfchenbewässerung – wird im Tunnelanbau punktgenau eingesetzt; dementsprechend lässt sich der Bedarf präziser berechnen und erfüllen: *Der Anbau im Tunnel ist von daher gesehen, ich sag mal, sehr einfach. Alles ist kalkulierbar. Wir können genau kalkulieren, wie viel Wasser wir brauchen.*

Beim Gebrauch des Wassers und des Düngers setzt der Betrieb auch durch Wiederverwertung auf effizientere Nutzung: *Wir haben eine UV-Reinigungsanlage, d. h. das Drainwasser, das aus der Kultur ausdraint, verwenden wir wieder; das wird durch UV-Licht und spezielle Filter gereinigt und dem Prozess wieder zugeführt, d. h. wir sparen 20 bis 25 Prozent Wasser, aber auch 20 bis 25 Prozent Dünger, weil wir den wieder einspeisen.*

Sein Hof, sagt er, ist einer der ersten, die das Wasser auf diese Weise wiederaufbereiten: *Ich wüsste keinen Betrieb, der momentan diese Wasseraufbereitung fährt. Da sind jetzt die ersten, die nachziehen wollen, aber wir sind jetzt schon im zweiten Jahr dabei.*

Nicht zuletzt verweist er auf Vorteile des Tunnelanbaus für das Arbeiten und die Gesundheit der Pflücker: *Wir können es definitiv auch zeigen und beweisen: Wir verwenden viel, viel weniger Wasser, keine Insektizide, keine Herbizide, weniger Fungizide. Arbeitskräfte … können gerade stehen, sie brauchen sich nicht zu bücken.* Neben einer günstigeren Arbeitshöhe und dem Schutz vor Regenwetter hätten die Erntearbeiter meistens auch angenehmere Temperaturen. *Alles ist eigentlich von Vorteil* (46).

Indirekt bestätigt wird diese Aussage auch durch die Einschätzung eines Landwirtspaares, das seine Erdbeeren bis zuletzt im Freiland angebaut hat: Die Erntehelfer gingen lieber in Gewächshäuser. Dort regne es nicht; meistens seien auch die Temperaturen besser; die Pflücker müssten sich nicht beständig bücken bzw. auf dem mitunter nassen Boden knien, sondern könnten aufrecht stehen. Überdies könnten sie in einer Stunde mehr ernten und damit einen höheren Stundenlohn erzielen. Aus ihrem eigenen Betrieb sind, nachdem sie den Erdbeeranbau eingestellt haben, einige Arbeiterinnen zu einem Kollegen gegangen, der Erdbeeren im Tunnel anbaut (49).

Ein Erdbeererzeuger, der schon nach 2010 seine Flächen reduziert hat, weil es immer weniger Erntehelfer aus Polen gab, sieht für die Zukunft keine Änderung der Tendenz: *Wir würden gerne im Freiland weitermachen. Und es wird dazu kommen, dass es immer weniger arbeitswillige, interessierte Erntehelfer gibt, die auf den Knien bei jeder Witterung pflücken wollen. Das ist eines der Hauptprobleme, die wir momentan haben* (46).

Neben der Unannehmlichkeit, bei jedem Wetter auf den Knien zu arbeiten, ist es vor allem die witterungsbedingt geringere Verlässlichkeit des Einkommens, die den Freilandanbau für Saisonarbeiter weniger attraktiv macht.[17]

Ein ökologischer Nachteil der Folientunnel, der enorme Kunststoffverbrauch, lässt sich nach der Einschätzung des befragten Erdbeererzeugers aufgrund der erhöhten Nachfrage nach Rohstoffen deutlich reduzieren:

Viele Leute sagen: Das ganze Plastik! Wir haben Unternehmen, die sprechen uns aufgrund der gestiegenen Rohstoffpreise schon seit zwei Jahren an: „Die Folie, wenn die demnächst runterkommt, die kaufen wir dir ab. Nicht irgendwie, dass die entsorgt werden muss, sondern die können wir als Rohstoff verbrauchen." Sie geht auch nicht mehr nach China. Früher wurden die Vliese und Folien nicht hier verarbeitet, sondern kamen mit dem Schiff nach China und wurden da verwertet. Und das passiert jetzt nicht mehr. Die Folie, die auf dem Tunnel ist, wird hier verarbeitet und wird als hochinteressanter Rohstoff wiederverwendet (46).

Tatsächlich wird seit einigen Jahren verstärkt an der Wiederverwertung der Folien im Erdbeer- und Spargelanbau gearbeitet, denn die bundesweit rund 16 000 Tonnen Folien und ihre Beseitigung sind nicht nur ein Umwelt-, sondern auch ein Kostenfaktor.[18] So wird für den Spargelanbau ein Verbrauch von etwa 800 Kilogramm Folie pro Hektar angegeben.[19] Vor allem die Beseitigung dieser Folie kann teuer werden. Günstiger stehen sich hierbei allerdings die Nutzer der nicht auf dem Boden liegenden und mit dem Ackerboden verhafteten Tunnelfolie.[20]

Der Erfolg des Tunnelanbaus mit Substratkulturen steht unter einer Reihe von Voraussetzungen. So wird die Nutzungsdauer der Flächen bei dauerhafter Bebauung nicht nach Jahren, sondern nach Jahrzehnten gerechnet, da der Aufwand sonst völlig unwirtschaftlich wäre:

Wir arbeiten mit einem Landwirt zusammen, der uns eine Fläche für zwanzig Jahre verpachtet. Da werden auch Nivellierungsarbeiten gemacht, und da werden dann die Tunnel zwanzig Jahre stehen. Und ich denke mal, wenn nach zwanzig Jahren ein sauberes Verhältnis da ist, wird es auch weiterlaufen. Wir können jetzt noch nicht die nächsten zwanzig Jahre überblicken, *aber zwanzig Jahre ist schon ein Zeitfenster, das ja auch für*

---

17 Siehe auch weiter unten Kap. 7.
18 Allgemein zur Verwertung von Agrarfolien siehe: Rücknahme und Recycling von Agrarfolien [1.3.2023], https://www.praxis-agrar.de/pflanze/gartenbau/kunststofffolien-im-gartenbau/ruecknahme-und-recycling-von-agrarfolien (7.11.2023).
19 Ulrike GLAUBITZ (Presse- und Öffentlichkeitsarbeit, Leibniz-Institut für Agrartechnik und Bioökonomie e.V.): Nachhaltiges Entsorgen von Spargelfolien, https://idw-online.de/de/news813209 (7.11.2023).
20 Vgl. Kerstin PANHORST: Folien Recycling [3.9.2019], https://erdbeerportal.de/neuigkeiten/folien-recycling/216260 (7.11.2023): „Die Preise zur Entsorgung schwanken stark, eine Spargelfolie kann mehr als 150 Euro pro Tonne kosten, eine Tunnelfolie lässt sich schon unter 50 Euro recyceln."

Abb. 49: Frisch eingetroffene Sendung von Hummeln für ihren Einsatz im Gewächshaus, hier bei einem Frischgemüseerzeuger, März 2023.

die Investition usw. wichtig ist. Ich kann keine Investition tätigen, wo man vielleicht nur einen vierjährigen Pachtvertrag hat (46).

Der Aufwand für die Kultur ist zwar bedeutend höher, dafür erfordert die Ernte weniger Personal:

Für die Ernte brauchst du nur fünf, sechs Leute auf den Hektar. Aber bevor man die da erst mal drin hat: Die ganzen Pötte müssen alles mit der Hand bepflanzt werden und, und, und. Geputzt und gelegt, und wie viel Arbeitsschritte gibt es da! Das sind Stunden ohne Ende, das ist teuer. Wenn sie dann aber so weit sind, dann kommt man mit wenig Leuten zurecht. Und im Tunnel will jeder wohl gerne arbeiten (49).

Vieles, was die Natur im Freilandanbau wie von selbst erledigt, muss im geschützten Anbau durch den Menschen organisiert werden, so auch die Bestäubung der Pflanzen. Sie trägt mit rund 500 Euro pro Hektar zu den Kosten des Anbaus bei, führt aber zu deutlich höheren Erträgen.[21] Erdbeeranbau im Tunnel ist zwar grundsätzlich auch ohne Insektenbestäubung möglich, doch hätte der Verzicht einen deutlich höheren Anteil kleiner, deformierter, kranker, nicht marktfähiger Früchte zur Folge. Als erfolgreich erwies sich im Feldversuch die Bestäubung durch Mauerbienen und Hummeln. Honigbienen sind dagegen eher für das Freiland geeignet, da ihr großer Flugradius im Tunnel stark eingeengt ist.[22]

---

21   LINNEMANNSTÖNS, Erdbeeren (2011), setzt 490 Euro pro Hektar für die Bestäubung an.
22   Vgl. TASCHNER, Insektenbestäubung (2012), der über einen Feldversuch im Lehr- und Beispielbetrieb Deutenkofen (Kr. Landshut, Niederbayern) vom Mai 2011 berichtet.

Ebenso wie andernorts[23] werden auch im Südoldenburger Tunnelanbau meist Hummeln eingesetzt (Abb. 49). Sie werden termingenau von darauf spezialisierten Züchtern geliefert und müssen jedes Jahr nachbestellt werden. Ein Vorteil des Einsatzes von Hummeln ist, dass sie früher als Bienen mit der Bestäubung beginnen, weil sie bei niedrigeren Temperaturen ausfliegen.

Gegenüber dem Freiland verspricht der geschützte Anbau eine größere Ertragssicherheit, doch erfordert er auch eine deutlich größere Genauigkeit in allen Dingen. Auf alles, was der Erzeuger tut oder unterlässt, reagieren die Kulturen umso heftiger:

Wir sagen immer, das ist eins zu zehn. Gewächshaus und Freiland ist eins zu zehn. Wenn im Freiland einen Tag das Wasser fehlt, dann ist das noch kein Drama. Wenn im Tunnel einen Tag das Wasser fehlt, bei dreißig Grad, dann war's das. Und genauso ist es mit Insekten, die sich in der Kultur schädlich machen: Im Freiland kann mal eine Blattlaus sein. Wenn ich die nach ein, zwei Tagen behandle, ist das auch in Ordnung. Aber im Gewächshaus oder im Tunnel ist es so, dass das so rasend schnell geht, dass man sich da keinen Fauxpas erlauben darf (46).

Die Intensivierung des Anbaus erstreckt sich nicht nur auf Investitionen und Ertrag, sondern auch auf die für alle Faktoren nötige Aufmerksamkeit und auf die viel enger getakteten Arbeitsgänge. Auch ein befragter Gemüseerzeuger, der mittlerweile ausschließlich im geschützten Anbau arbeitet, bestätigt die deutlich größere Empfindlichkeit dieser Anbauform. Man müsse in allem ungleich genauer sein, weil man *so viele Faktoren in puncto Klima, Pflanzenschutz, Düngung, Bewässerung* steuere. *Je mehr Faktoren ich beeinflussen kann, umso mehr kann ich auch kaputtmachen.*

Vor einiger Zeit, berichtet er, habe er einem Kollegen in Langförden zum geschützten Anbau geraten:

Ich sag: „Kuck doch mal, deine ganzen Berufskollegen steigen um auf geschützten Anbau. Sieh zu, dass du zur Bank hingehst; hol dir ein paar Euro für eine Tunnelanlage!" Und da sagt er so zu mir: „Dann werde ich ja Sklave meines eigenen Betriebes." Ich sag: „Ja, willkommen im Klub!" Er hatte da keine Lust drauf, auf dieses: sonntags mehrmals am Tag durch den Betrieb zu gehen und nach dem Rechten zu schauen.

Der Langförder Kollege, von dem der Befragte erzählt, könnte auch die finanziellen Unwägbarkeiten einer solchen Unternehmung gescheut haben; auf jeden Fall dürfte ihm aber klargewesen sein, dass sich die Anschaffung der Tunnelanlage auf seine ganze Lebensgestaltung auswirken würde. Der Befragte selbst hat sich dagegen längst daran gewöhnt, Tag und Nacht abrufbereit zu sein:

Und das ist auch das, was wir hier machen müssen. Ich kann meinen Klimarechner übers Handy einsehen, ich krieg Alarme aufs Handy. Ich bin eigentlich 24 Stunden am Tag, sieben Tage die Woche für den Betrieb erreichbar. Und er müsse sich auch *mal sonntags*

---

23 Vgl. HARVEY u. a., Tomato (2004), S. 117, die bemerken, dass Hummeln für die Bestäubung aller Arten von Pflanzen in Gewächshäusern mittlerweile eine Monopolstellung einnähmen.

mehrmals am Tag in den Betrieb hereinbewegen, um zu kucken: Stimmen die ganzen Parameter überhaupt noch, die ich da angezeigt bekomme? Oder ist vielleicht irgendwo was kaputtgegangen, was ich gar nicht sehe, im ersten Moment? Und das ist natürlich, was den geschützten Anbau sehr arbeitsintensiv macht. Auch für den Betriebsleiter (65).

Abgesehen von der nötigen hohen Aufmerksamkeit ist die Kultur in verstärktem Maße darauf angewiesen, dass alle Zuleitungen für Wasser, Strom etc. funktionieren. Ein großer Erdbeererzeuger in der Gemeinde Visbek hat sich in dieser Frage abgesichert: *Haben wir alles doppelt.*

Der Gemüseerzeuger im Kreis Vechta, der ebenfalls im geschützten Anbau arbeitet, hat die Versorgungsleitungen zwar nicht zweifach verlegt, *aber ich habe einen ganzen Schwung Ersatzteile hier herumliegen, dass wir schnell reagieren können*. Denn es sei ja so: *Im Winter geht grundsätzlich die Heizung kaputt, und im Sommer geht grundsätzlich die Bewässerung kaputt.* Wenn aber im Sommer z. B. bei dreißig Grad eine Bewässerungsleitung ausfalle, müsse sie innerhalb einer Stunde repariert sein. *Sonst wird's langsam trocken im Gewächshaus* (65).

Einhergehend mit der beständigen Sorge um das korrekte Funktionieren aller Systeme erfordert der geschützte Anbau eine große Spezialisierung, die es nicht erlaubt, den Anbau lediglich in kleinem Maßstab und nebenher zu betreiben. So verneint denn auch ein kleinerer, im Nebenerwerb tätiger Beerenobsterzeuger die Frage, ob er sich den Tunnelanbau auch für seinen Betrieb vorstellen könne:

Für mich kommt das nicht in Frage. Das können nur Betriebe machen, wo der Betriebsleiter ganzjährig sich um die Kultur kümmert. Das geht nicht; in dem kleinen Maß, wie wir das machen, funktioniert das nicht. Also man muss sich um diese Kulturen ständig kümmern. Da muss man ... entweder über Computer, über Software darauf achten, dass die Lüftung entsprechend ist, dass die Wasserzuführung entsprechend ist, dass nicht zu viel und nicht zu wenig gewässert wird. Das ist eine Aufgabe für Profis. Das geht nur von Betrieben, die nur das machen (57).

Der geschützte Anbau ist zwar sehr arbeits- und kostenintensiv; dafür sind jedoch auch die Erzeugerpreise meist höher als für Erdbeeren aus dem Freiland. Dies zeigt sich, wie ein Landwirt im Kreis Vechta darlegt, vor allem zu Beginn der Saison. Wenn man im Frühjahr mit Erdbeeren aus geschütztem Anbau auf den Markt komme, *ist der Kunde auch bereit, auch mal für ein Schälchen 3,50 Euro, 4,00 Euro, 4,50 Euro auszugeben.*

Dies ändere sich jedoch mit der Freilandsaison, mit ihr werde auch der Preis der Tunnelerdbeeren gedrückt: *Aber sobald die Freilandware losgeht, nimmt auch die Qualität ab, weil die Freilandware nicht die Qualität der Tunnelware hat. Und dann, ich sag mal, liegt so ein Schälchen für 1,99 im Laden, und dann: „Nee, ist mir zu teuer!"* Den Tunnelanbauern sei deshalb klar: *Sobald Freiland losgeht, müssen wir vom Markt runter sein, sonst verhageln wir uns den Preis mit der Tunnelware* (65).

Ein befragter Obsthändler sieht die Gefahr, dass sich Landwirte durch die erhöhten Kosten des Tunnelanbaus ruinieren. Der Lebensmittelhandel sei zwar an Tunnelerdbeeren interessiert, wolle aber keine erhöhten Preise dafür bezahlen:

Der Aufwand, finde ich, ist immens, und wenn ich mir jetzt den aktuellen Stand gerade ankucke, wird es nicht mal belohnt. Das ... kostet Existenzen. Mit dem ... neuen Mindestlohn, der absolut gerechtfertigt ist. Aber wer jetzt Erdbeeren produziert: im Folientunnel, zu höherem Mindestlohn, mit teurerer Folie, mit teureren Metallstäben und sonstwas, mit Flüssigdünger, der teurer geworden ist, und bekommt jetzt aktuell für seine Erdbeeren – ich glaube, heute Morgen auf den Großmärkten waren Preise zwischen Schale 1,20 Euro und 1,50 Euro. Das ist wie Geld anstecken, das funktioniert nicht. Das funktioniert nicht. Und wenn da die aufnehmende Hand fordert: „Wir wollen Tunnel", dann muss gleichzeitig auch unterschrieben werden: „Ja, sobald Erdbeeren da sind, nehmen wir die." Weil, sonst geht das nicht. Dann hat es irgendwann zur Folge, dass die Betriebe sich damit überschulden und dass dann vielleicht Edeka sagt: „Ja, komm her, dann übernehmen wir euch, dann machen wir den Anbau selber." (57)

Vermutlich wird der Lebensmitteleinzelhandel den Anbau aber nicht übernehmen, solange es genug Landwirte gibt, die bereit sind, die Mühen und das wirtschaftliche Risiko zu tragen.

In den 2010er Jahren ging die Anbaufläche im Freiland zurück. Dies kann zum Teil als Anpassung an das Überangebot auf dem Markt gesehen werden (47); es ist aber neben der begrenzten Fläche, die für den Freilandanbau genutzt werden kann,[24] auch auf die Verschiebung zugunsten des geschützten Anbaus zurückzuführen.

Ein befragter Erdbeererzeuger sieht die Verringerung des Produktionsumfangs als Teil eines Wandels, der in seiner Familie aber auch auf grundsätzliche Erwägungen zurückgeht:

In der Spitzenzeit haben wir 5000 Tonnen Erdbeeren vermarktet, innerhalb von sechs bis acht Wochen. Und das ist schon heftig. Und dann stehen hier bis zu zwanzig LKW, die täglich verladen werden. Oder wurden. Jetzt haben wir ja weniger, weil wir das so in dieser Größenordnung nicht mehr wollen. Wir sind gerade im Wandel, Freiland-Erdbeeren zu tunneln (46).

Der geschützte Anbau hilft, das saisonale Angebot zu entzerren. Wirtschaftlich führt er aber zu weiterer Konzentration, weil er größeren Kapitaleinsatz verlangt und sich vom gesamten Aufwand her nur ab einer bestimmten Größenordnung lohnt. So sehen sich denn die Besitzer eines kleineren Betriebes, die auf knapp zwanzig Hektar Erdbeeren angebaut haben, mit ihrer Größe als Freilanderzeuger als einer der letzten Vertreter ihrer Art (49).

Ein anderer Befragter ist dagegen vom Erdbeeranbau überhaupt frustriert, weil er sich auch wirtschaftlich nicht mehr lohne:

---

24 Siehe auch weiter oben in diesem Kap.

Abb. 50: Erdbeerernte im Gewächshaus. Aus KÜHLWETTER, Freilandkultur (2017), S. 70.

Ich möchte nicht den ganzen Tag nur für Erdbeeren arbeiten müssen, weil auch – das ist auch wirklich eine Tatsache, wir haben es vom Steuerberater durchrechnen lassen: Wir haben in sieben Jahren eine schwarze Null unterm Strich geschrieben. Wir haben zwei Jahre richtig viel Geld verdient, ein paar Jahre dabeigehabt, da haben wir nichts verdient, und wir haben ein paar Jahre gehabt, da haben wir so viel Geld beigegeben, da wäre es besser gewesen, gar keine Erdbeeren zu pflücken. Und wenn man jahrelang einfach unter dem Strich kein Geld mit den Erdbeeren verdient, das aber der größte Stress- und Zeitfaktor ist, dann: Warum? (38)

Indessen hat auch im Erdbeeranbau die Zukunft längst begonnen. Als ich im Gespräch mit dem Erdbeererzeuger Ulrich Osterloh bemerke, dass die Erntesituation auf einem Foto (Abb. 50) futuristisch anmutet, ist er eher erstaunt über diese Wahrnehmung. Denn tatsächlich ist diese Form des geschützten Anbaus in seinem Betrieb seit einer Reihe von Jahren Alltag.

Eine Zukunftsaussicht ist dagegen, zumindest für die deutsche Landwirtschaft, das Indoor-Farming, mit dem Erdbeeren in großem Stil auf mehreren Etagen angebaut werden.²⁵ Eine amerikanische Firma, die Türme für den vertikalen Anbau vertreibt, wirbt mit geradezu gigantischen Ernteerträgen: „Züchten Sie 28 Tonnen Erdbeeren auf 375 m²!"²⁶ Dies ist freilich eine gewaltige Werbeübertreibung – denn mit einem Hektar Fläche käme man auf 747 Tonnen, ein Vielfaches der gut 20 Tonnen, die man bei einfachen geschützten Systemen mit Wandertunneln und Dammkultur ernten kann,²⁷ und für die gesamte bundesdeutsche Erdbeerernte des Jahres 2022 (133 134,9 Tonnen) hätten 178 Hektar genügt –, doch werden für das Indoor-Farming erheblich höhere Erträge als im Freiland und im geschützten Anbau bisheriger Form erwartet. Auch die Vorteile des geschützten Anbaus würden hier noch einmal verstärkt:

Indoor-Farming heißt ja, erläutert ein befragter Erdbeererzeuger, *dass ich die Kultur im geschlossenen System habe. Ich habe null Infektionen durch Krankheiten, wenn es richtig gefahren wird; ich habe minimalen Wasseraufwand, und ich habe die Chance, auf einer relativ kleinen Fläche übereinander sehr viel zu produzieren. Ich kann praktisch das ganze Jahr produzieren.* Die Arbeitsabläufe wären weitgehend automatisiert: *Und da arbeiten wieder Roboter drin und auch Menschen für bestimmte Vor- und Nacharbeiten, aber die fahren dann mit einer Art Gerüst hoch und runter, wie in den Pilzfarmen heutzutage schon.* Den für Heizung und Beleuchtung nötigen Strom würden Photovoltaikanlagen liefern. Allerdings sei diese Anbauform für die Einführung derzeit noch zu kostenintensiv und die Technik nicht ausgereift genug (46).

Tatsächlich scheitern die Versuche, Indoor-Farming in Deutschland kommerziell zu betreiben, bisher vor allem an den hohen Kosten der Energie für Beleuchtung und Klimaführung. Zwar wurden bereits Versuche mit Salaten und Erdbeeren gemacht, doch als sinnvoll gilt diese Anbauform am ehesten noch für Arzneipflanzen, namentlich für solche, die normalerweise in anderen Weltgegenden wachsen, unter dem Kunstlicht aber unter immer gleichen Bedingungen und dadurch in gleichbleibender Qualität erzeugt werden können.²⁸

Über den ausbleibenden Siegeszug der neuen Anbauform können vor allem jene Anwohner froh sein, die sich schon heute an den Folientunneln stören, denn die Gewächshäuser für das Indoor-Farming kämen bei 25 Etagen zu je 80 bis 90 Zentimetern auf ungefähr zwanzig Meter Höhe.

---

25 Berichte z. B. auch bei Kerstin PANHORST: Vertical Farming. In: Erdbeer-Spargel-Portal (21.1.2020), https://erdbeerportal.de/neuigkeiten/vertical-farming/216644 (29.11.2022); Antje PASSENHEIM: Erdbeeren, die in den Himmel wachsen. In: Tagesschau (5.11.2022), https://www.tagesschau.de/wirtschaft/technologie/vertical-farming-new-york-city-101.html (29.11.2022).
26 https://agrotonomy.com/de/vertikale-indoor-erdbeer-farmen/ (29.11.2022).
27 160 bis 260 dt/ha, nach LINNEMANNSTÖNS, Erdbeeren (2011).
28 Vgl. Max FLUDER: Wenn Pflanzen Achterbahn fahren. In: Frankfurter Allgemeine Sonntagszeitung, 28.1.2023, S. 14.

Mit dem geschützten Anbau hat die Erdbeerkultur einen neuen Grad der Entkoppelung der Kultur von einfachen Formen des Anbaus und einen neuen Grad der Naturbeherrschung erreicht. Es lassen sich Erdbeeren von hoher Perfektion erzeugen, die, wie die oben wiedergegebene Aussage über die Anmutung von Plastik-Erdbeeren zeigt, mitunter selbst Händlern unwirklich erscheinen. Auf die Dauer wird die völlige Makellosigkeit der Früchte allerdings die Ansprüche der Verbraucher beeinflussen, indem sie eine neue, an der Perfektion ausgerichtete Norm zu setzen hilft. An dieser Norm werden alle Erdbeeren beurteilt werden, ob sie nun im Freiland oder unter Glas wachsen, ob sie nach den Richtlinien des ökologischen Landbaus oder konventionell erzeugt werden.

Ein besonders hohes Maß an Perfektion wird auch allen abverlangt, die an der Erzeugung im geschützten Anbau beteiligt sind, weil die Pflanze keine Nachlässigkeit und keine Abweichungen vom Soll verzeiht. Es entstehen neue Abhängigkeiten, etwa von einer möglichst störungsfreien Versorgung mit Wasser, Energie, Nährstoffen und Schutzmitteln natürlicher wie synthetischer Art. Der Erzeuger, der die Erdbeerpflanze aus der Erde genommen hat, muss für die Pflanze eine perfektionierte, auf die Anbauziele hin abgestimmte Natur simulieren. Auch für die Sicherheit der eingesetzten EDV, ohne die der geschützte Anbau nicht mehr denkbar ist, wird der Erzeuger in wachsendem Umfang sorgen müssen, sei es, um endogene Störungen des Systems zu vermeiden, sei es, um mögliche Angriffe auf das Datennetz abzuwehren. Eine wachsende Abhängigkeit anderer Art ist die des Erzeugers von der Bank, die den für den Anbau nötigen Kredit gewähren muss.

Wenn sich die Erwartung mehrerer befragter Erdbeererzeuger bewahrheitet, dass die Freilandkultur ein Auslaufmodell ist, hat mit dem geschützten Anbau eine neue Phase der hochkapitalisierten Obsterzeugung begonnen, die mit dem Indoor-Farming ihre logische Weiterentwicklung finden wird. Doch auch ohne das mehrgeschossige Indoor-Farming werden die Einstiegshürden für potentielle Erdbeererzeuger umso höher.

Indessen wird der geschützte Anbau auch bei weiteren Obstarten interessant. Neben Erdbeeren und Strauchbeeren gerät das Steinobst ins Blickfeld. So berichtete ein 2021 besuchter Erdbeererzeuger, dass er eine neue Tunnelanlage für Aprikosen, Pfirsiche und Nektarinen baue.

Hier in der Gegend macht das noch keiner, und ein anderer Bauer fängt da jetzt auch mit an. Der macht so einen knappen Hektar, und wir machen jetzt 1,7 Hektar. Verzögert werde das Unternehmen nur dadurch, dass die nötige Anzahl Bäume nicht kurzfristig zu bekommen sei: *In ganz Deutschland wurden letztes Jahr, glaube ich, 1500 Bäume gepflanzt, und wir haben jetzt schon 2000 bestellt* (38).

Für ihn und den von ihm benannten Kollegen geht es vor allem darum, das eigene Angebot zu diversifizieren und die Abhängigkeit vom Erdbeeranbau zu verringern.

Die Erdbeeren im Handel

Ob die Früchte nun im Tunnel oder unter freiem Himmel gewachsen sind – Erdbeeren verderben schnell, deshalb kommt es bei ihnen auf dem Weg zum Endverbraucher in besonderem Maße auf Geschwindigkeit an. Ein Landwirt, dessen Betrieb lange Zeit auch Erdbeeren erzeugte, kann diese Anforderung mit einer Geschichte aus seiner Familie verdeutlichen:

Das hat mein Vater früher schon gesagt und mein Opa auch, als die Erdbeeren angebaut haben: „Unsere Erdbeeren, die werden heute geerntet, und morgen sind die auf dem Großmarkt." Und damals hatte man noch LKWs, die nicht gekühlt waren... Und mein Vater sagt: „Wir haben damals die Erdbeeren aufgeladen, und morgens stehst du auf dem Großmarkt, kuckst dir die Früchte an und denkst: Die haben sie uns heute Nacht umgetauscht. Das sind nicht mehr dieselben Erdbeeren, die wir gestern aufgeladen haben!" (65).

Neben den fehlenden Kühlmöglichkeiten wirkte sich hier wohl auch der Umstand aus, dass damals weniger haltbare Sorten angebaut wurden.

Auch ein befragter Fruchthändler betont die besonderen Anforderungen der Erdbeere: *Man sagt immer: „Obst ist Obst." Aber Erdbeeren... Weichobst ist was sehr Spezielles.*

Damit bei der Vermarktung keine Zeit verloren wird, erfolgt der Transport, wie er und seine Frau erläutern, über möglichst wenige Stationen:

Bei Erdbeeren spielt die Zeit eine Riesenrolle. ... Es wird direkt in die Endverpackung gepflückt. Qualitätskontrolle findet schon auf dem Acker statt. Und sobald die Kiste vom Acker oder am Ackerrand ankommt, wird sie schon gewogen und wird schon versandfertig gemacht, kommen die auf den Hof, werden da auf Paletten gepackt oder versandfertig gemacht und gehen direkt vom Hof zu unseren Kunden. Die tauchen hier – d. h. in der Versandhalle des Händlers – *gar nicht auf* (52).

Um die Geschwindigkeit zu erhöhen, unterhalten die Erzeuger, mit denen sie zusammenarbeiten, ihre eigenen Kühlanlagen:

Wir verladen bei unseren Bauern direkt. Die Bauern haben selbst ihre Kühlung... Wir sehen also hier wenig Ware direkt. Das meiste geht direkt beim Bauern. Die bekommen von uns einen Plan, in welche Verpackung die ernten müssen, welches Etikett daran muss, Lieferschein rüber. Wir organisieren den Verkauf, die Logistik, alles, was drumherum ist. Und dann geht das weg.

Kühlmöglichkeiten sind beim Händler nichtsdestoweniger vorhanden: *Für den Notfall, oder wir haben ja auch kleine Anbauer von weiter, wenn es gewisse andere Sachen sind... Wir könnten hier alles machen.*

Bei einem großen Abnehmer geht die Ernte ins Zentrallager, wird dort *gekühlt, ... etikettiert und geht dann in den Versand* (52). Auch hier wird mit großer Geschwindigkeit gearbeitet.

Ein befragter Erzeuger im Kreis Vechta unterhält kein eigenes Lager, sondern schickt die Erdbeeren direkt zum nahgelegenen Erzeugergroßmarkt (ELO). Die Erdbeeren *gehen einmal durch so eine Schnellkühlung, im Endeffekt, und dann werden die mit vier Grad verladen. Und dadurch hat man viel bessere Haltbarkeiten* (38).

Im Vergleich zu der zwanzig Jahre zurückliegenden Zeit sind auch hier die Bedingungen deutlich verbessert: *Mittlerweile hat man auch andere Sorten, man hat ganz andere Haltbarkeit. Man hat bessere Kühlketten. Die Erdbeeren, die werden ja innerhalb von kürzester Zeit runtergekühlt bei ELO* (38).

Ansonsten wird das Erdbeergeschäft hauptsächlich von den Lebensmittelketten bestimmt. Sie sind es auch, die die Standards für die Verpackung und das Erscheinungsbild setzen. Im Falle der Erdbeeren ist es vor allem der Discounter Lidl, der die Richtwerte vorgibt.

Auf die Frage, ob man leicht den Überblick verlieren könne, wenn die Händler unterschiedliche Anforderungen haben, bemerkt ein Erzeuger: Er richte sich nach dem Händler, der die schärfsten Regeln hat, und das ist in diesem Falle Lidl. *Und dementsprechend darf man das überall hin liefern*, d. h. auch an die anderen Lebensmitteleinzelhändler. Auf diese Weise profitieren auch die anderen Handelsketten davon, dass Lidl die strengsten Maßstäbe setzt, denn sie bekommen strengere Qualitätskriterien erfüllt, als sie gefordert haben, und auch die Kontrolle wird ihnen abgenommen (38).

Die Handelskette schickt eigene Kontrolleure in die Betriebe: *Wir haben echt viele Leute mittlerweile auf dem Acker, die da die Kontrollen durchführen, was die Leute so pflücken, dass wir wirklich gute Qualität haben* (38).

Letztlich bestimmen also nicht der Staat und seine politischen Entscheidungsträger über Details der Produktion, sondern die Handelskonzerne, denn sie sind es, die den Erzeugern die Pflanzenschutzmittel verbieten. Ein befragter Landwirt sieht sich zusehends in die Enge getrieben:

Die Insektizide, die Herbizide und die Fungizide: Wenn es weiterhin so gestrichen wird, ist der Anbau einfach faktisch nicht mehr möglich. Punkt. Dann ist das gestorben. Dann kann man ruhig sagen, wir möchten gerne noch. Das geht nicht. Aldi, Kaufland, Rewe, Edeka, die sagen ganz einfach: Du darfst so und soviel Wirkstoffe haben. Wir haben keine Alternativwirkstoffe. Wenn wir dann nichts anderes haben, kommt die Qualität nicht an. Also es geht einfach nicht.

Wir dürfen immer weniger, aber müssen immer bessere Qualitäten haben, beklagt auch ein anderer Erzeuger (38). Maßgebend für diese Einschränkungen sind hier nicht die Behörden, also die Institutionen, die ihre Legitimation aus dem Staatsauftrag und damit zumindest in der Theorie aus dem Bürgerwillen beziehen, sondern Konzerne, die ihren Einfluss allein auf ihre Marktmacht begründen. Dies ist allerdings kein auf

Deutschland beschränktes Phänomen, sondern wurde bereits um die Jahrtausendwende mit Blick auf Großbritannien, Frankreich und die Niederlande festgestellt.[29]

So anspruchsvoll die Handelsketten gegenüber den Erzeugern auftreten, so nachlässig ist oft der Umgang mit den Früchten in den Filialen. So stören sich Erzeuger bisweilen daran, dass, wenn sie alles dafür getan haben, ihre Erdbeeren so schnell wie möglich zu den Geschäften zu bringen, die Früchte dort mitunter lange herumstehen:

Wenn die morgens hier gepflückt werden, dann kommen die mittags auf den LKW und sind den nächsten Morgen im Laden. So muss das. Aber manchmal ist das so, dann sind die zwar im Laden, aber die haben dann teilweise zuviel bestellt im Laden, und dann stellen die den Tag morgens sechs Kisten da raus, und sind aber nur drei davon verkauft worden, kommen die drei wieder zurück in die Kühlung und nächsten Tag wieder in den Laden. ... Auf jeden Fall: Die Erdbeeren werden in den Läden oft schlecht behandelt. Wirklich schlecht behandelt (1).

Ein anderer Erzeuger sieht das Problem weniger in der Nachlässigkeit der Beteiligten im Handel als vielmehr in den großen Strukturen des Lebensmittelhandels. Abläufe, die bei anderen Arten von Waren sinnvoll sind, werden einer empfindlichen Frucht wie der Erdbeere nicht gerecht:

Eine gutschmeckende Erdbeere wird heute geerntet, und spätestens übermorgen muss sie aufgegessen sein. Und das ist bei dem ganzen Supermarkt-Discounter-Geschäft gar nicht zu realisieren. Weil, die werden ja früh geerntet, dann werden die mittags zur ELO gefahren. Dort werden die kommissioniert. Dann kommen die ins Zentrallager, werden von da aus in die Supermärkte verteilt. Und die Erdbeere ist eigentlich, ich sag jetzt, schon zweieinhalb Tage alt, bis sie überhaupt im Supermarkt beim Kunden ist. Und dann kauft der Kunde die, hat die vielleicht noch zwei Tage im Kühlschrank. Also die ist dann vielleicht eine Woche alt (65).

Um die Folgen dieses Problems zu verringern, ist der Handel an einer möglichst langandauernden Frische der Erdbeeren im Handelsregal interessiert. Großenteils von diesem Anspruch hängt es letztlich ab, welche Sorten auf den Feldern und in den Gewächshäusern gedeihen.

Unter den im Oldenburger Münsterland angebauten Sorten dominierte nach dem Zweiten Weltkrieg lange die Sorte Senga Sengana, die 1952 von dem Botaniker Reinhold von Sengbusch (1898–1985) auf den Markt gebracht wurde[30] und in Europa jahrzehnte-

---

29 Vgl. HARVEY u. a., Tomato (2004), S. 122, mit der Aussage eines Angehörigen der vorgelagerten Industrie.
30 Bundessortenamt, Erdbeeren (2015), S. 99.

lang eine Spitzenstellung einnahm.[31] Ein befragter Landwirt, der sich in den sechziger Jahren mit dem Gedanken an den Erdbeeranbau trug, erinnert sich, dass Senga Sengana damals sehr verbreitet war; inzwischen baue sie aber niemand mehr an (39).

Um die Mitte der siebziger Jahre herrschte in Südoldenburg Elista als eine den ökologischen Bedingungen der Region gut angepasste Sorte vor.[32] Ein Erzeuger im Kreis Vechta, der 1982 die Leitung des elterlichen Betriebes übernahm, erinnert sich an die damals angebauten Sorten:

Elista, Red Gauntlet, was war da noch? Und dann fingen die neueren schon an: Tenira, das war dann schon eine etwas festere. Es ging ja immer um Transportfestigkeit. Geschmack war selten irgendwo im Fokus, sondern nur Transportfestigkeit. Dann waren die ersten paar Jahre noch Tenira, und dann kam tatsächlich schon Elsanta (64).

Elsanta, 1982 von einem niederländischen Züchter in den Handel gebracht,[33] wurde seit Mitte der achtziger Jahre in größerem Umfang in Südoldenburg angebaut. Ihre vergleichsweise lange Haltbarkeit begünstigte in den neunziger Jahren überhaupt die verstärkte Aufnahme der Erdbeeren in den Lebensmitteleinzelhandel und damit auch die Expansion des Anbaus.[34] Der Handel, berichtete 2002 der Agrarwissenschaftler Andreas Voth, verlange die „im Anbau absolut dominierende" Sorte Elsanta und lehne Sorten mit weicheren und dunkleren Früchten ab. An Selbstpflücker und Besucher von Hofläden ließen sich dagegen „auch andere, z.T. wesentlich aromatischere Sorten verkaufen".[35]

Auch in den 2010er Jahren war Elsanta die Hauptsorte. Anders, als die eben zitierte Bemerkung vermuten lässt, wird die Sorte im Vergleich zu anderen vom Handel bevorzugten Varietäten durchaus als aromatisch eingeschätzt, doch macht der Anbau mittlerweile zunehmend Schwierigkeiten:

Wir haben immer eine Allerweltssorte, diese Elsanta, bemerkt ein 2019 befragter Erdbeererzeuger; er fügt aber hinzu: *Die gibt ihren Geist auf, mittlerweile. ... Die ist zu alt. ... Die Pflanze an sich, ... da ist keine Power mehr drin. Die ist überzüchtet. Also immer mal immer wieder, wieder, wieder, und zuletzt geht's nicht mehr. Und das ist die Sorte, die*

---

31 Vgl. LIEBSTER, Obstbau (1984), S. 182: „Schon nach wenigen Jahren hat 'Senga Sengana' im europäischen Erdbeeranbau mit Abstand die Spitze eingenommen und behauptet diese, nahezu in einer Monopolstellung, bis in die heutige Zeit. Ihre hervorragende Tiefgefriereignung macht sie nicht nur zur Hauptsorte für den Erwerbsanbau, einschließlich der inzwischen allerwärts eingebürgerten Selbstpflücke, sondern auch für den Haus- und Kleingarten. Die ausgeprägte Anpassungsfähigkeit dieser Sorte, auch an extreme Standortverhältnisse, in Verbindung mit der hohen Ertragssicherheit und der guten Fruchtfleischigkeit haben sie zum internationalen Standard werden lassen, an dem heute jede Neuzüchtung ihren Wert für den Erwerbsanbau gemessen wird. Der Wert der Produktion allein mit dieser Sorte über zwei Jahrzehnte hinweg auf vielen Tausenden Hektar Anbaufläche im In- und Ausland geht in die Milliarden, ein Triumph, den zuvor noch keine andere Sorte erlebt hat."
32 Nach WINDHORST, Agrarwirtschaft (1975), S. 149, wurde sie auf über 60 Prozent der Flächen angebaut.
33 Bundessortenamt, Erdbeeren (2015), S. 39; siehe auch DREXLER, Erdbeersorten (2018), S. 12.
34 Vgl. VOTH, Entwicklungen (2002), S. 127.
35 Ebd.

hier immer am ertragreichsten war, vom Geschmack gut war und auch von der Pflückbarkeit. Aber die läuft aus. Wir haben die letzten paar Jahre extreme Probleme damit gehabt, weil es auch so heiß war. Also mit Hitze kommt die gar nicht gut zurecht.

Nach seiner Überzeugung wird die Sorte jedoch noch einige Jahre angebaut werden: *Da ist man jetzt auf der Suche nach etwas anderem, aber es gibt noch keine vergleichbare Sorte, die das Potential hat wie diese Elsanta* (1).

Ähnlich schätzt ein Erzeuger im Kreis Vechta den Wert der Sorte ein: *Elsanta haben wir auch, ist aber für uns bald nicht mehr so interessant, weil die einfach so viele Anfälligkeiten hat* (54).

Ein anderer, 2022 auf Elsanta angesprochener Erdbeeranbauer bemerkt dagegen im Gespräch, dass er Früchte dieser Sorte nur noch zum Marmeladekochen für geeignet halte.

Ein wiederum anderer Erzeuger kultiviert Elsanta lediglich als Frigopflanzen und auch dies nur deshalb, weil sie zu den Sorten gehört, die er als Erzeuger vermehren darf, denn der Sortenschutz, der für Erdbeerzüchtungen 25 Jahre lang gilt, ist für Elsanta mit dem Ende des Jahres 2007 ausgelaufen. Bei den lizenzpflichtigen Sorten ist er darauf angewiesen, die Pflanzen von Vermehrungsbetrieben zu kaufen. Elsanta, sagt er, werde zu weich und habe jede Menge Nachteile.

Die von den Erdbeerbauern an der Sorte wahrgenommene Schwäche beruht wahrscheinlich darauf, dass Elsanta mit jeder Ernte schwächer wird, weil es sich nach dem Auslaufen des Sortenschutzes für den Zuchtbetrieb nicht mehr lohnt, sie durch beständiges Kreuzen züchterisch zu bearbeiten.[36] Wegen ihrer zunehmenden Schwächen hat ein befragter größerer Erdbeererzeuger Elsanta durch die neuen Sorten Aprica und Falco[37] ersetzt.

Ähnlich wie bei Äpfeln, bei denen sich noch kein Nachfolger für die umsatzstärkste Sorte Elstar herausgestellt hat, lässt sich auch für Erdbeeren noch nicht sagen, welche Sorte der Elsanta nachfolgen wird: *Elsanta*, schildert ein Erzeuger die Situation, *wird jetzt ziemlich abgelöst von verschiedensten anderen Sorten. Also man kann sich jetzt gar nicht festlegen, was jetzt wirklich die ideale Sorte ist.*

Er selbst baut derzeit hauptsächlich die vom Consorzio Italiano Vivaisti in Ferrara auf den Markt gebrachte Sorte Aprica an:

---

36 Vgl. zum gleichen Phänomen im Hinblick auf Tomaten HENDRIKS, Tomaten (2017), S. 182.
37 'Falco' wird von dem niederländischen Züchter Flevo Berry angeboten; https://flevoberry.nl/varieties/ (31.1.2024) – Nachrichten zu Anbauversuchen in den Jahren 2022 und 2023 bei Jonas MAUSSNER, Lena LIPS, Versuchsbetrieb für Gemüsebau Bamberg der Bayerischen Landesanstalt für Weinbau und Gartenbau: Versuche im deutschen Gartenbau 2023, Ökologischer Obstbau: Erdbeersorten für den ökologischen Anbau: 'Glorielle' überzeugt im dritten Jahr mit einem sehr guten Aroma (Note 1,8) – Spitzenreiter im Marktertrag war allerdings die Sorte 'Falco' (2783 g/m^2), https://www.lwg.bayern.de/mam/cms06/gartenbau/dateien/erdbeeren_sortenpr%C3%BCfung_2023.pdf (31.1.2024).

Wir haben zur Zeit eine italienische Sorte im überwiegenden Anbau, das ist die Aprica. Die hat sich bei uns eigentlich sehr gut gezeigt. Und man kann die verfrüht – verspätet ist eigentlich schon schwieriger – aber man kann sie gut verfrühen, darauf kommt es ja auch an. Und ertragsmäßig ist sie auch relativ gut (64).

In diesem Falle kommt die Sortenwahl vor allem den Bedürfnissen des Handels entgegen, denn der Sorte Aprica wird ein ansprechendes Aussehen und Lagerbeständigkeit im Handelsregal, dafür aber nur mittelmäßiger Geschmack zugeschrieben.[38]

Die Angehörigen einer befragten Obstbauernfamilie im Kreis Vechta können ihren eigenen Ansprüchen und denen des Handels nur gerecht werden, indem sie gänzlich verschiedene Sorten anbauen. *Wir versuchen immer noch, Erdbeeren zu produzieren, die auch schmecken, weil wir die zum Teil auch selbst vermarkten.*

Der Handel stelle aber andere Forderungen: *Wir werden danach klassifiziert, dass eine Erdbeere perfekt aussehen muss, und da hat auch Lidl wieder die höchsten Ansprüche: mindestens 2,5 Zentimeter im Durchmesser. ... Denen ist das auch egal, ob eine Erdbeere schmeckt oder nicht.*

Besonders stören sie sich an der von den Handelsketten gut aufgenommen Sorte Argentera: *Aber jetzt haben wir auch schon eine Sorte, die kann man eigentlich nicht essen. – Das sind wirklich Erdbeeren, die sind rot, die sehen phantastisch aus. – Sehen top aus. Bilderbuch-Erdbeeren. Aber die schmecken nicht. – Und das sind Erdbeeren, die möchte Lidl haben, so müssen sie aussehen. Ja meinetwegen, dann sollen sie sie kriegen!*

Die Befragten sind sich darüber einig, dass sie Früchte der Sorte Argentera nicht in ihren Selbstbedienungs-Kühlschrank auf dem Hofgelände stellen oder an die von ihnen direkt belieferten Verkäufer geben würden: *Nicht, wo unser Name dran steht! Da würden wir die niemals hinliefern! (alle lachen).*

Ein Familienangehöriger bringt die Ansprüche der Handelsketten auf den Punkt: *Wir Bauern produzieren ja nicht für den Verbraucher, sondern ja bloß für die Einkäufer von Aldi und anderen Ketten* (38).

Da es oft nur um das Äußere geht, liegt es nahe, dass sich die Forderungen der Handelsketten auch auf die Verpackung der Früchte erstrecken. So wurden in den 2010er Jahren die Holzschliffschalen anstelle der bis dahin vorherrschenden Kunststoffschalen für Erdbeeren durchgesetzt.

Solange wie ich denken kann, sagt ein Obsthändler, *gab es hier in Langförden Erdbeeren in blauen Schalen. Wir hatten blaue Schalen, meistens so dunkelblaue Schalen, und Langfördener Erdbeeren war eine Holzkiste mit dunkelblauen Schalen. Finde ich heute auch noch: sieht optisch super aus. Dann kam irgendwann die Anforderung vom LEH:*

---

38 Vgl. zu Aprica auch DREXLER, Erdbeersorten (2018), S. 10: „Die Früchte sind mittel bis groß, regenfest und von mittlerem Geschmack. Die optisch attraktiven, großen, kegelförmigen Erdbeeren ergeben eine schöne Schalenware und haben ein gutes Shelf-Life, was sie für die Vermarktung über den Großhandel prädestiniert. Geschmacklich ist die Sorte für die Direktvermarktung nicht ausreichend gut genug."

Nein, es müssen durchsichtige Schalen sein, damit man auch kucken kann, ob da irgendwo eine schlechte drin ist. Dann kam die Anforderung: Es muss eine Luftpolsterfolie drin sein, damit die Erdbeeren keine Druckstellen bekommen. – Und jetzt hat sich irgend jemand ausgerechnet, dass es ökologisch ist mit Holzschliffschalen. Ich bin mir ziemlich sicher, dass das nicht zu Ende gerechnet worden ist.

Ein Vorteil der Holzschliffschale sei, dass man sie nach Gebrauch in den Kompost werfen könne. Allerdings seien, noch bevor die Schalen mit den Erdbeeren in Kontakt kommen, deutlich mehr Fahrten mit Leergut nötig: *Man hat viel Luft bei den Holzschliffschalen. Die kann man nicht so eng in die Kartons packen. In einem Karton Plastikschalen sind, glaube ich, 2200, und in einem Karton Holzschliffschalen sind 400 oder 500 Stück drin.*

Dadurch relativiere sich der vermutete ökologische Vorteil: *Wenn man den gesamten Prozess von der Produktion über den Transport bis hin zum Landwirt rechnet, danach ist es ja gleich. Danach, mit der Erdbeere, ist es egal, in welcher Schale sie liegt, aber bis zu diesem Punkt, glaube ich nicht, dass die Holzschliffschale irgendeinen CO_2-Vorteil hat* (57).

Wenn die Verpackung schon nicht ökologischer ist, so gilt dies doch zumindest für das mit ihr verbundene Empfinden. Weil die Holzschliffschalen eine naturbelassene Anmutung haben, kann man mit dem Kauf der in ihnen verpackten Erdbeeren das Gefühl gewinnen, etwas ökologisch Gutes zu tun. Zu Ende gerechnet sind die ökologischen und finanziellen Vor- und Nachteile dieser Verpackung im Lebensmitteleinzelhandel gewiss nicht; vielmehr dürfte sich in den Handelskonzernen niemand je Gedanken über die finanziellen und ökologischen Kosten gemacht haben, solange es andere sind, die sie tragen.

Strauchbeeren

Heidelbeeren

Gegenüber der Erdbeere treten die verschiedenen Arten von Strauchbeeren an Bedeutung stark zurück. 2022 standen Strauchbeeren in den Kreisen Vechta und Cloppenburg auf 139,91 Hektar; der Freilandanbau verteilte sich auf neun Arten (Abb. 51). Einen verhältnismäßig großen Anteil der Anbauflächen bestritt jahrzehntelang die Himbeere. Inzwischen nimmt die Heidelbeere die führende Stellung unter den Strauchbeerenarten ein.

Die Kulturheidelbeere, deren Sorten die in Deutschland verkauften Heidelbeeren fast durchweg angehören, wird seit der Wende zum 20. Jahrhundert im Osten der USA auf der Grundlage der dort wildwachsenden Sorten gezüchtet.[39] Im Nordosten der USA und im

---

39 Vgl. LIEBSTER, Kulturheidelbeere (1961), S. 21–26; VOTH, Entwicklungen (2002), S. 103; SILBEREISEN u. a., Obstsorten-Atlas (1996), S. 391.

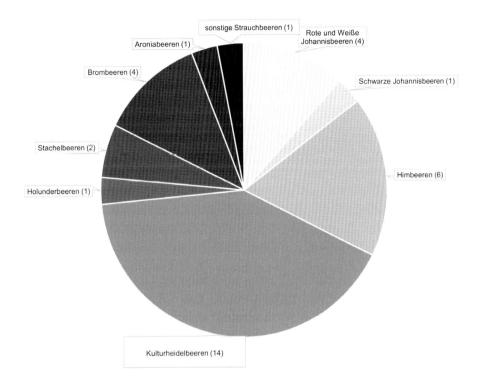

Abb. 51: Landwirtschaftliche Betriebe mit Strauchbeerenanbau (im Freiland) im Oldenburger Münsterland: Beerenarten und die Zahlen der anbauenden Betriebe. Nach Landesamt für Statistik Niedersachsen, Strauchbeerenerhebung 2022.

Osten Kanadas werden daneben auch Wildvorkommen als extensiv betriebene landwirtschaftliche Kultur genutzt.[40] Im Gegensatz zu den nordamerikanischen Varietäten erwies sich die kleinere europäische Waldheidelbeere als wenig geeignet für die kommerzielle Zucht; wirtschaftlich hat sie seit Beginn der 1960er Jahre ihre Bedeutung weitgehend verloren.[41]

---

40 Um 1980 auf etwa 40 000 Hektar in den USA und auf etwa 15 000 Hektar in Kanada; vgl. KEIPERT, Beerenobst (1981), S. 299.
41 Um 1960 wurden im Bayerischen Wald, dem größten Verbreitungsgebiet der Waldheidelbeere innerhalb Westdeutschlands, in guten Jahren 5000 bis 7000 Tonnen für den Verkauf gesammelt. Für Kulturheidelbeeren gab es zur gleichen Zeit etwa 15 Erzeuger mit rund 75 Hektar Anbaufläche, davon entfielen etwa 50 Hektar auf einen Betrieb im Kreis Fallingbostel (Lüneburger Heide); vgl. LIEBSTER, Kulturheidelbeere (1961), S. 3 und 15.

Abb. 52: Heidelbeersträucher auf Dämmen, zu Beginn der Pflücksaison. Gemeinde Lindern, Juli 2022.

Abb. 53: Heidelbeerfeld, nach dem Abschluss der professionellen Ernte als Selbstpflückfeld eröffnet. Bethen (Stadt Cloppenburg), August 2022.

Jahr	Niedersachsen		Kr. Cloppenburg		Kr. Vechta	
	Betriebe	Anbaufläche in Hektar	Betriebe	Anbaufläche in Hektar	Betriebe	Anbaufläche in Hektar
2012	143	1269,72	5	k.A.	8	20,56
2013	154	1415,53	5	35,82	7	20,15
2014	159	1435,43	8	49,07	9	20,33
2015	165	1707,59	8	42,24	9	27,24
2016	165	1814,24	7	54,97	10	27,75
2017	163	1847,44	8	58,84	7	21,09
2018	162	1921,86	8	63,89	6	18,20
2019	162	1996,87	8	66,42	5	16,00
2020	160	2088,09	8	66,85	6	18,71
2021	162	2086,97	8	69,85	7	18,30
2022	153	2089,12	7	81,93	7	18,55

Tab. 5: Anbau von Kulturheidelbeeren. Zusammengestellt nach den Strauchbeerenerhebungen 2012 bis 2022, unter https://www.statistischebibliothek.de/mir/receive/NISerie_mods_00000308 und https://www.statistik.niedersachsen.de/landwirtschaft_forstwirtschaft_fischerei/landwirtschaft_in_niedersachsen/obst_gemuese_und_gartenbau/strauchbeerenerhebung/erhebung-uber-strauchbeeren-in-niedersachsen-statistische-berichte-179140.html (14.8.2022).

Mit bundesweit 3399,99 Hektar Anbaufläche im Jahr 2022 ist die Heidelbeere vor der Roten, Weißen und Schwarzen Johannisbeere wie auch vor der Himbeere die am meisten angebaute Strauchbeerenart.[42] Mehr als die Hälfte der Flächen und der Erntemengen entfallen auf das Bundesland Niedersachsen, und hier bildet wiederum die Lüneburger Heide, deren Sandböden sich für die Frucht gut eignen, das Schwerpunktgebiet.

Ebenso wie im Bundesgebiet und in Niedersachsen hat der Anbau auch innerhalb Südoldenburgs in den letzten zehn Jahren deutlich zugenommen, allerdings nur im Kreis Cloppenburg, wo sich die Anbaufläche mehr als verdoppelte. Gegen den Trend ging die Fläche im Kreis Vechta innerhalb desselben Zeitraums leicht zurück. Die Zahl

---

42 Detaillierte Zahlen in: Statistisches Bundesamt, Fachserie 3, Reihe 3.1.9: Strauchbeerenanbau und -ernte 2022. Wiesbaden 2023, https://www.destatis.de/DE/Themen/Branchen-Unternehmen/Landwirtschaft-Forstwirtschaft-Fischerei/Obst-Gemuese-Gartenbau/Publikationen/_publikationen-innen-strauchbeeren.html (14.8.2023).

der Erzeuger blieb in beiden Kreisen etwa gleich, doch sind die Anbauflächen pro Betrieb im Kreis Cloppenburg mehr als viermal so groß wie im Kreis Vechta (Tab. 5).

Eine befragte Erdbeererzeugerfamilie im Kreis Vechta hat 2020 den Anbau von Heidelbeeren als zusätzliche Kultur aufgenommen, mit *zweieinhalb Hektar im Tunnel und zwei Hektar im Freiland*. Die Familie sieht den Heidelbeeranbau vor allem als Möglichkeit, die Abhängigkeit von der Hauptfrucht Erdbeere zu verringern; zudem kann sie die Arbeit der für die Ernte beschäftigten Saisonarbeitskräfte besser verteilen, weil die Heidelbeeren im Anschluss an die Erdbeeren reifen (38).

Die Familie Warnke in der Visbeker Bauerschaft Astrup baut das Strauchobst seit 1982 an. In diesem Falle ging der Anstoß zur Kultur von der Mutter des jetzigen Betriebsinhabers Jörg Warnke aus. Nachdem die Mutter einen Artikel über die Heidelbeerkultur im Landwirtschaftsblatt gelesen hatte, fuhr die Familie am Sonntagnachmittag in die Lüneburger Heide, um sich einen Betrieb, der bereits Heidelbeeren kultivierte, anzusehen. Bald darauf pflanzten die Warnkes die ersten eigenen Sträucher.

Besonders günstig waren die Voraussetzungen für den Anbau in der Visbeker Bauerschaft Varnhorn, weil die Anlage auf der Fläche eines gerodeten Nadelwaldes entstand. Heidelbeeren bevorzugen saure Böden, und auf die idealen Standorte deutet schon der von „Heide" abgeleitete Name der Frucht hin.[43]

Die 1982 von der Familie Warnke gepflanzten Sträucher mit Sorten wie Bluecrop sind nach wie vor im vollen Ertrag; sie können gut fünfzig bis sechzig Jahre alt werden. Jedes Jahr bekommen sie einen Verjüngungsschnitt. Deutlich geringer ist die Lebens- und Ertragsdauer bei Sträuchern einiger jüngerer Sorten; hier werden oft kaum mehr als zehn bis zwölf Jahre veranschlagt.

Den Umstand, dass die Sorten an den verschiedenen Standorten unterschiedlich früh reifen, nutzt Jörg Warnke, um die Erntezeit zu strecken, damit er seine Erntehelfer über einen Zeitraum von bis zu acht Wochen beschäftigen kann.

Ähnlich wie bei anderen Obstarten wie Äpfeln oder Erdbeeren gehört die Suche nach neuen geeigneten Sorten zu den zentralen Fragen des Geschäftes. Eine Reihe von Sorten hat sich Warnke bei Kollegen und bei einem Vermehrungsbetrieb sowie bei der Versuchsanstalt in Langförden, wo entsprechende Sortenversuche angestellt werden und wo man einen Eindruck von der Gestalt und dem Geschmack der Früchte gewinnen kann, angesehen.

Oft, bemerkt er, stelle man aber erst Jahre später fest, in welchem Maße die Sorten in der Praxis taugten. Es mache schon einen Unterschied, ob man einige Sträucher im Versuchsfeld habe, wo sie gegen übermäßigen Regen abgedeckt und gegen interessierte Vögel eingenetzt seien, oder ob sie im Freiland stünden, bei mehreren Tagen Regen

---

43 „die auf der Heide, im Kiefernwald wachsende Beere"; vgl. Digitales Wörterbuch der deutschen Sprache, https://www.dwds.de/wb/Heidelbeere (14.8.2023). Zu den Bodenansprüchen siehe auch VOTH, Entwicklungen (2002), S. 106.

oder bei großer Hitze: *Ist die Beere dann auch noch eine Beere, oder bricht die dann schon zusammen?*

Neue Sorten hat Jörg Warnke immer wieder ausprobiert, doch sind die Erfahrungen durchwachsen: *Wie viele Sorten habe ich schon gepflanzt*, die von Züchtern und Fachhandel eifrig beworben wurden: „Das ist es jetzt. Die müsst ihr haben!" Warnke machte indes seine eigenen Erfahrungen: *Dann waren sie fest, sahen top aus, schmeckten nicht. Oder schmeckten super und wurden sofort weich.* Oder die Früchte reiften ungleichmäßig ab.

Fragt der Handel nach den Sorten? – Dem Handel, sagt Warnke, sei es egal, wie die Sorten heißen; er kenne sie nicht einmal: *Es steht ja nirgendwo eine Sorte drauf.* Wichtig sei aber das äußere Erscheinungsbild. So würden Früchte der aus Neuseeland stammenden Sorte Reka vom Handel nicht angenommen, weil sie anstelle der gewünschten schönen, hellen Wachsschicht eine dunkle Oberfläche hätten. Derartige Sorten funktionierten nur in der Direktvermarktung, wo man die Kunden zum Probieren auffordern könne.

In letzter Zeit gewinne auch die Größe der Früchte an Bedeutung. Einzelne Handelsketten fingen in den letzten Jahren mit Größensortierung an. Bei Aldi sei dies noch egal, solange die Schale ein Pfund Beeren enthalte. *Ob da jetzt 600 Beeren drin sind oder 300 Beeren, Hauptsache 500 Gramm. Und so hat jeder seine Art und Weise.*

Nach der Größe sortiert wird auf dem Hof Warnke noch nicht, doch ist ohnedies in der Heidelbeerkultur das ganze Jahr über etwas zu tun: Wenn nicht Hauptsaison ist, reichen die Arbeiten vom Reparieren der Zäune über die Wartung der Beregnungsanlagen bis zum Instandsetzen der Geräte.

Im Februar und März sind zwei bis drei Leute für fünf bis sechs Wochen im Betrieb, um überalterte Triebe auszuschneiden; danach ist der Obstbauer wieder allein auf dem Hof.

Später wird gegen Blütenfrost beregnet, denn ebenso wie bei anderen Obstarten bedeuteten Ertragsausfälle ein zu großes Risiko. Nach den Angaben der Obstbauberatung, sagt Warnke, halten die Blüten zwei bis vier Grad minus aus, doch muss die Frostschutzberegnung im Zweifelsfalle früher angeschaltet werden, um die Temperatur zu halten.

Mitte Juni kommen die ersten weiteren Saisonbeschäftigten zur Erntevorbereitung; die Kühlräume werden gereinigt, Maschinen und Geräte vorbereitet. Etwa von Anfang Juli bis Anfang September sind dann 45 bis 50 Leute auf dem Betrieb. Beim Pflücken arbeiten immer zwei Personen in einer Reihe; in diesen Gruppen lernen die Älteren die Jüngeren an. Ein arbeitstechnischer Vorteil der Heidelbeeren ist, dass sie im Stehen gepflückt werden können; dies macht die Arbeit deutlich bequemer als etwa die Ernte der Erdbeeren. Gepflückt werden die Heidelbeeren in kleine Eimer und aus diesen in Steigen, d. h. in flache, oben offene und stapelbare Kisten gefüllt. Im Betrieb kommen die Steigen in einen Kühlraum. Dort halten sie sich bei null Grad ohne Einbußen eine Woche lang, doch werden sie täglich abgeholt.

Unterdessen gerät der Betrieb, ebenso wie andere niedersächsische Heidelbeererzeuger, unter verstärkten wirtschaftlichen Druck. Seit den 1980er Jahren werden Heidelbeeren in wachsendem Maße aus dem Ausland importiert; zunächst hauptsächlich aus Spanien;[44] mittlerweile ist Peru das weltgrößte Anbauland für Blaubeeren.[45] Dass die in so großer Entfernung angebauten Früchte in Niedersachsen überaus günstig angeboten werden können, ist dem Raubbau an den natürlichen Ressourcen und der krassen Ausbeutung menschlicher Arbeitskraft zu verdanken. So leiten die im Heidelbeergeschäft engagierten Gesellschaften das für den großflächigen Anbau in Peru erforderte Wasser über große Distanzen und entziehen es den kleinbäuerlichen Betrieben, die buchstäblich auf dem Trockenen sitzen und sich auf die Dauer nicht werden halten können. In der südspanischen Provinz Huelva, einem der trockensten Gebiete Europas, wird das für den Erd- und Blaubeeranbau benötigte Wasser zum Teil durch illegal gegrabene Brunnen gefördert. Das Wasser, auf das die in den Zeltlagern lebenden, in den Anlagen arbeitenden Migranten angewiesen sind, ist mit Pestiziden aus dem Anbau versetzt. Alles dies trägt dazu bei, die Früchte so günstig anzubieten, dass niedersächsische Erzeuger in der Preiskonkurrenz oft nicht mehr mithalten können.

Auch Freunde von Bio-Lebensmitteln brauchen auf derart erzeugte Ware nicht zu verzichten. So werden aus Chile eingeflogene, als klimaneutral ausgewiesene Heidelbeeren als Bio-Früchte in deutschen Geschäften angeboten (55). Und ebenso finden sich in deutschen Bio-Supermärkten, auch in Südoldenburg, als ökologisch deklarierte Heidelbeeren aus Marokko und anderen Ländern, in denen sie ohne die Nachfrage aus Mitteleuropa nicht wachsen würden.

Angesichts des wachsenden Angebotes ist zu erwarten, dass das Wachstum von Anbaufläche und Erntemengen in der Bundesrepublik bzw. in Niedersachsen bald an seine Grenzen stößt. Der Heidelbeererzeuger Jörg Warnke hat jedenfalls die Konsequenz gezogen und den Anbau reduziert. Wenn alles wie geplant umgesetzt werden kann, werden achteinhalb Hektar von der bisherigen Anbaufläche unter Naturschutz gestellt und als Weideland verpachtet.

Himbeeren

Während die Kultur der Heidelbeeren zwischen 2012 und 2022 an Fläche gewann, nahm die Kultur der Himbeeren ab (Abb. 54). Besonders deutlich zeigt sich dies im

---

44 Zum Anteil deutscher Großhändler an dieser Entwicklung siehe VOTH, Entwicklungen (2002), S. 113f.
45 Zum Folgenden siehe auch den Film „Beeren-Hunger: Süße Früchte – Bittere Wahrheiten", Autor: Christian Jentzsch, Südwest-Rundfunk, Ausstrahlung am 8.3.2023, auch über das Portal YouTube einsehbar: https://www.youtube.com/watch?v=apWHfraGbN0 (7.11.2023).

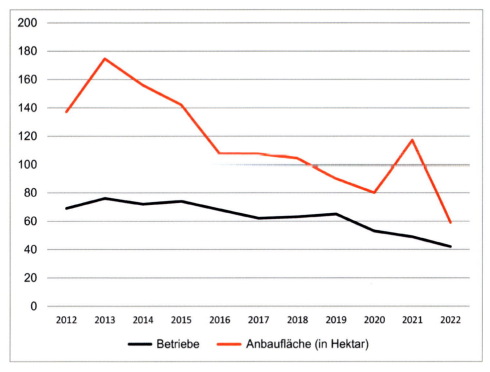

Abb. 54: Betriebe und Anbauflächen für Himbeeren in Niedersachsen, Zusammengestellt nach den Strauchbeerenerhebungen 2012 bis 2022, unter https://www.statistischebibliothek.de/mir/receive/ NISerie_mods_00000308 und https://www.statistik.niedersachsen.de/landwirtschaft_forstwirtschaft_ fischerei/landwirtschaft_in_niedersachsen/obst_gemuese_und_gartenbau/strauchbeerenerhebung/ erhebung-uber-strauchbeeren-in-niedersachsen-statistische-berichte-179140.html (15.8.2022).

Kreis Vechta. Dort verringerte sich die Zahl der Betriebe, die Himbeeren anbauten, von 17 auf sechs, die Anbaufläche von 30,02 auf 5,48 Hektar.[46] Die Blütezeit des Anbaus liegt jedoch noch weiter zurück. In den achtziger Jahren, erinnert sich Dr. Dankwart Seipp, der damalige Leiter der Versuchs- und Beratungsstation für Obst und Gemüse

---

46 Strauchbeerenerhebungen 2012 bis 2022, unter https://www.statistischebibliothek.de/mir/receive/ NISerie_mods_00000308 und https://www.statistik.niedersachsen.de/landwirtschaft_forstwirtschaft_ fischerei/landwirtschaft_in_niedersachsen/obst_gemuese_und_gartenbau/strauchbeerenerhebung/ erhebung-uber-strauchbeeren-in-niedersachsen-statistische-berichte-179140.html (15.8.2022). – Deutlich geringer als im Kreis Vechta war der Anbau im Kreis Cloppenburg; hier wird für die Jahre 2020–22 überhaupt kein Anbau verzeichnet; in der Zeit von 2012 bis 2019 bewegt sich die Zahl der anbauenden Betriebe zwischen 0 und 3; eine Hektarzahl wird nur für 2017 verzeichnet (drei Betriebe mit insgesamt 3,27 Hektar).

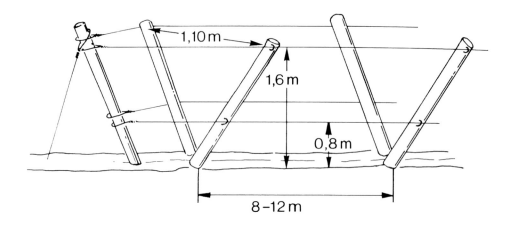

Abb. 55: Langfördener V-Gerüst zum Befestigen der Himbeerruten, aus METZNER, Obstbäume (1991), S. 150.

in Langförden, war die Region auf dem Gebiet der Himbeeren *absolut marktführend in Deutschland*.

Es gab sogar einen nach Langförden, dem Standort der Versuchs- und Beratungsstation, benannten Typ des Gerüstes, an dem die Himbeerruten befestigt wurden (Abb. 55). Das Charakteristikum dieses Gerüsttyps bestand darin, dass anstelle einer einfachen Reihe von Stützpfählen eine V-förmige Doppelreihe gebildet wurde. Hierdurch ließ sich die Zahl der Ruten verdoppeln, von durchschnittlich 8–10 auf 15–20 Ruten auf den laufenden Meter; und ein derart verdichteter Anbau kann durchaus als ein Zeichen für die intensivierte Obstkultur gesehen werden.[47]

Vom Ende der 1960er Jahre bis ins ausgehende 20. Jahrhundert nahm der Himbeeranbau beständig zu.[48] Den Ausgang bildete der Ort Langförden im Kreis Vechta; hier bestanden mit dem Erzeugergroßmarkt Langförden-Oldenburg und der Versuchs- und Beratungsstation zwei die Himbeerkultur maßgeblich stützende Einrichtungen.

Ein befragter Landwirt in der Gemeinde Visbek nahm die Kultur in den siebziger Jahren auf. Damals, berichtet er, konnte er beim Pflücken noch auf die Mithilfe von Schü-

---

47 Siehe auch METZNER, Obstbäume (1991), S. 149f.; KEIPERT, Beerenobst (1981), S. 168; CAO, Sonderkulturanbau (1993), S. 80.
48 Zur Diffusion des Himbeeranbaus von 1969 bis um 1990 in den Kreisen Vechta und Cloppenburg siehe CAO, Sonderkulturanbau (1993), S. 73–86.

lern rechnen. Gute Erlöse ließen sich jedoch nur in der Saison erzielen. Überschüssige Ware wurde bei der Absatzorganisation eingefroren und, allerdings zu geringeren Preisen, im Laufe des Winters abgesetzt (39). Ein Erdbeererzeuger im Kreis Vechta, der in den achtziger Jahren verschiedene Sonderkulturen erprobte, baute zehn Jahre lang Himbeeren an (46). Für einen anderen Landwirt, der seit Ende der 2000er Jahre auf gut einem Hektar Himbeeren kultiviert und zur Selbstpflücke anbietet, ist die Himbeere die arbeitsintensivste Frucht: *Das ist einfach die teuerste Kultur, die es gibt. Da braucht man am meisten Zeit für, da muss man am meisten Arbeit reinstecken* (54).

Mit dem verstärkten Anbau gingen allerdings sinkende Erlöse einher. Bereits seit Beginn der achtziger Jahre hatten die Erzeugerpreise abzunehmen begonnen, nicht zuletzt unter dem Druck von Einfuhren aus dem östlichen Europa, besonders aus Polen und Ungarn.[49]

Entsprechend den Bedürfnissen des Handels wurden die Himbeerkulturen seit den neunziger Jahren völlig umgestellt. Noch um 1991 bauten praktisch alle am Himbeeranbau beteiligten Betriebe der Region die Sorte ‚Schönemann' an. Sie wurde 1950 aus Kreuzungen der Sorten ‚Lloyd George' und ‚Preußen' selektiert und ist seit den 1950er Jahren im Handel.[50] Für die Anbauer zeichnete sie sich durch eine Reihe vorteilhafter Eigenschaften aus: „Ertrag überdurchschnittlich, Pflückleistung mittel bis hoch, Frucht mittelgroß bis groß und gut geeignet für die Tiefkühlung, säuerlich saftig und wohlschmeckend."[51] Gepflanzt wurden die Himbeerruten damals durchweg im Freiland.

Mit ihrer starken Verbreitung hatte die Sorte Schönemann unter den Himbeeren eine ähnlich dominante Stellung wie einst Senga Sengana unter den Erdbeeren. Ein kommerzieller Nachteil der Sorte lag jedoch darin, dass die Früchte zu weich waren, um längere Transporte zu überstehen.

Durch Kontakte der Langfördener Versuchsanstalt nach Schottland und Kanada kamen neue Sorten, die im Freilandanbau gut funktionierten und deren Früchte hell, groß und fest waren, in die Region. Ihr Problem war aber die Rutengesundheit: Im Gegensatz zu ‚Schönemann' sind sie anfällig für Pilze, die die Ruten absterben lassen. Um die Ruten zu schützen, müsste man bei mehrjährigem Anbau auch zur Erntezeit spritzen, doch würde man dadurch riskieren, die Früchte überhaupt nicht verkaufen zu können.

Ein Ausweg, den die Versuchsanstalt Ende der achtziger Jahre erprobte, bestand im zweijährigen Anbau: „Die Tragruten, die normalerweise im laufenden Jahr den Ertrag bringen würden", erläutert Dr. Dankwart Seipp das Prinzip, „werden im Frühjahr abgemäht. Danach wachsen im Sommer kräftige Jungruten heran, die auch vor Pilzerkrankungen geschützt werden können. So hat man im Folgejahr eine sehr hohe Ernte, die das Leerjahr mehr als ausgleicht. Gleichzeitig werden wiederum die neuen Ruten ent-

---

49 Siehe Cao, Sonderkulturanbau (1993), S. 81–83.
50 Vgl. Silbereisen u. a., Obstsorten-Atlas (1996), S. 383.
51 Vgl. Cao, Sonderkulturanbau (1993), S. 79, mit den Ergebnissen einer eigenen Befragung unter 54 Anbauern; Zitat ebd.; siehe auch Schweizerische Stiftung (Hg.), Raritäten (2006), S. 83.

fernt, und es gibt erst im übernächsten Jahr eine weitere Ernte."[52] Die entsprechenden Versuche, bemerkt Seipp, waren recht erfolgreich; *aber es hat sie keiner übernommen.*

In der Folge arbeitete die Versuchsanstalt verstärkt an einjährigen, herbsttragenden Kulturen. Um die Erntezeit zu verfrühen, wurden die Pflanzstreifen mit einer Folie abgedeckt. Die erzielten Ernten lagen *deutlich über den Mengen, die man bei der normalen Himbeeranlage ernten kann. Und auch das hat man zuerst nicht übernommen.*

Durchgesetzt hat sich dagegen das ebenfalls in der Versuchsanstalt erprobte Konzept der „Long Canes" (lange Ruten): Himbeerpflanzen werden intensiv produziert und die Jungruten, ähnlich wie die Erdbeerpflanzen in der Frigo-Kultur, bei minus zwei Grad Celsius eingewintert. In Langförden wurden die Himbeerruten im April oder Mai des Folgejahres gepflanzt, *lange Dinger, nicht zurückgeschnitten und mit einem guten Wurzelwerk*, und im August, September wurde geerntet. *Ging hervorragend.*

Anfangs wurden die Long Canes in Wälle gepflanzt; inzwischen werden sie zum größeren Teil für jeweils ein Jahr im Gewächs- oder Folienhaus in Töpfe gesetzt.

Es wird immer einzelne Landwirte geben, die die Kultur der Himbeeren oder auch der in manchen Anbaueigenschaften ähnlichen Brombeeren zumindest probeweise aufnehmen. Die Probleme für die Anbauer liegen dabei nicht so sehr in den Pflanzenkrankheiten als in der mediterranen Konkurrenz: In Ländern wie Spanien oder Marokko lassen sich die Früchte um die Hälfte billiger produzieren; die Nische für die einheimischen Erzeuger wird damit umso kleiner.[53]

---

52 Mitteilung vom 25.9.2023.
53 Siehe: Betriebe beginnen mit der Brombeerernte. In: Münsterländische Tageszeitung, 26.8.2023, S. 5.

4. Gemüse

Vom Hausgarten zur großen Fläche

Für gut ein Jahrhundert bestanden die landwirtschaftlichen Sonderkulturen im Oldenburger Münsterland hauptsächlich im Obstbau. Erst in den 1990er Jahren lief das Gemüse dem Obst den Rang als größter Umsatzträger ab, und bereits um 2008 bestritt der Erzeugergroßmarkt Langförden-Oldenburg (ELO) mehr als zwei Drittel seines Umsatzes mit Gemüse.[1] Als Kultur hat das Gemüse in der Region indes eine ähnlich lange Geschichte wie das Obst. In beiden Fällen liegen die Anfänge in Zeiträumen, die von Schriftquellen nicht erfasst sind.

Für die vorindustrielle Zeit lassen sich zum Gemüsebau nur Mutmaßungen anstellen.[2] Die historischen Quellen werfen nur einzelne Schlaglichter auf den Anbau im heutigen Oldenburger Münsterland. Verhältnismäßig zahlreiche Hinweise geben die im 17. und 18. Jahrhundert geführten Nachlassakten der Pastoren.[3] Bis weit ins 19. Jahrhundert zogen praktisch alle Pfarrer ihr Gemüse selbst bzw. unter Mitwirkung ihrer Hausangestellten; sie kauften Saatgut für alltägliche und für seltenere Gemüsearten. So bestellte in den 1740er Jahren der Barßeler Pastor Gerlach Düvell unter anderem Samen für Rot-, Weiß- und Blumenkohl, Wirsing, Sellerie, Pastinaken, Rettich, Radieschen, Möhren, gelbe und weiße Rüben, Kopfsalat, Mangold und Spargel.[4]

Den Anbau von Gemüse betrieben die Geistlichen weniger aus Liebhaberei als aus wirtschaftlichem Bedürfnis, denn die Möglichkeit, einen Garten zu bewirtschaften, gehörte zu den Stützen ihres Lebensunterhalts. So bemerkte 1808 der Pfarrer Christian Franz Osterloh in der saterländischen Gemeinde Scharrel, dass er, bevor er ein der Gemeinde gehörendes Stück Land wieder in Kultur genommen habe, sein Gemüse mit großen Kosten habe kaufen müssen.[5] Beim Anbau spielte neben wirtschaftlicher Notwendigkeit bisweilen auch ein stärkeres persönliches Interesse mit. Um 1830 wurde etwa berichtet, dass sich Pfarrer Arnold Joseph Gieseke in Neuenkirchen (Oldenburg) an Anbauversuchen für neuseeländischen Spinat beteiligte.[6] Ansonsten hört man über die Förderung des Gemüsebaus durch Geistliche weniger als über die Förderung des Obstbaus, vermutlich weil Gemüse ohnehin angebaut wurde und hierfür keine Überzeugungsarbeit nötig erschien.

---

1 Vgl. VOTH, Oldenburger Münsterland (2009), S. 316.
2 Vgl. auch SEIPP, Visbek (2009), S. 212.
3 Zum Folgenden AMESKAMP, Anspruch (2022), bes. S. 422–431.
4 Ebd., S. 424f.
5 Ebd., S. 417.
6 GEIGER, Magazin für Pharmacie 1829, S. 182; Botanische Literatur-Blätter, 4 (1830), S. 79. Zu Gieseke siehe auch LUZAK, Arnold Joseph Gieseke (2006).

Trotz gelegentlichen Handelns mit Gemüse, wie Christian Franz Osterloh ihn 1808 aus Scharrel bezeugt, hat der gewerbliche Gemüsebau im Oldenburger Münsterland wohl erst um die Mitte des 20. Jahrhunderts einige Bedeutung erlangt. Als ein Pionier gilt hier der Niederländer Peter Duijn, der ab 1935 in Langförden großflächig Kohl anbaute und international vermarktete.[7] Duijn fügt sich ein eine Reihe niederländischer Pioniere ein, die im deutschen Gemüsebau Impulse setzten.[8]

Auch nach dem Zweiten Weltkrieg lag der Schwerpunkt des Gemüsebaus auf dem Kohl.[9] Auf diese Gemüsegattung beziehen sich auch die Aussagen älterer Befragter. So erinnert sich ein Landwirt im Kreis Cloppenburg an den Anbau von Weißkohl zur Zeit der Währungsreform von 1948: *Gleich als die Währung war, hatten wir Kabbus. Ich weiß noch wohl, der ging da ganz teuer weg, da hatte unser Vater gerade Glück* (40). Möglicherweise trug zu dem für den Erzeuger günstigen Absatz der Umstand bei, dass das Einstampfen des Weißkohls zu Sauerkraut zu jener Zeit, in der die Selbstversorgung eine erhebliche Rolle spielte, noch sehr geläufig war.

Ein Kollege in Hagstedt (Gemeinde Visbek) hatte seit den frühen sechziger Jahren Versuche mit dem Anbau von Gemüse angestellt, doch verliefen sie nicht zu seiner Zufriedenheit. Erst der 1964 gepflanzte Blumenkohl ließ sich besser an: *Und dann haben wir irgendwie Glück gehabt mit dem Blumenkohl, also zweite Frucht hinterher und dann verkaufen, das lief gut. Und die Sorte passte.*

Bei anderem Gemüse wie etwa dem Brokkoli, machte er die Erfahrung, dass er vielen Verbrauchern noch unbekannt war: *Keine Sau kannte den (lacht).* Das gleiche erlebte er mit Chinakohl: *Kannte auch keiner, musste ich erst verschenken. Und dann, ... ein Jahr oder zwei..., allmählich fangen sie drauf an, aber das muss man erst verschenken* (39).

Von ähnlichen Erfahrungen in größerem Maßstab berichtet ein bedeutender Gemüseerzeuger im Kreis Cloppenburg, hier im Umgang mit den großen Lebensmittelketten: *Wir sind vor fünf Jahren angefangen, diesen Pak Choi anzubauen. Den müssen Sie auch erst verschenken. Keiner wollte den haben* (51).

Die Entwicklung des Südoldenburger Gemüsebaus verlief keineswegs geradlinig. In den 1970er Jahren nahmen die Anbauflächen sogar ab, von 469,8 (1972) auf 319,5 Hektar (1978). In diesem Falle ging der Rückgang auf auf den stark verringerten Anbau von Bohnen in Folge sinkender Nachfrage zurück. In den achtziger Jahren nahm die Gemüsebaufläche wieder etwas zu, von 323,8 (1981) auf 440 Hektar (1990). Dieser Zuwachs

---

7   Seipp, Visbek (2009), S. 217.
8   So ging der bis zum Zweiten Weltkrieg sehr erfolgreiche Tomatenanbau im Oderbruch auf die um 1900 eingewanderte Familie van Spronsen zurück; hierzu Hendriks, Tomaten (2017), S. 21–65. Der gewerbliche Gurkenanbau im Spreewald wird auf Niederländer zurückgeführt, die im frühen 18. Jahrhundert als Tuchmacher angeworben worden, aber erst durch mitgebrachte Gurkensamen und ihre Anbaukenntnisse wirtschaftlichen Erfolg erlangt hätten; vgl. Fahlisch, Lübbenau (1877), S. 95; siehe auch Irlbacher, Erfolgsgeschichte (2009), S. 334.
9   Seipp, Visbek (2009), S. 217.

verdankt sich dem zunehmendem Spargelanbau, der 1990 mit etwa 200 Hektar fast die Hälfte der Anbaufläche für Gemüse einnahm.[10] Bereits zu Beginn der neunziger Jahre war eine Umorientierung vom Grob- zum Feingemüse, dessen Anbau mehr Kapital und Arbeitskräfte erfordert, zu beobachten.[11]

Zu den wirtschaftlich bedeutenden Gemüsearten gehört der Grünkohl, der seit den siebziger Jahren beim Erzeugergroßmarkt Langförden-Oldenburg (ELO) gefrostet und als Tiefkühlware vermarktet wird. 1990 stand der Grünkohl unter dem vom ELO vermarkteten Gemüsesorten im Umsatz an erster, in der verkauften Menge an zweiter Stelle.[12] Grünkohl wird als Hauptkultur oder auch als Zwischenkultur, etwa nach der Ernte der Wintergerste, gepflanzt.[13]

Ein Landwirt in der Gemeinde Visbek, dessen Vater bereits Grünkohl angebaut hatte, erinnert sich, dass für die Ernte in den siebziger und achtziger Jahren Frauen mit entsprechender Erfahrung engagiert wurden:

Beim Grünkohl hatten wir immer Hausfrauen. Ältere Damen, die das noch konnten, bei Minustemperaturen den Kohl sträpeln (= streifen). Da haben wir teilweise die Hausfrauen aus Twistringen und aus Sulingen geholt, die dann bei uns diesen Kohl geerntet haben (46).

Von Hand geerntet wird heute nur noch der Grünkohl für den Frischmarkt; bei der Ware für den Tiefkühlmarkt läuft die Arbeit mit Maschinenhilfe.[14] Ein Kollege in Langförden erntet den ersten Grünkohl bereits im Juli; unmittelbar danach kann er einen weiteren Satz Grünkohl pflanzen, der dann im Herbst geerntet wird, oder er pflanzt Grünkohl im Anschluss an Spinat. Grünkohl, bemerkt er, brauche heutzutage keinen Frost mehr, *dafür haben wir mit den Sorten mittlerweile eine gute Auswahl* (38).

Tatsächlich ist die Auffassung, dass Grünkohl erst geerntet werden könne, wenn es gefroren hat, längst überholt. Frost war ohnehin nie die Voraussetzung für den milderen Geschmack des Grünkohls, vielmehr wird diese Eigenschaft durch das herbstliche Klima begünstigt: Weil die Pflanze bei den kühleren Temperaturen ihren Stoffwechsel verlangsamt und damit weniger Energie verbraucht, währenddessen aber weiterhin Glukose durch Photosynthese bildet, reichert sich mehr Zucker in den Blättern an. Die heute kultivierten, von vornherein mehr Zucker enthaltenden Grünkohlsorten bedürfen für den angenehmeren Geschmack nicht einmal des Herbstklimas.[15]

---

10 Vgl. CAO, Sonderkulturanbau (1993), S. 49–52.
11 Vgl. ebd., S. 51 und 53.
12 Ebd., S. 53 Tab. 20.
13 SEIPP, Visbek (2009), S. 228.
14 Vgl. Janet BINDER: Nasses Wetter vermiest Grünkohlernte. In: Münsterländische Tageszeitung, 15.2.2024, S. 22.
15 Siehe auch: Bundesinformationszentrum Landwirtschaft, https://www.landwirtschaft.de/landwirtschaft-verstehen/haetten-sies-gewusst/pflanzenbau/braucht-gruenkohl-wirklich-frost (16.5.2023).

Die Erzeugerbetriebe wären auch nicht in der Lage, die im heutigen Anbau entstehenden Mengen erst nach dem Einsetzen des Frostes zu ernten und zu verarbeiten. Denn nach dem ersten Frost lässt die Qualität innerhalb von drei Tagen deutlich nach: *Die werden dann gelb und weich, also das geht dann kaputt. Man muss das sofort ernten.* Überdies habe man es inzwischen mit Wintern zu tun, in denen es kaum noch Frost gebe: *2019 hatten wir keinen einzigen Tag, wo es 24 Stunden gefroren hat. Keinen einzigen Tag* (38).

Die Produktion von Gemüse ist, wie bei anderen Sparten der Landwirtschaft und der Sonderkulturen, mittlerweile hoch arbeitsteilig. So sind für die Erzeugung der Jungpflanzen darauf spezialisierte Betriebe entstanden. Der größte Erzeuger von Gemüsejungpflanzen in der Region ist der Betrieb Jungpflanzen Lüske GbR in Höltinghausen (Gemeinde Emstek). Entstanden ist er 1960, als die Eheleute Heinrich und Louise Lüske neben dem eigenen Gemüsebau auch mit der Erzeugung von Salat- und Gemüsejungpflanzen auch für andere Anbauer begannen. Bis 1996 entwickelte sich die Jungpflanzenproduktion zum ausschließlichen Betriebszweig. Gegenwärtig arbeitet das Unternehmen auf 13 Hektar Gewächshausfläche.[16] Hauptabnehmer der Jungpflanzen ist der Betrieb Gemüsebau Mählmann in der benachbarten Gemeinde Cappeln, und auch für ihn ist Lüske der wichtigste Lieferant.[17]

Einzelne Anbaubetriebe

Porree im ganzen Jahr

Da der Gemüsebau im Oldenburger Münsterland hier nicht annähernd vollständig beschrieben werden kann, seien auf den folgenden Seiten drei Erzeugerbetriebe, die sich auf unterschiedliche Weise sehr erfolgreich entwickelt haben, als Beispiele vorgestellt. Gemeinsam ist ihnen, dass sie aus kleinen landwirtschaftlichen Betrieben hervorgegangen sind, die in ihrer Ausgangsgröße bei herkömmlicher Landwirtschaft inzwischen längst nicht mehr überlebensfähig wären.

Seit einigen Jahrzehnten wird in Südoldenburg, genauer im Kreis Vechta,[18] auf größeren Flächen Porree angebaut und als gefrostete Ware über den ELO vermarktet. *Früher,* erinnert sich der langjährige Leiter des Versuchs- und Beratungszentrums für Obst- und Gemüsebau, Dr. Dankwart Seipp, *haben einzelne Anbauer nur Porree für die*

---

16 Weitere Hinweise bei www.lueske.de (14.11.2023).
17 Vgl. https://www.maehlmann-gemuesebau.de/qualitaet/ (14.11.2023); „Die Jungpflanzen kommen von einem ausgewählten Aufzuchtbetrieb direkt vor der Haustür".
18 Die Statistischen Berichte für Niedersachsen geben für 2020 drei Anbaubetriebe im Kreis Vechta, aber keinen im Kreis Cloppenburg an: Statistische Berichte Niedersachsen, C I 3 – j/2020: Anbau von Gemüse und Erdbeeren zum Verkauf 2020. Hannover 2021.

Abb. 56: Beim Pflanzen des Porrees: Die Mitarbeiterinnen in der Pflanzmaschine. Gemeinde Visbek, April 2023.

Frostung gemacht. Das sind ganz andere Sorten, als sie hier für den normalen Frischmarktanbau gebraucht werden. Das sind lange Stengel. Die sind riesig, mit Wahnsinnserträgen pro Hektar. Das ist aber vorbei.

Auch das Versuchs- und Beratungszentrum in Langförden stellte Anbauversuche zu einzelnen Porreesorten an: *Das waren türkische Porreesorten, die in der Ertragsleistung riesig sind, 900 Doppelzentner pro Hektar, also marktfertiger Porree. Der ging aber ausschließlich in die Frostung; den konnte man nicht auf dem Frischmarkt verkaufen.*

Für den Porreeanbau günstige wasserhaltende und nährstoffreiche Böden gibt es besonders im Gebiet um Hagstedt (Gemeinde Visbek).[19] In Hagstedt befindet sich denn auch mit dem Hof von Reinhard Bührmann einer der größten Anbaubetriebe für Porree in Nordwestdeutschland.

Bis um 1970 führte die Familie auf sieben Hektar einen klassischen landwirtschaftlichen Gemischtbetrieb mit einigen Kühen, einigen Schweinen und etwas Geflügel. Ge-

---

19 Seipp, Visbek (2009), S. 227.

rade für derartige kleinstrukturierte Betriebe war jedoch abzusehen, dass sie in dieser Form auf die Dauer nicht würden weiterbestehen können.

Damals ging der Vater Reinhard Bührmanns zusammen mit einigen Kollegen zum Ende des Winters in andere Orte, um im Nebenerwerb Obstbäume zu beschneiden. Dies machte er durchaus gerne, doch irgendwann entwickelte sich der Gedanke: *Mein Gott, was wir bei anderen Leuten machen, können wir auch bei uns selbst machen!* Bei den nun entstehenden Plänen stand zunächst der Apfel im Vordergrund, doch riet die Obstbauversuchsanstalt in Langförden zu Beerenobst: Äpfel *lasst mal sein, macht mal lieber Erdbeeren, Himbeeren, solche Sachen.*

Im Laufe von zehn Jahren wurde der Betrieb auf den Gemüsebau umgestellt und das Vieh bis Anfang der achtziger Jahre nach und nach abgeschafft: zunächst die Kühe, später die Schweine und die Hühner.

Nach dem frühen Tod des Vaters 1984 übernahm Reinhard Bührmann als Zwanzigjähriger die Führung des Betriebes. Die bearbeitete Fläche beträgt heute ein Vielfaches des früheren Anbaus. Die Kulturen, auf die sich der Betrieb konzentriert, sind Porree und Erdbeeren. Auf dem Hof arbeiten heute 14 feste Mitarbeiter und, in stetem Wechsel, knapp 700 Saisonbeschäftigte. Im Maximum, zur Zeit der Erdbeerernte, sind 260, 270 Mann auf dem Betrieb.

Ebenso wie andere Landwirte hat Bührmann einen Flächenpool fest gepachtet. Innerhalb dieses Flächenpools und im Austausch mit Kollegen gestaltet er die für den Anbau nötigen Fruchtfolgen.

Erdbeeren und Porree kann man gut aufeinanderfolgen lassen; beide Pflanzenarten werden aber auch von den gleichen Nematoden und von der Thripsfliege sehr geschätzt.[20] Zum Schutz vor Nematoden wird bei der Übernahme einer Fläche im Herbst nach Möglichkeit Tagetes als Zwischenkultur eingesät.

Für den Porree gibt es Sä- und Pflanzkulturen. Das Pflanzen beginnt zwischen Mitte März und Anfang April. Die benötigten Jungpflanzen stammen aus wärmeren Gegenden: die ersten eingesetzten Jungpflanzen werden aus Marokko eingeführt, *die nächsten kommen aus Portugal, und dann geht es so langsam rüber nach Holland.*

Für das Einpflanzen unterhält der Betrieb eine Pflanzmaschine mit einer Arbeitsbreite von knapp fünf Metern (Abb. 56–58). Auf der Maschine sitzen neun Mitarbeiterinnen, die die Jungpflanzen auf ein Förderband legen, damit sie in regelmäßigen Abständen eingesetzt werden. Ein zehnter Arbeiter sorgt für den Nachschub an Pflanzen; ein weiterer fährt den Traktor, der die Maschine mit etwa 250 Metern in der Stunde zieht. An einem Tag schafft eine aus zehn, zwölf Leuten bestehende Pflanztruppe bis zu anderthalb Hektar.

Bekommen die Mitarbeiter keine Bandscheibenbeschwerden? – *Nein, normal nicht. Es sei denn beim Tragen der Kisten, die relativ schwer sind. Aber direkt die Pflanzarbeit ist*

---

20   Zu Nematoden und Thrips im Erdbeeranbau siehe oben Kap. 3.

Abb. 57: Die Jungpflanzen werden einzeln auf die Bänder gelegt, damit sie von der Maschine in Reihen eingesetzt werden können.

Abb. 58: Die Pflanzmaschine auf dem Porreefeld.

sehr einfach. Was heißt einfach, also natürlich ist das schwer: Den ganzen Tag das gleiche zu machen ist schon schwierig.

Vom Frühjahr bis Ende Juli wird permanent gepflanzt, und dementsprechend wird ab Mitte, Ende Juni geerntet. In früheren Jahren reichte die Ernte bis in die erste Dezemberwoche, *und dann war Schluss.* Wenn es Frostperioden gibt, wird vor Einbruch der Kälte das Kühlhaus, das die Erträge von zehn Hektar fassen kann, vollgefahren und der Verkauf gebremst, auch in der Hoffnung auf höhere Erlöse, *aber in den letzten Wintern hat sich das nie bewahrheitet.*

Seitdem es in Nordwestdeutschland keine richtigen Winter mehr gibt, streckt sich die Porree-Ernte bis April, Mai des folgenden Jahres. Und mittlerweile fordert auch der Lebensmittelhandel kontinuierliche Belieferung über die Wintermonate hinweg: *Wenn du uns im Juni, Juli, August beliefern möchtest, dann bitteschön auch im Januar und Februar.*

Die Aufbereitung des Porrees findet in der Halle des Betriebes statt. *Das heißt, wir haben eine Truppe, die rodet, und der gerodete Porree wird dann hier in die Halle hereingebracht und läuft durch eine Waschmaschine, wird oben abgeschnitten, und danach folgen Leute, die dann noch mal komplett nachputzen. Und dann wird noch mal nachgewaschen und sortiert und verpackt in Kisten oder in der Einheit, wie es gewünscht ist.*

Für die Konfektionierung hat jede Handelskette ihre eigenen Ansprüche: *Der eine möchte eine Stangenware, kurzgeschnitten, der nächste möchte eine Stangenware langgeschnitten, und der nächste möchte eine Kiloware. Da gibt es ganz verschiedene Kriterien, wonach wir denn auch sortieren und aufbereiten.*

Dass einige Händler stückweise, andere nach Gewicht berechnen, bringt im Zweifelsfalle zusätzlichen Aufwand mit sich: *Das heißt, das muss alles noch über die Waage, und da gibt's dann doch schon Unterschiede.*

Der Erzeuger ist für die Kunden des Supermarktes anonym, und ebenso unbekannt sind für sie die Porreesorten. Welche Rolle spielen die Sorten für den Anbau? – Der jetzige Sortenspiegel reicht über fünf bis sechs Sorten, doch wechselt er innerhalb von fünf, sechs Jahren vollständig, denn *die Züchtung geht relativ schnell voran. Und mittlerweile gibt es auch andere Zuchtziele wie z. B. die Thripsfreiheit, oder die versuchen ja jetzt, dass die etwas toleranter werden gegenüber Trockenheit.*

So wird die Züchtungsarbeit nicht zuletzt vom Zwang, mit den klimatischen Veränderungen zurechtzukommen, bestimmt. Für den Erzeuger kommt es auch darauf an,

Abb. 59: Luftaufnahme des Gemüsehofes Niemöller in Hogenbögen, aus nördlicher Richtung, Juli 2023. Links im Bild ist der benachbarte Obsthof Bramlage zu sehen.

dass sich die angebauten Sorten für den Südoldenburger Raum eignen. Hier ist die Versuchs- und Beratungsstation für Obst und Gemüse nach wie vor eine große Hilfe:

Die Beratungsstation ist ja hier in Langförden vor Ort, und die machen für uns schon relativ wertvolle Versuche. Das heißt, Sortenversuche sowieso. Wenn eine Sorte im Rheinland funktioniert, heißt das nicht, dass sie hier unbedingt funktioniert oder in Süddeutschland funktioniert. Da gibt's schon Riesenunterschiede. Dann über Pflanzenschutz-Thematik in allen Bereichen, dann Pflanzdichten, Pflanzsysteme usw., da macht die schon gute Arbeit.

Tomaten unterm Glasdach

In den meisten Fällen wollen Landwirte keine genauen Zahlen gedruckt sehen, auf wie vielen Hektar Land sie arbeiten. Eine Ausnahme bildet die Familie Niemöller in der Visbeker Bauerschaft Hogenbögen. Hier umfasst die Kultur knapp drei Hektar, dies allerdings vollständig im Gewächshaus (Abb. 59).

Die Entwicklung hierhin vollzog sich in einem Zeitraum von mehreren Generationen. Sie begann im Grunde im Jahr 1944, als der Großvater des jetzigen Betriebsleiters,

4. Gemüse

Abb. 60: *Vor dem Betreten des Gewächshauses wird eine Hygieneschleuse passiert.*

Clemens Niemöller senior, als Siebzehnjähriger in den Krieg geschickt wurde und später in französischer Gefangenschaft den Gemüsebau kennenlernte. Als Niemöller 1949 nach Hause kam, beredete er seinen Vater, Gemüse anzubauen. In den folgenden Jahrzehnten baute er im Freiland Blumenkohl, Möhren, Salate usw. an, auch Erdbeeren, doch blieb der Hof lange ein landwirtschaftlicher Gemischtbetrieb: Bis in die siebziger Jahre wurden Schweine gehalten.

Sein Sohn Clemens Niemöller junior, berichtet der Enkel Stephan Niemöller, besuchte 1979/80 die Meisterschule in Straelen am Niederrhein. Damals sei er der einzige Meisterschüler gewesen, der kein Gewächshaus zu Hause hatte. Als er seinem Vater gesagt habe: *„Wir müssen unter Glas Gemüse anbauen"*, habe der Vater nur bemerkt: *„Ich glaube nicht, dass das was wird"*, denn der Vater sei immer der Auffassung gewesen, dass man das Klima nicht kaufen könne. *Und als mein Vater ihm dann erzählt hat, was so ein Gewächshaus kostet, war das Thema sowieso erledigt.* Dann aber habe er ein gebrauchtes Gewächshaus günstig bekommen können, und irgendwann habe sein Vater, schon damit der Sohn endlich Ruhe gab, ihm das dafür nötige Geld versprochen. *Und mein Vater fing dann an, Tomaten anzubauen, und hatte damit sogar gleich im ersten Jahr ziemlichen Erfolg.* Dies stimmte auch den Großvater um: *„Hol sofort das nächste Gewächshaus!"*

Erst in kleineren, später in größeren Schritten nahm der Unterglas-Gemüseanbau zu. 2001 wuchs die Gewächshausfläche von 6000 auf 10 000 Quadratmeter. Um 2007, nachdem der Enkel und jetzige Betriebsleiter Stephan Niemöller aus der Meisterschule in den Betrieb zurückkehrte, wuchs sie von einem auf zwei Hektar und 2012 von zwei auf drei Hektar. Bereits 2002 hatte die Familie den Anbau von Freilandgemüse eingestellt.

Ebenso wie mehrere befragte Erdbeererzeuger sieht Stephan Niemöller im Unterglas-Anbau die Zukunft. Man wisse zwar nicht, sagt er, ob die Menschen in fünf oder zehn Jahren noch Tomaten essen wollen, aber schon wegen des Klimawandels werde es in der Zukunft eher noch mehr geschützten Anbau geben. Hierdurch entgehe man auch den Gefahren wachsender Bodenmüdigkeit, wie man sie beim Erdbeeranbau beobachten könne: Die Böden in Südoldenburg seien im Laufe mehrerer Jahrzehnte schon sehr beansprucht.

Im Gewächshaus wurden die Pflanzen bis 1988/89 auf Boden kultiviert, danach auf Steinwollsubstrat, seit 2011 wachsen sie auf Kokossubstraten. Kokos hat im Vergleich zur Steinwolle nicht nur den Vorteil der geringeren Kosten; es kann nach Gebrauch auch als Bodenverbesserer ausgebracht werden.

Die Gewächshauskultur ist effizient, aber ist sie auch empfindlich. Vor einigen Jahren sah sich die Familie genötigt, die Betriebsbesichtigungen einzustellen, weil ein Tomatenvirus grassierte. Vor dem Betreten des Gewächshauses passiert man, ebenso wie beim Anbau von Champignons, eine Hygieneschleuse, um keine unerwünschten Keime mitzubringen (Abb. 60).

In Hogenbögen gedeihen auf 24 000 Quadratmetern Tomaten und auf 4 000 Quadratmetern Salatgurken: Schlangengurken zu 400 bis 500 Gramm und Minigurken zu ca. 150 Gramm.[21] Mit dieser Kombination ist der Betrieb innerhalb Südoldenburgs ein Exot, und dies sieht Stephan Niemöller durchaus als wirtschaftlichen Vorteil: *Wir sind hier ziemlich der einzige Betrieb, der hier überhaupt in diesem Stil Tomaten und Gurken erzeugt.* Die Kulturen sind darauf ausgelegt, dass man im Laufe des Jahres über einen langen Zeitraum kontinuierlich Früchte erntet. Die Tomaten werden in der ersten Januarwoche gepflanzt. Je nach Sorte tragen die Pflanzen nach zehn bis zwölf Wochen die ersten reifen Früchte. Die Ernte beginnt Anfang April und reicht bis Mitte November. Dabei erreichen die Pflanzen Längen von elf bis zwölf Metern. Im Anschluss an die letzte Ernte wird das Gewächshaus gereinigt und für die neue Pflanzung vorbereitet.

Bei den Gurken gibt es mehrere Durchgänge im Jahr. Die ersten Gurken werden Anfang Februar gepflanzt; die Ernte beginnt bereits in der ersten Märzwoche und reicht meist bis Mai oder Juni, dann wird das Gewächshaus geräumt. *Dann gibt es eine kurze Kultur, die dann bis Ende Juli im Gewächshaus bleibt. Dann wird nochmal wieder neu gepflanzt. Bis Mitte Oktober bleibt die dann, so dass wir kontinuierlich mit Salatgurken am Markt sind.*

Die Jungpflanzen bezog der Betrieb längere Zeit aus den Niederlanden, inzwischen stammen sie von einem süddeutschen Erzeuger, den Stephan Niemöller auf der Meisterschule kennengelernt hatte. Für Niemöller ist es keine Frage, dass der Geschmack und die Qualität einer Tomate von der Sorte abhängen. Die Art des Anbaus spiele natürlich ebenfalls eine Rolle, aber es sei *schon eine Sorteneigenschaft, ob eine Tomate schmeckt oder nicht.*[22] Bisher seien die Tomaten entweder auf Geschmack und Qualität oder auf Produktionsleistung, d. h. auf Masse gezüchtet worden.

Die deutschen Tomatengärtner, stellt Niemöller fest, profitierten noch immer davon, dass die niederländischen Kollegen ihren Ruf mit der sogenannten Wasserbombe rui-

---

21 Weitere Hinweise gibt die von der Familie betriebene Seite visbeker-tomate.de.
22 Die Sortenabhängigkeit der Eigenschaften von Tomaten betont auch HENDRIKS, Tomaten (2017), S. 73.

Abb. 61: Im Gewächshaus, März 2023. An den Sträuchern hängen die ersten, noch grünen Tomaten.

Abb. 62: Tomatenpflanzen im Substrat, März 2023.

niert hätten. In den achtziger Jahren führte das in den Massenmedien verbreitete Bild von den holländischen Tomaten als Wasserbomben zu einem großen Imageschaden, der sich erheblich auf die Exporte nach Deutschland auswirkte und erst um 2010 überwunden war.[23] Nach wie vor jedoch, so Niemöller, seien die holländischen Erzeuger diesem Denken verhaftet: *Wenn ich keine Produktion habe, habe ich kein Geld.* Es gebe zwar auch in den Niederlanden Gärtner, die sowohl Geschmack als auch Qualität produzieren wollten. *Aber die holländische Tomate ist immer unter Preisdruck, und deswegen sind viele Gärtner, die immer noch sagen: „Ich baue lieber eine Sorte an, die einen hohen Ertrag hat. Dann schmeckt die vielleicht nicht so gut, aber ich muss halt die Discounter beliefern".*

Vermutlich geht diese Denkweise auch bei den niederländischen Erzeugern vor allem auf den Einfluss des Handels zurück, denn dieser setzt für den Export nach Deutschland nach wie vor in erster Linie auf Quantität.[24]

Arbeitstechnisch, gesteht Niemöller zu, müsste man es eigentlich machen wie die Niederländer: nur eine Sorte Tomaten ins Gewächshaus; das sei *viel planbarer und kontinuierlicher*. Dies könnte er machen, wenn er über andere Absatzkanäle arbeitete, d. h., wenn er ausschließlich für den Discount produzierte. Doch die deutschen Gärtner, die er kenne, bauten jeweils mehrere Sorten an.

Unterschiede stellt Niemöller auch zu seinen Kollegen im nordwestlichen Niedersachsen fest, die vor einigen Jahren den Anbau von Tomaten aufgenommen haben. Damals saß er mit einigen Gemüsegärtnern aus dem Papenburger Raum in einem Workshop der Universität Osnabrück zusammen. Unter anderem habe er dort klargestellt, worauf es ihm bei der Kultur ankommt:

Welche Eigenschaften muss eine Tomate haben? Die muss schmecken, und die Qualität muss gut sein. Und das erste, was meine Papenburger Kollegen gesagt haben: Die muss mindestens sieben Tage haltbar sein im Laden. Und da wusste ich ganz genau: Ihr müsst Richtung Aldi verkaufen oder andere Discounter, und ihr werdet im Preis gedrückt.

Bei Niemöller geht der Absatz über verschiedene Wege. Mit mehreren rheinischen Gärtnerkollegen gehört er der im rheinischen Bergheim ansässigen Erzeugerorganisation Landfrisch AG an,[25] von dort aus gehen die Tomaten an Lebensmittelketten wie Rewe, Edeka oder Aldi. Daneben beliefert er die Großmärkte in Oldenburg und Hamburg und vor allem in Bremen, von wo viele Händler und Wochenmarktfahrer ihre Ware beziehen. Überdies hat der Betrieb die Edeka- und Rewe-Märkte in der Region zu beliefern begonnen, der beiden Lebensmittelketten also, deren Struktur Raum für ein regionales Segment gewährt.[26] Zunächst, sagt Niemöller, habe man in der Familie Bedenken gehabt, dass dies Kaufkraft aus dem eigenen Hofladen abzieht. Aber eigentlich sei das

---

23 Siehe auch HARVEY u. a., Tomato (2004), S. 82–86; HENDRIKS, Tomaten (2017), S. 235–239.
24 Vgl. HENDRIKS, Tomaten (2017), S. 154–157.
25 Die Landfrisch AG wurde 2021 gegründet und ist seit 2022 als Erzeugerorganisation aktiv; veröffentlichte Unterlagen in: Amtsgericht Köln, HRB 107898.
26 Siehe hierzu auch unten Kap. 8.

Gegenteil eingetreten: *Denn dadurch, dass wir auch in den Supermärkten präsent sind, haben wir Leute erreicht, die nie auf die Idee gekommen wären, wegen zwei Kilo Tomaten nach Hogenbögen zu fahren.*

Der Hofladen, er ist von Mitte April bis Ende Oktober geöffnet, wird seit 1993 von der Mutter Monika Niemöller betrieben, erst in der Halle, später in der Diele, seit 2013 in eigens errichteten Räumen. Neben Monika Niemöller selbst arbeiten dort seit 2013 eine Verkäuferin und seit 2021 stundenweise auch zwei Schülerinnen mit.

Die Streuung des Absatzes in mehrere Richtungen macht mehr Arbeit, hilft aber auch, die wirtschaftlichen Risiken zu verteilen. Die zum großen Teil praktizierte Selbstvermarktung ist auch dadurch möglich, dass der Betrieb einen mäßig großen Umfang hat. Auf der anderen Seite erfordert die Betriebsgröße auch die jetzige Form der Vermarktung, denn mit einem überregionalen Absatzschwerpunkt ergäbe sich vermutlich auch ein erhöhter Druck zum Wachstum. So ist der Betrieb mit drei Hektar Gewächshausfläche für das Oldenburger Münsterland zwar sehr bedeutend, doch in den Niederlanden, aus denen die Deutschen die meisten ihrer Tomaten beziehen, messen die durchschnittlichen Glashausflächen das Doppelte; selbst Betriebe mit fünfzig Hektar sind keine Seltenheit.[27]

Aus der Geschichte des Betriebes lässt sich erkennen, dass er in jeder der letzten Generationen qualitativ weiterentwickelt wurde und dass dazu bisweilen auch viel Überzeugungsarbeit nötig war.

Hätte, bemerkt Stephan Niemöller, *mein Opa so weitergearbeitet wie mein Urgroßvater, hätte es diesen Betrieb, glaube ich, ab den sechziger Jahren nicht mehr gegeben. Hätte mein Vater so weitergearbeitet wie mein Opa, dann wäre vielleicht spätestens Anfang der 2000er Schluss gewesen. Wenn wir so weiterarbeiten wie unser Vater: Vielleicht ist dann auch irgendwann Schluss. Wir wissen es nicht.* Das könne man vielleicht in zwanzig Jahren sagen. Klar ist nur, dass es vom Weg in den geschützten Anbau kein Zurück gibt. Denn im Freiland wäre der moderne erwerbsorientierte Tomatenanbau innerhalb des mittleren und nördlichen Europas illusorisch.[28]

Gemüsebau in großem Format

Um die Wende zum 21. Jahrhundert wurde der Anbau von Gemüse zur wirtschaftlich bedeutendsten Sonderkultur in Südoldenburg. Ausschlaggebend hierfür ist das Unternehmen Gemüsebau Mählmann in der Gemeinde Cappeln, das sich binnen einer Ge-

---

27 HENDRIKS, Tomaten (2017), S. 152. Diese Angabe gilt für 2016; in der Zwischenzeit dürften sich die Durchschnittswerte weiter erhöht haben.
28 Vgl. ebd., S. 188.

neration von einem landwirtschaftlichen Nebenerwerbsbetrieb zu einem der größten Gemüseerzeuger Deutschlands entwickelt hat.[29]

Eine Anekdote hebt auf die Verbreitung der von Mählmann erzeugten Gemüse und Salate ab: Ein mit dem Erzähler befreundetes Ehepaar aus Cloppenburg war vor einigen Jahren zum Urlaub in der Toskana. Um sich frischen Salat zu machen, gingen sie in den Ort zum Wochenmarkt, und als sie die dort gekaufte Packung umdrehten, lasen sie: „Mählmann, Cappeln".[30]

Das Unternehmen Gemüsebau Mählmann bewegt sich in einer Größenklasse mit der Behr AG, dem anderen großen Salat- und Gemüseerzeuger.[31] Sowohl Wolfgang Mählmann als auch Rudolf Behr setzten in den achtziger Jahren zur Entwicklung auf ihre jetzige Größe an. Dabei weisen die Unternehmen einige strukturelle Unterschiede auf. So konzentriert sich die Anbautätigkeit von Gemüsebau Mählmann auf einem Radius von vierzig Kilometern rund um den Firmensitz in Cappeln; die Behr AG unterhält dagegen Standorte im nördlichen Niedersachsen, in Hessen, Mecklenburg und Spanien (Region Murcia). Auch der Absatz beider Unternehmen ist unterschiedlich organisiert. Während Mählmann seine Ernte komplett über den Erzeugergroßmarkt Langförden-Oldenburg (ELO) vermarktet, vermarktet Behr über die Erzeugerorganisation Mecklenburger Ernte und beliefert Großmärkte und verarbeitende Betriebe in Deutschland und Europa.

Bis ins späte 20. Jahrhundert war eine derartige Bedeutung des Cappelner Betriebes noch nicht abzusehen. Als ältestes von sechs Kindern wuchs Wolfgang Mählmann auf einem kleinen, um 1860 als Neubauernstelle gegründeten Hof auf.[32] Weil abzusehen war, dass die Flächen für einen Haupterwerbsbetrieb auf die Dauer nicht ausreichen würden, sah sich Mählmann zunächst nach anderen Ausbildungsmöglichkeiten um. Doch auch in Bereichen wie dem Fernmeldedienst der Post oder bei den Energieversorgern waren, wie er sich erinnert, die Verhältnisse nicht günstig: *Ich gehörte zu den geburtenstarken Jahrgängen: Wenn eine Stelle ausgeschrieben wurde, gab es achtzig bis hundert Bewerber.*

Auch nachdem er eine landwirtschaftliche Ausbildung und die Meisterschule absolviert und den elterlichen Betrieb übernommen hatte, sah er sich nach ergänzenden Erwerbsquellen um: *Wo kannst du was irgendwo außerhalb des Betriebes machen? Weil, der Weg war schon zwanzig Jahre lang ziemlich steinig, am Anfang.*

Anfangs, um 1983, standen im Anbau noch die hergebrachten Grobgemüsearten im Mittelpunkt, *also Weißkohl, Rotkohl, Wirsing, Kohlrabi, Blumenkohl.* Dies, sagt Mählmann, sei dann auch zwei, drei Jahre so gegangen, doch begann er bald neue Gemüsearten zu kultivieren: *Wir sind relativ früh auch mit neuen Artikeln eingestiegen. Schon Ende*

---

29 Zu Gemüsebau Mählmann siehe auch HÖLSCHER, Sonderkulturanbau (2008); SCHMID, Mählmann (2023).
30 Erzählt am 4.1.2022 in Cloppenburg.
31 Siehe hierzu auch SCHÜRMANN, Salat (2012); aktuellere Hinweise unter behr-ag.com.
32 Vgl. MÄHLMANN, Bauernhöfe (2017), S. 506f.

der achtziger Jahre haben wir z. B. Brokkoli angebaut, sind – hier im Norden ungewöhnlich – mit Bundzwiebeln angefangen, haben Salate angebaut.

Später kamen neue Salatpflanzen hinzu: *Und dann in den neunziger Jahren in großem Stil Eissalat. Ende der neunziger Jahre haben wir Mini-Romana und solche Artikel aufgenommen. Um 2010 kamen die ganzen Baby-Salate dazu, vom Rucola, der dann richtig „in" wurde.*

Später kam Pak Choi, ein Asia-Gemüse, das sich gut entwickelt habe, in die Produktion. Gegenwärtig produziert der Betrieb etwa dreißig Kulturen. Nach wie vor hält das Unternehmen Ausschau nach neuen Kulturen und präsentiert sie auch dem Handel:

Wenn wir neue Varietäten haben, stellen wir dem Lebensmittelhandel diese auch vor, auch geschmacklich. Was in den letzten Jahren mal so gekommen ist: ... das Thema Crunchy-Effekt bei den Salaten, z. B. beim Snack-Salat; wir nennen es Crispana, das sind diese Züchtungen aus Eissalat und Römersalat, die das ein bisschen knackiger machen sollen. Ich glaube, das hat auch eine ganz gute Chance, das ganze Salatsortiment noch mal ein bisschen breiter aufzustellen. Und Farben spielen auch eine Rolle: Jeder möchte gern eine tolle Farbe haben.

Der Durchbruch zum großstrukturierten Anbaubetrieb gelang um die Jahrtausendwende vor allem deshalb, weil die Lebensmitteldiscounter, die in den neunziger Jahren erhebliche Marktanteile gewannen, nach Gemüse in hohen Stückzahlen fragten.[33] Um den Bedürfnissen des Handels entgegenzukommen, begann Mählmann einerseits in großen Dimensionen zu arbeiten, was ihm auch ermöglichte, die Produktionskosten zu senken; andererseits schaffte er Voraussetzungen zur Konfektionierung der Ware: *Um das Jahr 2000 haben wir die ersten größeren Investitionen im Unternehmen getätigt, haben angefangen, die Wertschöpfung zu erhöhen, in dem wir alles Mögliche verpackt haben, etikettiert haben, ausgezeichnet haben für den Handel.*

Die für den Gemüseanbau bearbeiteten Flächen sind zum größten Teil – kurz-, mittel- und langfristig – gepachtet. Sie haben längst einen Umfang erreicht, dass einzelne Mitarbeiter mit der Verwaltung der Flächen beschäftigt sind und *auch da jeden Tag das Ohr am Verpächter haben und versuchen, irgendwo neue Flächen noch zu akquirieren. Wir sind auch stark mit Landwirten im Tausch unterwegs, tauschen mit Kartoffelleuten, mit Mais, mit Biogas. Jeder, der will, kann mit uns ein Tauschgeschäft hinkriegen, wenn die Flächen zu uns passen.*

Der regelmäßige Tausch der Kulturen ist für die Fruchtfolge unerlässlich. Bei der Gelegenheit betont Mählmann auch das Streben nach Nachhaltigkeit. Nur aus diesem Grunde baue der Betrieb in verhältnismäßig großem Umfang auch Getreide an. *Das macht uns finanziell keinen Spaß, aber das machen wir auch wegen der Fruchtfolge, wegen der Humusbildung und, und, und.* Als Zwischenfrüchte werden *Ackergras, Grünroggen, Mischungen mit Hafer, Klee und solche Dinge* angebaut. *Da sind wir dann zur Hu-*

---

33   Siehe auch unten Kap. 8.

Abb. 63: Der Brokkoli wird verlesen. Gemüsebau Mählmann, Cappeln.

Abb. 64: In der Halle wird der Feldsalat gewaschen und verlesen. Gemüsebau Mählmann, Cappeln.

musbildung und auch in der Fruchtfolge ganz gut unterwegs, mittlerweile. Denn letztlich, betont Mählmann, wolle man *hier auch in fünfzig oder in hundert Jahren noch Gemüse anbauen.*

Neben den im Jahreslauf bis zu 1500 Saisonarbeitskräften beschäftigt das Unternehmen rund 160 Festangestellte und 15 Auszubildende in technischen Berufen, im Qualitätsmanagement und in der digitalen Technik.

Viele Aufgaben, die bei den meisten Landwirten größenteils zur lästigen Büroarbeit in den Abendstunden gehören, sind hier an Fachleute delegiert. Zwei Mitarbeiter sind größenteils mit Anbauversuchen für verschiedene Salat- und Gemüsesorten befasst. Andere beschäftigen sich ausschließlich mit Pflanzenschutz und der Kontrolle der Felder, mit der Dokumentation der Düngemaßnahmen und mit der Düngung selbst: *Es geht ja nicht mehr konventionell, einfach so: Eine Pflanze braucht das und das. Heute wird mehrfach in einer Kultur untersucht: Was benötigt die Pflanze? Und es wird nur das nötigste noch aufgedüngt; das wird ja der Pflanze genau angepasst.*

Wiederum ein anderer Mitarbeiter kümmert sich ausschließlich um die Genehmigungen der Beregnung und der hierfür gebohrten Brunnen, denn, und dies bestätigen auch die anderen befragten Gemüseerzeuger: *Gemüsebau ohne Beregnung geht nicht.*

Ebenso wie die Beregnung verteidigt Mählmann das Ausbringen der Vliese, mit denen die Saison um gut vier Wochen verfrüht und damit auch die Produktion im Lande gehalten werden kann. Wegen der Vliese gebe es gelegentlich Meinungsverschiedenheiten mit Umweltverbänden, doch die Alternative zu den Folien sei, die Früchte aus dem Mittelmeerraum einzuführen. *Deshalb sollte man das vernünftig auf Dauer diskutieren, diese Themen, auch mit Umweltverbänden, und nicht einfach sagen: Ich will das nicht haben.*

Zu den Aspekten der Gemüseerzeugung, von denen die Kunden wenig mitbekommen, gehört die Wahl der passendsten Sorten. Die Varietäten einer Gemüseart sind nicht in allen Gebieten gleichermaßen zum Anbau geeignet:

Natürlich arbeiten wir nicht nur mit einer Sorte Eissalat oder mit einer Sorte Blumenkohl. Das hat schon mit den Jahreszeiten zu tun, das hat mit den Tagen zu tun, wie es wächst, usw. Aber es ist auch das, was wir hier machen an Sortenspektrum, das kann man nicht einfach kopieren, fünfhundert Kilometer weit weg. Da haben Sie ganz andere Lichtverhältnisse, da haben Sie andere Tageslängen und, und. ... Das muss jeder Standort für sich probieren, was da am besten geht.

Auch in Bezug auf die Sorten, z. B. bei Crispana oder Pak Choi, ist das Unternehmen stets auf der Suche nach Neuem. In einzelnen Fällen ist es ihm durch den großen Umfang des Anbaus auch möglich, mit Saatgutherstellern einen exklusiven Sortenschutz auszuhandeln:

Beim Spitzkohl haben wir eine Sorte, die ausschließlich für uns geschützt ist, vielleicht für Deutschland oder vielleicht für ganz Nordeuropa, wo wir den Zugriff drauf haben und wo wir einen Vertrag mit dem Saatgutlieferanten gemacht haben: Die macht er aber nur für uns. Da muss man aber auch eine gewisse Größe dahinter haben, sonst würden die das niemals machen.

Allerdings steht auch ein Unternehmen von der Größe Mählmanns unter erheblichem Druck. Und ebenso wie andere Erzeuger hatte es in den Corona-Jahren mit einem rasch wechselnden Umfang der Nachfrage zu tun. Grundsätzlich muss der Betrieb so viel anbauen, dass für den Kunden bzw. den Lebensmittelhandel stets genug Ware bereitsteht. Einbrüche gab es, als die Gastronomie geschlossen war:

Da ändern sich auch mal Warenströme, aber die können Sie nicht mehr stoppen, weil, Sie haben schon alles ausgesät und ausgepflanzt usw., und dann können Sie nicht mehr auf diese Besonderheiten eingehen. Das ist natürlich ein Thema, was uns die letzten zwei Jahre [2020 und 2021] gerade verfolgt hat. … Besonders trifft das z. B. auf den Lollo Rosso und Lollo Bionda zu, was stark auch in der Gastronomie genutzt wird.

Vermutlich ist es schon die schiere Größe des Gemüsebaubetriebes, an der sich ein Teil der anderen Landwirte reibt. Wenn sie über Mählmann sprechen, tun sie dies oft mit Respekt vor seiner Leistung; in einigen Fällen grenzen sie sich auch von ihm als einem Agrarindustriellem ab.[34] Dies gibt manchem nicht zuletzt die Möglichkeit, den bäuerlichen Charakter des eigenen Betriebes herauszustellen, wenngleich nicht ausgemacht ist, wo die Grenzen zur industriellen Landwirtschaft verlaufen.

Ambivalent sind die Einstellungen der Kollegen zum Teil durch den Verteilungskampf um das vorhandene Grundwasser,[35] zum Teil aufgrund des Wettbewerbs um landwirtschaftliche Flächen. Nach einer mündlichen Überlieferung erlebte es Mählmann, dass ein anderer Landwirt auf einem Schützenfest zu ihm sagte: „Es wäre besser, wenn du nicht da wärst", und den Wunsch begründete: „Dann hätten wir die Fläche."

Oft sind die vor dem Hintergrund der Konkurrenz um Pachtflächen vorgebrachten Klagen bigott. Dies bemerkt auch ein Landwirt im Kreis Vechta, der im Rahmen der Fruchtfolge gelegentlich Flächen mit Mählmann tauscht:

Viele Landwirte haben ja auch nur ein Problem damit, dass die sagen: „Oh, wenn Mählmann kommt, dann ist die Fläche für die Gülle weg – denn Mählmann wolle keine Gülle auf den von ihm bearbeiteten Flächen –, *und dann wir müssen wir sie weit wegfahren!"* Das, sagt der Befragte, sei teilweise auch richtig, doch dürften die Kollegen ihren Mais dann nicht gleichzeitig an die Biogasanlagen verkaufen.

Seine Frau reagierte einmal darauf, dass sich Landfrauen aus dem gleichen Grund über den Gemüsebau beschwerten. *Und dann frage ich: „Was für einen Salat wollt ihr*

---

34 Siehe auch SCHÜRMANN, Höfe (2021), S. 100, 218 und 223.
35 Vgl. z. B. R.S.: CDU zu Gast bei Mählmann. In: Emsteker Nachrichten [Hg. vom Handels- und Gewerbeverein Emstek e.V.], Nr. 258, 5.12.2022, S. 29, über einen Besuch von Ratsmitgliedern der Gemeinde Emstek: „Natürlich hatten die Politiker auch Fragen zur Abwasser- und Beregnungsproblematik, gerade letztgenanntes Thema ist in der Bevölkerung immer wieder Anlass zu kritischen Nachfragen bei der Kommune."

denn essen?" – „Warum baut der es denn hier alles an?" Ich sag: „Wollt ihr das denn aus Spanien?" Ja, denn sagen sie nichts mehr. Dann haben sie es vielleicht verstanden (35).

Die Frage der Landfrau „Warum baut der es denn hier alles an?" läuft auf den Vorwurf hinaus, dass auf den betreffenden Feldern überhaupt Nahrungsmittel produziert werden. Verständlich wird eine derartige, im Zusammenhang mit der Landwirtschaft erstaunliche Frage nur vor dem Hintergrund einer alles Denken beherrschenden Flächenkonkurrenz.

Kollegen sehen den Gemüsebau in der Lage, höhere Pachten zu zahlen (2, 19, 23, 24). Aus dem gleichen Grund stören sich auch Betreiber von Biogas-Anlagen am Gemüsebau. Selbst sie könnten hier nicht mehr mithalten (11). Hier gerät der Gemüsebaubetrieb in die Rolle des Verursachers für das allgemein gestiegene Niveau der Pachtzinsen. Tatsächlich hatten diese besonders um 2010, im Gefolge des sogenannten Nawaro-Bonus, einer Vergütung für nachwachsende Rohstoffe, die den Anbau von Mais und anderen Energiepflanzen für den Betrieb der Biogas-Anlagen förderungsfähig machte, deutlich zugelegt.[36] Vermutlich ist ein einzelner Gemüsebaubetrieb in einer Region wie Südoldenburg kein so großer Preistreiber wie 136 Biogasanlagen,[37] doch im Gegensatz zu einem physisch wahrnehmbaren Gemüseerzeuger ist ein abstrakteres Phänomen wie der steigende Energiepflanzenbedarf als Verantwortlicher für die zunehmende Flächenkonkurrenz nicht so leicht zu fassen.

Speisepilze

Speisepilze werden in Statistiken häufig zusammen mit dem Gemüse erfasst, und in der Küche werden sie ähnlich wie Gemüse verarbeitet, aber biologisch gehören sie nicht einmal zu den Pflanzen, sondern zu einem eigenen Organismenreich. Und weil sich der Begriff der landwirtschaftlichen Sonderkulturen ansonsten nur auf den Anbau von Pflanzen erstreckt, bildet die Kultur von Speisepilzen auch hier eine Ausnahme.

Pilze gehören auch zu den Kulturen, die immer wieder von Landwirten erprobt werden. So berichtet ein Landwirt im Kreis Vechta, der sich später ganz auf Erdbeeren konzentrierte, dass er in den achtziger Jahren verschiedene Sonderkulturen ausprobiert hatte, darunter auch Steinpilze (46). Gegenwärtig handelt es sich aber bei den in Deutschland kultivierten Speisepilzen fast durchweg um Champignons. Auch im Oldenburger Münsterland werden größtenteils weiße und in etwas kleinerem Umfang braune

---

36 Siehe auch WILKING/KAYSER, Biogaserzeugung (2010), S. 216f.; vgl. für Niedersachsen EMMANN, Biomasseproduktion (2013), S. 81–173; für Bayern WITTMANN, Intensivtierhaltung (2021), S. 210f.; s. auch SPERLING, Biogas (2017), S. 122–124; SCHÜRMANN, Höfe (2021), S. 230–233.

37 107 Nawaro-Anlagen im Kreis Cloppenburg und 29 im Kreis Vechta; hinzu kommen neun Koferment-Anlagen (acht im Kreis Cloppenburg und eine im Kreis Vechta), die hauptsächlich mit Abfallstoffen betrieben werden. Zahlen für 2021, nach Biogas in Niedersachsen (2023), S. 9.

Champignons produziert. Zu den wenigen Erzeugern anderer Pilzarten gehört hier ein Obsterzeuger in der Vechtaer Bauerschaft Deindrup, der als Nebenkultur in geringerem Umfang die Edelpilze Austernseitling und Shiitake für die Selbstvermarktung anbaut (47); auch deuten die Namen von im Kreis Cloppenburg ansässigen Firmen wie Bio-Shii-Take Farm Hoheging GbR und Pleurotus GbR[38] – Pleurotus steht für Seitling – auf die Kultur der Edelpilze hin. Die Edel- oder Exotenpilze werden in Deutschland, wie ein befragter Pilzerzeuger bemerkt, in wachsendem Umfang angebaut, doch bilden sie immer noch eine Nische. *Das ist interessanterweise in Asien anders. In Asien sind z. B. das, was wir als Exoten oder Edelpilze kennen, die Hauptpilze und der Champignon eher der Exot* (41).

Die Kulturpilz-Branche ist vergleichsweise klein: 28 Mitgliedsbetriebe nennt der Bund deutscher Champignon- und Kulturpilzanbauer e.V. auf seiner Seite,[39] und damit ist das Gros der Erzeuger schon erfasst: Für das Bundesgebiet geben die Statistiken gut vierzig und für Niedersachsen zehn Hersteller von Zuchtpilzen an; an diesem Umfang hat sich zwischen 2012 und 2022 wenig geändert (Abb. 65).[40] Stärker erhöht haben sich im selben Zeitraum nur die Erntefläche[41] und die Erntemengen (Abb. 66); der Zuwachs ergab sich in der Branche also im wesentlichen durch die Vergrößerung der bereits bestehenden Betriebe.

Eine Ursache für den zunehmenden Anbau dürfte im Trend zur vegetarischen Ernährung liegen: Gerade Champignons dienen in vielen Mahlzeiten als Fleischersatz.

In nennenswertem Umfang erzeugt werden Champignons im Oldenburger Münsterland seit den 1980er Jahren. Den Anstoß hierzu gab, wie sich Dr. Dankwart Seipp, der damalige Leiter der Versuchs- und Beratungsstation für Obst und Gemüse in Langförden, erinnert, der Vechtaer Agrarwissenschaftler Professor Hans Wilhelm Windhorst. Um 1985 habe Windhorst in der Oldenburgischen Volkszeitung sinngemäß geschrieben: *„Mensch, Leute, hier kommen jede Woche die großen LKWs und holen Stroh und Hähnchenmist ab und bringen das nach Holland und machen dort Pilzsubstrat draus, und die Pilze kommen wieder hierher. Das könnt ihr doch selbst!"*

Daraufhin gab es, wie Seipp berichtet, bei der Versuchs- und Beratungsstation innerhalb von drei, vier Wochen etwa vierzig bis fünfzig Anfragen: *„Oh, ich möchte auch Champignons machen!"* Die Interessenten wollten die Pilze zum Teil im Stall, zum Teil in

---

38 In der Liste der Gesellschafter der Weiße Köpfe Vertriebsgesellschaft mbH, 20.5.2020, AG Oldenburg HRB 151261. – GbR ist die Abkürzung für die Betriebsform Gesellschaft bürgerlichen Rechts.
39 https://der-champignon.de/ueber-uns/ (13.7.2023); darunter sind aus dem Oldenburger Münsterland die Firmen Pilzland (Produktions GmbH und Vertriebs GmbH), Weiße Köpfe und OM-Pilze.
40 Angaben zu Erzeugern und Erntemengen in Niedersachsen und im Bundesgebiet in https://www.statistik.niedersachsen.de/obst_gemuese_und_gartenbau/gemueseerhebung_in_niedersachsen/gemueseerhebung-in-niedersachsen-statistische-berichte-179139.html, und https://www-genesis.destatis.de/genesis/online?sequenz=statistikTabellen&selectionname=41214#abreadcrumb (7.7.2023).
41 Bundesweit von 246 auf 371 und in Niedersachsen von 139 auf 197 Hektar.

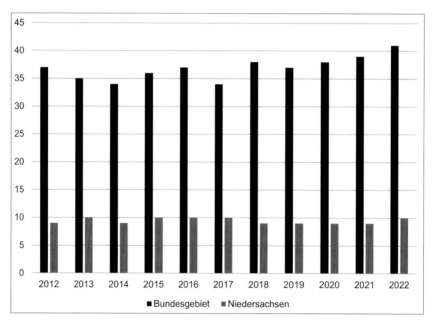

Abb. 65: Erzeuger von Kulturpilzen im Bundesgebiet und in Niedersachsen 2012–2022.

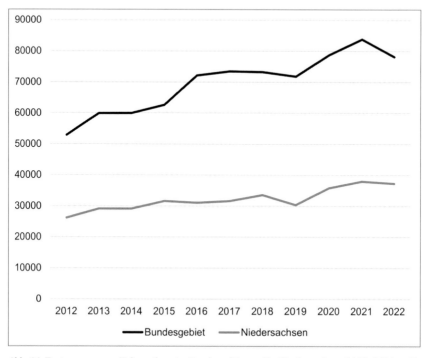

Abb. 66: Erntemengen an Kulturpilzen im Bundesgebiet und in Niedersachsen 2012–2022, in Tonnen.

anderen leerstehenden Räumen anbauen. Weil Dankwart Seipp und der Gemüsebauberater Dieter Weber nicht auf die Champignonzucht spezialisiert waren und auch nicht jeden Interessierten einzeln beraten konnten, schlug Seipp vor, Informationsfahrten zu veranstalten. Eine Bustour führte in den Einbecker Raum, wo es bereits zwei Champignonanbauer gab, und eine in die Niederlande. Dort war der Anbau im Stellagen-System schon sehr weit entwickelt. Im Laufe der Besichtigungsfahrten trennte sich die Spreu rasch vom Weizen; *neunzig Prozent der Teilnehmer sagten: „Nee, also das ist dann doch nichts für uns."* Zuletzt verblieb unter den Interessierten noch ein Langfördener Unternehmer, doch weil dieser wusste, dass auch die Familie Wesjohann aus Rechterfeld in der Sache aktiv geworden war, verzichtete er auf ein weiteres Engagement.

Wie sich ein anderer Zeitzeuge erinnert, hatte die Familie Wesjohann nach dem Erscheinen des Zeitungsartikels schnell reagiert. *Die sind halt so, wie sie sind: Vor dem Frost auf dem Eis. Die Gabe haben die.* Da auch das nötige Kleingeld vorhanden gewesen sei, habe man sehr bald die Pilzfarm gebaut. Später sei öfter auch Professor Windhorst nach Rechterfeld gekommen und habe Besuchergruppen mitgebracht (52).

Tatsächlich erwies sich die Gründung als erfolgreich, und inzwischen kann sich das Unternehmen innerhalb Deutschlands als Marktführer in der Produktion und der Vermarktung von Speisepilzen bezeichnen.[42] Neben der Pilzland Vertriebsgesellschaft mbH in Rechterfeld – bis 2014 unter dem Namen Wiesenhof Pilzland[43] – gehören ein Substratwerk und Produktionsstätten in Niedersachsen, Sachsen-Anhalt, Bayern, Thüringen, Brandenburg und Polen zum Verbund.[44]

Eine Stärke des Unternehmens besteht darin, nicht lediglich einmal die richtige Geschäftsidee aufgegriffen zu haben, sondern sich auch weiterhin nach guten Ideen umzusehen. So hat die Firma an der Kultur von Champignons gearbeitet, deren Vitamin-D-Gehalt dem der im Freien wachsenden Pilze entspricht. Denn ein ernährungsphysiologischer Nachteil der Kulturchampignons besteht darin, dass sie, weil sie ebensogut im Dunkeln wie bei Sonnenschein gedeihen und schon der Energiekostenersparnis wegen im Dunkeln angebaut werden, kaum Vitamin D entwickeln, und dies schränkt auch ihren Wert für die vegane Ernährung ein. Um dem Vitaminmangel abzuhelfen, wurde bereits seit längerem an einer Erhöhung des Vitamin-D-Gehaltes durch Bestrahlung mit ultraviolettem Licht gearbeitet.[45] Nachdem die Firma Pilzland mit einem Ernährungswissenschaftler der Universität Freiburg passende Werte für Beleuchtung und Nährboden ermittelt hatte, konnten in den 2010er Jahren Champignons mit einem um das

---

42 NACKE, Wachstum (2023), S. 76.
43 AG Oldenburg HRB 204895.
44 https://www.pilzland.de/ueber-uns#unsereerzeuger (19.1.2024).
45 So berichtet Volker MRASEK: Sonnenbad für Lebensmittel, Deutschlandfunk, Sendung vom 1.10.2012, https://www.deutschlandfunk.de/sonnenbad-fuer-lebensmittel-100.html (14.7.2023) über die Anreicherung von Vitamin D bei Forellen in einem Verbundprojekt an der Universität Halle-Wittenberg.

Dreißigfache erhöhtem Vitamin-D-Gehalt kultiviert werden.[46]

Im Vergleich zu Pilzland stärker auf die Region konzentriert ist die 1999 gegründete, in Emstek ansässige Firma „Weiße Köpfe", die seit Jahresbeginn 2024 den Namen mjko GmbH führt. Ähnlich wie Pilzland ist das Unternehmen in eine Erzeugerorganisation mit einer zentralen Vermarktungsgesellschaft, einem Substratwerk und mehreren angeschlossenen Zuchtbetrieben gegliedert.[47] Der Vertriebsgesellschaft gehören zehn Firmen als Gesellschafter an, darunter Pilzzuchtbetriebe in Emstek, Langförden, Nutteln (Gemeinde Cappeln) und Büttelborn (Hessen).[48] Der bis 2023 geführte Firmenname war offenkundig durch die Zucht weißer Champignons inspiriert, doch hat sich das Spektrum inzwischen auf braune Champignons und Exotenpilze wie Kräuterseitlinge, Shiitake und Austernpilze sowie auf die biologische Pilzerzeugung erweitert.[49] Zu den beteiligten Unternehmen gehört der Biopilzhof in Hoheging (Gemeinde Emstek). Dort konzentrierte die Familie Wulfers, die sich nach wirtschaftlichen Alternativen zur herkömmlichen Landwirtschaft umgesehen hatte, den Betrieb bereits 1997 ganz auf den Anbau von Champignons. Da es auch eine wachsende Nachfrage nach biologisch erzeugten Champignons gab, stellte die Familie den Betrieb sechs Jahre später auf die ökologische Produktion nach den Richtlinien des Anbauverbandes Naturland um.[50]

Abb. 67: Kräuterseitlinge von einem Erzeuger im Kreis Cloppenburg, Juli 2023.

---

46 https://www.pilzland.de/sonnys (14.7.2023).
47 Sigrid Lünnemann: Aus Emstek deutschlandweit auf den Tisch. In: Emsteker Nachrichten [Hg. vom Handels- und Gewerbeverein Emstek e.V.], Nr. 244, 18.7. 2019, S. 8.
48 Amtsgericht Oldenburg HRB 151261.
49 Nähere Hinweise auf der Firmenseite mjko.de.
50 https://www.bio-mit-gesicht.de/b1121.html (13.7.2023); https://der-champignon.de/champignons-wulfers-hoheging/ (13.7.2023).

Als jüngstes Unternehmen in der Südoldenburger Champignon-Branche kam 2010 die in Goldenstedt angesiedelte Firma OMpilze GmbH & Co. KG hinzu. Den Anstoß zur Gründung gab hier der Erzeugergroßmarkt Langförden-Oldenburg (ELO). 2009 begann der heutige Geschäftsführer der OMpilze, Matthias Surmann, der zuvor eine Ausbildung bei „Weiße Köpfe" absolviert hatte, das Pilzgeschäft des ELO mitaufzubauen. Damals hatte man zunächst einen Erzeuger in den nördlichen Niederlanden, der nach einem Vermarkter für seine Champignons suchte, als Partner gefunden und im August 2009 die ersten Kunden beliefert.

Zu jener Zeit, sagt Surmann, *stand eigentlich schon fest, dass wir einen Champignon-Betrieb bauen wollen.* Bereits um die Jahreswende 2009/10 wurde mit dem Bau begonnen; im November 2010 wurden die ersten Pilze geerntet. *Es ist eigentlich selten, dass ein Züchter dazugekommen ist, so wie wir es 2010 gemacht haben. Wir sind ja im Prinzip von Null auf Hundert hier gestartet.*

Wenngleich die Initiative zur Firmengründung vom ELO ausging und der ELO die gesamte Produktion vermarktet, ist der Betrieb doch keine Tochter des Erzeugergroßmarktes. Gesellschafter der Firma sind vielmehr vier langjährige Genossenschaftsmitglieder. Alle vier sind Erzeuger von Erdbeeren und weiteren Kulturen wie Porree, Kartoffeln oder Himbeeren und hatten sich nach einem zusätzlichen wirtschaftlichen Standbein umgesehen.

Zu Beginn arbeitete der Betrieb in zehn Kulturräumen, wie die klimatisierten Hallen heißen, mit jeweils 530 Quadratmetern Beetfläche. Bereits zwei Jahre später kamen fünf weitere Kulturräume, 2014 abermals fünf und 2016 wiederum zehn hinzu. Daneben entstand eine weitere Verpackungshalle, weil mit dem Anbau auch die nötige Infrastruktur wachsen musste. Gegenwärtig umfasst der Betrieb dreißig Kulturräume à 530 Quadratmeter, insgesamt also etwa 1,6 Hektar. Damit ist das Unternehmen im Vergleich zum Landes- und auch zum Bundesdurchschnitt zwar eher klein – 2022 umfasste die durchschnittliche Erntefläche der Zuchtpilzbetriebe in Niedersachsen 19,7 und im Bundesgebiet 9,0 Hektar[51] –, doch zeichnen sich auf dem Standort in der Nähe des Goldenstedter Bahnhofs bereits die räumlichen Grenzen ab.

Im Januar 2022 führt mich der Geschäftsführer Matthias Surmann durch den Betrieb und einige der Kulturräume, in denen die Champignons reifen. In jeder der dreißig Hallen sind die 530 Quadratmeter Beetfläche auf zwei Regale mit je sechs Etagen verteilt. Das Substrat besteht aus Roggenstroh, das sich von allen Stroharten hierfür am besten eignet, sowie aus Hühner- und Pferdemist. Die aus Schwarztorf bestehende Deckerde

---

51 Berechnet nach https://www.statistik.niedersachsen.de/obst_gemuese_und_gartenbau/gemueserhebung_in_niedersachsen/ gemueserhebung-in-niedersachsen-statistische-berichte-179139.html, und https://www-genesis.destatis.de/genesis/online?sequenz=statistikTabellen&selectionname=41214#abreadcrumb (7.7.2023).

wird von der Firma Topterra aus Worpswede geliefert.[52] Mittelfristig will man versuchen, den Schwarztorf durch andere Rohstoffe zu ersetzen.

Ein zentrales Element der Kultur ist die Klimaführung: Durch Steuerung der Temperatur und Raumfeuchte werden das ganze Jahr über gleichbleibende klimatische Bedingungen geschaffen. Das Wachsen der Champignons beginnt mit dem Einbringen des mit den Champignonkulturen versetzten Substrats. Das im Substrat reifende Myzel ist der eigentliche Pilz; die Champignons, die nach gut einem Monat gepflückt werden können, sind die Fruchtkörper. In Goldenstedt wachsen weiße und braune Champignons: Jede Woche werden sechs Kulturräume mit frischem Substrat befüllt.[53]

In den Kulturräumen wird in besonderem Maße auf die Hygiene geachtet: Wer den Raum betritt, steigt zunächst in eine Wanne mit einer Schaumstoffmatte, die mit einem biologischen Desinfektionsmittel imprägniert ist; es sollen keine Keime und Fremdsporen von einem der Kulturräume in einen anderen getragen werden.

Beim Vergleich zwischen den verschiedenen Altersstufen der Champignons zeigt sich, wie das Myzel das Substrat durchwächst. Zuletzt wachsen die Champignonfrüchte sehr rasch; innerhalb von 24 Stunden verdoppeln sie ihren Umfang.

Die Arbeitsabläufe bei Vorbereitung, Wachstum und Ernte verlaufen in sich stets wiederholenden Zyklen: *Ein Raum wird befüllt, wächst an, dann wird geerntet, wird gedämpft, hygienisiert, wieder entleert. Und dann geht's wieder von vorne los. Und dieser Zyklus dauert immer viereinhalb Wochen.* Das hygienisierte Substrat geht als Dünger an die Landwirtschaft.

Gepflückt werden die Champignons von Frauen; sie stellen sich hierbei geschickter an; die Männer erledigen andere Arbeiten. Insgesamt arbeiten rund 150 Mitarbeiter im Betrieb. *Und von diesen 150 Mitarbeitern ist gut die Hälfte festangestellt, die auch alle in oder rund um Goldenstedt wohnen, und der Rest sind dann auch Erntekräfte, die immer zeitlich begrenzt zu uns kommen, aus Polen und Rumänien.* Untergebracht sind sie in umgebauten Einfamilienhäusern rund um Goldenstedt.[54]

Die Champignons werden im Betrieb als Frischware verpackt; nur Früchte mit optischen Fehlern werden als Industrieware vermarktet:

Alles, was wir verkaufen, verkaufen wir frisch, bis auf einen ganz geringen Anteil dessen, was wir produzieren, was nicht als erste Klasse zu vermarkten ist. Was leichte Formfehler oder dergleichen hat, verkaufen wir an die Industrie. Und das wird dann entweder zu Konserven oder Halbkonserven verarbeitet. Das findet man dann z. B. auf Pizzen, ganz klassisch, oder in einer Jägersoße.

---

52 Zur niederländischen Legro-Gruppe gehörender Hersteller mit einem Produktionsstandort in Worpswede, https://der-champignon.de/ompilze-goldenstedt/; https://der-champignon.de/topterra-holland-wird-zu-legro-mushroom-casing-solutions/; https://legrogroup.com/de/produktgruppen/champignons-4/fur-die-maschinelle-und-manuelle-ernte (14.7.2023).
53 https://der-champignon.de/ompilze-goldenstedt/ (13.7.2023).
54 Zur Arbeit und Unterkunft der Saisonbeschäftigten siehe unten Kap. 7.

Über den ELO gehen die Pilze an den Lebensmitteleinzelhandel in Niedersachsen und Nordrhein-Westfalen und auch ins benachbarte Ausland.

Zu den jüngsten Entwicklungen des Unternehmens gehört die Umstellung eines baulich separaten Betriebsteils auf den ökologischen Anbau. Für den Unterschied zwischen konventioneller und biologischer Erzeugung ist das Substrat, in dem die Pilze gedeihen, entscheidend. Hierzu bedurfte es einige Vorbereitungen, die unter anderem auch von Beratern der Landwirtschaftskammer begleitet worden sind. Und eigens für die Umstellung wurde 2022 mit der Goldenstedter Bio-Pilze GmbH & Co. KG eine neue Firma gegründet.

5. Gehölze

Baumschulen

In den meisten Fällen geht die Aufnahme der arbeits- und kapitalintensiveren Sonderkulturen mit dem Übergang zur gärtnerischen Erzeugung einher. Dies gilt auch innerhalb des Obstbaus, wo die Intensivierung der Kultur nach dem Zweiten Weltkrieg den Wechsel vom landwirtschaftlichen zum gärtnerischen Obstbau markiert. Ersterer ist durch extensive Elemente gekennzeichnet: hochstämmige Bäume mit landwirtschaftlichen Unterkulturen, entweder Weide, Acker- oder Gemüsebau, wie es in Gebieten vergleichsweise intensiven Obstbaus bis weit ins 20. Jahrhundert verbreitet war; letzterer zeichnet sich durch Niederstammkulturen und Pflanzungen in dichten Reihen aus. Gärtnerisch ist auch die Ausbildung angehender Obsterzeuger. Dessen ungeachtet verstehen sich die Obsterzeuger im Alltag eher als Landwirte denn als Gärtner.

Auch Baumschulbetreiber sehen sich oft der Landwirtschaft sehr nahestehend, und dies wird schon aus ihrer Herkunft verständlich: Ebenso wie die Obstbaubetriebe sind die meisten Baumschulen aus landwirtschaftlichen Betrieben hervorgegangen. Und ebenso wie Obstbauern haben Betreiber der Baumschulen meist eine gärtnerische Ausbildung absolviert, doch im Gegensatz zu den Obstbauern passt für sie tatsächlich eher als „Landwirt" eine Berufsbezeichnung wie „Baumschulgärtner", sofern man nicht die aus dem professionellen Umfeld stammenden Wortschöpfungen „Baumschuler" und „Baumschulist" verwendet.

Der seit dem späten 17. Jahrhundert gebrauchte Ausdruck „Baumschule"[1] scheint in Lehnübersetzungen aus dem Deutschen nach Norden (dänisch und norwegisch *planteskole*, schwedisch *plantskola*) und Osten (polnisch *szkółka sadownicza*) ausgestrahlt zu haben. Anderen Mustern folgt die Wortbildung in den romanischen Sprachen (französisch *pépinière*, italienisch *vivaismo*). Lediglich dem englischen *nursery* und dem russischen *pitomnik* liegt ähnlich wie bei „Baumschule" das Bild von Zöglingen zugrunde. – Von seinen „lieben Zöglingen" sprach 1827 der Kaplan Johann Theodor Frilling in Dinklage, der im Garten der Kaplanei eine kleine Pflanzstätte für Obstbäume angelegt hatte.[2]

In Mitteleuropa scheinen die ersten als Baumschulen bezeichneten Anlagen im 17. Jahrhundert für den Bedarf fürstlicher Gärten an Obst- und Ziergehölzen entstanden zu sein.[3] Auch in der Wiederaufforstung entstand den Baumschulen eine Aufgabe: 1713 regte der sächsische Oberberghauptmann Hanns Carl von Carlowitz in seinem Buch

---

1 Eine Wortverlaufskurve enthält das Digitale Wörterbuch der deutschen Sprache, https://www.dwds.de/wb/Baumschule (14.6.2023).
2 Siehe unten im Anhang.
3 Zur Baumschulgeschichte siehe LIEBSTER, Baumschulwesen (1984); Hinweise gibt auch WIMMER, Obstsorten (2003).

	Betriebe	Gesamtgröße in Hektar	Durchschnittsgröße in Hektar
Kr. Cloppenburg	23	243,9	10,6
Kr. Vechta	6	24,7	4,1
OM gesamt	29	268,6	9,3

Tab. 6: Baumschulen 2021 im Oldenburger Münsterland, nach: Baumschulerhebung Niedersachsen 2021.

„Sylvicultura oeconomica" die Anlage von Baumschulen für die Regeneration der vom Bergbau stark beanspruchten Forste an.[4] Eine zentrale Stellung nahm im frühen Baumschulwesen die Anzucht von Obstgehölzen ein. So widmete 1774 der Berliner Arzt und Naturwissenschaftler Johann Georg Krünitz dem Betrieb von Baumschulen 49 Seiten seiner „Encyklopädie"; der Großteil des Artikels handelt von Obstbäumen.[5]

Die Erzeugung von Obstbäumen steht im 19. Jahrhundert auch am Anfang des zunächst von Amateuren getragenen Baumschulwesens im Oldenburger Münsterland.[6] Und ebenso machten bei den im 20. Jahrhundert gegründeten Baumschulen Obstbäume entweder den zentralen oder einen kleineren Teil des Sortiments aus.[7] Erst in der zweiten Hälfte des 20. Jahrhunderts verschob sich der Schwerpunkt auf die Kultur von Ziergehölzen.

2021 wies die Baumschulerhebung für das Oldenburger Münsterland 29 Baumschulen aus; der überwiegende Teil befindet sich im Kreis Cloppenburg (Tab. 6, Abb. 68).[8] Im Kartenbild erkennbar ist auch, dass die Verbreitung der Baumschulen über die Gebiete des intensiven Obst- und Gemüsebaus, der in der Regel auf hohe Bodenqualitäten angewiesen ist, hinausgeht. Dabei kann der mit meist ertragsarmen Böden versehene Norden des Kreises Cloppenburg als Ausläufer des im Norden angrenzenden Ammer-

---

4 CARLOWITZ, Sylvicultura (1713), S. 212–218. Auf dieses Buch, in dem Carlowitz eine „nachhaltende Nutzung" der Baumbestände anmahnt (S. 105), geht auch die Wortschöpfung „nachhaltig" zurück.
5 KRÜNITZ, Encyklopädie, Bd. 4 (1774), Art. „Baum-Schule", S. 45–93, darin S. 58–90 über Obstbäume.
6 Siehe oben Kap. 2.
7 Siehe die Beispiele bei AKA u. a., Hagstedt (2017), Bd. 1, S. 332 (Baumschule Lampe, 1920er Jahre); AHLRICHS/MEYER, Handel (1990), S. 677 (Gärtnerei mit Baumschule Jaster, 1985; Niermann, 1958), und Schneiderkrug (2005), S. 287 (Siemer, 1957). CAO, Sonderkulturanbau (1993), S. 63–66, beschreibt eine 1986 in Langförden gegründete und im Nebenerwerb betriebene Baumschule, die zum Großteil Obstgehölze erzeugte.
8 Differenzen zwischen den statistischen Daten und dem Kartenbild ergeben sich daraus, dass die Karte nicht auf den anonymen statistischen Angaben, sondern auf veröffentlichten Einzeldaten aus verschiedenen Quellen beruht und es den Erzeugern hier in größerem Maße freisteht, Angaben zu ihren Betrieben zu veröffentlichen oder zurückzuhalten.

5. Gehölze

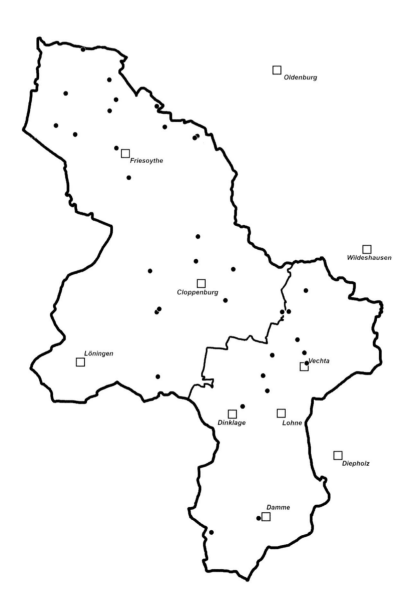

Abb. 68: Baumschulen im Oldenburger Münsterland, 2021.

Jahr	Bundesgebiet			Niedersachsen		
	Betriebe	Flächen in Hektar	Durchschnittsgrößen in Hektar	Betriebe	Flächen in Hektar	Durchschnittsgrößen in Hektar
1992	4084	25 727	6,3	908	5571	6,1
1996	4101	27 011	6,6	869	5619	6,5
2000	3779	24 690	6,5	941	5588	5,9
2004	3398	25 520	7,5	972	6333	6,5
2008	3035	22 597	7,4	864	5565	6,4
2012	2241	21 753	9,7	671	5837	8,7
2017	1714	18 613	10,9	403	8713	11,7
2021	1536	17 160	11,2	399	4794	12,0

Tab. 7: Baumschulen und ihre Flächen im Bundesgebiet und in Niedersachsen, nach: Statistisches Bundesamt, Baumschulerhebungen, 1992–2021.

länder Baumschulgebietes angesehen werden. Die Nähe zum Ammerland betonen auch zwei Baumschulgärtner in Barßel und Friesoythe auf ihren Internetseiten.[9] Nächst dem schleswig-holsteinischen Kreis Pinneberg weist das Ammerland, dessen Baumschulen vor allem für die Kultur der Rhododendren bekannt sind, innerhalb Deutschlands die größte Baumschuldichte auf.

Die durchschnittliche Größe der Südoldenburger Baumschulbetriebe lag 2021, gemessen an der bearbeiteten Fläche, mit 9,3 Hektar etwas unter dem niedersächsischen Landes- (12,0 Hektar) und dem Bundesdurchschnitt (11,2 Hektar).[10] Soweit die Baumschulgärtner auf ihren Internetseiten Auskunft über den Umfang ihrer bearbeiteten Flächen geben, reichen diese von einem halben bis zu über 70 Hektar.[11] Seit dem Ende des 20. Jahrhunderts war die deutsche Baumschulbranche einer starken Konzentration unterworfen. Binnen dreier Jahrzehnte nahm die Durchschnittsgröße der Betriebe im Bundesgebiet und in Niedersachsen etwa auf das Doppelte zu, während sich die Baumschulflächen insgesamt verringerten (Tab. 7, Abb. 69).

---

9   https://www.burmann-pflanzen.de/de-de/ueber-uns (4.11.2021); https://www.baumschule-broermann.de/unsere-baumschule/ (8.11.2021).
10 Vergleichszahlen nach Baumschulerhebung Bund (2021), S. 4.
11 Ca. 5000 qm: Koldehoff, Vechta-Calveslage, https://www.baumschule-nkb-koldehoff.de/uber-uns (15.6.2023); Burmann, Barßel: über 70 ha, https://www.burmann-pflanzen.de/de-de/ueber-uns (15.6.2023).

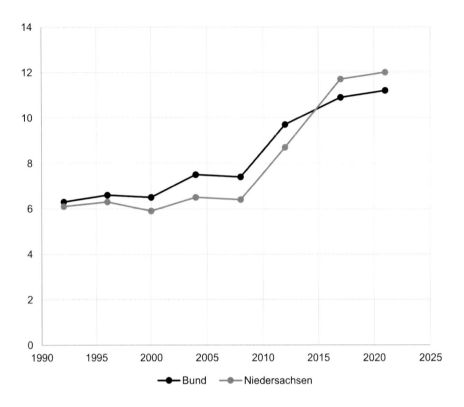

Abb. 69: Durchschnittsgrößen der Baumschulen im Bundesgebiet und in Niedersachsen, in Hektar, 1992–2021.

Erkennen lässt sich aus den statistischen Angaben auch, dass die Kultur veredelter Baumobstgehölze heute nur noch eine Nebenrolle spielt: Von den 39 erfassten Baumschulen des Oldenburger Münsterlandes veredelten 2021 nur sechs Betriebe Obstgehölze, davon vier im Kreis Cloppenburg, zwei im Kreis Vechta. Im Kreis Cloppenburg waren im selben Jahr 28,0 von insgesamt 243,9 Hektar, also gut elf Prozent der Baumschulfläche für die Obstbaumkultur ausgewiesen.[12] Damit war die Südoldenburger Obstbaumkultur innerhalb des Baumschulbereichs noch vergleichsweise stark vertreten, denn bundesweit dienten nur 4,9 Prozent und in Niedersachsen 2,1 Prozent der Baumschulflächen der Obstbaumerzeugung.[13]

---

12 Baumschulerhebung Niedersachsen (2021). Keine Flächenangaben werden dort für die Obstbaumerzeugung im Kreis Vechta gemacht.
13 Jeweils Flächen für Obstunterlagen und veredelte Baumobstgehölze; berechnet nach den Angaben in Baumschulerhebung Bund (2021), S. 10 und 18.

Wie die Statistik überdies zeigt, wurden die Obstbäume überwiegend in Containern herangezogen: Im Oldenburger Münsterland arbeiteten fünf von den sechs Erzeugern, die Obstgehölze veredelten, auf Containerflächen im Freiland.[14] „Container" ist der in den Baumschulen übliche Ausdruck für die dort verwendeten Kunststoffgefäße, die bei Bäumen bis an die dreihundert Liter fassen können.

Im Folgenden seien drei Baumschulen als Beispiele für unterschiedlich gelagerte Betriebsschwerpunkte vorgestellt. Alle drei befinden sich im Kreis Cloppenburg und sind aus kleinen landwirtschaftlichen Betrieben hervorgegangen.

Zu den größeren Südoldenburger Betrieben gehört die 1966 gegründete Baumschule Beckermann in Cappeln. Ihr Gründer Bernhard Beckermann stammt aus einer Tischlerfamilie, die die ebenfalls in Cappeln ansässige Küchenfabrik Beckermann betreibt. Während seine beiden älteren Brüder in die Firma eintraten, übernahm Bernhard Beckermann einen kleinen Bauernhof, den seine Mutter geerbt hatte. Mit vierzehn Jahren begann Beckermann eine Gärtnerlehre. Dort lernte er, wie sein Sohn und Nachfolger Dirk Beckermann mitteilt, *vom Tomatenanbau über Kranzbinden* verschiedenste Bereiche des Fachs, blieb dann aber *beim Punkt Baumschule* hängen und machte sich später zusammen mit seiner Frau selbständig.

Etliche Jahre blieb der Hof ein Gemischtbetrieb, auf dem zunächst die klassische Landwirtschaft dominierte. So standen anfangs noch sechs Kühe im Stall. *Und irgendwo gibt es noch eine Plakette, verliehen auf einer Tierschau, für züchterische Leistungen*. Doch sehr bald kamen die Kühe weg. Etwas länger wurden noch Schweine gehalten und Getreide angebaut. Daneben baute die Familie Äpfel, Erdbeeren und auch Weihnachtsbäume für den Direktverkauf an.

Dies alles trug dazu bei, für den im Entstehen begriffenen Baumschulbetrieb die finanzielle Durststrecke der ersten Jahre zu überwinden. *So eine Baumschule zu gründen ist ja gar nicht so einfach. Das dauert ja Jahre, bis ich die Pflanzen fertig hab, und in der Zeit stecke ich nur rein*. Überdies gelinge nicht gleich alles wie erhofft, und der Kundenstamm müsse erst gebildet werden. *Also das ist schon holprig*. Nicht zuletzt ist ein junger Betrieb gegenüber der Witterung empfindlicher: *'75, '76 waren zwei Dürrejahre, dann gab's noch einen Hagelschlag. Und wenn man erst ein paar Jahre selbständig ist, dann trifft einen das schon sehr*.

Immerhin hat sich der Betrieb so erfolgreich entwickelt, dass Dirk Beckermann in den achtziger Jahren eine Ausbildung zum Baumschulgärtner absolvierte und später das Fach Gartenbau in Osnabrück studierte. Als Schwerpunkte des Studiums wählte er den *Produktionsgartenbau und darin Baumschule und Obstbau*.

Der heutige Zuschnitt des Betriebes erscheint nur in der Rückschau als Ergebnis einer zielgerichteten Entwicklung. *Das ist ja nicht so, wie ein BWL-Student sich das vor-*

---

14 Baumschulerhebung Niedersachsen (2021).

stellt, dass man einen Business-Plan schreibt und zieht den dann durch. Vielmehr entwickelten sich die Betriebszweige teils nach Neigung, teils nach ihrem Gelingen.

Bis in die neunziger Jahre baute die Familie Obst an: *Mein Vater hat dann doch relativ schnell etliche Hektar Obstplantage gepflanzt; die Bäume hat er selber herangezogen; das konnte er ja. ... An die Obstbäume erinnere ich mich noch sehr gut. Das hat uns als Kinder viel begleitet: Äpfel pflücken und Äpfel nach Langförden bringen. Und meine Mutter hatte hier einen Hofverkauf mit Pflanzen und Äpfeln. Und dann kamen den ganzen Winter durch die Apfelkunden.*

Als ernsthaft betriebener Geschäftszweig hatte der Apfelanbau jedoch einen zu geringen Umfang und daher wenig Zukunftsaussichten.

Verhältnismäßig lange beibehalten wurde das Weihnachtsgeschäft:

Meine Eltern haben noch Weihnachtsbäume verkauft, das gab immer schönes Geld, direkt vor Weihnachten. Aber irgendwann hat man gesagt: Nee! Das tut man sich jetzt nicht mehr an. ... Das war in der Zeit, als ich schon im Betrieb war... Aber da haben wir auch gesagt: Nee! Wir haben das ganze Jahr malocht und gepuckelt und viel getan, und dann am Heiligen Abend um 14 Uhr die Schilder noch abbauen zu müssen und die restlichen Sachen wegräumen müssen, das wollte man dann irgendwann nicht mehr, und dann hat man gesagt: Schluss, gibt's nicht mehr.

Nach und nach gab die Familie auch die Ziergehölze auf: *Ich weiß, dass wir Rhododendron hatten, Nadelgehölze hatten, dicke Bäume, Sträucher, dann die Rosen, Heide auf Beeten... Und alles ist aber so eins nach dem andern weggefallen.* Bei manchen Gewächsen wäre es vielleicht auch schwierig geworden, sich im Wettbewerb mit den starken Ammerländer Produzenten zu behaupten.

Heute bilden Obstgehölze und Rosen die Standbeine des Betriebes. Dirk Beckermann ist froh, dass die Familie auch in den Zeiten, in denen sie nicht so sehr gefragt waren, bei den Obstgehölzen geblieben ist. Obstgehölze seien heute, unter dem Vorzeichen der Nachhaltigkeit und der Selbstversorgung aus dem eigenen Garten *ein total sympathisches Produkt*. Das sei in den siebziger Jahren völlig anders gewesen; damals galten Obstbäume als altbacken; viel eher wurden Ziergehölze wie Blaufichten und Omorika-Fichten gepflanzt.

Seit jener Zeit habe sich auch der Kreis der Erzeuger sehr verkleinert:

Weil dieser Artikel [d. h. die Obstgehölze] viele Jahre lang nicht so gut lief, sind natürlich auch ganz viele Produzenten ausgestiegen. Früher gab's Hunderte Baumschulen, die so was hatten; heute gibt's nur noch eine kleine Handvoll. Und dann ist es natürlich einfacher, sich in so einer Nische zu tummeln, als wenn die Nische übersetzt ist.

Dirk Beckermann ist sich bewusst, dass er sich in dieser Position nicht ausruhen darf, andererseits empfindet er es als beflügelnd, wenn das, was man tut, geachtet wird:

Ob das jetzt ein Trend ist, der von ewiger Dauer ist, das glaube ich gar nicht. Das ist jetzt ein Boom, und dann wird was anderes kommen. Aber im Moment ist das so, und das wird wertgeschätzt, und dann macht das auch Spaß. Das merkt man ja auch, dass das, was man macht, positiv besetzt ist. Und das gibt sehr viel Unterstützung, Schubkraft, wenn man merkt: Die Leute schätzen das, was du hier tust.

Unter den Obstgehölzen sind im Betrieb praktisch alle wichtigen Baum- und Strauchobstarten vertreten: *Apfel, Birne, Kirsche, Pflaume, auch Nebenarten wie Pfirsich oder Esskastanie oder veredelte Mandeln, und dann auch in dem ganzen Beerenobstbereich: Johannisbeeren, Stachelbeeren, Himbeeren, Brombeeren, Heidelbeeren, Weinreben, Heidelbeeren, Wildobstsachen wie Sanddorn oder Holunder: Also da versuchen wir schon, das bis in die Tiefe abzudecken.* So hat die Baumschule etwa hundert Apfelsorten, als Busch, als Halb- und als Hochstamm im Angebot. Insgesamt, schätzt Beckermann, kommt der Betrieb auf *ungefähr 1500 verschiedene Artikel*.

Die Abnehmer befinden sich in allen Bundesländern und in Österreich. Beckermann achtet daher darauf, auch regionale Sorten vorzuhalten. In den östlichen Bundesländern, sagt er, ist z. B. die Apfelsorte ‚Carola' sehr gefragt. *Kennt hier kein Mensch, aber drüben kennt das jeder. Das war die Sorte Nummer eins zu DDR-Zeiten. Ist auch ein leckerer, gesunder Apfel. Und wenn man da verkaufen will, an die Gartencenter, sollte man den eigentlich tunlichst im Sortiment haben.* In Österreich wiederum könne die Sorte ‚Kronprinz Rudolf', den außerhalb der Alpenrepublik niemand kennt, Brücken zu den Kunden bauen.[15]

Anders als in den ersten Jahren der Baumschule wird nicht mehr direkt an die Endverbraucher verkauft. Die Hauptkunden sind der gärtnerische Einzelhandel, vor allem mittelständische Gartencenter mit einem oder wenigen Standorten; das Segment ist der gehobene Hobbybereich. Hier steht sich der Betrieb günstiger als beim Verkauf an große Baumarktketten oder Lebensmitteldiscounter, die bisweilen ebenfalls Obstgehölze verkaufen und bei denen die es knappe Kalkulation gebietet, auch die letzte Pflanze zu verkaufen.

Nicht im Angebot hat Beckermann Bäume für große Anpflanzungen im Erwerbsobstbau: *Kein einziger Baum, der bei uns produziert wird, landet in einer Obstplantage.* Die dort gepflanzten Bäume kommen heutzutage aus den Niederlanden, aus Belgien und Italien. *Das sind dann andere Sorten; die werden ganz anders gezogen, anders geschnitten. Das ist eigentlich ein völlig anderes Produkt.*

Geändert hat sich in den letzten Jahrzehnten die Darreichungsform der Bäume. War es in den siebziger Jahren noch üblich, die Bäume wurzelnackt, d. h. ohne Topf und Erdreich zu verkaufen, so kommt dies heute nur noch für traditionelle Gartenbaubetriebe oder auch für die Pflanzung auf Streuobstwiesen in Betracht. Gartencenter und Versandhändler dagegen nehmen *nur noch getopfte Ware*, und dies erwarteten inzwischen auch die Endkunden. *Aber der Laie, der ja unser Endkunde ist, der möchte einen Topf da dran haben, weil das so ist: Der Baum wird dann häufig mitgenommen, dann wird er irgendwo hingestellt, dann wird er vielleicht drei Tage später erst eingepflanzt, und das*

---

15 Zu ‚Carola' und ‚Kronprinz Rudolf' siehe auch MÜLLER/SEIPP, Apfelsorten (2021), S. 108 und 256.

ermöglicht einfach der Topf. Also ohne Container ist so eine Pflanzenproduktion gar nicht mehr denkbar.

Mittlerweile, schätzt Beckermann, würden vermutlich mindestens achtzig Prozent der Bäume in Töpfen verkauft. Dabei seien wurzelnackte Bäume einfacher zu transportieren; sie hätten ein geringeres Volumen und seien in der Anzucht viel günstiger. *Eigentlich wächst der Baum ohne Topf, wurzelnackt, viel besser. Das glaubt einem keiner, aber ... man hat da viel weniger Ausfälle, wenn man keine gravierenden Fehler macht.* Beachten müsse man nur: *Da muss vernünftiger Boden aufbereitet werden; die Wurzeln schneidet man vielleicht ein bisschen, und die dürfen nicht total austrocknen, aber wenn man das macht, hat man mindestens genauso guten Anwuchs wie bei Containerbäumen.*

Die Ware überhaupt zu verkaufen ist heute ein geringeres Problem als bis um die Jahrtausendwende: *Früher gab es eigentlich Pflanzen im* Überfluss. *Das ist heute nicht mehr so. Wenn man das gut und richtig macht, glaube ich, wird man seine Sachen heute los. ... Ich pflege meinen Kundenstamm und passe auch auf, dass jeder Kunde wiederkommt, aber ich muss jetzt keine große Werbung machen.*

Dieser Flaschenhals sei weg. Dafür sei *der große Flaschenhals Personal geblieben, also das, was uns jeden Tag bewegt.* Betrieblich, sagt Beckermann, komme er aktuell damit klar, doch bemerkt er die gleichen Anzeichen der Erosion, die die gewerbliche Wirtschaft im ganzen Land umtreiben. Schwieriger sei es schon geworden, neue Auszubildende zu bekommen: *Wir hatten immer Lehrlinge. Das ist leider echt eingebrochen. Wir haben noch einen Azubi, der im nächsten Jahr Prüfung macht, und danach sehe ich überhaupt nicht, dass noch irgend jemand kommt.*

Vom Mangel an Auszubildenden abgesehen hat der Betrieb einen guten Stamm von Mitarbeitern: *Wir haben gelerntes Fachpersonal, also richtig Gärtnergesellen, auch aus unserer eigenen Ausbildung. ... Und da ist auch eine tolle Truppe, die so alle zwischen 20 und 35 Jahren hier sind. Die wissen, was gespielt wird, da brauche ich mich um nichts zu kümmern, das läuft von ganz alleine.*

Bei altersbedingtem Ausscheiden könnten die Gesellen jedoch nicht mehr so leicht durch gleichermaßen qualifizierte Mitarbeiter ersetzt werden. Im Zweifelsfalle müsse ein angelernter tüchtiger Kollege an die Stelle des Altgesellen treten. Verbessert hat sich die Situation 2023 dadurch, dass Beckermann fünf neue Mitarbeiter einstellen konnte, die zwar keine Gesellenbriefe als Gärtner, doch zum Teil langjährige Erfahrung im Baumschulbereich mitbrachten. Möglicherweise kann dies auch für andere Betriebe als Zeichen gesehen werden, dass der Personalschwund kein unabänderliches Schicksal sein muss.

Größere Aufmerksamkeit als früher erfordert das Betriebsklima. So muss der Chef bei Unstimmigkeiten mehr Zeit darauf verwenden, zu moderieren und die Wogen zu glätten, anstatt eine lautstarke Auseinandersetzung entstehen zu lassen. *Das lässt man gar nicht mehr so weit kommen. Weil ich genau weiß: Das Risiko, dass der dann sagt: „Ich habe sowieso schon darüber nachgedacht, mich zu verändern. Nee, jetzt suche ich mir was anderes", das Risiko ist mir viel zu hoch.* Im Zweifelsfall nimmt man manches, was einen insgeheim stört, lieber hin. *Wichtig ist ja, dass der Laden funktioniert und dass die Leute mir bleiben, und dann muss man so was auch mal akzeptieren. Und insgesamt klappt das ganz gut.*

Mit Blick auf die gesamte Branche sieht Beckermann auch den Generationenwechsel als kritischen Punkt an. Die Nachfolge sei das Allesentscheidende, und bei einer Baumschule sei es nicht möglich, sie nur für kürzere Zeiträume zu schließen: *Man ist ja gefangen in diesem Anzuchtzyklus: Ich muss jetzt Jungpflanzen bestellen, die in drei Jahren oder auch erst in vier Jahren fertige Pflanzen sind.* Und wenn man jetzt nicht nachpflanze, wisse man: *In drei Jahren gibt's nichts mehr zu kaufen, im vierten Jahr ist Schluss. Das ist nicht umkehrbar, diese Entscheidung.*

Der Wegfall eines Teils der Betriebe könnte jedoch die Überlebenschancen der anderen erhöhen. Und wenn eine Baumschule nur einen tüchtigen Nachfolger habe, könne gar nicht viel passieren. Diejenigen, die übrigbleiben, *können eigentlich gar nicht ganz viel falsch machen.*

In der Friesoyther Bauerschaft Pehmertange ist die von Katharina Böhmann geführte Baumschule ansässig. Die Richtung der Betriebsentwicklung wurde in der Generation der Eltern, die beide das Fach Gartenbau studiert hatten, beschritten. Diskussionen über die Ausrichtung des Betriebes scheint es in der Familie nicht gegeben zu haben; der Großvater, der herkömmliche Landwirtschaft betrieben hatte, war bereits gestorben, als Reinhard Böhmann, der Vater der jetzigen Inhaberin, achtzehn Jahre alt war. Zum Gartenbau kam Reinhard Böhmann allerdings nicht direkt, denn zunächst schloss er eine landwirtschaftliche Ausbildung und eine Ausbildung zum KFZ-Elektriker ab und studierte, ehe er zum Gartenbau wechselte, zwei Semester Elektrotechnik. Die Umgestaltung des Hofes zur Baumschule vollzog sich stufenweise. Bis in die Kindheit Katharina Böhmanns wurden auf dem Hof Schweine gehalten, um die finanzielle Durststrecke der ersten Jahre zu überbrücken: *Da haben tatsächlich die Schweine die Baumschule noch getragen,* weil es eine Zeit dauert, bis sich der neugegründete Baumschulbetrieb rentiert. So wurde auch, als der Schweinestall abgebrannt war, zunächst ein neuer gebaut. Erst als die für einen rentablen Mastbetrieb nötigen Bestandsgrößen stark anwuchsen und neue Stallbauten erfordert hätten, gab die Familie die Schweinehaltung auf.

Katharina Böhmann selbst wählte von Anfang an das Gartenbaustudium. Mit den Studenten der Landwirtschaft verbanden sie Kurse in Marketing und Pflanzenernährung; *ansonsten war der landwirtschaftliche Studiengang komplett getrennt vom Gartenbau-Studiengang.*

Die derzeit bearbeitete Baumschulfläche umfasst etwa zwei Hektar; der darüber hinausgehende Teil der Eigenflächen ist zum Teil verpachtet; kleinere Teile sind als Blühstreifen angesät oder tragen Weihnachtsbäume, die aus der Zeit, als die Familie sie noch verkauft hat, übriggeblieben sind.

Grundsätzlich, sagt Katharina Böhmann, würde für den Baumschulbetrieb auch eine kleinere Fläche ausreichen: *Theoretisch kann man, wenn man zur richtigen Zeit die richtige Kultur hat, die gefragt ist, von einem Hektar Baumschule als normale Familie, wenn man nicht exorbitante Vorstellungen hat, leben. Also das ist durchaus möglich.* In der Praxis reiche ein Hektar jedoch nicht so leicht aus, weil man sich nicht darauf verlassen könne, dass man alle Erzeugnisse des Betriebes tatsächlich verkauft, und deshalb in Kauf nehmen müsse, zum Teil ins Ungewisse zu produzieren: *Wir haben ja nie feste Abnehmer. Wir haben unseren Kundenkreis, aber wir produzieren im Prinzip immer in den blauen Dunst hinein.*

Dabei kann die Baumschulgärtnerin nur raten, ob die jetzt angesetzten Pflanzen, wenn sie soweit gediehen sind, dass sie sich absetzen lassen, auch gefragt sein werden: *Ich muss ja heute im Prinzip die Pflanze produzieren, die in drei Jahren, sag ich mal, auf den Markt kommt. Und da muss man wissen: Was ist in drei Jahren eine Mangelware, die jetzt nicht jeder hat?*

Zu den Nachteilen einer angebotsorientierten Wirtschaft gehört, dass die Erzeugerin damit rechnen muss, einen Teil der Ware nicht verwerten zu können. Man müsse soweit Rücklagen haben, dass man auch mal tausend Pflanzen wegwerfen könne, die zwar verkaufsfertig sind, aber keine Abnehmer finden.

Einen Teil der nicht verkauften Pflanzen könne man zwar weiterhin wachsen lassen, doch seien die Spielräume begrenzt: *Bei einigen Sachen haben wir den Vorteil im Gegensatz zu den Landwirten, die Lebensmittel produzieren: Wir können eine Pflanze notfalls größer produzieren*, d. h. ein Jahr länger in der Baumschule behalten.

Meistens jedoch lasse sich die Pflanze, wenn sie bei geringer Größe nicht laufe, auch ein Jahr später nicht gut verkaufen, zumal die Kollegen, die die gleichen Pflanzen nicht losgeworden sind, sie ebenfalls größer produzierten. Hinzu komme das Risiko für die gute Beschaffenheit der Pflanze. So könne man z. B. Bodendecker vielleicht *ein Jahr hungern lassen und dann ein Jahr später verkaufen, aber ob es dann funktioniert und ob es dann die Qualität hat*, sei ungewiss.

Wo liegen die Schwerpunkte des Baumschulbetriebes? – *Im Prinzip Heckenpflanzen, Kirschlorbeer in allen möglichen Variationen, und Bodendecker haben wir auch noch einen ganzen Teil.*

Mittlerweile, sagt Katharina Böhmann, gehe sie davon ab, von einer bestimmten Sorte sehr viel zu produzieren. Sie habe die Vielzahl der Pflanzen wieder erhöht, dies schon, weil sie ein breiteres Angebot vorhalten könne und im Zweifelsfall nicht darauf angewiesen sei, Pflanzen zuzukaufen.

Zu den weiterhin zugekauften und weiterverkauften Pflanzen gehören Obstgehölze, weil deren Pflege viel Arbeitszeit erfordert und dem Betrieb die dafür nötigen Leute fehlen. Längere Zeit produzierten Katharina Böhmann und ihr Vater auch Weihnachts-

Abb. 70: Sommerarbeit in der Baumschule: Eine Mitarbeiterin bindet Großblättrigen Irischen Efeu (Hedera helix 'Hibernica') mit Hilfe einer Bindezange auf Bambusstäbe auf. August 2023.

Abb. 71: Bewässerung im Tunnel, August 2023.

Abb. 72: Einer von zwei Gießwagen der Baumschule. Zur Zeit der vorliegenden Aufnahme brauchte der Gießwagen nicht eingesetzt zu werden, weil es genug geregnet hatte. Foto vom August 2023.

bäume, die sie zum Teil sogar an die Kunden auslieferten, doch stellten sie diese Sparte im Gefolge der Dürrejahre 2018/19 ein.[16]

Wie gestalten sich die Arbeiten im Jahreslauf? – Innerhalb des Jahreslaufs sind das Frühjahr und der Herbst die arbeitsreichsten Zeiten. Im Frühjahr werden z. B. die Stecklinge, die im vorigen Frühherbst gesetzt worden sind, neu getopft. Hinzu kommt der Versand; *Frühjahr und Herbst ist die klassische Verkaufszeit*; allerdings zieht sich die zunehmend durch das ganze Jahr. Im Sommer, sagt die Baumschulgärtnerin, ist es verhältnismäßig ruhig; *da ist nur Pflege*. Nach den Vermehrungs- und Pflegearbeiten im Herbst wird eingewintert: Die Pflanzen werden in die Gewächshäuser oder in die Tunnel gefahren.

Der Großteil der Gewächse wird in Containern herangezogen. Anders als im klassischen Freilandanbau besteht bei Containern nicht das Problem der Bodenmüdigkeit, die sich im Obst- und Gemüsebau leicht einstellt. Doch wenn sich Pflanzencontainer im-

---

16   Siehe hierzu weiter unten in diesem Kap.

mer wieder an derselben Stelle befinden, können sich auch hier Schädlinge und Krankheiten leichter ansiedeln. Ein dieses Risiko erhöhender Faktor ist, dass die Höhe der fest montierten Gießwagen (Abb. 72) auf die Größe der Container abgestimmt ist und Container derselben Größe meist in denselben Bereichen stehen.

Gegen Pflanzenkrankheiten und Schädlinge kann man mit Desinfektionsmitteln arbeiten, doch sind viele lange üblich gewesene Mittel für Baumschulen nicht mehr zugelassen. Um den Infektionsdruck zu verringern, achtet die Baumschulerin darauf, Gewächse verschiedener Pflanzenfamilien nach Möglichkeit gemischt zu postieren.

Das Substrat für die Pflanzen kauft Katharina Böhmann jedes Jahr zu, denn man gibt es jedes Jahr gleichsam mit den verkauften Pflanzen weg und muss es ersetzen. Ebenso wie ihre Kollegen lässt sie sich das Substrat individuell anmischen und in einer großen Kiste liefern:

Jede Baumschule hat ihr eigenes Substrat. ... Wir haben z. B. einen hohen Holzfaseranteil mit drin. Das verhindert, dass zuviel Staunässe in den Töpfen ist. Das Wasser fließt besser ab. Dadurch hat man auch mehr Pilze – nicht im Sinne von Schädlingen, sondern Pilze, die auf dem Holzmaterial wachsen. Der Düngerzuschlag ist unterschiedlich. Jede Baumschule hat da ihre eigenen Erfahrungen gemacht. Und der Dünger ist ja unterschiedlich. Der eine möchte einen Dünger haben, der drei bis vier Monate wirkt, der andere möchte einen Fünf- bis Sechsmonatstyp haben. Oder man nimmt nur eine Startdüngung und gibt nachher noch mal etwas von Hand dazu.

Beim Düngen ist es im Zweifelsfalle schädlicher, zu viel als zu wenig zu geben: *Es kann tatsächlich toxisch werden. Also die Pflanzen könnten auch absterben, wenn sie zuviel Dünger bekommen, weil dann eine Antiosmose stattfindet. ... Aber wenn zu wenig Dünger ist, kann man reagieren und nachdüngen. Das kann man sehen: Wenn die Pflanzen hell werden, sieht man, dass sie Hunger haben.*

Wer sind die Kunden der Baumschule? Auf der Internetseite der Baumschule sind zwar Öffnungszeiten angegeben, doch hat, wie Katharina Böhmann feststellt, der Privatverkauf sehr an Bedeutung verloren. Das Gros der Kunden sind Gartenlandschaftsbetriebe, andere Baumschulen, die das Angebot der Kollegen bündeln, und mittelständische, aus einem Standort bestehende Gartencenter, nicht jedoch Baumarktketten, schon weil für diese der Umfang des Angebotes zu klein wäre. Überdies, sagt die Baumschulerin, würde sich die Baumschule in große Abhängigkeit begeben, wenn sie nur eine Kette belieferte.

Den Produktionsumfang auszudehnen, ist auch schon wegen des Personalmangels nicht so leicht möglich. Derzeit beschäftigt Katharina Böhmann zwei Halbtagskräfte. *Von der Fläche her*, sagt sie, *bräuchten wir mindestens noch zwei dazu, aber es ist schwierig, da an Leute zu kommen.*

Vom benachbarten Ammerland weiß sie, dass einige Betriebe schon vor der Corona-Pandemie geschlossen wurden, weil sie keine Mitarbeiter fanden: *Wenn man durchs Ammerland fährt, sieht man ganz viele leere Flächen.* Auch Mitarbeiter anderer Betriebe, die die Verhältnisse gut kennen, könnten bestätigen, dass einige Baumschuler wegen des Mangels an Mitarbeitern aufgegeben hätten.

Die langfristige Nachfolge im eigenen Betrieb ist noch ungewiss, schon weil der Sohn derzeit noch zu jung ist, um ihm eine berufliche Entscheidung abzuverlangen. Auf jeden Fall will Katharina Böhmann den Betrieb und den Besitz über ihre Generation hinaus erhalten, und hier zeigt sie sich dem Hofdenken der früheren Generationen verpflichtet: *Aber mein Verständnis ist: Das gibt man nicht ab, so einen Hof.*

In Höltinghausen (Gemeinde Emstek) befindet sich die Baumschule von Aloys Pöhler, die seit ihrer Gründung im Jahr 1983 biologisch wirtschaftet und seit 1996 dem Anbauverband Bioland angehört.

Die Zahl der ökologisch ausgerichteten Baumschulen ist vergleichsweise gering: Nach der Agrarstrukturerhebung 2020 arbeiteten in Niedersachsen elf (von insgesamt 473) biologisch ausgerichtete Baumschulen auf insgesamt 43 (von insgesamt 4711) Hektar Fläche.[17] Als ökologisch orientierter Baumschulgärtner sieht sich Pöhler denn auch als doppelter Grenzgänger: *Wir sind bei den Baumschulen Grenzgänger, weil wir biologisch wirtschaften, und bei den Bios sind wir Grenzgänger, weil wir eine Baumschule machen.*

Zu den Grundlagen seiner Entscheidung für den Bio-Anbau gehörte nicht zuletzt die religiöse Prägung der frühen Jahre. Als Kind und Jugendlicher ging Aloys Pöhler oft und gern zur Kirche; dort war er nicht nur Messdiener, sondern mehrere Jahre auch Küster und Lektor. In den späteren Jugendjahren gewann er Abstand von Kirche und Religion, doch führt er seine Arbeit als Überzeugungstäter im ökologischen Landbau auf das in den frühen Jahren geprägte Wertesystem zurück. Prägenden Einfluss hatten auch die zu jener Zeit aufkommende Umweltbewegung und der 1972 veröffentlichte Bericht „Die Grenzen des Wachstums", der die absehbaren Folgen unseres verschwenderischen Umgangs mit den natürlichen Ressourcen darlegte.[18]

Existentiell war Aloys Pöhler sehr bald auf sich gestellt: Nach dem frühen Tod der Eltern und des älteren Bruders, der den Hof übernommen hatte, teilte Pöhler den Hof mit seiner Schwester. Und nachdem er sich als Kind nicht hatte vorstellen können, auf dem Hof, auf dem er sehr viel hatte mithelfen müssen, zu bleiben, entdeckte er, während er sich am Wirtschaftsgymnasium auf das Abitur vorbereitete, aus eigenem Antrieb her-

---

17 Landwirtschaftszählung (Agrarstrukturerhebung) in Niedersachsen 2020: Landwirtschaftliche Betriebe und deren Fläche, und: Ökologische landwirtschaftliche Betriebe mit LF und deren Fläche, https://www.statistik.niedersachsen.de/landwirtschaft_forstwirtschaft_fischerei/landwirtschaft_in_niedersachsen/landwirtschaftszaehlung_2020/landwirtschaftszaehlung-in-niedersachsen-tabellen-191811.html (17.10.2023).
18 Meadows, Grenzen (1972).

aus die Freude an der Gartenarbeit, *ein bisschen als Autodidakt, mit Gärtner Pötschke*[19] *oder Alwin Seifert*[20] *in der Hand.*

Da Pöhler auf dem Hof mit ökologisch orientierter Gemüseerzeugung beginnen wollte, sah er sich nach Abitur und Zivildienst nach einer Lehrstelle im Bio-Bereich um. Eine solche Stelle war allerdings nicht leicht zu finden, und so begann er im Ammerland eine klassische Ausbildung zum Baumschulgärtner, die er bereits nach anderthalb Jahren mit einer Prüfung abschließen konnte.

Unter Mithilfe seiner Freundin machte sich Aloys Pöhler daran, den Baumschulbetrieb zu entwickeln. Ähnlich wie die Kollegen in Cappeln und Friesoythe zunächst Teile der bisherigen Landwirtschaft weiterbetrieben, musste sich auch Aloys Pöhler nach ergänzenden Erwerbsquellen umsehen, weil die Baumschule in ihren ersten Jahren noch nichts zu verkaufen hatte: *Zwei, drei Jahre braucht man immer, bevor die Baumschule sozusagen nennenswert überhaupt was hat.* Zu den klassischen Leistungen, mit denen der Betrieb die ersten Jahre überbrücken konnte, gehörten Dienstleistungen wie Baumschnitt und Hilfe bei der Gartengestaltung.

Ebenso wie bei Katharina Böhmann geht der Absatz auch bei Aloys Pöhler nur zu einem geringeren Teil über den Kleinhandel. Abnehmer der Erzeugnisse sind überwiegend Gartengestalter, andere Baumschulen, Kommunen, mittlerweile über den Bio-Absatz, z. B. den Bio-Gartenversand. Dagegen bestritt die private Kundschaft nie mehr als ein Drittel des Umsatzes; ihr Anteil ist im Laufe der Jahre geringer geworden und tendiert augenblicklich gegen Null.

Unter den Privatkunden *haben wir wirklich vom Bauern um die Ecke, der hier wohnt und der weiß, dass wir so was haben, bis zum letzten Öko-Freak, sag ich mal, aus Bremen oder sogar Hamburg oder sonst irgendwo, Kundschaft. Und auch jetzt noch.*

In jüngster Zeit werden viele Geschäfte per E-Mail angebahnt: Auf eine Anfrage macht Pöhler ein Angebot, *und dann stellen wir das bereit.* Für intensivere Kundenbeziehungen fehlen schlichtweg die Zeit und das Personal. Da er für den Verkauf niemanden findet, wird er den Privatverkauf nur noch nach Absprache machen und die offiziellen Öffnungszeiten streichen müssen. Mit den Kundenkontakten würden ihm allerdings wohl auch Begegnungen entgehen, die einen immer wieder schmunzeln lassen. Vor allem Angehörige der reiferen Semester fragen nach Obstbäumen, die schon im Ertrag sind und deren Früchte sie noch ernten möchten: „*Ja, wir wollen da bald von ernten. Wir wollen da nicht noch zehn Jahre warten müssen."* Es gibt auch Kunden, die Obstgehölze gekauft haben und irgendwann wiederkommen: „*Hier, das ist ein Glas Marmelade von deinen Himbeeren."*

---

19 „Gärtner Pötschkes großes Gartenbuch" von Harry Pötschke erscheint seit 1964 in zahlreichen Auflagen.
20 Alwin Seifert, „Garten ohne Gift" (spätere Auflagen unter den Titeln „Gärtnern ohne Gift" und „Gärtnern, Ackern – ohne Gift"), erscheint, zunächst unter dem Titel „Der Kompost in der bäuerlichen Wirtschaft", seit 1950 in zahlreichen Auflagen. Zu Seifert und seinem Werk siehe auch das Nachwort von Hansjörg Küster in SEIFERT, Gärtnern (2008), S. 208–218.

Aloys Pöhlers nicht so sehr betriebswirtschaftlich als vielmehr ökologisch orientiertes Bestreben war von Anfang an, ein sehr breites Sortiment in Bio-Qualität aufzubauen: *Wir haben ungefähr zweitausend verschiedene Gehölzsorten. Und das ist nicht unbedingt Standard.* In Deutschland kennt er keine zehn biologisch orientierten Baumschulen, die ein so umfangreiches Sortiment in dieser Größenordnung führen. Tatsächlich umfasst die Vorratsliste seines Hauses 108 Seiten, davon über vierzig Seiten mit Gehölzen für Kern- und Steinobst sowie für verschiedene Beerenarten.[21]

Allerdings kultiviert er, wie er betont, *keine Moorbeetpflanzen,* namentlich keinen Rhododendron, weil er um des Erhalts der Moore willen grundsätzlich keinen Torf nutzen will. Seit gut einem Vierteljahrhundert arbeitet Aloys Pöhler mit torffreien Substraten. Damals hatte er in Zusammenarbeit mit Substratherstellern verschiedene Substratmischungen erprobt.

Zwar wird in Baumschulen und Gartenmärkten nach wie vor überwiegend Torf verwendet, doch macht Pöhler inzwischen zaghafte Anzeichen eines Wandels aus:

Wenn ich vor zehn oder vor fünfzehn Jahren nach torffreien oder torfreduzierten Substraten gefragt habe, dann haben die mich alle angekuckt, als wenn ich von einem anderen Stern komme. Das letzte Mal, als ich vor fünf, sechs Jahren auf der IPM in Essen[22] *war, da haben sie alle mit Substraten geworben, die torffrei sind oder zumindest torfreduziert. Also da tut sich überall ein bisschen was, aber alles immer nur sehr langsam und nur nach dem, was der Markt hergibt oder was der Gesetzgeber vorschreibt.*

Ebenso wie Torf sucht Pöhler fossile Energien zu schonen. Schon von weither kann man ein auf dem Baumschulgelände stehendes kleines Windrad sehen (Abb. 73). Es liefert den Strom nicht nur für den Betrieb, sondern auch für die Fahrzeuge, die in der Baumschule längst ihren Dienst taten, ehe Fahrzeuge mit elektrischem Antrieb öffentlich gefördert wurden.

Im Vergleich zu konventionellen Betrieben arbeitet Pöhler mit höheren Kosten. So schätzt er die Mehrkosten des von ihm genutzten Substrates auf zwanzig bis dreißig Prozent, und auch die Arbeitskosten sind höher, weil er relativ wenige Maschinen einsetzt. Wo andere Betriebe, wie er schätzt, etwa 35 bis 40 Prozent Lohnkosten hätten, habe er *immer über 50 Prozent Lohnkosten gehabt.* Das sei es ihm allerdings auch wert, denn er wolle *ja gar nicht in Maschinen investieren.* Insgesamt habe er *schon ein bisschen mehr Aufwand gehabt, aber im Grunde genommen alles zu konventionellen Preisen vermarktet.*

Erst in jüngster Zeit baue sich im Baumschulbereich nach knapp vierzig Jahren eine Bio-Vermarktung auf, die es in den ersten Jahren nicht gab. Doch nun, wo eine

---

21 http://www.bioland-baumschule.de/wp-content/uploads/Gesamtbestand_2021-05-09.pdf (15.6.2023).
22 Internationale Pflanzenmesse in Essen (Ruhr).

Bio-Vermarktung besteht, ist es der Personalmangel, der ihn daran hindert, die verbesserten Absatzchancen zu nutzen:

Mittlerweile könnten wir entschieden mehr Bio-Obstbäume verkaufen, als wir überhaupt produzieren, als wir überhaupt haben. Und das war damals gar nicht. Es gab damals keine Bio-Vermarktung. Und das ist mittlerweile da. Und deswegen ist diese Situation so abstrus, dass man keine Leute findet.

Wo der Betrieb früher zehn Leute beschäftigte, hat er heute nur noch drei. Auch im Hofladen mussten die Öffnungszeiten reduziert werden. Der etwa neun Hektar umfassende Baumschulbetrieb wird notgedrungen etwas eingeschränkt, einige Pachtflächen zurückgegeben. Ein unmittelbares Einstellen des Betriebes wäre allerdings schon technisch schwierig – *ich kann eine Baumschule nicht von einem Jahr aufs andere aufhören lassen* – und ist auch nicht beabsichtigt.

Als ein Zeichen dafür, dass die Baumschule für Aloys Pöhler nicht nur eine Erwerbsquelle, sondern ein wesentlicher Teil des Lebensinhalts ist, kann auch die

Abb. 73: Windrad auf dem Gelände der Baumschule Pöhler, Höltinghausen, Januar 2024. Seit 1993 liefert das Windrad den Strom für Fahrzeuge und Geräte der Baumschule.

kulturelle Tätigkeit gesehen werden. Seit einer Reihe von Jahren dient die Baumschule, d. h. ein parkähnlich gestalteter Teil des Geländes und ein Saal, der sich an der Stelle des einstigen Hühnerstalls befindet, als kultureller Veranstaltungsort. So gibt das Oldenburger Theater Laboratorium regelmäßige Gastspiele, *was immer ein Selbstläufer war*. Es treten ein Gospelchor aus der Nähe, eine Nachwuchsband und andere lokale und regionale Künstler auf.

Abb. 74: Weihnachtsbaumpflanzung mit Werbeschild, Gemeinde Cappeln, Februar 2023.

Weihnachtsbäume

Im Unterschied zu anderen Zuchtgehölzen wachsen die meisten Weihnachtsbäume nicht in Baumschulen, sondern in landwirtschaftlichen Betrieben. Baumschulen beschränken sich bei Weihnachtsbäumen dagegen meist auf die Anzucht. 2021 erzeugten bundesweit 185 Baumschulen, davon 40 in Niedersachsen, Jungpflanzen für Christbäume.[23]

Weihnachtsbäume bis zum Hieb aufzuziehen unternahmen 2020 in Niedersachsen 437 landwirtschaftliche Betriebe auf insgesamt 2487 Hektar. Von diesen Betrieben befanden sich im Kreis Cloppenburg 22, im Kreis Vechta elf. Für den Kreis Vechta geben die Statistiken auch die Anbaufläche an. Sie lag bei insgesamt 20 Hektar, d. h. im Durchschnitt standen die Christbäume auf etwa 1,8 Hektar bei jedem beteiligten Erzeu-

---

23 Baumschulerhebung Bund 2021, S. 5.

ger.[24] Dies sind allerdings keine Größen, von denen ein Hof existieren kann. Die Bäume werden im Oldenburger Münsterland denn auch durchweg im Nebenerwerb bzw. als Nebenkultur erzeugt.

Die Zahl der im Land erzeugten Weihnachtsbäume lässt sich nur grob schätzen, weil die amtlichen Statistiken keine Stückzahlen, sondern nur die Flächen für die Aufzucht erfassen.[25] Bundesweit reichten die geschätzten Zahlen der verkauften Christbäume, einschließlich der Importe, für das Jahr 2020 von 23 Millionen[26] bis um 30 Millionen.[27] Für das Jahr 2022 wird geschätzt, dass unter den verkauften Bäumen zu etwa 80 Prozent Nordmann-Tannen und 10 bzw. 15 Prozent Blaufichten waren.[28] Geringere Anteile entfielen auf Rot-, Weiß-, Edel- und Korea-Tannen.

Nordmann-Tannen sind als Weihnachtsbäume besonders beliebt, weil ihre Nadeln sehr weich sind und beim Aufenthalt der Bäume in der Wohnstube nicht so schnell abfallen. Der Name der Baumart lässt an das nördliche Europa und an Rentiere denken, doch ihre tatsächliche Heimat ist der Kaukasus. Dort beschrieb sie der finnische Biologe Alexander von Nordmann (1803–1866), nach dem sie benannt worden sind. Größtenteils in den Bergen Georgiens werden im September die Tannenzapfen, aus denen die Samen für die Anzucht der Bäume gewonnen werden, gepflückt – eine gefährliche Arbeit in rund dreißig Metern Höhe.[29] Die Samen werden zum Großteil von dänischen Firmen für dänische und deutsche Baumschulen gekauft.

Unter den Nordmann-Tannen gibt es verschiedene Varietäten, deren Namen sich an den Pflückgebieten der Zapfen orientieren, wie *Abies nordmanniana Ambrolauri*, *Abies nordmanniana Borshomi* (beide aus Georgien) oder *Abies nordmanniana Apscheronsk* (aus dem russischen Nordkaukasus). Die Unterschiede sind, wie ein Weihnachtsbaum-

---

24 Landesamt für Statistik Niedersachsen: Landwirtschaftszählung (Agrarstrukturerhebung) in Niedersachsen 2020. Tabellen für die Kreise Cloppenburg und Vechta und für das Land Niedersachsen. Für den Kreis Cloppenburg werden dort keine Anbauflächen für Weihnachtsbäume genannt.
25 Bundesamt für Statistik, Pressemitteilung Nr. N072 vom 17. Dezember 2021: Fakten zu Weihnachten, https://www.destatis.de/DE/Presse/Pressemitteilungen/2021/12/PD21_N072_51_45_63.html (23.2.2023).
26 23 bis 26 Millionen: Schutzgemeinschaft Deutscher Wald (SDW) für das Jahr 2022, https://www.sdw.de/ueber-den-wald/waldwissen/weihnachtsbaum/ (23.2.2023).
27 29,8 Millionen im Jahr 2019: Absatz von Weihnachtsbäumen in Deutschland in den Jahren 2000 bis 2019, https://de.statista.com/statistik/daten/studie/372294/umfrage/absatz-von-weihnachtsbaeumen-in-deutschland/ (23.2.2023).
28 80 Prozent Nordmann-Tannen, 10 Prozent Blaufichten: Schutzgemeinschaft Deutscher Wald, https://www.sdw.de/ueber-den-wald/waldwissen/weihnachtsbaum/weihnachtsbaumlexikon/ (23.2.2023). 80 Prozent Nordmann-Tannen, 15 Prozent Blaufichten: Bundesinformationszentrum Landwirtschaft, https://www.landwirtschaft.de/landwirtschaft-verstehen/wie-arbeiten-foerster-und-pflanzenbauer/woher-kommen-unsere-weihnachtsbaeume (23.2.2023).
29 Siehe auch Matthias SCHEPP, Dmitrij BELJAKOW: Tot unter der Tanne. In: Der Spiegel, Nr. 51, 20.12.2010, https://www.spiegel.de/wirtschaft/soziales/schmutziges-weihnachtsbaumgeschaeft-tot-unter-der-tanne-a-736496.html (22.2.2023); Michael HECK, Diana LAARZ: Zapfenstreich im Kaukasus. In: Spiegel Wissenschaft, 23.12.2013, https://www.spiegel.de/wissenschaft/natur/nordmann-tanne-zapfenstreich-im-kaukasus-a-939863.html (22.2.2023).

erzeuger erläutert, allerdings geringfügig: *Das sind alles von weitem Nordmann, kann man alle gut erkennen, die haben alle die typischen Merkmale, auch die Eigenschaften, aber minimal andere Wuchseigenschaften. … Der eine treibt ein bisschen später wegen Spätfrost. Der andere wächst nicht so breit* (63).

Mindestens fünf der befragten Landwirte und Baumschulgärtner haben Erfahrungen mit der Erzeugung von Weihnachtsbäumen gesammelt. Daneben baut eine Reihe weiterer Landwirte und Gärtner Weihnachtsbäume an.[30] So kultiviert der Betrieb Böckmann in Garthe (Gemeinde Emstek) auf gut zehn Hektar Nordmann-Tannen; die Bäume gehen ausschließlich an Händler.[31]

Ein befragter Obsterzeuger im Kreis Vechta hatte in den neunziger Jahren mit Unterstützung seines Vaters den Weihnachtsbaumanbau als zweites Standbein aufgenommen. Zunächst bauten sie auf eine Empfehlung hin Korea-Tannen an. Nachdem sich diese als kaum verkäuflich erwiesen hatten, stellten sie den Anbau auf Nordmann-Tannen um.

In dem Betrieb standen die Bäume auf gut anderthalb Hektar. Sie wurden durchweg im Kleinverkauf direkt auf dem Hof abgesetzt: *Und dann (wurde) bei uns alles hier reingeholt, in die Hallen. Bei jedem Wetter, schön überdacht mit Glühweinstand* (55). Eine Reihe von Jahren lief das Geschäft ausgesprochen gut.

Nachdem sein Vater 2019 altersbedingt ausgeschieden war, sah sich der Sohn vor die Entscheidung gestellt, den Betriebszweig einzustellen oder ihn mit Unterstützung bezahlter Mitarbeiter auszubauen. Den Ausschlag für das Beenden des Anbaus gab schließlich das Gebaren großer Geschäftshäuser in der Umgebung. Sie boten importierte Christbäume zu Kampfpreisen an oder setzten sie als Lockmittel ein: Beim Möbelkauf bekam der Kunde einen Weihnachtsbaum als Dreingabe. Wer aber, sagt der Landwirt, bereits zusammen mit der neuen Waschmaschine einen Baum bekommen habe, kaufe sich nicht noch einen zweiten, auch wenn das Exemplar aus dem Möbelgeschäft nicht so schön sei (55).

Die Baumschulgärtnerin Katharina Böhmann im Cloppenburger Nordkreis, die zusammen mit ihrem Vater jahrzehntelang in kleinerem Umfang Weihnachtsbäume erzeugt und verkauft hatte, hat derzeit noch einige Bäume stehen. Sie verkauft sie in der näheren Umgebung, aber in wirtschaftlicher Hinsicht ist das nach ihrer Aussage nicht von Bedeutung. Einen letzten Anstoß, diese Sparte nicht weiter zu betreiben, gaben die Dürrejahre 2018 und 2019, in denen die Neuanpflanzungen großenteils eingingen.

---

30 Über den Verkauf auf Höfen im Kreis Vechta, bei Albers, Hogenbögen (Gem. Visbek), Meyer, Ellenstedt (Gem. Goldenstedt), Schulte, Neuenkirchen-Vörden, und Niebur-Ossenbeck, Damme, im Coronajahr 2020 berichtet etwa BERG, Weihnachtsbäume (2020).
31 Vgl. Sigrid LÜNNEMANN: Acht Jahre bis zum Weihnachtsbaum. In: Emsteker Nachrichten [Hg. vom Handels- und Gewerbeverein Emstek e.V.], Nr. 262, 7.12.2023, S. 11.

Der Verkauf der Christbäume, stellt sie fest, sei sehr zeitaufwendig, weil es permanenter Anwesenheit wenigstens eines Familienangehörigen oder eines Mitarbeiters bedürfe, und hierzu fehlten in dem kleinen Betrieb letztlich die personellen Ressourcen. Hinzu kam die Lage des Betriebes. Weil die Baumschule weiter außerhalb liegt, hatte sie angeboten, die Bäume zu den Kunden auszufahren. Mit diesem Angebot ganz Friesoythe abzudecken, erwies sich aber als eine logistische Herausforderung.

Für Katharina Böhmann wäre es auch nicht lukrativ, Christbäume anderer Erzeuger zu weiterzuverkaufen. Anders als bei Pflanzen aus dem eigenen Betrieb wüsste sie bei den zugekauften auch nicht, welche Eigenschaften die Bäume mitbringen und mit welchen Mitteln sie behandelt worden sind. Überdies wäre der Weiterverkauf sehr knapp kalkuliert:

Wenn wir jetzt Weihnachtsbäume zukaufen würden und dann wieder in dem gleichen Stil verkauft hätten, so, wie wir es vorher getan haben: Man weiß nicht, was für eine Qualität man bekommt. Bei unseren eigenen konnte ich sagen, die sind nicht behandelt. Und… ob sie nadeln, nachher, das weiß man nie. Das kann immer sein. Aber man weiß dann ungefähr, was man dann für ein Produkt hat. Und wenn man dann 19 Euro schon für den Einkauf bezahlen muss und 30 Euro bekommt man wieder, dann muss man wirklich jede Pflanze verkaufen; da darf nichts übrigbleiben, und da hat man dann sehr viel Aufwand damit; das lohnt sich am Ende nicht, als Zusatzgeschäft.

Ihren Betrieb, der Christbäume in kleinem Stil erzeugt hat, stellt sie großen Produzenten gegenüber, die auf Dutzenden von Hektar arbeiten:

Da wird teilweise die ganze Fläche mit einem Mal gerodet und dann wieder angepflanzt. Und wir haben immer nur einmal angepflanzt und haben daraus verkauft, dann irgendwann nach ein paar Jahren wieder angepflanzt. So ein Baum steht zehn Jahre, bis der verkaufsfertig ist. … (Wenn man) das pro Jahr rechnet, dann lohnt sich das nicht.

Schon ihr Vater hatte den arbeits- und zeitintensiven Anbau von Weihnachtsbäumen für kleine Betriebe als eigentlich nicht mehr lohnend eingeschätzt.[32] Hinzu kam, dass die Kunden fast durchweg nach Nordmann-Tannen fragten, er selbst ihnen aber lieber Blaufichten verkauft hätte. Die Tochter kann den verbreiteten Kundenwunsch nach der Nordmann-Tanne zwar verstehen, doch setzt sie die Vorliebe für die Nordmann-Tanne mit einem Verlust auf anderer Ebene, der intensiven sinnlichen Wahrnehmung, in Beziehung: Für den Verkauf, sagt sie, sei es *natürlich nett mit den Nordmann-Tannen, weil die nicht so sticheln. Aber die Blaufichten duften viel intensiver… Dieser weihnachtliche Duft, den hat man mit Blaufichten viel mehr als mit Nordmann-Tannen. Nordmann-Tannen sind vom Geruch her fast steril.*

Anscheinend nehmen die Kunden diese Sterilität für einen von Nadeln freien Fußboden und für ein idealtypisches Erscheinungsbild des Baumes in Kauf: *Die Leute wol-*

---

32 Siehe auch Heinz Josef LAING: Steigende Preise und knappes Angebot. In: Nordwest-Zeitung, Ausg. Cloppenburg, 12.12.2009, S. 30.

len keinen Dreck mehr, die wollen keine Arbeit mehr; es soll schön aussehen, ohne dass man ... irgendwelche Nachteile davon hat. ... Sie sehen natürlich auch schöner aus, diese Nordmann-Tannen. Diese klassische Pyramide, die hat man dann mit der Nordmann-Tanne eher als mit der Blaufichte. Das ist einfach so.

Der in Höltinghausen ansässige Bioland-Baumschulgärtner Aloys Pöhler kann Weihnachtsbäumen nicht viel abgewinnen. Um 2000 hatte er, vor allem im Bekanntenkreis, aber auch unter einzelnen Kunden, einige Jahre lang eine Art *Weihnachtsbaum-Leasing gemacht, d. h. im Topf, und wer den haben will, konnte den mitnehmen und nach einer Woche wieder zurückbringen*. Mittlerweile ist er aber froh, wenn er um den Jahreswechsel für zwei, drei Wochen wirklich Ruhe hat.

Inzwischen, bemerkt er, gibt es auch eine verstärkte Nachfrage nach biologisch erzeugten Weihnachtsbäumen. Eine entsprechende Anfrage lehnte Pöhler jedoch schon wegen seines fehlenden persönlichen Interesses ab:

Fast alle Baumschulen machen das mit dem Weihnachtsbaumverkauf. Und es gibt auch tatsächlich diese Entwicklung. Bis vor ein paar Jahren gab es nur zwei, drei Betriebe, die biologisch Weihnachtsbäume anbauen. Das kommt jetzt immer mehr. Ich hatte gestern noch ein Telefonat mit einem Anbauberater, der auch danach fragte, ob wir nicht Interesse hätten, ... Jungpflanzen heranzuziehen, weil es keine Jungpflanzen im Bio-Bereich gibt, mehr oder minder. Und ich sag: „Das ist nicht mein Ding, da stehe ich sowieso nicht dahinter, das werde ich auch nie machen."

Vom ökologischen Denken her ist es denn auch eine ungewohnte Vorstellung, Bäume eigens zum kurzzeitigen Aufstellen in der Wohnung zu kultivieren, doch bauten 2020 in Niedersachsen immerhin 21 Erzeuger auf 37 Hektar Weihnachtsbäume nach den Richtlinien des ökologischen Landbaus an.[33] Der Unterschied zu den konventionell erzeugten Bäumen besteht in erster Linie im Verzicht auf chemisch-synthetische Dünger und Pflanzenschutzmittel.

Aloys Pöhler ist sich darüber im klaren, dass auch viele Käufer biologischer Erzeugnisse vom Weihnachtsbaum nicht lassen wollen. Der Wunsch nach einem vom Tannenbaum begleiteten Weihnachtsfest ist so tiefverwurzelt, dass ihm mit ökologischen Argumenten nicht beizukommen ist: *Weihnachten und Weihnachtsbaum*, das sei *so ein bisschen tabu oder eine Geschichte, die auch rational nicht zu erklären ist.*

Zu den bedeutenderen Weihnachtsbaumerzeugern im Kreis Cloppenburg gehört der in Bethen an der Bundesstraße nach Ahlhorn gelegene Hof Giese. Der Hof wird von Jan Giese und seinem Vater Josef Giese im Nebenerwerb geführt. Bereits um 1960 hatte der Großvater in einem kleinen Bereich des Hofes einige Fichten kultiviert und verkauft.

---

33 Landesamt für Statistik Niedersachsen: Landwirtschaftszählung (Agrarstrukturerhebung) in Niedersachsen. Ökologische landwirtschaftliche Betriebe mit LF und deren Fläche.

Abb. 75: Beschneiden des Stumpfes mit der Maschine (Abb. 75–80: Wild- und Tannenhof Giese, Bethen, Stadt Cloppenburg, Juni 2023).

Abb. 76: Beschneiden des Stumpfes (Detail).

Abb. 77: Formschnitt mit der Machete.

Abb. 78: Ein mittlerer Seitentrieb wird abgeknipst.

Abb. 79: Der Terminaltrieb wird mit der Top-Stopp-Zange bearbeitet.

Abb. 80: Ein Zweig wird als Terminaltrieb hochgebunden.

Josef Giese, im Hauptberuf Forstwirt, baute in den achtziger Jahren mit einer Damwild-Herde und dem Anbau von Weihnachtsbäumen zwei forstnahe Betriebszweige auf.

Jan Giese führt den Betrieb mit Unterstützung seines Vaters weiter. Obgleich studierter Maschinenbauingenieur, hat er 2023 an der Abendschule eine zusätzliche Ausbildung zum Landwirt abgeschlossen, weil dies ihm in mancher Hinsicht die Führung des Betriebes erleichtert. Von Montag bis Mittwoch arbeitet Jan Giese in seinem Ingenieursberuf und von Donnerstag bis Sonnabend auf dem Hof.

Vater und Sohn Giese sehen eine Stärke der kleineren Betriebe in der von ihnen erzeugten Qualität. Die Arbeit, betonen sie, ist eine andere als auf einer sehr großen, mit höherem Maschineneinsatz und mit Hilfe von Saisonarbeitskräften bearbeiteten Fläche.

Auf ihrem Hof kultivieren die Gieses ausschließlich Nordmann-Tannen. Sie kaufen die drei bis vier Jahre alten Jungpflanzen meist wurzelnackt, d. h. ohne Erde bzw. ohne Ballen, und pflanzen sie mit einer Maschine oder von Hand ein. Im Handel gibt es auch in Torfballen gezogene Jungpflanzen (Jiffy-Pflanzen), die sich samt dem Torfballen mit einem Pflanzrohr verhältnismäßig einfach einsetzen lassen, im Bezug aber teurer sind. In der Giese'schen Anlage stehen die Bäume acht bis neun Jahre, insgesamt kommen sie meist auf ein Alter von elf bis zwölf Jahren.

Bei der Pflege der Kulturen arbeiten Vater und Sohn ohne familienfremde Kräfte; nur in der Verkaufssaison vor Weihnachten engagieren sie Helfer aus dem Dorf.

Wie gestalten sich die Arbeiten im Jahreslauf? – Zu den typischen Arbeiten zu Beginn des Jahres gehört die Korrektur von Fehlstellungen bei Jungpflanzen, die im vorangegangenen Herbst mit Hilfe der Pflanzmaschine eingesetzt worden sind. Derartige Fehlstellungen entstehen dadurch, dass die Pflanzmaschine, die mit ihren zwei Andruckrädern den Boden rechts und links etwas festdrückt, bisweilen die Pflanze etwas mitnimmt, *und dann steht sie schief.*

Mehr Arbeit verlangt der Formschnitt im dritten oder vierten Standjahr der Bäume, nachdem im Mai die Knospen ausgetrieben sind. Für einen Hektar rechnet man etwa achtzig Arbeitsstunden. In welchem Standjahr geschnitten wird, richtet sich auch nach der Sorte der Bäume. Gefragt ist immer ein schmaler Baum. Seine Form kann man vor allem durch die Auswahl der zu kappenden Triebe beeinflussen:

Und dann hat man die Möglichkeit: Nimmt man von jedem Ast nur den Trieb, der nicht nur zur Seite geht? In der Regel wachsen zwei Triebe zur Seite, einer nach unten, und einer treibt weiter heraus. Diesen kann man ganz abschneiden und nur den zentralen Außentrieb nehmen, um den Baum *nicht ganz so breit werden zu lassen, aber trotzdem fülliger zu machen.* Hier habe jeder seine eigenen Anschauungen.

Die Spitze des Baumes darf nicht zu lang werden, da sich ein Baum mit sehr langer Spitze nicht gut verkaufen lässt: *Wenn da oben noch so ein halber Meter gar nichts ist, sieht das nicht gut aus.*

Um das Wachstum zu begrenzen, benutzt Jan Giese Top-Stopp-Zangen, die mit mehreren Messern leicht in die Rinde einschneiden, so dass der Saftstrom unterbrochen und das weitere Wachstum des Triebes verringert wird. *Das ist auch viel Arbeit. Da macht man teilweise drei Durchgänge, weil man das zum richtigen Zeitpunkt machen muss.*

Ergänzend zum Grundschnitt wird der Stumpf beschnitten: *Das ist auch gut für die Kultur, das belüftet die Kultur von unten. Wenn sie viel im Schatten und lange feucht stehen, kann es zu Pilzerkrankungen kommen.*

Diese Arbeit lässt sich verhältnismäßig gut mit Maschinenhilfe erledigen: *Da hat man ein 15 Zentimeter breites rotierendes Messer an der Maschine und fährt einmal unten um den Wurzelanlauf. Damit erhält man einen verkaufsfertigen Stumpf, der nicht noch zur Ernte aufwendig beschnitten werden muss.*

Beim Formschnitt ist ebenfalls der Maschineneinsatz möglich, aber gerade bei kleineren Anlagen wird diese Arbeit oft manuell ausgeführt:

Man kann das auch händisch machen, auch mit einer Heckenschere oder mit einer Machete. Dann hat man ein bisschen mehr Gefühl: Wo muss mehr weg, wo muss weniger weg? Das ist die meiste Arbeit, bringt aber auch das beste Ergebnis. Wenn der Kunde die Schnittmaßnahmen nicht sieht, ist alles richtig gewesen.

In den vergangenen Jahren haben die Gieses in eine Frostschutzberegnungsanlage investiert, denn ebenso wie beim Obstbau kann gegen Spätfröste im Frühjahr beregnet werden, damit die Knospen nicht erfrieren. *Bis minus vier, fünf Grad funktioniert das.*

Und ähnlich, wie es bei Äpfeln nötig geworden ist, könnten die Junganpflanzungen in trockenen Sommern gegen Austrocknung beregnet werden: *Die haben noch nicht die Wurzelmasse und die Wurzeltiefe.* Ab dem dritten, vierten Standjahr reichen die Wurzeln in der Regel so tief, dass die Pflanzen von selbst durchkommen: *Natürlich haben die auch Trockenstress, aber die überleben das.*

Die Ernte- und Verkaufssaison beginnt Mitte November. Um die Bäume in größerer Zahl versandfertig zu machen, arbeiten die Gieses mit einer Palettiermaschine: *Innerhalb von zwanzig Minuten, halbe Stunde ist ein Vierzigtonner voll. Und das wollen die Kunden auch. Das muss alles schnell gehen.*

Der Kreis der Kunden reicht von der Nordsee bis zum Ruhrgebiet. Auf nur einzelne große Abnehmer beschränkt man sich aber lieber nicht: *Wir haben auch viele kleine Kunden, die mal 50 Bäume, 100 Bäume, 150 Bäume nehmen.* Dies empfiehlt sich schon der Risikostreuung wegen, denn wenn man nur einen Großkunden hätte und der spränge ab, könnte es zu plötzlichen Absatzproblemen kommen.

Für den Einzelverkauf werden die Bäume in der Diele des Hallenhauses grundsätzlich nicht an Stellagen oder an die Wand gelehnt, sondern einzeln auf Ständer gesetzt, so dass die Kunden sie sie von allen Seiten besehen können. Diese Art der Präsentation ist zwar aufwendig, aber sie vereinfacht den Verkauf: *Es gibt ja verschiedene Kunden. Der eine sagt: „Nö, nö, ich hab Handschuhe mit; ich meld mich, wenn ich was hab." Der andere sagt: „Ja, können Sie mir mal was zeigen?"*

Wenn alle Bäume an die Wand gelehnt stehen, muss der Verkäufer jeden einzeln herausnehmen, um sie vorzuzeigen, und der dafür nötige Aufwand wird umso größer, je unentschiedener die Kunden bei der Wahl sind. Bei der Einzelaufstellung besichtigt der Großteil der Kunden dagegen selbständig das Angebot.

Auf der Diele bekommen die Kunden außerdem Gelegenheit, sich hinzusetzen, mit anderen Kunden ins Gespräch zu kommen und sich bei einem Becher Glühwein aufzuwärmen. Um derartige gesellige Momente ergänzen auch andere Anbieter den Direktverkauf.[34]

Um 2017 richtete Familie Giese überdies einen Bereich ein, in dem Kunden, wenn sie es wünschen, ihren Weihnachtsbaum selbst fällen können. Auf der Anlage steht ein Mitarbeiter, der die Kunden einweist und mit dem nötigen Werkzeug versieht: *Die Sägen hängen zum Mitnehmen bereit, und die Kunden können die Bäume selbst abschneiden. Vor allen Dingen Familien mit Kindern wollen das gerne.*

Seit einigen Jahren bieten fast alle Christbaumerzeuger, sofern sie direkt vermarkten, ihrer Kundschaft die Möglichkeit, die Bäume selbst zu fällen.[35] Dies geht anscheinend auf amerikanische Vorbilder zurück. In den USA wurden zu Beginn des 21. Jahrhunderts bis zu einem Fünftel der gekauften Weihnachtsbäume von den Kunden selbst gefällt.[36] Ähnlich wie bei der Selbstpflücke, etwa von Heidelbeeren (*pick your own*),[37] ist das Selberfällen von Weihnachtsbäumen (*pick* bzw. *cut your own Christmas tree*) für die Betreiber der Christbaumplantagen eine personalsparende Einrichtung, und bereits beim Aufschwung der großflächigen Christbaumerzeugung nach dem Zweiten Weltkrieg gehörte es zu den üblichen Verkaufsformen. Im Grunde ist diese Art des Baumverkaufs in Nordamerika ein Überbleibsel aus der Zeit, in der es üblich war, sich mit Tannenbäumen aus der Natur selbst zu versorgen. Und neben dem einfachen Kauf oder dem Selberfällen auf Weihnachtsbaum-Farmen gibt es in den USA nach wie vor auch die Möglichkeit, die Bäume direkt aus den Wäldern zu beziehen. Die Forstbehörden weisen

---

[34] Siehe weiter oben in diesem Abschnitt; siehe auch Neele KÖRNER: Wissenswertes rund um den Christbaum. In: Nordwest-Zeitung, Ausg. Cloppenburg, 13.12.2019, S. 39, die bemerkt, dass auf dem Hof von Garrel in Friesoythe am Adventswochenende Glühwein und Gebäck zum Baumverkauf angeboten wurde.

[35] Hinweise auf der Seite des Verbandes der Weihnachtsbaum- und Schnittgrünerzeuger in Niedersachsen, Hamburg und Bremen e.V., https://www.der-norddeutsche.de/mitglieder/ (22.2.2023). Eine bundesweite Übersichtskarte enthält https://www.proplanta.de/Maps/Tannenbaum+selber+schlagen-karten.html (22.3.2023).

[36] 22 Prozent nennt University of Illinois Extension: Christmas Trees & More, https://web.archive.org/web/20080516054254/http://www.urbanext.uiuc.edu/trees/treefacts.html (28.2.2023). Dies bezieht sich auf die natürlichen Bäume, die 2002 in 21 Prozent der amerikanischen Haushalte standen. Den Großteil machten mit 48 Prozent künstliche Bäume aus (ebd.). Geringere Anteile selbstgefällter Bäume nennt University of Illinois Extension, https://web.extension.illinois.edu/trees/facts.cfm (27.2.2023): „In 2012, 85% of the Christmas trees purchased were pre-cut, and 14% were cut-your-own."

[37] Hierzu siehe unten Kap. 5.

Gebiete, in denen Tannen gefällt werden dürfen, aus, um die Beschaffung zu kanalisieren und den Großteil der Wälder zu schonen.[38]

Anders als in Nordamerika ist das Angebot zum Selberfällen in Mitteleuropa in der Regel keine primäre, sondern eine sekundäre, nachträglich geschaffene Einrichtung, die romantischen Vorstellungen entgegenkommt. Dabei wird die Weihnachtsbaum-Plantage zu einem Illusionsraum, und hierauf deutet schon die Wortwahl hin. So heißt es bei entsprechenden Angeboten, dass man den Baum selbst *schlagen* könne, obgleich die Kunden ihn in aller Regel mit Hilfe einer Säge niederstrecken.[39] *Schlagen* unterstreicht das eigene brachiale Tun und den damit verbundenen Kraftaufwand. Der Kunde beschränkt nicht darauf, den Baum auszusuchen und zu bezahlen, vielmehr bezwingt er ihn, wenn schon nicht in der Wildnis, so doch wenigstens im Freien. Und für die Weihnachtsbaumerzeuger bedeutet dies, dass sie ihrer Kundschaft derartige Wege zum kleinen Abenteuer eröffnen müssen, wenn sie im Direktverkauf keine Marktanteile verlieren wollen.

---

38 Karte mit ausgewiesenen Flächen zum erlaubten Fällen der Weihnachtsbäume in https://www.nationalgeographic.com/environment/article/these-national-forests-let-you-cut-your-own-christmas-tree (27.2.2023).
39 Vgl. z. B. BERG, Weihnachtsbäume (2020), über einen Betrieb in der Gemeinde Visbek: „Weiterhin sei es möglich, die Bäume direkt in der Kultur auszusuchen und selbst zu schlagen, erklärt Stephan Albers. Dafür würden Handsägen zur Verfügung gestellt."

6. Heil- und Genussmittelpflanzen

Tabak

Ein landwirtschaftliches Erzeugnis, das sich heute nicht mehr ungeteilten Zuspruchs erfreut, ist der Tabak.[1] Tabak wird in Deutschland seit dem 17. Jahrhundert angebaut, zunächst im Südwesten, d. h. in der Rheinpfalz, in Baden, im Elsass und in Hessen; diese Region sollte für mehr als drei Jahrhunderte den Schwerpunkt des mitteleuropäischen Tabakbaus bilden.

In den 1820er Jahren zeigte sich auch die oldenburgische Regierung am Anbau interessiert.[2] Unterstützung und Anleitung hierzu gaben in Südoldenburg die Amtmänner in Löningen, Friesoythe und Lohne (Burg Hopen). Auch einige Geistliche, die sich für den Obst- und Gemüsebau einsetzten, wie Pastor Heinrich Dyckhoff in Cappeln, Kaplan Johann Theodor Frilling in Dinklage und Dechant Arnold Joseph Gieseke in Neuenkirchen,[3] begegnen als Fürsprecher des Tabakbaus. Ihre Unterstützung führte zwar nicht dazu, dass er sich zu einer bedeutenden landwirtschaftlichen Sparte entwickelte, doch entstand zu jener Zeit im Gebiet der Städte Lohne und Vechta ein verarbeitendes Gewerbe. So wurde Tabak ab 1808 in Lohne zu Pfeifen-, Schnupf- und Kautabak verarbeitet, und 1845 entstand dort eine Zigarrenfabrik mit zeitweise 300 Beschäftigten.[4] Bis nach dem Zweiten Weltkrieg wurden in Lohne Zigarren gedreht.

Vom Tabakbau durch Geistliche hört man erst wieder im 20. Jahrhundert: Als der Priester und Gymnasiallehrer Johannes Göken 1938 von den Nationalsozialisten aus dem Schuldienst entfernt worden war, wurde er vom bischöflichen Offizialat als Kaplan nach Hemmelte versetzt und fand dort, bis er 1949 als Oberstudienrat nach Lingen ging, die nötige Muße, um im Garten Tabakpflanzen zu ziehen (Abb. 81).[5] In jenen Jahren, vor allem nach dem Zweiten Weltkrieg, versuchten sich auch zahlreiche andere Privatleute in der Kultur des Tabaks. Dieser eignete sich sowohl für den Eigenverbrauch als auch für den Tauschhandel. Geraucht wurde er, wie ein befragter Zeitzeuge mitteilt, vor allem in der Pfeife.

Als landwirtschaftliche Nebenkultur gewann das Nachtschattengewächs nach dem Zweiten Weltkrieg erstmals an tatsächlicher Bedeutung in Südoldenburg. Den Anstoß gaben Zigarettenfirmen, die sich nach Rohtabaken umsahen und den Anbau von Vir-

---

1 Eine umfassende Darstellung zu Geschichte und Kultur der Pflanze geben SEIBERT/HECHLER, Tabakbau (1976).
2 Folgendes nach R., Tabakbau (1932), dort allerdings ohne Quellenangaben. Ich danke Prof. Dr. Christine Aka für den Hinweis auf den Artikel.
3 Siehe oben Kap. 2 und 4.
4 Industrie-Museum Lohne (o. J.), S. 8.
5 Vgl. KUROPKA, Johannes Göken (2006), S. 300.

ginia-Tabak, zum Teil auch den Bau von Heißlufttrockenschuppen finanziell förderten.⁶ Weil sich im westlichen Niedersachsen vor allem mittelgroße und große landwirtschaftliche Betriebe des Tabakbaus annahmen, waren hier die Durchschnittsflächen von Anfang an größer als in den südwestdeutschen Hauptanbaugebieten.⁷

Tabakbau konnte in den frühen Jahren der Bundesrepublik auch deshalb lukrativ sein, weil südwestdeutsche Zigarettenhersteller wie die Badische Tabakmanufaktur Roth-Händle AG in Lahr/Schwarzwald durch die Beimischung deutschen Tabaks steuerliche Vorteile genossen.⁸

Der Landwirt Jürgen Quatmann in Elsten (Gemeinde Cappeln) erinnert sich, dass er 1949 als Zwölfjähriger zusammen mit seinem Vater Carl Quatmann und zwei anderen Elstener Landwirten zur Besichtigung eines anbauenden Betriebes nach Wildeshausen fuhr. Dort hatte Heinrich Müller-Bargloy *gleich nach der Währung* die Tabakkultur aufgenommen.

Abb. 81: Dr. Johannes Göken (1898–1969) auf seiner „Tabakplantage" in Hemmelte. Bildvorlage: Heinz Hackmann, Hemmelte, nach KUROPKA, Johannes Göken (2006), S. 300.

Auf dem eigenen Hof begann Carl Quatmann ebenso wie eine Reihe weiterer Landwirte in der Gemeinde Cappeln⁹ alsbald ebenfalls Tabak zu pflanzen. Weil es Ende der fünfziger Jahre immer schwieriger wurde, genügend Arbeitskräfte zu finden, gab er die Kultur 1959 auf – für ihn gerade zum rechten Zeitpunkt, denn 1960 vernichtete der Blauschimmel fast die gesamte deutsche Tabakernte.¹⁰

Auch in anderen Teilen des Oldenburger Münsterlandes kultivierten Landwirte in jener Zeit Tabak. So erinnert sich ein Landwirt in der Gemeinde Goldenstedt, dass sein Onkel, der mit auf dem Hof lebte, bis um die Mitte der sechziger Jahre hauptsächlich mit dem Tabakbau beschäftigt war (14). In Bösel baute ein Landwirt auf fünf Hektar Tabak

---

6   Vgl. SEIBERT/HECHLER, Tabakbau (1976), S. 250.
7   Vgl. ebd., S. 275f.
8   Siehe auch: Die großen Vier. In: Der Spiegel, Nr. 19, 3.5.1960, https://www.spiegel.de/politik/die-grossen-vier-a-aaa202a9-0002-0001-0000-000043065604 (16.5.2022).
9   Siehe BÜSSING u. a., Chronik (2000), S. 56; HACHMÖLLER, Sevelter Bauernhöfe (2014), S. 298.
10 Vgl. SEIBERT/HECHLER, Tabakbau (1976), S. 163.

an.[11] Und über einen vergleichsweise langen Zeitraum, von 1947 bis 1977, kultivierten ein Landwirt und später sein Sohn in Hagstedt (Gemeinde Visbek) die Pflanze auf Flächen von fünf bis neun Hektar.[12]

Der Niedergang des Tabakbaus setzte in Südoldenburg wie in der ganzen Bundesrepublik zu Beginn der sechziger Jahre ein,[13] obgleich der bundesdeutsche Zigarettenkonsum bis um 1970 exponentiell anstieg. Den Anstoß für den Rückgang des Anbaus dürfte die Blauschimmelkrankheit gegeben haben, doch auf längere Sicht wurde es für die Erzeuger immer schwieriger, Helfer für die arbeitsintensive Kultur zu bekommen[14] und gegen die Konkurrenz ausländischer Tabake zu bestehen.

Heute gedeihen Tabakpflanzen innerhalb Südoldenburgs noch auf einem Betrieb in der Gemeinde Visbek.[15] Nennenswerten Anbau im näheren Umkreis des gibt es gegenwärtig in Drentwede (Kr. Diepholz), wo der Tabak seit 2016 auf zwanzig Hektar kultiviert wird. Die geernteten Blätter gehen überwiegend ins Ausland und werden zum Gebrauch in Wasserpfeifen verarbeitet.[16]

Die nachstehende Beschreibung der Arbeiten beim Tabakbau folgt den im Interview mitgeteilten Erinnerungen des Landwirts Jürgen Quatmann in Elsten, dessen Vater Carl Quatmann ein Jahrzehnt lang Tabak anbaute. Eine weitere wichtige Stütze der Darstellung ist ein 2006 erschienener Aufsatz von Mechthild Quatmann, die eine Reihe von Personen, die mit dem Tabakanbau befasst waren, befragt und auch einschlägiges Bildmaterial zusammengetragen hat.[17]

Der wichtigste Abnehmer des in Elsten angebauten Tabaks war die Brinkmann GmbH in Bremen, damals einer der größten bundesdeutschen Zigarettenhersteller (Abb. 82).[18] Um 1948 hatte die Brinkmann GmbH mit Unterstützung der Landwirtschaftskammer Weser-Ems begonnen, Landwirte als Tabakanbauer zu gewinnen.[19] Später gründeten Carl Quatmann und andere Erzeuger eine Genossenschaft, die hauptsächlich an eine süddeutsche Zigarettenfabrik und zur Verarbeitung zu Pfeifentabak verkaufte.

---

11 Martin Pille: „Anno Tobak" wuchs Tabak auch in Bösel. In: Münsterländische Tageszeitung, 22.6.2020, https://www.om-online.de/wirtschaft/anno-tobak-wuchs-tabak-auch-in-bosel-43405 (30.6.2020).
12 Aka u. a., Hagstedt (2017), Bd. 1, S. 333.
13 Vgl. Seibert/Hechler, Tabakbau (1976), S. 58 Tab. VI.
14 Zu den im Tabakanbau beschäftigten Saisonarbeitskräften siehe unten Kap. 7.
15 Bereits um 1990 war es nur noch ein Betrieb; vgl. Cao, Sonderkulturanbau (1993), S. 53.
16 Gerhard Scheland: Rauchstoff für Shishas aus dem Landkreis Diepholz. Tabak „made in Schmolte". In: Mediengruppe Kreiszeitung, 16.9.2019, https://www.kreiszeitung.de/lokales/diepholz/barnstorf-ort49824/rauchstoff-shishas-tabak-made-schmolte-13008071.html (28.1.2024).
17 Quatmann, Tabak-Anbau (2006).
18 1960 stand die Firma mit einem Marktanteil von 8,5 Prozent nach Reemtsma und British American Tobacco an dritter Stelle; siehe Die großen Vier. In: Der Spiegel, Nr. 19, 3.5.1960, https://www.spiegel.de/politik/die-grossen-vier-a-aaa202a9-0002-0001-0000-000043065604 (16.5.2022). Die Firma wurde 2021 aufgelöst.
19 Vgl. Quatmann, Tabak-Anbau (2006), S. 6.

Abb. 82: Ein Zeugnis der einstigen Stellung der Firma Brinkmann: Mosaik in der Halle des Bremer Hauptbahnhofs, mittlerer Teil eines 1957 entstandenen Triptychons.

Über den Abnehmer ergab sich auch die Wahl der Sorte. Im deutschen Anbau setzte sich das Spektrum aus den Sortengruppen Virginia, Burley und Geudertheimer zusammen. In Niedersachsen lieferte die Firma Brinkmann den Erzeugern kostenlos das Saatgut für den von ihr benötigten Virginia-Tabak.[20] Besonders gut gedeiht der helle Virginia-Tabak auf leichten, sandigen Böden.[21] Der Boden, sagt Jürgen Quatmann, *darf eigentlich nicht zu gut sein.* Den besten Tabak habe damals ein Kollege in Garthe (Gemeinde Emstek) gehabt. *Die hatten durchlässigen Boden.*

Zu vermeiden war auch die Überdüngung mit Stickstoff;[22] sie führte nicht zuletzt zu Fehlfarben. Die Tabakblätter mussten *schön goldgelb sein*. Wenn die Pflanze zu viel Stickstoff aufgenommen hatte, wurden die Blätter braun; die Preisabschläge lagen bei 100 Mark je Doppelzentner. Der beste Tabak brachte pro Doppelzentner etwa 300 Mark.

Weil Carl Quatmann mit sieben Hektar den Tabak in verhältnismäßig großem Umfang anbaute, tauschte er gelegentlich Flächen mit einem Nachbarn, um eine gute Fruchtfolge zu erreichen.

In den ersten Jahren seines Tabakbaus ließ Quatmann die Jungpflanzen von einer Gärtnerei in Oythe (Stadt Vechta) ziehen. Später ging er wie die meisten Anbauer dazu über, den Tabak selbst auszusäen. Einige andere Landwirte bezogen die Jungpflanzen dagegen weiterhin aus Oythe und von einem Gärtnereibetrieb in Emstek.[23]

---

20 Zum Folgenden siehe auch ebd., S. 8.
21 Zu den Ansprüchen des Tabaks an die Böden s. auch SEIBERT/HECHLER, Tabakbau (1976), S. 109–113.
22 Vgl. auch SEIBERT/HECHLER, Tabakbau (1976), S. 139: „Zur Vollständigkeit sei darauf hingewiesen, dass zum Beispiel Jauche, Gülle und Schafpferch [der Mist der eingepferchten Schafe, T.S.] im Tabakbau niemals Verwendung finden dürfen."
23 Vgl. QUATMANN, Tabak-Anbau (2006), S. 8.

6. Heil- und Genussmittelpflanzen

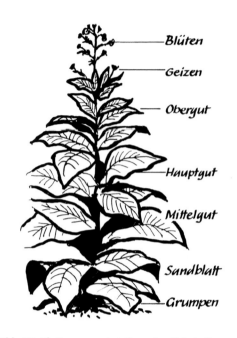

Abb. 83: Blattgruppeneinteilung der Tabakpflanze, aus SEIBERT/HECHLER, Tabakbau (1976), S. 85.

Zur Anzucht bereitete man im März ein Beet, das mit Glas abgedeckt wurde, mit humusreicher Erde und Pferdemist vor. Die Tabaksaat wurde mit Wasser angerührt und mit einer Gießkanne verteilt,[24] denn die Saatkörner sind überaus leicht – 10 000 bis 14 000 Körner wiegen ein Gramm[25] – und lassen sich bei der Aussaat sonst kaum voneinander lösen.

Nach einigen Wochen wurden die Pflanzen in Töpfe gesetzt. Das Pikieren, d. h. das Vereinzeln und Neuverpflanzen, war eine intensive, viel Fingerspitzengefühl erfordernde Arbeit, die von Frauen aus der näheren Umgebung erledigt wurde.[26] Diese Arbeit war speziell beim Anbau der Virginia-Tabake in Nordwestdeutschland üblich.[27]

In das Feld gepflanzt wurden die inzwischen zu einer Größe von zehn bis 15 Zentimeter herangewachsenen Setzlinge nach den Eisheiligen ab Mitte Mai, wenn die Wahrscheinlichkeit der Nachtfröste deutlich geringer war. Die Helferinnen pflanzten die Setzlinge mit der Hand in Löcher, die mit Hilfe einer Kartoffellegemaschine in regelmäßigen Abständen gesetzt worden waren. Auch das Unkraut hackten die Helferinnen mit der Hand. Eine andere Arbeit war das Herausbrechen der Blüten und der Geizen genannten Seitentriebe, damit diese das Wachstum der Blätter nicht beeinträchtigten oder sie beschädigten.[28]

Geerntet werden konnte zwei Monate später, ab Mitte Juli. Das Pflücken verteilte sich, entsprechend dem von unten nach oben fortschreitenden Wachstum und der Reife der Blätter[29] (Abb. 83) auf mehrere, in Abständen von etwa zwei Wochen beginnende Durchläufe. Dabei arbeitete man mit den untersten Blättern anfangend weiter nach

---

24 Vgl. ebd.
25 Vgl. SEIBERT/HECHLER, Tabakbau (1976), S. 69, 86 und 143, die ebenfalls das Ausbringen mit der Gießkanne beschreiben (S. 143 und Abb. auf S. 151).
26 Vgl. QUATMANN, Tabak-Anbau (2006), S. 8.
27 Vgl. SEIBERT/HECHLER, Tabakbau (1976), S. 145: „In den süddeutschen Tabakanbaugebieten wird weder pikiert noch getopft. In norddeutschen Anbauorten ist bei der Sorte Virgin das Topfen üblich."
28 Vgl. QUATMANN, Tabak-Anbau (2006), S. 8.
29 Siehe auch SEIBERT/HECHLER, Tabakbau (1976), S. 190f.

oben: *Jedes Mal war das ein Durchgang. … Das erste Mal die Grumpen, dann kam das Sandblatt, das war eigentlich das wertvollste. Dann kam das Mittelgut, Hauptgut, und das wurde auch langsam entsprechend reif.* Um Mitte September wurden mit dem Obergut die obersten und kleinsten Blätter der bis zu drei Meter hoch wachsenden Pflanze gepflückt.

Die Ernte – auf einem Hektar wachsen rund 500 000 erntefähige Blätter[30] – war eine mühsame Arbeit, die in der Sommerhitze und oft bei Nässe und bei den unteren Blättern in permanent gebückter Haltung ausgeführt werden musste. *Jede Frau [hat] lange noch einen Gummianzug liegen gehabt.*

Auf den Feldern war alle zwanzig Reihen eine mit einem Wagen befahrbare Gasse freigehalten. Wenn die Helferinnen in einer Reihe zehn bis fünfzehn Blätter gepflückt hatten, reichten sie die Blätter durch die Reihen zum Fahrweg, wo der Tabak in eine Kiste gelegt und zum Hof gefahren wurde.[31]

Nach der Ernte wurden die Blätter getrocknet. Eine verhältnismäßig einfache Variante bestand darin, die Blätter in Tabakscheunen an der durchziehenden Luft trocknen zu lassen, wie es in den südwestdeutschen Anbaugebieten üblich war. Für Virginia-Tabake gilt jedoch die schnellere künstliche Trocknung bei höherer Temperatur als geeigneter;[32] überdies war in Südoldenburg das Klima für die Lufttrocknung zu feucht; daher gab zumindest ein Landwirt in der Gemeinde Cappeln den Tabakbau bald wieder auf. Einige andere versuchten weiterhin ohne Heizung auszukommen. So ließen einige Landwirte die aufgefädelten Blätter in mit Wellblech abgedeckten Stellagen durch Sonnenwärme und Wind trocknen.[33]

Aufwendiger, aber effektiver war das Trocknen in einem beheizten Trockenschuppen. Um die Kosten geringer zu halten, taten sich zuweilen mehrere Landwirte zusammen. So bauten in Sevelten (Gemeinde Cappeln) zwei Landwirte an der Grenze ihrer Grundstücke ihre beiden Tabakschuppen direkt aneinander; in der Mitte des doppelten Bauwerks unterhielten sie gemeinsam einen Ofen. Einige andere Erzeuger ließen ihren Tabak gegen Entgelt bei Kollegen trocknen. Carl Quatmann baute 1949 zusammen mit den beiden Kollegen, mit denen er den Tabakbau in Wildeshausen besichtigt hatte, einen Trockenschuppen. Bereits ein Jahr darauf errichtete er jedoch einen eigenen Schuppen, den er später noch erweiterte (Abb. 85).

Zum Trocknen wurden die Blätter an ihren Stielen, jeweils zu dritt, an Stäben zusammengeknüpft, damit sie, in sechs Lagen übereinander, im Tabakschuppen aufgehängt werden konnten. Um die Stangen nach oben zu reichen und einzuhängen, waren sechs Personen nötig.[34]

---

30 Siehe ebd., S. 189 und 196f.
31 Vgl. Quatmann, Tabak-Anbau (2006), S. 8.
32 Vgl. Seibert/Hechler, Tabakbau (1976), S. 73, 200f. und 215–217.
33 Vgl. Quatmann, Tabak-Anbau (2006), S. 8.
34 Vgl. ebd., S. 9.

6. Heil- und Genussmittelpflanzen

Abb. 84: Zur Trocknung bereitete Tabakblätter, im Hintergrund der gemauerte Trockenschuppen. Hof Borchers, Elsten (Gem. Cappeln), 1950er Jahre.

Abb. 85: Der wohl letzte erhaltene Trockenschuppen Südoldenburgs. Massivbau aus Turm und Giebelhaus, Nordseite mit durchgehendem Schleppdach. Nach dem Ende des Tabakbaus diente der Schuppen zur Trocknung und Lagerung von Getreide. Elsten (Gem. Cappeln), September 2023.

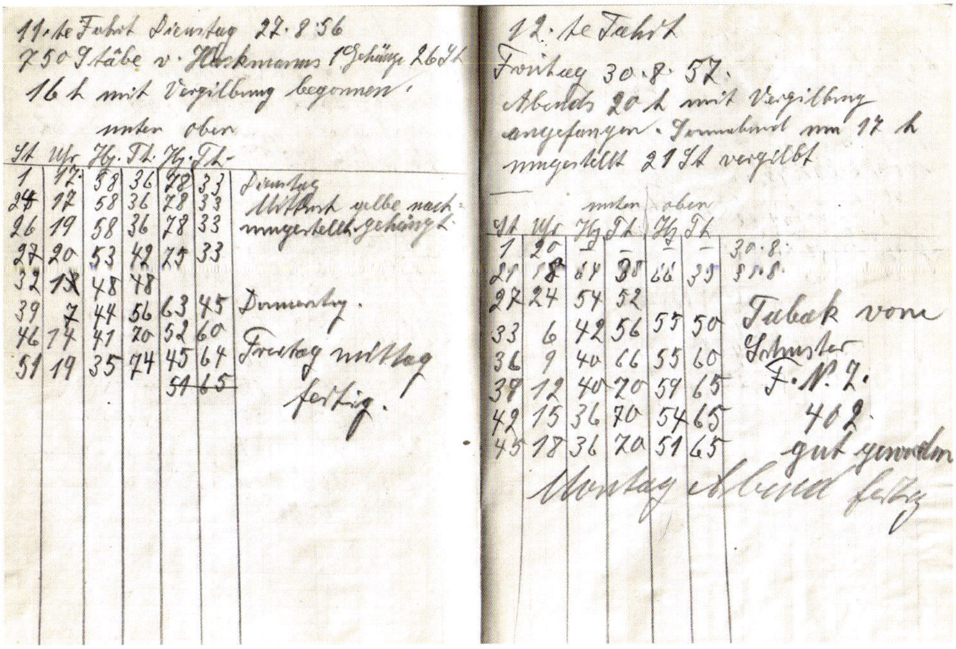

Abb. 86: Aus dem Notizbuch von Carl Quatmann, Elsten (Gem. Cappeln), 1956 und 1957.

Im Trockenschuppen mussten die Blätter erst einen Tag lang bei 30 bis 40 Grad vergilben. Wenn sie die gewünschte gelbe Farbe angenommen hatten, wurde die Temperatur auf 70 bis 80 Grad erhöht. Geheizt wurde der Ofen auf dem Hof Quatmann mit Presstorf. Carl Quatmann behielt das Trocknen auch über Nacht im Blick, und er führte Buch über Trocknungsdauer und Temperaturen (Abb. 86). Nach dem Trocknen wurden die Fenster und Türen des Schuppens geöffnet, so dass die Blätter abkühlen und etwas Feuchtigkeit aufnehmen konnten, sonst wären sie beim Herausnehmen zerbrochen.

Der letzte größere Arbeitsgang für die beschäftigten Frauen bestand im Sortieren und Bündeln der Blätter (Abb. 87). Je nach dem Grad der Bräune (der Dunkelheit) wurde in bis zu sieben Gruppen, später in drei Gruppen sortiert. Einmal in der Woche wurde der Tabak abgeholt. Bei der Abnahme des Tabaks durch den Handel oder durch die verarbeitenden Firmen waren stets auch ein oder zwei Zollbeamte zugegen, damit der Fiskus die Kontrolle über den Verbleib des Tabaks behielt.

6. Heil- und Genussmittelpflanzen

Abb. 87: Tabak bündeln in Hagstedt (Gem. Visbek), 1970er Jahre, nach AKA u. a., Hagstedt No 1 (2017), S. 341.

Abb. 88: Der Tabakbau gehörte dazu: Erntedankfest in Cappeln, 1950er Jahre.

Abb. 89: Luftaufnahme des Hofes Grote in Beverbruch (Gem. Garrel), Mai 2023. Die rote Färbung verdanken die Felder dem angebauten Klatschmohn.

Heil- und Gewürzpflanzen

Ein im Oldenburger Münsterland singuläres Anbauspektrum bearbeitet der Landwirt Klaus Grote in Garrel. Der Schwerpunkt liegt hier auf Heil- und Gewürzpflanzen sowie auf Natursaaten. Im eigenen Anbau hat Grote 17 verschiedene Kulturen auf jeweils durchschnittlich drei Hektar. In einzelnen Fällen schließt Grote auch Anbauverträge mit Abnehmern, für die er im Anschluss an den Anbau die Saat aufbereitet. Daneben ist er *ganz normaler Dienstleister* für andere Erzeuger, d. h. er übernimmt die Aufbereitung, in erster Linie das Sichten, Sortieren und Verpacken von Saatgut.[35] Hier erstreckt sich das Spektrum auf gut vierzig Saaten, darunter Arzneipflanzen, Natursaaten wie Klatschmohn und Kornblume; Gemüsepflanzen wie verschiedene Sorten Linsen und Bohnen; Ölpflanzen wie Öllein und Raps; Hafer, Pseudogetreide wie Quinoa und Buchweizen, Gewürzpflanzen, Wiesenpflanzen wie Rotklee sowie Flachs und Brennnessel – letztere wird als Faserpflanze für die Herstellung von Nesseltuch, aber auch für andere Zwecke verarbeitet: *die Wurzeln zum Teil in der Arznei- oder in der Pharmaindustrie, dann die Faser – die ist jetzt im Moment stark im Kommen – und das Blatt als Tee.*

Die Standorte der Landwirte, für die der Hof die Aufbereitung übernimmt, reichen von Frankfurt/Oder im Osten bis kurz vor der niederländischen Grenze im Westen, von

---

35 Siehe auch https://hof-grote.de/i/aufbereitung-und-service (30.6.2023).

Kaltenkirchen im Norden bis Nürnberg im Süden. *Da sind wir überall, letztlich auch dadurch, dass wir ein riesengroßes Portfolio haben, was wir an Kulturen reinigen können. Es erweitert sich jedes Jahr.*

Besonders stark gefragt war 2021/22 die Reinigung von Hanfsaat: *Es gibt unheimlich viele Direktvermarkter; die kommen hierher, haben Hanf; den reinigen wir auch, und die nehmen ihn zurück und verarbeiten ihn weiter.*

Selber Hanf anzubauen kommt für Grote dagegen nicht in Frage, denn aufgrund der Sicherheitsvorschriften ist der dafür erforderliche Aufwand für einen bäuerlichen Betrieb unverhältnismäßig groß, obgleich im Freilandanbau nur Sorten ohne die psychoaktive Substanz Tetrahydrocannabinol (THC) zugelassen sind: *Wir hatten auch eine Anfrage über eine Erzeugergemeinschaft, ob wir uns das vorstellen können. Wenn man sich dann die Auflagen ankuckt: mit Wachdienst, mit doppelter Umzäunung, mit Einhausung... Geht gar nicht.*

Ein Vorteil, den der Zuschnitt des Betriebes für die Organisation der Arbeiten hat, besteht darin, dass die wirtschaftlichen Standbeine unterschiedliche jahreszeitliche Schwerpunkte haben und die Mitarbeiter das ganze Jahr über beschäftigt werden können.

Bei der Reinigung der Saaten endet die Hauptsaison im März, so dass im Anschluss daran die Arbeit an den eigenen Kulturen beginnen kann: *Und dann haben wir die unterschiedlichsten Kulturen zu pflegen, auch mit einem sehr hohen personellen Aufwand, weil wir noch viel händisch machen müssen. Also klassisch Holz und Eisen packen, das findet hier noch statt. Oder eben auch Jäten.*

Die Pflegearbeiten in den eigenen Kulturen reichen von März bis August, und dann beginnt bereits die Ansaat für das nächste Jahr. Im Sommer befinden sich die Pflanzen in unterschiedlichen Stadien. Bei einigen beginnt die Ernte bereits im Juni: *Juni, Juli, August, September, Oktober, November, das sind Erntemonate bei uns, aber immer kleinparzellig und immer relativ überschaubar.*

Die gegenwärtige Ausrichtung des Betriebes ist noch sehr jung, und sie ist das Ergebnis einer intensiven Suche. Ebenso wie mehrere andere Landwirte, die sich für den Sonderkulturanbau entschieden, fand Klaus Grote über Umwege zu seinem jetzigen Beruf.[36] So hatte er zunächst eine Ausbildung zum Elektriker abgeschlossen; in diesem Beruf führte ihn die Tätigkeit an verschiedene Orte, bis er schließlich Landwirt wurde. 2001 übernahm er den landwirtschaftlichen Betrieb von seinem Schwiegervater und setzte dort die konventionelle Landwirtschaft mit ihrem auf die Veredelungswirtschaft ausgerichteten Schwerpunkt fort. Dies schloss auch den Zwang zum Wachstum ein, weil

---

36 Zum Folgenden siehe auch Hubert Looschen: Wie Hof Grote Weg in die Zukunft wagt. In: Nordwest-Zeitung, 13.9.2019, S. 34; ders.: Fenchelanbau als nachhaltige Alternative. In: Landwirtschaft (Beilage zur Nordwest-Zeitung), 01, 12.2.2020, S. 8–9; Reiner Kramer: „Hotspot" für Instagram-Fans. In: Nordwest-Zeitung, 1.7.2021, S. 18.

sich die Zahl der Mastschweine, die man halten musste, um mit seiner Familie davon leben zu können, beständig erhöhte. Als Landwirt sah sich Grote jedoch nach einem Ausweg aus dem „immer mehr" um.

Auf der Suche nach Alternativen nahm Klaus Grote 2011 an einem Seminar zum Thema Nachhaltigkeit teil und knüpfte dort Kontakte, aus denen sich der Gedanke an eine Neuausrichtung entwickelte. Die Schweinehaltung gab er auf, nicht zuletzt auch deshalb, weil sein Sohn und designierter Hofnachfolger keine Schweine halten will.

Möglich war der Wechsel der landwirtschaftlichen Sparten für Klaus Grote nur deshalb, weil sein Betrieb schuldenfrei war und er sich nicht auf das Abenteuer großer Investitionen eingelassen hatte: *Wenn wir vor fünfzehn Jahren einen Riesen-Sauenstall gebaut hätten ..., dann wären wir heute nicht rausgekommen, weil die Finanzierungszeiträume über 25 Jahre laufen und im Moment nichts anderes zulassen als weitermachen.*

In diesem Falle hätte Grote, schon um die für den Stallbau nötigen Kredite abzubezahlen, noch mit siebzig Jahren Ferkel erzeugen und anschließend den Hof wahrscheinlich schließen müssen. Stattdessen konnte er dem Spiel des Wachsens oder Weichens einstweilen entkommen. So musste er, um erfolgreich zu sein, den Umfang der bearbeiteten Flächen nicht mehr erweitern, sondern konnte ihn vielmehr sogar gesundschrumpfen: Bis 2021 hat Grote die Flächen und zugleich auch den Radius, in dem sie liegen, um mehr als die Hälfte reduziert: Entfernter gelegene Flächen gab er zurück, auch eigene Flächen gab er in die Pacht, dafür pachtete er einige näher am Hof gelegene Flächen hinzu. Unterm Strich bewirtschaftet er jetzt nur noch wenige Hektar über das Eigenland hinaus.

Bei der Wahl der Flächen, die er in der Bewirtschaftung behielt, ließ Klaus Grote neben den praktischen Vorteilen bewusst auch das Motiv der persönlichen und familiären Verbundenheit als Beweggrund zu: *Es gibt immer mal Flächen, die gibt man nicht ab. Das macht man nicht. Solche Flächen haben wir auch. Da hängt einfach das Herz dran, und das sind Flächen, die aus der Historie heraus einen besonderen emotionalen Wert haben.*

In diesem Falle handelt es sich um eine Fläche, *das ist betriebswirtschaftlich ein absoluter Graus, von der Größen her, von der Bewirtschaftungsfähigkeit und von der ertraglichen Situation absoluter Graus. Aber ... ein Landwirt ist nicht hundert Prozent Ökonom, sondern er ist eben auch ein emotional handelnder Mensch, und das ist auch gut so. Es muss nicht alles nur nach Euro und Cent durchgedacht werden.*

In dieser Haltung zeigt sich wohl auch ein Stück der Leidenschaft für den Hof und den Beruf, die dem Landwirt hilft, seine Projekte zu verfolgen.

Ein deutlich größerer Flächenumfang erscheint Klaus Grote für die gegenwärtig angebauten Kulturen schon wegen deren besonderer Ansprüche nicht sinnvoll, denn im Gegensatz etwa zum Anbau von Weizen oder Mais lässt sich die bearbeitete Fläche für eine Spezialkultur nicht beliebig vergrößern. Schon der entsprechende Bedarf der abnehmenden Hand sei begrenzt, auch ließen sich die Kulturen nur bis zu bestimmten

6. Heil- und Genussmittelpflanzen

Abb. 90: Hacken des jungen Fenchels. Hof Grote, Beverbruch, Mai 2018.

Abb. 91: Fenchelblüte. Hof Grote, Beverbruch, Juni 2018.

Umfängen bewirtschaften. So habe der Betrieb z. B. 0,3 Hektar Blumenfeld – *da geht schon Arbeit rein; es kommt auch ein Ertrag heraus. Aber ich kann diesen Ertrag nicht unendlich nach oben skalieren. Das bricht.*

Denn selbst wenn es die Nachfrage für die Erzeugnisse in entsprechender Größe gäbe, bliebe schon die für die Kultur nötige Zeit als ein begrenzender Faktor. Wenn Klaus Grote jetzt vorhätte, den Anbau massiv auszudehnen, könne er vielleicht an die dafür nötigen Flächen herankommen und auch das Geld und selbst das Wasser beschaffen. Aber dann komme die Ressource Zeit hinzu, und die Zeiträume, in denen die Ernten stattfinden, seien bei den Spezialkulturen verhältnismäßig kurz:

Ich habe nur einen gewissen Zeitraum, in dem ich agieren kann, um die Kultur wirklich dort hinzubekommen, wo ich sie hinhaben will, nämlich zur Erntefähigkeit. Dann kann ich natürlich sagen: Ein Mann braucht eine Stunde, zwei Leute brauchen eine halbe Stunde. Aber ich kann auf dieser Fläche nicht fünfhundert Leute hinstellen, die dann mit dem Fingerschnips fertig sind. Ich kriegte die fünfhundert Leute nicht, und es ist von der Systematik her gar nicht möglich.

Derartige Erkenntnisse ergeben sich aber erst aus den Erfahrungen, die man in der Praxis sammelt, denn für den Anbau der neuen Kulturen muss der Landwirt meist ohne Anleitungen zurechtkommen:

Wir haben mehr Kulturen, aber weniger an standardisierten Abläufen, weil es letztlich so ist, dass wir mit dem, was wir tun, uns erst mal selber finden müssen. Wenn ich jetzt sage, wir bauen eine Kornblume an oder einen Klatschmohn oder eine Schafgarbe oder eine Margerite, dann gibt es niemanden, der mir sagen kann, wie wir das zu machen haben. Es gibt sie, aber definitiv nicht hier vor Ort.

Dies zeigt sich auch beim Anbau von Fenchel, für den man, wie Klaus Grote lernen musste, viel Geduld braucht (Abb. 90, 91). Wenn man Getreide drille, sagt er, sehe man nach dem zehnten Tag etwas. Als er aber das erste Mal Fenchel angebaut habe, *sind wir drei Wochen lang über die Fläche gelaufen: Es kam nichts! Nix! War nix da. Und dann wurde es doch auf mal grün. Dann haben wir gedacht: Kommt er. Nee, war's nicht. Das war nämlich Beikraut. Da war das erste Problem schon da. Aber schließlich kam der Fenchel doch, vier Wochen später.*

Der Grat des Gelingens ist bei vielen Spezialkulturen sehr schmal, doch hilft die verhältnismäßig große Zahl der Kulturen gewiss auch, die Risiken für den Betrieb zu streuen. In wirtschaftlicher Hinsicht, betont Klaus Grote, ist die Nische, in der er arbeitet, sehr klein: Es ist *nicht so ein Markt, der unendlich viel aufnehmen kann.*

Völlige wirtschaftliche Existenzsicherheit gewährt denn auch der Sonderkulturanbau nicht:

Wir sind, was die Risiko-Chancen-Abwägung angeht, vielleicht einen Tick weiter. Aber das letzte Jahr hat es uns auch gezeigt: Wenn das Wetter nicht mitspielt, dann sind die Erträge nicht da, und wenn die Erträge nicht da sind, haben wir nichts zu vermarkten, und wenn wir nichts zu vermarkten haben, haben wir auch keine Einnahmen, und wenn wir keine Einnahmen haben, haben wir auch das Problem, dass wir schlaflose Nächte kriegen, weil wir nicht wissen, wie wir die Rechnungen bezahlen sollen. Also der seidene Faden: Wir hängen dran, wie jeder andere auch. Das ist nicht so, dass wir auf der Insel der Glückseligkeit lebten.

Wenigstens in einigen Punkten haben sich die Aussichten jedoch verbessert. So ist nach der Einschätzung Grotes die Perspektive für den Betrieb in ökonomischer Hinsicht wenigstens gleichwertig zum früher praktizierten Modell; der ökologische Ansatz ist ausgeprägter, und auch einen größeren zeitlichen Spielraum konnte Klaus Grote sich erarbeiten. So hat er als Landwirt keine 16-Stunden-Tage, wie es früher oft der Fall war, und überdies kann er gelegentlich gemeinsam mit der Familie ausspannen.

Geteilt wird die bedachtsame Zuversicht, dass der eingeschlagene Weg auch für die nächste Generation Aussichten eröffnet, wohl auch vom ältesten Sohn. Er hat nach der Landwirtschaftslehre ein Studium des Gartenbaus mit dem Schwerpunkt Heil- und Gewürzpflanzen und Sonderkulturanbau begonnen, und er wird einst selbst entscheiden müssen, wie es mit dem Betrieb weitergeht.

7. Die Erntehelfer

Unverzichtbare Handarbeit

Die Erntearbeit wird oft unterschätzt. Sie erfordert mehr Können, als gemeinhin anerkannt wird,[1] und gemessen an ihrer zentralen Stellung in der Produktion wird ihr wenig Achtung entgegengebracht.[2]

Gerade in den Sonderkulturen ist die Ernte meist sehr personalintensiv, und daran hat sich bis heute nichts geändert. Bereits 1961 bemerkte der Botaniker Günther Liebster im Hinblick auf die Heidelbeerernte in Nordamerika: „Der Strom der wandernden Berufspflücker-Kolonnen, die mit Familien und eigenen Autos, dem Reifen der verschiedenen Gewächse folgend, von Betrieb zu Betrieb reisen, ist am Versiegen."[3] Viele der amerikanischen Obstbauer, berichtet Liebster, glauben, ihre Betriebe nur erhalten zu können, wenn sich die menschliche Arbeitskraft durch Erntemaschinen ersetzen lasse.[4] Überhaupt war in den 1960er Jahren erwartet worden, dass es bald keine Wanderarbeiter in der amerikanischen Landwirtschaft mehr gebe, weil der technische Fortschritt die Handarbeit überflüssig machen oder die Produktion an andere Orte wechseln würde.[5]

Bis heute gibt es immer wieder Anstrengungen, etwa die Erdbeerernte zu automatisieren.[6] Ein befragter Gemüseerzeuger sieht im Hinblick auf die Produktion von Obst und Gemüse eine wachsende Dringlichkeit. Der Verbraucher wolle *immer so wenig wie möglich bezahlen; das wird auch in Zukunft so sein*. Andererseits werde die Arbeit teurer und Arbeitskräfte knapper. Umso wichtiger werde es, Schritte in Richtung Automatisierung, Digitalisierung und Robotik zu gehen. Allerdings führe dies auch zu einer neuen, verstärkten Konzentration in der Erzeugung, denn für Kollegen mit Betrieben kleineren Zuschnitts, die auf fünfzig oder hundert Hektar produzieren, würde es schwer, bei den nötigen Investitionen mitzuhalten (51).[7]

---

1 Vgl. WELLS, Strawberry Fields (1996), S. 150, im Hinblick auf die Erdbeerernte.
2 Vgl. HOLMES, Früchte (2021), S. 221.
3 Vgl. LIEBSTER, Kulturheidelbeere (1961), S. 191.
4 Ebd. Zu Ansätzen der Mechanisierung der Heidelbeerernte ebd., S. 191–193.
5 Vgl. STALKER, Workers (2000), S. 43f.
6 Siehe für die Erdbeerernte z. B. Kerstin PANHORST: Saisonarbeit Teil 8: Automatisierte Ernte – Der Traum vom Erdbeer-Pflückroboter (20.3.2019), https://erdbeerportal.de/neuigkeiten/saisonarbeit-teil8-automatisierte-ernte/214834 (22.11.2022); Mona LIPPISCH: So hilft „Berry" bei der Erdbeerernte: Konstanzer Start-Up testet Roboter auf einem Obsthof in Markdorf. In: Südkurier, 12.11.2021, https://www.suedkurier.de/region/bodenseekreis/bodenseekreis/so-hilft-berry-bei-der-erdbeerernte-konstanzer-start-up-testet-roboter-auf-einem-obsthof-in-markdorf;art410936,10965571 (22.11.2022); Brian ROTTER: 16-armiger Roboter soll Erdbeerernte revolutionieren (4.5.2022), https://t3n.de/news/16-armen-roboter-erdbeer-ernte-1470358/ (22.11.2022).
7 Bei dieser Gelegenheit betont der Befragte zugleich, dass aus seiner Sicht die Versorgungssicherheit der Bevölkerung unbedingt gewährleistet sein müsse.

7. Die Erntehelfer

Auf absehbare Zeit wird die Ernte jedoch Handarbeit bleiben, und es geht nicht ohne eine große Zahl von Helfern: Bei fast allen im Oldenburger Münsterland aufgenommenen Sonderkulturen hat der Anbau innerhalb weniger Jahrzehnte einen Umfang erreicht, bei dem die Erzeuger auf Mitwirkung von Kräften außerhalb der Familie und eines festen Mitarbeiterstamms angewiesen sind. Auf der anderen Seite hat gerade die Beschäftigung einer großen Zahl saisonal beschäftigter und meist geringbezahlter Hilfskräfte ein Wachstum der Sonderkulturen in einem Ausmaß ermöglicht, dass man in vielen Bereichen der Landwirtschaft von einem echten Strukturwandel sprechen kann: Seit den 1980er und besonders seit den 1990er Jahren wurde in der Bundesrepublik durch den Einsatz ausländischer Erntehelfer[8] der Anbau etwa von Erdbeeren in bis dahin ungeahnten Größenordnungen möglich.[9] In anderen landwirtschaftsnahen Wirtschaftszweigen, vor allem bei den Schlacht- und Zerlegebetrieben, führte die Beschäftigung ausländischer Arbeitskräfte zu einer völligen Umgestaltung des ganzen Gewerbes.[10]

Der Motor für die Umgestaltung der Branche war also keine technische Innovation, sondern günstig und in großem Umfang verfügbare Handarbeit. Zwar gilt die Landwirtschaft längst als industrialisiert, und für viele Elemente der modernen Landwirtschaft trifft dies auch zweifellos zu, doch bei der Erzeugung von Obst und Gemüse werden die zentralen Arbeitsschritte nach wie vor überwiegend von Hand ausgeführt. Diese Handarbeit ist ein wesentliches Merkmal, das die Tätigkeit des Pflückens von der Industriearbeit unterscheidet. Anders als in der Industriearbeit gibt hier nicht die Maschine den Takt vor, vielmehr richtet sich die Arbeit nach dem menschlichen Maß.[11]

Einheimische Kräfte

Ähnlich wie um 1960 in Nordamerika sahen sich später auch viele hiesige Erzeuger durch die Pflücklöhne gefährdet. Dementsprechend bilanzierte 1975 der Agrarwissenschaftler Hans-Wilhelm Windhorst die Entwicklung der Arbeitskräftebeschaffung im Obst- und Gemüsebau: Sowohl in den ersten Nachkriegsjahren als auch in der Zeit der ersten Intensivierung des Sonderkulturanbaues sei es nicht sehr schwierig gewesen,

---

8   Für BECKER, Erdbeerpflücker (2010), S. 12, klingt der Ausdruck „etwas euphemistisch", doch ergibt sich dieser Einwand nicht zwingend; überdies ist der Begriff „Erntehelfer" offener, weil er neben ausländischen Saisonarbeitern auch einheimische Hilfskräfte umfasst.
9   Die Umgestaltung der Produktion durch Saisonarbeit ist freilich kein auf die deutsche Landwirtschaft beschränktes, sondern ein globales Phänomen. Zur Saisonarbeit in den Mittelmeerländern siehe die Beiträge bei CORRADO u. a. (Hg.), Migration (2017). Innerhalb Europas wurde diese Entwicklung zuerst in Frankreich angestoßen; vgl. CORRADO u. a., Cheap food (2017), S 10.
10 Für die Gartenbaubetriebe siehe BECKER, Erdbeerpflücker (2010), S. 102–104.
11 Siehe bereits MARX, Kapital, Bd. 1 (1962), S. 391–530 (13. Kap.: Maschinerie und große Industrie), bes. S. 391–407 (Entwicklung der Maschinerie) und 441–450 (Die Fabrik).

Pflücker zu finden. Im Gefolge des wirtschaftlichen Wachstums hätten jedoch immer höhere Löhne gezahlt werden müssen. Mit steigenden Löhnen würden die Betriebe an die Rentabilitätsgrenze geraten, wenn sie die Arbeit nicht mechanisieren könnten. Für die damalige Gegenwart bemerkt er:

„In den Zeiten der Arbeitsspitzen (Erdbeer-, Apfel-, Bohnen- und Grünkohlernte) werden Pflücker z. T. mit Bussen aus benachbarten Kreisen geholt. Ohne den Einsatz großer Schülerzahlen ließe sich die Arbeit gegenwärtig kaum noch bewältigen."[12]

Tatsächlich konnten, wie sich befragte Landwirte erinnern, Obst- und Gemüseerzeuger bis um 1980 bei den Erntearbeiten auf eine stille Reserve von Hausfrauen, Schülern und Rentnern zurückgreifen (39, 51). Ein Befragter, der seit 1982 einen Obst- und Gemüsebetrieb im Kreis Vechta führt, erinnert sich, dass er die ersten Jahre noch zehn bis fünfzehn Hausfrauen beschäftigte (64).

Ein Kollege im Kreis Cloppenburg, auf dessen Hof bis zu Beginn der siebziger Jahre auf drei Hektar Äpfel standen, engagierte immer wieder auch Rentner aus dem Dorf, *die sich gerne Geld dazuverdienen wollten*. Zusammen mit den auf dem Hof arbeitenden Lehrlingen halfen sechs, sieben Leute in der Apfelernte mit (40). Einige Befragte erinnern sich, dass sie sich in den siebziger und achtziger Jahren als Jugendliche mit dem Pflücken von Äpfeln und Erdbeeren eigenes Geld verdienten: *Die ganzen Sommerferien* habe man Obst gepflückt, um Taschengeld zu bekommen, sagt eine Gesprächspartnerin über die Mithilfe auf dem Obsthof Dammann in der Bauerschaft Astrup zu Beginn der siebziger Jahre (56). Ebenfalls in Astrup verdiente sich eine spätere Erdbeerbäuerin ihr Taschengeld. *Man hatte einfach Glück*, sagt sie, *es gab immer irgend etwas zu ernten bei Dammann*. Im Sommer seien es Süßkirschen, Sauerkirschen, Mirabellen, Himbeeren und Pflaumen, im Herbst Äpfel gewesen. Noch später, als es schon fror, gab es Grünkohl, den sie selbst aber nicht mehr zu ernten half, wohl aber noch Jugendliche älterer Jahrgänge. Eine andere Befragte, die auf einem Hof in der Gemeinde Bakum aufgewachsen war, hatte sich in den achtziger Jahren mit dem Erdbeerpflücken das Geld für Dinge verdient, für die es zu Hause kein Geld gab (10).

Mit einer Entlohnung konnte man, wenn man auf einem Hof aufwuchs, meist nur dann rechnen, wenn man in einem auswärtigen Betrieb arbeitete. Denn in Bauernfamilien war die regelmäßige Ausgabe von Taschengeld weniger verbreitet als im Bevölkerungsdurchschnitt; auch für die regelmäßige Mithilfe im elterlichen Haushalt gab es in der Regel kein Geld.[13]

Auch für Obsterzeuger war es selbstverständlich, dass die eigenen Kinder bei der Ernte unentgeltlich mithalfen. So erinnert sich eine Befragte des Geburtsjahrgangs 1961 an die Frühzeit des Erdbeeranbaus auf dem elterlichen Hof in Langförden (Kr. Vechta):

---

12 WINDHORST, Agrarwirtschaft (1975), S. 151.
13 Am Beispiel eines westfälischen Hofes anschaulich beschrieben bei FRIE, Hof (2023), S. 115f.

Abb. 92: Helferinnen bei der Tabakernte auf Hof Borchers, Elsten (Gem. Cappeln), 1949.

Abb. 93: Erschöpfte Helferinnen am Tabakschuppen. Elsten (Gem. Cappeln), 1950er Jahre.

Meine Eltern sind angefangen mit sieben Reihen Erdbeeren. Ich habe sechs Geschwister. Da können Sie sich vorstellen, wer die Erdbeeren gepflückt hat (52).

In den fünfziger und sechziger Jahren war es das Pflücken und Sortieren der getrockneten Tabakblätter, das verhältnismäßig viele helfende Hände erforderte, so auch auf einem besuchten Hof in der Gemeinde Cappeln. Gerade für Frauen, seien es Heimatvertriebene, seien es Frauen aus Heuerlingsfamilien, war der Tabakbau eine der wenigen Gelegenheiten, etwas Bargeld zu verdienen.

Eine im Jahr 2005 befragte frühere Tabakpflückerin aus Lüsche (Gemeinde Bakum) erinnerte sich, dass ihr Stundenlohn zwischen 1952 und 1959 von 50 Pfennig nach und nach auf 1,30 Mark stieg. Sie hatte in der Woche durchschnittlich vierzig Stunden, zur Erntezeit auch fünfzig Stunden auf den Tabakfeldern gearbeitet.[14]

Der hier genannte Lohn war geringer als in der Industrie. So lagen die für 1957 ermittelten Bruttostundenlöhne für Frauen in der Textilindustrie im Durchschnitt bei etwa 1,50 Mark; Stundenlöhne um 50 Pfennig waren in der Industrie auch für Frauen die Ausnahme.[15] Allerdings war das Lohnniveau auf dem Lande in aller Regel niedriger als in den Industrieorten.

Geringer gehalten wurden die Arbeitskosten oft auch dadurch, dass man die Sozialabgaben umging. Für den befragten Landwirt in der Gemeinde Cappeln war es indes eine Selbstverständlichkeit, seine Helferinnen und Helfer bei der Sozialversicherung anzumelden:

Die waren alle sozialversichert hier. Das kenne ich nicht anders. Man kann ja nicht zehn Leute arbeiten lassen und sie nicht sozialversichern. Sicher, wenn sie verheiratet waren, waren sie ja vielleicht über die Männer krankenversichert. Aber das waren ja damals viele Kriegerwitwen oder nichtverheiratete junge Frauen (40).

Die Helferinnen anzumelden, war *vorgeschrieben, aber viele haben es ja nicht gemacht*. Nicht selten waren es die Beschäftigten selbst, die vorschlugen, sie schwarz zu beschäftigen: *Oft wollten es ... die Angestellten nicht, dass ihnen das abgezogen wurde, dass der Arbeitnehmeranteil abgeführt wurde: „Brukst du nich. ... Giff mi leiwer tein Mark mehr."* Der finanzielle Vorteil für die Beschäftigten sei allerdings kurzfristig gewesen: *Die wollten das lieber cash in der Lohntüte haben und wollten ... darauf nicht verzichten, und nachher standen sie dann da* (23).

Nachdem sich Ende der 1950er Jahre mehrere Textilunternehmen in Südoldenburg angesiedelt hatten und den Frauen ganzjährige Beschäftigung anboten, gab es für die Tabakernte zusehends weniger Pflückerinnen. Auch die befragte Helferin aus Lüsche

---

14 QUATMANN, Tabak-Anbau (2006), S. 10. Die Befragung hatte Mechthild Quatmann aus Elsten unternommen.
15 Vgl. DECKEN, Ergebnisse (1959), S. 291 und 294.

berichtet, dass viele Frauen in den Nähereien eine Stellung fanden; sie selbst arbeitete ab 1960 in einer Strickerei.[16]

Für den Landwirt Carl Quatmann in Elsten (Gemeinde Cappeln) war diese Entwicklung der Anlass, den Tabakbau einzustellen. 1968 schrieb er in sein Tagebuch: „Wir haben den Tabakanbau wegen Mangel an Arbeitskräften seit 1959 aufgegeben."[17] Einige andere Betriebe, die den Tabakbau beibehielten, nahmen in den folgenden Jahren Schüler als Erntehelfer an, doch als in den sechziger Jahren die Schulferien verlegt wurden, fiel auch diese Möglichkeit aus (23).

Der besagte Betrieb in der Gemeinde Cappeln nahm auf der Suche nach möglichen Arbeitskräften auch eine ganz andere Gruppe potentieller Helfer in den Blick: 1954 hatte er die Häftlinge im Vechtaer Jugendgefängnis die getrockneten Tabakblätter sortieren lassen. Diese Arbeit war allerdings die einzige mit der Tabakernte zusammenhängende Tätigkeit, die sich vom Hof an einen anderen Platz verlegen ließ. Da sich diese Beschäftigung der jungen Strafgefangenen aber auf die Dauer nicht lohnte, wurde sie bald wieder aufgegeben (40).

Erntehelfer aus dem Ausland

Seit den 1970er Jahren waren es in zunehmendem Maße Beschäftigte aus dem Ausland, die die Erntearbeit erledigten.[18] Ein völlig neues Phänomen war dies jedoch nicht. Bereits im 19. Jahrhundert arbeiteten polnische Schnitter auf Gütern in Pommern, Mecklenburg und anderen Teilen Deutschlands. An diese Tradition gemahnt die in Polen gebrauchte Redensart „na Saksy" (nach Sachsen) für die Arbeit in Deutschland.[19] Auch Deutsche gingen auf Wanderschaft ins Ausland. Niedersachsen und Westfalen gingen vom 17. bis ins 19. Jahrhundert in den Sommermonaten regelmäßig als Hollandgänger zur Getreideernte, zum Torfstechen und zu anderen Arbeiten in die Niederlande.[20]

Ein Merkmal dieser Formen der Wanderarbeit ist, dass sich nicht ganze Familien, sondern jeweils einzelne oder mehrere erwachsene Familienangehörige auf die Wanderschaft begeben. Zu den Voraussetzungen gehören die nötige Freizügigkeit, ein Lohn-

---

16 QUATMANN, Tabak-Anbau (2006), S. 10.
17 Nach ebd., S. 10.
18 Zur saisonalen Migration aus Polen siehe z. B. BECKER, Erdbeerpflücker (2010), und die Beiträge in WAGNER u. a., Waschpulver (2013). Zur Saisonarbeit in Südoldenburg siehe vor allem AKA, Sonderkulturen (2007); DIES., Arbeitsmigration (2015), und DIES., Saisonarbeit (2020). Zu Erwartungen und ökonomischem Kalkül bei rumänischen Saisonarbeitern und deutschen Landwirten siehe SCHMIDT, Mobilität (2021).
19 Vgl. PIECHOWSKA/FIAŁKOWSKA, Erntehelfer (2013), S. 165. Die dort ebenfalls genannte Redensart „do rajchu" (ins Reich) scheint dagegen erst seit dem Zweiten Weltkrieg verbreitet zu sein.
20 Für das Oldenburger Münsterland siehe WEBER, Hollandgehen (2014), und DERS., Hollandgehen (2020).

gefälle, das groß genug ist, dass sich das Wandern für die Betroffenen lohnt, und das Vorhandensein periodischer Beschäftigungsmöglichkeiten im Zielland.[21]

Das für die Saisonarbeit charakteristische Lohngefälle spiegelt sich auch in der Erzählungen einiger Landwirte wider. So erinnert sich eine Landwirtsfamilie aus der Gemeinde Visbek, dass um 1989 ein polnischer Arzt seine Hilfe als Pflücker anbot. Mit dieser Arbeit, so habe er gesagt, könne er mehr verdienen als zu Hause in seinem Beruf (53). Und eine Obstbäuerin im Kreis Cloppenburg berichtet:

Die allerersten Jahre, die ich hier war, da hatten wir mal eine Studentin, ein ganz junges Mädchen, die kam auch, als sie ihren ersten Lohn kriegte. Die hat hier gesessen und geweint. Die hat gesessen und geweint vor Freude über diese tausend ... Euro. Die hatte, glaube ich, tausend Mark verdient. ... Die hat die ganze Zeit geweint, dass sie so viel Geld verdient hatte (49).

Diesem ersten Empfinden des Lohngefälles steht nicht entgegen, dass die Verdienste in Relation zu den Lebenshaltungskosten etwa in Polen bei Deutschen leicht überschätzt werden.[22]

Das Lohngefälle zeigt sich auf unterschiedlichen Ebenen. Eine indirekte Begleiterscheinung des innereuropäischen Wohlstands- und Lohngefälles, das die Saisonarbeit erst zu einer lohnenden Angelegenheit macht, sind wohl auch die unterschiedlichen wirtschaftlichen Wertvorstellungen hinsichtlich der geernteten Lebensmittel. So verstehen neu hinzugekommene Pflücker nach Aussage eines Obsterzeugers oft nicht, dass Erdbeeren mit Schönheitsmängeln nicht als Ware in Betracht kommen:

Egal ob für Polen oder Rumänen: Es ist häufig unverständlich, gerade für Rumänen, was wir für Ansprüche an unsere Lebensmittel haben. Die verstehen erst gar nicht, dass überreife, kleine oder hässliche Erdbeeren einfach nicht mit in die Schale sollen. Es ist für die unverständlich, weil, für die sind das Lebensmittel und Luxusprodukte. Und die halten uns für wirklich komplett bescheuert, dass wir da so viel wegschmeißen (38).

Auch im Obst- und Gemüseanbau außerhalb Deutschlands ist die Beschäftigung ausländischer Erntearbeiter verbreitet. Oft ist das Leben der Arbeitsmigranten von ausbeuterischen Arbeitsverhältnissen, Rassismus und Gewalt gekennzeichnet.[23] Schwarzafrikanische Migranten, die in Süditalien und Südspanien in Zeltstädten hausen, kommen bei Arbeitstagen von zwölf Stunden auf einen Verdienst von maximal 250 Euro im

---

21 Zu den Kriterien von Wanderarbeit siehe auch WAGNER, Feldforschung (2013), S. 14f.
22 Vgl. WAGNER u. a., Arnswald (2013), S. 74.
23 Diese Seite der Arbeitsmigration betont HOLMES, Früchte (2021), der bemerkt, dass allein in einem Jahr seiner Feldforschungen im Grenzgebiet von Tucson (US-Bundesstaat Arizona) über 500 Menschen, meist an Hitzschlägen und Dehydrierung, bisweilen auch durch direkte Gewalteinwirkung starben (ebd., S. 34).

Monat, und auch dies nur unter der Voraussetzung, dass sie auf dem morgendlichen Arbeitsstrich Beschäftigung finden.[24]

In Deutschland war es seit den siebziger Jahren schwierig geworden, einheimische Kräfte für die Erntearbeit zu bekommen, weil sich immer weniger Deutsche fanden, die bereit waren, die oft mühevolle Arbeit gegen eine vergleichsweise geringe Bezahlung auf sich zu nehmen. Vor allem das Erdbeerpflücken ist eine Tätigkeit, zu der die meisten Deutschen heute nicht mehr bereit sind. Dementsprechend bemerkt ein befragter Obsthändler:

Wer schon mal Erdbeeren gepflückt hat, weiß, was das für ein Knochenjob ist. Nicht nur bei Hitze wie heute, sondern auch bei Regen und sonstwas. Immer mit krummem Kreuz da zwischen den Reihen liegen. Was die Erntehelfer da vollbringen, ist großartig, und wenn wir nicht nach '89 die Möglichkeit gehabt hätten, günstige Erntehelfer aus den Ostblockländern zu bekommen, hätte es so den Aufschwung nicht gegeben. Nie. Die deutsche Bevölkerung war dazu nicht mehr bereit. Die Hausfrauen, die Anfang der Achtziger gepflückt haben, die haben in den Neunzigern keine Erdbeeren mehr gepflückt. Das Thema war durch, und die Generation, die danach kam, wollte das auch nicht mehr. Also ich hab noch Erdbeeren und Himbeeren als Schüler gepflückt. Das war danach nicht mehr. Das gab es gar nicht mehr (57).

Möglicherweise trug die Übernahme der Ernte durch ausländische Saisonarbeiter dazu bei, dass das Pflücken für viele Deutsche deutlich an Attraktivität und sozialem Prestige verlor.[25]

Auch Arbeitslose sind für diese Aufgabe meist nicht zu gewinnen. Ein Erdbeererzeuger im Kreis Vechta erinnert sich, dass die Regierung um die Jahrtausendwende bestrebt war, Langzeitarbeitslose verstärkt in die Betriebe zu bringen. Zunächst wurden Kontingente verteilt, wie viele polnische Erntehelfer man beschäftigten durfte. Der Befragte selbst stellte seinen Betrieb beim Arbeitsamt vor:

Da saßen ca. zwanzig Leute, die haben sich das angehört. Und von diesen zwanzig Leuten sind drei oder vier angefangen, wurden dann tatsächlich auf Staatskosten morgens mit dem Taxi hierhergebracht. – Mit dem Taxi? – Doch, die kamen teilweise sogar aus Lohne. Wieso sie die gewählt haben, weiß ich nicht. Auf jeden Fall wurden die mit dem Taxi hierhergebracht, waren aber nicht motiviert, kann man sagen. Ich glaube, der längste hat drei Tage durchgehalten (64).

---

24 Feldforschungen zu den Arbeits- und Lebensbedingungen der Beschäftigten unternahmen z. B. in Kalabrien (Süditalien) Reckinger, Bittere Orangen (2018), und in den USA Wells, Strawberry Fields (1996), sowie Holmes, Früchte (2021).
25 Dies vermuten Wagner u. a., Arnswald (2013), S. 80f.

Von vergleichbaren Erfahrungen wird auch aus dem Tomatenanbau in den Niederlanden berichtet.[26]

Neben der abnehmenden Bereitschaft der Deutschen zu mühsamer Erntearbeit hatte der Übergang von einheimischen zu ausländischen Beschäftigten auch strukturelle Gründe. Der Anbau von Sonderkulturen, wenngleich er, gemessen am heutigen Umfang, noch geringe Ausmaße einnahm, brachte einen erhöhten Bedarf an Beschäftigten mit sich. So wurden seit den siebziger Jahren die auf westdeutschen Spargelhöfen halbtags arbeitenden Hausfrauen durch ausländische Arbeiter, in Süddeutschland häufig aus Jugoslawien, ersetzt. Da die Erntehelfer daran interessiert waren, ihr Geld innerhalb einer kurzen Zeitspanne zu verdienen, nahmen sie lange Arbeitstage in Kauf; dies kam auch dem Interesse der Gemüseanbauer entgegen.[27]

Auch bei der Obsterzeugung kamen die bisherigen klassischen Helfer – Hausfrauen und Schüler – oft nicht mehr. Gefüllt wurde diese Lücke mit ausländischen Helfern unterschiedlichster Herkunft. So erinnert sich ein Landwirt aus Hagstedt (Gemeinde Visbek), dass er zunächst Inder und Pakistani beschäftigte:

Das haben wir zuerst mit den Deutschen noch mal hingekriegt. Und dann auf einmal hatten wir keine Deutschen mehr. Auch mit Himbeerenpflücken hatten wir ... Schüler, die mitmachten, und auf einmal waren die nicht mehr da. Und ... da war ja mal so eine Zeitlang dazwischen, da waren die Inder hier.

Die Beschäftigung war jedoch meist irregulär: *Dat wör ja auch nicht astrein, die ganze Chose, wat wir da gemacht haben. Die hatten ja keine Arbeitsgenehmigung. ... Die hatten ja keine Arbeit, wo sie auch manchmal herkamen, die waren auf einmal hier, die Inder und Pakistani, alles war hier.*

Diese Erinnerung bezieht sich auf die Zeit vor 1990. Um die Beschäftigung der Ausländer oder vielmehr: den Erfolg der Ernte nicht zu behindern, drückten auch die Behörden im Zweifelsfall ein Auge zu: *Das war vor dem Mauerfall, ja. Und die schauten auch nicht so genau hin, damals. ... Nachher wurde das ja immer verrückter*, Arbeitskräfte zu bekommen (39). In der Rückschau erscheinen diese Jahrzehnte gleichsam wie eine wilde Pionierzeit.

Vergleichbare Erfahrungen hatte man auch im Alten Land, dem Obstbaugebiet an der Niederelbe, gemacht. Hier wurden illegal beschäftigte türkische Erntearbeiter zu Anfang der 1980er Jahre mit Razzien, Hundestaffeln und Hubschraubern verfolgt und die betroffenen Landwirte mit Geldstrafen belegt, bis nach wenigen Jahren die Einsicht

---

26 Vgl. HENDRIKS, Tomate (2018), S. 203: „Es gibt traurige Experimente, bei denen Busladungen zwangsverpflichteter Arbeitsloser aus Rotterdam oder Den Haag im nahe gelegenen Westland abgeladen wurden. Nach einer Woche baten die Gärtner verzweifelt darum, sie wieder in den Bus hinein zu packen: ‚Gebt uns, bitte, unsere Polen!'"
27 Vgl. WAGNER u. a., Arnswald (2013), S. 78.

in die wirtschaftlichen Interessen auch bei den Behörden die Neigung förderte, einfach wegzusehen.[28]

Ein Obsterzeuger im Kreis Vechta erinnert sich an die ethnische Vielfalt der Beschäftigten in den achtziger Jahren:

Wir hatten zu der Zeit aber auch schon das Thema Asylanten. Und in der Phase sind wir häufig mit Asylanten gestartet. Ich weiß noch, das eine Jahr, ich kann's nicht genau sagen, welches es war, aber das war ganz zu Anfang, hatten wir siebzehn verschiedene Nationalitäten. Über Afghanen, aus Ghana, aus Nigeria, aus Rumänien, aus Vietnam, überall, alles Flüchtlinge; damals haben wir hauptsächlich mit Flüchtlingen zusammengearbeitet und mit einigen Studenten, die aus Polen hier in Deutschland studiert haben (46).

Praktisch alle Nationen, die auch unter den Asylbewerbern vertreten waren, fanden sich in den achtziger Jahren auf dem Hof eines besuchten Obst- und Gemüseerzeugers in Hagstedt (Gemeinde Visbek).

Ein Betrieb im Kreis Cloppenburg, der später in großem Stil Saisonarbeitskräfte aus dem Ausland engagierte, beschäftigte in den frühen achtziger Jahren zunächst Hausfrauen aus der näheren Umgebung:

Zu diesem Zeitpunkt haben wir gearbeitet mit Frauen aus den Nachbarorten, hauptsächlich Hausfrauen, die dann zu dem Zeitpunkt noch zur Verfügung standen. Später auch kamen dann türkische Mitbürger, die dann ins Land kamen, mit auf die Bildfläche und in den Betrieb rein. Und Ende der achtziger Jahre kamen sehr viele Vietnamesen. Mit denen haben wir stark gearbeitet hier. Ende der achtziger Jahre war das.

Irgendwann, ergänzt er, seien die Vietnamesen alle wieder weggewesen, weil Vietnam aufgrund einer Vereinbarung mit der Bundesrepublik Deutschland viele Flüchtlinge wieder zurückgenommen habe.[29] Dafür kamen in den neunziger Jahren andere Vietnamesen, die in der DDR gelebt hatten. *Mit dem Mauerfall hatten sie Dauerarbeitsrecht, und so ist das eigentlich eine Möglichkeit gewesen, hier erst mal* (51).

Ein Landwirtspaar, das in wachsendem Umfang Erdbeeren erzeugt hatte, erinnert sich ebenfalls, dass sie in den achtziger Jahren einige Vietnamesen beschäftigten. Als es sich einmal abzeichnete, dass die Helfer nicht ausreichen, um die Ernte zu bewältigen, sprachen die Bauern die Vietnamesen an, ob sie nicht noch einige Landsleute fragen könnten:

Und dann haben wir gesagt: „Habt ihr nicht noch ein paar, wir brauchen… Es wäre gut, wenn… Für ein, zwei Tage, dass wir dann mal wieder…" Und dann hatten wir, ich weiß nicht, Unmengen! Unmengen an Leuten, die dann an diesem Sonntag kamen. Boah! Hilfe!

---

28 Vgl. Tuomi-Nikula, Altländer Hof (2006), S. 163. Im Laufe der neunziger Jahre traten zusehends Polen an die Stelle der türkischen Pflücker; vgl. ebd., S. 165.
29 Dies bezieht sich möglicherweise das deutsch-vietnamesische Rückübernahmeabkommen vom 21. Juli 1995; siehe die Bekanntmachung vom 6.9.1995 in: Bundesgesetzblatt 1995 II, S. 743.

Die Vietnamesen pflückten am Wochenende und waren an diesen ein, zwei Tagen eine große Hilfe, doch mussten sie zum Wochenbeginn wieder zu ihrer regulären Arbeit zurückkehren.

Die befragten Erdbeererzeuger bestätigen, dass sich die Beschäftigung am Rande des Zulässigen bewegte. Damals sei allerdings alles weniger formalisiert und aus heutiger Sicht unkomplizierter zugegangen: *War es einfacher. Aber ja, letztendlich beschäftigen durftest du sie auch nicht.* Bei türkischen, indischen und anderen Helfern war die Beschäftigung ebenfalls irregulär, und diesen Zustand nahmen auch die Beschäftigten selbst in Kauf: *Die wollten beschäftigt werden, und schwarz. Nichts irgendwie melden. ... Die wollten doch nicht angemeldet werden!* (49). Ein Risiko bestand jedoch sowohl für die Beschäftigten als auch für den Betrieb, weil die Arbeiter, deren Beschäftigung oft nicht erlaubt war, in keiner Weise versichert waren. Ein älterer Landwirt aus dem Kreis Vechta macht denn auch klar, dass man nicht ständig gleichsam mit dem Gesetzbuch unter dem Arm herumlaufen konnte: *Ein bäten dick Fell muss man schon haben, das nützt ja alles nichts* (39).

Eine neue Phase der Beschäftigung setzte mit dem Fall der Berliner Mauer und der Öffnung der Grenzen zum östlichen Europa ein. Hier entstand auch erst die moderne Saisonarbeit, weil viele Erntehelfer, namentlich aus Polen, während der Erntezeit zur Arbeit nach Deutschland reisten, ihren Hauptwohnsitz im Heimatland aber behielten.[30] Der quantitative Umfang der Saisonbeschäftigung lässt sich kaum abschätzen. Eine Gesamtzahl von rund zehntausend Arbeitskräften für das Oldenburger Münsterland[31] erscheint nicht abwegig. Dabei reichen die Zahlen der Beschäftigten auf den einzelnen Betrieben von unter zehn bis um 1200. So gehören Höfe, die etwa 480 Saisonkräfte einstellen, um 180 Hektar Erdbeerfelder bearbeiten zu lassen,[32] oder die auf das ganze Jahr gesehen mit knapp 700 Leuten arbeiten (64), zu den mittelgroßen Betrieben.

Für die Landwirtschaft brachte die Grenzöffnung den Durchbruch zu einem großflächigen Anbau arbeitsintensiver Sonderkulturen. Den Kontrast zwischen der Zeit vor und nach dem Mauerfall stellt auch eine Landwirtin, die als Jugendliche in den achtziger Jahren bei der Erdbeerernte im Kreis Vechta ihr eigenes Geld verdiente, heraus:

War ja auch noch der Eiserne Vorhang. Also aus Osten kamen keine Arbeitskräfte, und das wurde von Hausfrauen und Schülern erledigt, so dieses Gemüseernten, Erdbeerenpflücken und so weiter auf den Feldern. Entsprechend waren ja auch die Erdbeerbauern deutlich kleiner, als sie es jetzt sind. Wenn die einen Hektar Erdbeeren hatten oder [vielleicht auch mal zwei], dann war das sehr viel (10).

---

30 Nicht zu den Saisonarbeitern gerechnet werden die in der Fleischindustrie häufig über Subunternehmen beschäftigten Werkvertragsarbeiter; siehe auch Aka, Saisonarbeit (2020), S. 68. Strenggenommen gehört auch die Arbeit in Zuchtpilzbetrieben nicht zur Saisonarbeit, weil dort permanent Saison ist.
31 So bei Aka, Saisonarbeit (2020), S. 70.
32 Vgl. Gothe, Erfolgsstory (2013), S. 52.

Dass die Öffnung der europäischen Grenzen neue Möglichkeiten betrieblichen Wachstums freisetzte, bestätigen mehrere befragte Obst- und Gemüseerzeuger.

Allerdings prägten irreguläre Beschäftigungsverhältnisse auch lange Zeit nach 1990 die Saisonarbeit. So reisten polnische Beschäftigte in den Jahren vor der Aufnahme Polens in die Europäische Union in der Regel als Touristen ein und fuhren, wenn die zulässige Aufenthaltsdauer nach drei Monaten abgelaufen war, nach einer kurzen Unterbrechung oft mit einem zweiten Pass erneut nach Deutschland, um dort weiterzuarbeiten. Von den deutschen Behörden wurde diese Art der Schattenwirtschaft ebenso wie bereits vor 1990 im Interesse der heimischen Landwirtschaft stillschweigend geduldet; denn sonst hätte sie nicht über Jahrzehnte hinweg funktionieren können.[33]

Nach 2000 normalisierten sich die Arbeitsverhältnisse zusehends: *Also die ersten Jahre war das nicht so mit dem Anmelden und so, aber ansonsten, ich wollte da nichts mit zu tun haben. Wenn hier eine Kontrolle kommt und dann hast du den nicht angemeldet oder der ist nicht angemeldet? Nee!* (49).

Inzwischen ist es für die allermeisten Betriebe selbstverständlich geworden, die Erntehelfer anzumelden. Dementsprechend bringt das Anmeldeprozedere einen großen Teil der Arbeit im Frühjahr mit sich. So musste auch eben zitierte Landwirtin Jahr für Jahr darauf drängen, dass die rumänischen Arbeiter ihre Personalpapiere ausgefüllt zurückschickten, und bei vielen immer wieder nachhaken. *Grauselig!*

Das Anmelden bei der Versicherung bezieht sich vor allem auf den Krankenversicherungsschutz: *Es gibt ja so eine Erntehelferversicherung, eine kleine Krankenversicherung ist das. Aber da haben wir auch nie Schwierigkeiten gehabt* (49).

Erntehelfer, die diese Tätigkeit nicht als Beruf ausüben und nicht länger als zwei Monate in Deutschland arbeiten, sind in Deutschland nicht sozialversicherungspflichtig, und nach Möglichkeit suchen sowohl die Obst- und Gemüsebauer als auch die Beschäftigten selbst die Sozialversicherungspflicht zu vermeiden, da sie nicht nur erhöhten Verwaltungsaufwand mit sich bringt, sondern auch auf die Nettolöhne drückt. So werden z. B. Arbeitslose bei der Anmeldung als Hausfrauen bzw. -männer eingetragen.[34] Bei Krankheiten oder Unfällen haftet allerdings der Arbeitgeber. Um diese Lücke zu füllen, bieten verschiedene Versicherungsgesellschaften Erntehelferversicherungen, die einen einfachen Krankenversicherungsschutz gewähren, für etwa 0,50 Euro pro Tag und Beschäftigtem an.[35]

An dieser Versicherung zu sparen, ist für die Befragte mittlerweile indiskutabel:

---

33 Siehe auch AKA, Saisonarbeit (2020), S. 73.
34 Siehe auch WAGNER, Arnswald (2013), S. 69f.
35 Zahlreiche Fundstellen ergibt eine Internetsuche unter „Erntehelfer". Ein Vergleichsportal nennt Kosten von 0,39 bis 0,48 Euro; mit Einschluss der Unfall- und Haftpflichtversicherung kämen 0,03 bis 0,05 Euro hinzu; https://www.online-vergleich-versicherung.de/gewerbeversicherung/erntehelferversicherung/ (28.12.2023).

Nein, die letzten Jahre oder so, das wollte ich überhaupt nicht. ... Wenn du hier jemanden hattest, der nicht angemeldet war oder so, das konnte ich überhaupt nicht haben, weil, wenn du dann wirklich mal eine Kontrolle hast, dann hast du ja das Problem sofort. Warum willst du dir denn so ein Problem auch noch an die Backen holen, wenn du schon genug andere Sorgen hast, dass das alles vernünftig hier läuft? Warum willst du im Hinterkopf hier immer dieses Schwarze Schaf da mitschleppen müssen? Nee! Da hatte ich überhaupt keine Lust drauf, auf so was. Nix. Das hilft auch nichts. Was soll das?

Die Beunruhigung speist sich zum Teil aus der Sorge vor behördlichen Kontrollen, doch ist das Aufkommen für den Versicherungsschutz für die Befragte auch ein schlichtes Gebot des menschlichen Umgangs:

Diese Leute, die müssen hier ja arbeiten, die kommen hier ja nicht umsonst her. Erstens wollen sie Geld verdienen. Zweitens müssen sie auch vernünftig arbeiten können und vernünftig untergebracht werden. Ansonsten kommen sie nicht wieder. Und du musst sie doch vernünftig behandeln. Punkt, aus. Willst du auch. Du willst auch vernünftig behandelt werden. Also musst du das denen genauso. Das ist einfach eine reine Menschlichkeit und mehr nicht. Fertig.

Die Erleichterung, eine Erntehelferversicherung abgeschlossen zu haben, illustriert sie mit dem Beispiel einer polnischen Erntehelferin, die, wenngleich außerhalb der Erntearbeit, im Dorf einen Herzinfarkt erlitten hatte und reanimiert werden musste (49).

Aus Osteuropa und darüber hinaus

Nach der Öffnung des Eisernen Vorhangs waren es zunächst vor allem polnische Beschäftigte, die zu den deutschen Höfen kamen. Ihre sowohl dauerhaft als auch saisonal ausgerichtete Wanderung knüpfte an eine Emigration aus Polen an, die bereits in den 1980er Jahren in die Hunderttausende ging.[36]

Ein Erdbeererzeuger im Kreis Vechta erinnert sich, dass um 1985/86 die ersten Polen auf seinem Hof arbeiteten. Und ein Kollege macht den frühen Ruhestand als einen die Wanderarbeit begünstigenden Faktor aus:

In Polen war es früher so, dass Bergleute, Polizei, Feuerwehr und Lehrer, glaube ich, auch, mit 45 in Rente gehen konnten. Und die haben sich dann ausgerechnet: Wenn sie zu uns kommen, in der Zeit bis zu sechs-, siebentausend Mark verdienen. ... Und das sind natürlich noch einsatzfähige Leute, es sind ja nicht Rentner in dem Sinne, dass sie nichts mehr können, sondern hochleistungsfähige, sehr gute Erntehelfer (46).

Nach Polen hin bestehen die langlebigsten Beziehungen zwischen Landwirten und ihren Saisonbeschäftigten. Die heutigen Kontakte gehen zum Teil bereits auf die Jahre

---

36 So relativiert BECKER, Erdbeerpflücker (2010), S. 58–64, die Bedeutung der Zäsur von 1989 für die polnische Arbeitsmigration.

um 1990 zurück, als sich einige Polen auf niedersächsischen Höfen nach Arbeitsmöglichkeiten erkundigten und damit oft den Grundstein für einen sozialen Aufstieg legten.[37]

Mehrere Landwirte betonen, dass sie Anteil am Leben ihrer Mitarbeiter nehmen und im Laufe der Jahre Einladungen zu Feiern in Polen angenommen haben. Derartige persönliche Beziehungen erstrecken sich in der Regel auf den Kreis der Vorarbeiter, die innerhalb der Saisonarbeiterschaft eine Art Elite bilden und des Deutschen mächtig sind.[38] Sogar familiäre Verbindungen sind entstanden. So können ein Obsterzeuger und seine Frau allein für den Ort Langförden mindestens zwei Kollegen nennen, die polnische Frauen geheiratet haben (38).

Drei der befragten Obsterzeuger haben – wenngleich mit unterschiedlichem Erfolg – Polnisch gelernt, um sich mit ihren Mitarbeitern verständigen zu können.

Eine Obstbäuerin erzählt, dass auf ihrem Betrieb ein Vorarbeiter beschäftigt war, der nur Polnisch konnte. Sie selbst, bekennt sie, spreche keine Fremdsprache richtig gut, doch liege es ihr wohl, Grundzüge einer Sprache zu lernen, also habe sie sich etwas Polnisch angeeignet. Dadurch, dass sie jetzt eine Vorarbeiterin habe, die fließend Englisch spreche, habe der Anreiz zum Spracherwerb allerdings wieder nachgelassen. Anscheinend reicht das Erlernte jedoch in vielen Bereichen zur Verständigung. Und weil einige Rumänen Polnisch verstehen, ist ihr die Verständigung auch bei ihnen mit Hilfe des Polnischen möglich. Nach eigener Einschätzung kann sie mit einem Rumänen sogar besser Polnisch sprechen als mit einem Polen, weil sich dann beide auf einem ähnlichen Niveau in derselben Fremdsprache verständigen (38).

Ein anderer Obsterzeuger hatte sich den Spracherwerb gleich bei der Ausbildung zum Ziel gesetzt:

In meiner Ausbildung hatte ich mir wirklich vorgenommen, auch Polnisch zu lernen mit Karteikarten, auf jeden Fall so viel, dass ich mich während der Arbeit vernünftig unterhalten kann. Wenn man sich jetzt über Außenpolitik unterhält, wird es ein bisschen schwer, aber normale Arbeitsabläufe, Tagesabläufe, Arbeiten anlernen und zeigen, das ist alles kein Problem, also das hatte ich gelernt.

Bisweilen verspürt er bei neuen Mitarbeitern die Befreiung von einem inneren Druck, wenn sie merken, dass er sie in ihrer Sprache anredet:

Ich hab gemerkt, wenn da Neue sind, gänzlich Neue, und man redet dann direkt mit denen auf Polnisch und erklärt die Arbeit auch auf Polnisch, das ist dann eine unwahrscheinliche Erleichterung für die: „Och, Gott sei Dank!" Die haben natürlich irgendwie Angst: Der textet mich jetzt auf Deutsch zu. Ich verstehe das nicht, mach' das falsch, und der ist sauer. (lacht) Ja. Und auf einmal erzählt man denen die ganze Arbeit auf Polnisch,

---

37 Siehe auch Aka, Saisonarbeit (2020), S. 73.
38 Siehe ebd., S. 78f.

und: Oh schön! Oh, Gott sei Dank! Ich verstehe das ja jetzt wenigstens! Und das ist natürlich für die eine riesige Erleichterung. Und meistens antworten die dann so schnell und so viel und so enthusiastisch, dass ich immer sagen muss: „Stopp, stopp, stopp, stopp, stopp! Das verstehe ich jetzt nicht. Ja, immer schön langsam, ja. Ich bin auch nur Laie, und dann ein Wort nach dem anderen."

Trotz aller Mühen sind Missverständnisse nicht ausgeschlossen:

Ich will jetzt auch nicht behaupten, dass manches nicht kommunikativ auch danebenläuft. Wenn ich dann sage: „Ich hab das doch aber so erzählt." Und die mir dann sagen: „Nee, Chef, hast du nicht! Du hast irgendwas anderes erzählt." Und ich dann: „Ja, kann sein." (lacht) (44).

Ein Kollege bedauert, dass er, abgesehen von ein paar Worten, kein Polnisch spreche, doch klappte die Kommunikation bisher auch mit den älteren Mitarbeitern, mit denen man weder Deutsch noch Englisch sprechen konnte: *Wir kamen eigentlich ganz gut zurecht mit den älteren polnischen Leuten; dann auch mit gebrochenem Deutsch und mit Händen und Füßen zu reden, ja, das geht.*

Etwas verbessert ist die Verständigung auf seinem Hof dadurch, dass er mit jüngeren Mitarbeitern Englisch sprechen kann:

Die älteren polnische Leute, die können einige sehr schlecht Deutsch, einige etwas besser. Dadurch, dass die schon einige Jahre hier sind, wissen die, kann ich mich mit denen verständigen. Also es geht. Wir hatten jüngere polnische Leute, die sehr gut Englisch können, und dann kann man mit denen reden und denn die Aufgaben mit denen besprechen.

Nicht ohne Sympathie beobachtet er auch, dass die Sprachkenntnisse auch dazu beitragen können, gewohnte Hierarchien auszuhebeln, und dass eine junge Frau einen Statusgewinn erzielte:

Und das, was dabei rauskommt, ist denn, dass plötzlich das Mädchen, was eigentlich in der Hierarchie eine untergeordnete Rolle hat, plötzlich von mir immer herangezogen wird und ich der erzähle, was jetzt bitte schön zu tun ist. Und sie sagt dann den ganzen [alten] Hasen: „Du machst das. – Du machst das. – Du machst das." Plötzlich ist sie die Chefin.

Sorgt das für Konfliktstoff? Bisher, sagt er, ging alles gut. *Aber plötzlich ist die Hierarchie anders* (18).

Ein Obsterzeuger, der nach eigenem Bekunden nur etwas Polnisch spricht, kennt zumindest zwei im Ort lebende Bauern, die die Sprache fast fließend beherrschen (38).

Ein anderer Obstbauer hat fünf oder sechs Polnischkurse begonnen, aber immer wieder abgebrochen: *Das ist eine Sprache, die will mein Mund und mein Kopf nicht verarbeiten. Ich weiß es nicht. Die wichtigsten Wörter, so dass man sich ein bisschen mit Händen und Füßen verständigen kann, ja, aber wenn es ums Detail geht...* So sei sein Polnisch *selbst nach fünfzehn, zwanzig Jahren grottenschlecht*. Noch rudimentärer seien die Sprachkenntnisse im Rumänischen, doch habe er unter den Rumänen immer jemanden, der übersetzen kann. Er selbst kommt bei beiden Gruppen am ehesten noch mit

Englisch zurecht. Sein polnischer Vorarbeiter spricht ebenfalls einige Worte Rumänisch und Englisch (55).

Dass seine polnischen Vorarbeiter Rumänisch gelernt haben und sich mit den Rumänen verständigen können, bestätigt ein Erdbeererzeuger im Kreis Vechta (38). Hier dient der Spracherwerb der Wahrung der einmal eingenommen Leitungsstellung, die die Vorarbeiter sonst möglicherweise an Rumänen abtreten oder mit ihnen teilen müssten.

Nach dem EU-Beitritt Polens 2004 ging die Zahl polnischer Saisonarbeiter in Deutschland zurück, da viele Polen nun zur Arbeit nach Großbritannien und Irland gingen.[39] Auch verbesserten sich im Heimatland die wirtschaftlichen Verhältnisse, so dass es für viele Polen weniger attraktiv erschien, zur Ernte nach Deutschland zu fahren. So wird die Saisonarbeiterschaft in geringerem Maße durch Jüngere regeneriert; das Durchschnittsalter der polnischen Erntehelfer nimmt zu.

Ein Erdbeererzeuger sieht mit der verringerten Lohndifferenz zwischen Deutschland und Polen auch die Bereitschaft schwinden, sich auf einen zweimonatigen Aufenthalt in der Fremde einzulassen:

Die polnischen Erntehelfer, die sonst eigentlich das Rückgrat unseres Betriebes waren, werden immer weniger, weil im eigenen Land, in Polen, sehr positive Umstände herrschen. Und das bisschen weniger, was sie dann evtl. haben, hat aber den Vorteil, dass sie abends zu Hause bei der Frau, bei der Familie sind. Und hier sind sie dann eben acht Wochen hier. Und die Bereitschaft, hier zu arbeiten, nimmt unter Umständen dann auch ab, wenn die Differenz zwischen dem zu erwirtschaftenden Lohn und dem Heimatlohn nicht mehr so groß ist. Das war früher viel, viel größer (46).

Oft bildet der Generationenwechsel den Anlass für das Abbrechen der saisonalen Wanderung aus Polen:

Es kommt auch schwer die nächste Generation nach. Die sind ja alle ... auch sehr gut gebildet, mittlerweile, in Polen zumindest. Und wer will, hat da ja auch seine Chancen im eigenen Land nutzen können. Die kommen ja nicht mehr zu uns (51).

Ähnlich schätzt es ein Obsterzeuger im Kreis Vechta ein. Die Saisonarbeit in Deutschland verliert zusehends an Attraktivität: *Das läuft aus, mit den Polen. Die ältere Generation, die immer dagewesen ist*, und auch *Schüler, Studenten* kämen noch zur Ernte nach Deutschland. *Aber der Mittelpart, die haben tolle Jobs in Polen. Dann fahr ich hier nicht her. Dann fahr ich in Urlaub, wenn es mir gutgeht* (55).

Inzwischen sind an die Stelle polnischer Erntehelfer vielerorts Rumänen getreten. Polen arbeiten, gerade in größeren Erzeugerbetrieben, vor allem als Vorarbeiter; dabei

---

39 Siehe auch WAGNER, Arnswald (2013), S. 47; PIECHOWSKA/FIAŁKOWSKA, Erntehelfer (2013), S. 165f.

stehen sie sich auch finanziell besser.[40] Erleichtert wurde die Beschäftigung rumänischer Saisonarbeiter durch den EU-Beitritt Rumäniens und Bulgariens zum 1. Januar 2007.

Auf einem großen Teil der besuchten Höfe sind die Belegschaften inzwischen national gemischt. Lediglich eine Reihe Betriebe mit vergleichsweise kleiner Mitarbeiterschaft beschäftigt ausschließlich polnische Erntehelfer. Vermutlich ist es kein Zufall, dass es sich bei diesen Betrieben zumindest im Oldenburger Münsterland um Höfe handelt, auf denen Apfel erzeugt werden. Die Frau eines Obsterzeugers in der Gemeinde Visbek führt die unterschiedliche Verteilung der Nationalitäten darauf zurück, dass das Erdbeerpflücken im Freiland, bei dem die Pflücker gebückt oder auf Knien arbeiten, deutlich strapazierender ist als die Apfelernte, die aufrecht stehend ausgeführt werden kann. Für die Erdbeerernte fänden sich vergleichsweise wenige Polen, denn sie hätten größere Chancen, eine andere Arbeit zu finden. Aus dem gleichen Grunde seien unter den auf den Erdbeerfeldern arbeitenden Rumänen die Roma überrepräsentiert. Da unter den Roma die Arbeitslosigkeit besonders hoch ist, können sie sich noch weniger leicht als die anderen Rumänen aussuchen, wo sie in der Erntesaison Beschäftigung finden. Weiter verringert sind die Auswahlmöglichkeiten durch die oft fehlende Lesefähigkeit.

Mit den unterschiedlich verteilten Chancen scheint oft auch das Empfinden ethnisch markierter Rangfolgen verbunden zu sein. Entsprechende Aussagen, nach denen polnische Saisonarbeiter abfällig über Rumänen und insbesondere über die Roma sprechen, werden von polnischen Forscherinnen aufgeführt;[41] auch im Oldenburger Münsterland gibt es Hinweise in diese Richtung. So berichtet ein befragter Erdbeererzeuger, dass er einen polnischen Vorarbeiter, der die auf dem Betrieb arbeitenden Rumänen systematisch benachteiligt, sie angeschrien und auch sonst schlecht behandelt hätte, schließlich habe entlassen müssen (38). Er und seine Frau machen bei manchen Polen eine Neigung aus, auf die Rumänen herabzusehen.

Wie um diese herablassende Einstellung zu illustrieren, stellte um 2019 ein polnischer Internetnutzer eine abfällige Bewertung über einen Obsthof im Kreis Vechta ins

---

40 Vgl. THOMANN, Anpacken (2023), S. 10, mit der Aussage eines Spargelerzeugers aus dem brandenburgischen Beelitz: „Bis 2006 hatten wir zu 100 Prozent polnische Mitarbeiter', erzählt er am Telefon, ‚heute kommen 80 Prozent aus Rumänien.' Die verbliebenen 20 Prozent Polen arbeiteten meist schon lange auf dem Hof und seien entsprechend versierter: ‚Sie haben sich als Generalisten erwiesen und sind heute im Grunde unsere Vorarbeiter', sagt Jakobs. ‚Sie verdienen auch besser.'"
41 Vgl. FIAŁKOWSKA, Gruppenbildung (2013), S. 91: „Obwohl sie in denselben Betrieben arbeiten, treten Polen und Rumänen jedoch relativ selten in Kontakt. Genauso allgemein, wie über Türken geurteilt wird, vertritt man die Auffassung, wonach es sich bei den Rumänen um einen ‚Mob handelt, der zu allem Übel noch klaut'. In der Regel werden Rumänen mit Roma gleichgesetzt, wobei man schlichtweg von ‚Zigeunern' spricht und sie mit einer Vielzahl negativer Stereotype belegt." Die Autorin beobachtete bei polnischen Saisonarbeitern auch das Empfinden einer ausgesprochenen Rivalität gegenüber den rumänischen Kollegen (ebd., S. 92).

Netz und beklagte dort „kaltes Wasser, kalte Container aus Blech und eine Küche, die mit Rumänen geteilt wird".[42]

In den Interviews ergaben sich ansonsten keine Hinweise auf Diskriminierung und auch nicht auf eine besondere Diskriminierung der Roma innerhalb der rumänischen Arbeiterschaft, aber dies bedeutet natürlich nicht, dass es sie nicht gibt; im Zweifelsfalle sind sie nur nicht bis zu den Landwirten bzw. zum Interviewer gedrungen.

Aussagen der befragten Landwirte über die Beschäftigten aus den verschiedenen Ländern Europas enthalten oft auch Stereotype, in denen sich sowohl eigene Erfahrungen als auch im Kollegenkreis Weitergetragenes widerspiegeln. So stehen Polen im Ruf, gut zu arbeiten, aber auch gut trinken zu können. Die polnischen Helfer mussten beschäftigt sein, sonst tranken sie, bemerkt ein befragter Landwirt (39). Für einen Erdbeererzeuger steht die gute Pflückleistung im Vordergrund:

Die polnischen Leute können unheimlich gut arbeiten. Sie können aber auch sehr viel Alkohol trinken und Party feiern usw. ... Wir haben ein Wort dafür: kombajn, das heißt im Polnischen „Mähdrescher". Das sind wirklich Leute, die können Riesenmengen an Erdbeeren pflücken. Also das ist Wahnsinn. Die Fingerfertigkeit dieser Leute ist genial (46).

Den polnischen Helfern wird nicht zuletzt zugute gehalten, dass sie verlässlich sind und zu ihnen mittlerweile über Generationen hinweg konstante Beziehungen bestehen. Sie sind zum Teil seit über zwanzig Jahren im Betrieb (38). Allerdings gibt es ähnliche Aussagen mittlerweile auch über Rumänen: *... Die rumänische Truppe ist auch eigentlich zu sechzig, siebzig Prozent schon jahrelang immer dieselben Hausfrauen, dieselben Leute, die zu mir kommen* (55).

Die bei den polnischen Helfern wahrgenommene langjährige Treue zum Betrieb wird wohl schon deshalb wahrgenommen, weil die Polen ein bis zwei Jahrzehnte vor den Rumänen auf die Höfe kamen und damit auch eher die Möglichkeit hatten, jahrzehntelange Beziehungen zu deutschen Landwirten aufzubauen.

So sagt denn auch ein Obsterzeuger über seine rumänischen Mitarbeiter: *Und wir haben jetzt auch wirklich Personal, das schon seit fünf Jahren hier herkommt und jedes Jahr wieder zu uns kommt* (38). Ähnliches bemerkt ein Kollege, der rumänische Pflücker beschäftigt: *Wir machen es ja auch schon zig Jahre. Aber wir sind ja auch in einer Größe, wo man ... eigentlich jeden einzelnen kennt* (55).

Auch in der Verlässlichkeit nehmen darauf angesprochene Erzeuger keine besonderen Unterschiede zwischen Polen und Rumänen wahr (44, 55).

Inzwischen hat sich der Kreis der Länder, aus denen Saisonarbeiter kommen, immer wieder erweitert.

---

42 „zimna woda, zimne blaszane kontenery i kuchnia dzielona z rumunami" (aufgelesen in Google-Maps, 31.5.2022, hier anonymisiert wiedergegeben).

Eine Obstbäuerin, die mit ihrem Mann viele rumänische Arbeiter beschäftigt hatte, bemerkt im Jahr 2021: *Ich würde mir jetzt auch nicht zutrauen, noch eine weitere Nationalität hier auf den Hof zu bekommen. Wir haben es einmal mit Tschechen versucht, das ging gar nicht.* Und ihr Mann ergänzt: *Ukrainer soll eigentlich ganz gut klappen. Da darf man aber nur Studenten in den Semesterferien nehmen. Das passt aber eigentlich ganz gut mit der Erdbeersaison, weil, wir haben ja einen Landwirt, der hat dieses Jahr einen sehr, sehr großen Anteil schon an Ukrainern, und er sagt, mit denen hat man am wenigsten Probleme.* Auch mit den polnischen Kollegen verstünden sich die Ukrainer hundertprozentig (38).

Bei einem anderen Landwirt begann die Beschäftigung ukrainischer Helfer mit einem Missverständnis: *Wir hatten das erste Jahr Ukrainer, die sind am Donnerstag gekommen, haben einen Tag gearbeitet und sind am Freitagmorgen nach Berlin gefahren, wovon wir nichts wussten, und die waren davon ausgegangen, dass Freitag, Samstag, Sonntag Wochenende ist.* Da die Erdbeeren auch am Wochenende reif werden und gepflückt werden müssen, drängte er auf eine Absprache mit den Mitarbeitern. *Sie kriegen frei, ist ja kein Problem, aber das müssen wir wissen.*

Um Frustrationen zu vermeiden, wird der räumliche Einzugsbereich der Arbeiter immer mehr erweitert. Der befragte Landwirt ist auf eine große Zahl von Pflückern angewiesen. Seit einigen Jahren beschäftigt er auch Kirgisen, Usbeken und Tadschiken:

Seit vier Jahren kommen die jetzt zu uns, in immer größer werdender Anzahl. Das sind Muslime; die trinken keinen Alkohol, die rauchen nicht. Und daher ist das auch arbeitswirtschaftlich gesehen ein Riesenvorteil. ... Ohne das jetzt zu bewerten: Das hat positive Aspekte, aber auch schwierigere, nämlich die Organisation, diese Leute rechtsverbindlich gut hier herüberzubekommen. Das heißt, sie müssen vorher durch einen Berater von uns dort hinten aufgeklärt werden, was auf sie zukommt, denn sie fliegen achttausend Kilometer zu uns.

Bei derart weiten Flügen gerät das System der temporären Arbeitsmigration an die Grenzen des wirtschaftlich Sinnvollen, da die Flüge die Herstellungskosten der Erdbeeren deutlich erhöhen. Angesichts der Entfernungen und der entsprechend hohen Reisekosten können sich auch technische und kulturelle Missverständnisse zu teuren Verstimmungen auswirken. Daher gilt es nicht zuletzt, die Vermittlung der Arbeiter weiter zu professionalisieren:

Neuerdings arbeiten wir mit einem eigenen angestellten Berater, der da die Leute organisiert, also praktisch ein Mitarbeiter von uns, den wir eingestellt haben, der für uns die Leute da hinten akquiriert. Mit Visum, mit den ganzen Bescheinigungen, die die Leute brauchen, etc.

Gegenüber den Arbeitern aus Mittelasien sind andere Rücksichten zu nehmen als gegenüber jenen aus dem östlichen Europa: So wird für Kirgisen und Usbeken, weil sie Moslems sind, eigenes Essen bereitgestellt. Auch wird darauf geachtet, empfindliche

Gemüter nicht durch unvorsichtige oder lockere Bemerkungen versehentlich zu beleidigen. Dieses Risiko beruht allerdings wohl nicht allein auf der Religion der Arbeiter, sondern überhaupt auf großen kulturellen Unterschieden zwischen den Beteiligten.[43]

Ebenso wie bei den ukrainischen Pflückern gab es auch bei den Kirgisen und Usbeken am Anfang Irritationen wegen freier Tage, in diesem Falle wegen eines muslimischen Feiertages:

Da fehlten auf einmal so und soviel Männer, und wir fragten uns... Wo sind die? – „Ja, die sind nach Bremen gefahren zu einer Moschee, um zu beten." Ich sag: „Das hätten die uns eben sagen müssen." Auch das war ein Kommunikationsproblem. Die Frauen mussten weiterarbeiten, und die Männer sind zur Moschee gefahren (46).

Frustration

Vorzeitige Abschiede

Besonders im Hinblick auf rumänische Pflücker wird mal mehr, mal weniger deutlich von frustrierenden Erfahrungen berichtet. So berichtet ein Erdbeererzeuger im Kreis Vechta, dass ihm der Ärger, den er in den ersten Jahren mit rumänischen Saisonarbeitern hatte, damals die Freude am ganzen Beruf vergällte:

Ich bin morgens zum Acker gekommen, und ich war nur noch schlecht zufrieden, weil das einfach so stressig mit den Jungs war. So, und mittlerweile haben wir da einen relativ guten Trupp zusammen, und wir haben auch einen top Vorarbeiterteam, die sich mit denen verstehen.

Hier wie auch in anderen Fällen entsteht bisweilen der Eindruck, dass enttäuschende Momente mit einigen Arbeitern ein unverhältnismäßig großes Gewicht bekommen. Es sind jedoch oft die gleichen Schwierigkeiten, auf die die Befragten zu sprechen kommen. So erlebte der eben zitierte Erdbeererzeuger es wiederholt, dass rumänische Pflücker vorzeitig und kurzfristig kündigten, sobald sie einen bestimmten Betrag verdient hatten:

Deswegen bringt der Mindestlohn auch nichts, weil ... vorher ... waren die länger bei uns, und jetzt sind die einfach nur kürzer da. Die gehen jetzt teilweise, wenn sie ihr Ziel erreicht haben, nach zwei Wochen. Dann gehen die nach zwei Wochen. Und das erzählen die dir: „Morgen fahr ich nach Hause. Morgen hab ich einen Bus." – „Wie? Heute ist Sonntag, wie soll ich denn jetzt die Abrechnung machen? Ich muss ja auch Geld von der Bank holen."

---

43 Vergleichbares bemerkt WELLS, Strawberry Fields (1996), S. 176f., für die mexikanischen Erdbeerpflücker in Kalifornien: Anders als bei Arbeitern nordamerikanischer Herkunft dürfe man sich etwa bei Hinweisen auf grobe Arbeitsfehler keine spaßigen Bemerkungen erlauben, sondern müsse sie mit großer Vorsicht ansprechen.

Das ist denen egal. Die fahren dann einfach nach Hause. Die lassen einen auch im Stich, ob du die brauchst oder nicht (38).

Ähnliches berichtet ein anderer Erdbeererzeuger, der die Gruppe der rumänischen Saisonarbeiter als *eine unkalkulierbare Größe* wahrnimmt:

Die Tatsache, dass wir jetzt mit rumänischen Leuten arbeiten, ist auch ein bisschen schwierig, weil auch da Besonderheiten bestehen, die es bei den polnischen Leuten nicht gibt. Wenn die rumänischen Leute dreitausend Euro verdient haben, gehen sie ins Lohnbüro und wollen morgen früh nach Hause fahren. Weil sie einfach sagen: Das ist die Grenze, die ich verdienen will, oder: Das will ich verdienen. Und wenn ich die zusammenhabe, fahre ich. Man kann ruhig sagen: Du verdienst innerhalb der nächsten Woche so und soviel mehr, weil und, und, und. Da hilft kein Bitten, nichts. ... Aber wenn die Leute da auf einmal weg sind, bleibt die Ernte auf dem Acker (46).

Hier erscheint die vorzeitige Abreise als ein krasses Beispiel für unterschiedliche Erwartungen, unter denen Landwirte und Saisonarbeiter einander begegnen, und auch für deren auf unterschiedlichen Voraussetzungen beruhenden ökonomischen Abwägungen.[44]

Ein anderer auf die vorzeitige Abkehr rumänischer Pflücker angesprochener Obsterzeuger kann zwar bestätigen, dass im Kollegenkreis des öfteren davon erzählt wurde; bei ihm selbst sei es jedoch nicht vorgekommen: *Ich hab das schon zigmal gehört, dass sie gesagt haben: „Ja, wir wollen 2500 Euro verdienen", und wo sie das hatten, sind sie nach Hause gefahren. Aber ich hab das noch nicht erlebt* (55).

Indes wird die vorzeitige Kündigung auch in anderen Anbaugebieten beklagt. Der Geschäftsführer des Verbandes Süddeutscher Spargel- und Erdbeeranbauer führt das Phänomen auf den gesetzlichen Mindestlohn zurück:

„Die Probleme haben für die Landwirte mit der Einführung des Mindestlohns angefangen. Würden die Landwirte den Erntehelfern mehr bezahlen, würde das nichts helfen [...]. Denn viele reisen vorzeitig ab, weil sie bereits genug verdient haben. Zum Ende der Saison fehlen dann die Helfer."[45]

Allerdings wurde der Mindestlohn in Deutschland erst zum Jahresbeginn 2015 eingeführt;[46] die Interviews mit den Südoldenburger Landwirten deuten aber darauf hin, dass die vorzeitige Abkehr schon um 2010, bald nach der vermehrten Beschäftigung rumänischer Saisonarbeiter, beobachtet wurde.

Ein anderer befragter Erdbeererzeuger gibt eine differenzierte Einschätzung ab. Die Haltung, nicht länger als bis zum Erreichen eines einmal gesetzten Verdienstzieles

---

44 Siehe hierzu SCHMIDT Mobilität (2021), S. 249 u. ö.
45 Nach: Zu viele Erdbeeren. Zu wenige Erntehelfer. In: Deutschlandfund Nova, 15.6.2018, https://www.deutschlandfunknova.de/beitrag/zu-viele-erdbeeren-zu-wenige-erntehelfer (27.5.2022).
46 Gesetz zur Stärkung der Tarifautonomie (Tarifautonomiestärkungsgesetz). Vom 11. August 2014. In: Bundesgesetzblatt 2014, Teil I, Nr. 39, S. 1348–60, darin S. 1348–54: Artikel 1: Gesetz zur Regelung eines allgemeinen Mindestlohns (Mindestlohngesetz – MiLoG).

bleiben zu wollen, sei vor allem in den Anfangsjahren ausgeprägt gewesen, und es sei auch eher eine Minderheit der rumänischen Helfer, die frühzeitig gingen:

Das ist aber in den letzten Jahren, weiß ich nicht, nicht mehr so schlimm gewesen. Die wollten dann auch wohl mehr. Also, das war die ersten Jahre, wo sie hier waren, extremer. ... Mit so viel Geld dann, dachten die: So, jetzt hab ich genug. ... Mit Sicherheit waren dann hier und da welche dabei, aber im Großen und Ganzen wollten die wirklich bis zum Ende durcharbeiten, damit sie auch wirklich noch mehr Geld mitnehmen.

Seine Frau ergänzt, dass sich die Einstellung vor allem in der letzten Zeit gewandelt habe: *Ganz extrem ist mir das dann aufgefallen im Jahr 2020, wo die Preise so gut waren und wo sie merkten: Ey, wir können unheimlich viel Geld verdienen!*

In den ersten Jahren, in denen rumänische Helfer auf dem Hof waren, hatte sie die Neigung, frühzeitig wieder abzureisen, vor allem bei den Frauen erlebt:

Die rumänischen Frauen, die ersten drei, die hatten tausend Euro verdient. ... 1300 und so, und dann sagten sie: „Jetzt habe ich genug. Jetzt haben wir genug. Jetzt wollen wir nach Hause." Da haben wir gesagt: „Nein! Ihr müsst noch hierbleiben. Ihr könnt bestimmt noch die Hälfte dazuverdienen. Das könnt ihr sicher. Bleibt hier!" War nicht zu bewegen. Die wollten nach Hause (lacht). Das allererste Mal, wo wir rumänische Frauen hatten. Die wollten, wo sie über 1000, 1300, sagen wir mal, hatten, wollten die nach Hause. Partout. War nicht mehr aufzuhalten.

Die Befragte ist eine der wenigen, die dieses Verhalten zu erklären versuchen. Als ein möglicher Grund erscheint ihr das krasse Lohngefälle zwischen Deutschland und Rumänien:

Ja, die denken ja so: „In Rumänien habe ich 200 Euro im Monat oder vielleicht 300 Euro im Monat oder gar nichts als Hausfrau. Und jetzt habe ich 1300 in vier Wochen verdient. Pfff... Mehr kann ich ja gar nicht! Und da hab ich jetzt genug bis zum Jahresende." Haben sie aber wahrscheinlich nicht, aber in dem Moment haben sie sich das gesagt: „Das reicht mir." (49)

Hier erscheint das Verhalten als eine Folge einer noch nicht eingetretenen Gewöhnung an größere Geldbeträge und auch wohl eines eher kurz- als langfristig orientierten Rechnens. Gerade bei vielen rumänischen Frauen kommt möglicherweise ein weiteres Motiv hinzu: Viele lassen, um in Deutschland zu arbeiten, ihre Kinder bei den Großeltern oder anderen Familienangehörigen zurück[47] und wollen die Trennung nicht über das ihnen als nötig erscheinende Maß verlängern, oder sie fühlen sich stärker als ihre männlichen Kollegen dem heimischen familiären Umfeld verpflichtet.

---

47 Zu diesem Phänomen siehe z. B. Keno VERSECK, Maria FECK: „Eurowaisen". Rumäniens einsame Kinder, in: Spiegel online, 30.6.2019, https://www.spiegel.de/politik/ausland/rumaenien-die-einsamen-kinder-rumaenischer-arbeitsmigranten-a-1273465.html (7.10.2022). Grundsätzlich betrifft das Problem der Trennung alle Nationalitäten. Zu den Anstrengungen polnischer Erntehelfer und -helferinnen, die Erziehung ihrer Kinder über die räumliche Distanz sicherzustellen, siehe PIECHOWSKA/FIAŁKOWSKA, Erntehelfer (2013), S. 179–181.

Der eingangs zitierte Landwirt, der über die frühzeitige Abkehr frustriert war, sieht eine Ursache im Unvermögen vieler Arbeiter, ihre Nettoeinkünfte zu berechnen:

Viele sind Analphabeten, und die können auch nicht so weit rechnen. Für die ist immer so: Irgendwer hilft denen noch mal mit dem Kalkulieren. Die vergessen aber, dass der Bus die ja auch noch Geld kostet und so; das sind ja keine Kosten, die wir übernehmen. Und am Ende ist es doch gar nicht mehr so viel Geld. Dann haben sie ja irgendwie nur fünfhundert Euro verdient, und dann sind sie unglücklich. Das ist so ein bisschen auch ein Kalkulationsproblem. Und wir versuchen das auch immer mit Dolmetschern und so weiter denen genau ... zu sagen, wie viel sie aktuell verdient haben, damit die auch einfach nicht glauben, dass wir die veräppeln wollen. Ich meine, die verdienen hier wirklich viel Geld. 9,50 Euro pro Stunde, netto, für ungelernte Kräfte... Wir müssen ja die Steuern zahlen, im Nachhinein.

Immerhin bemerkt er bei den Arbeitern eine gewachsene Kontinuität:

Mittlerweile haben wir jetzt auch so einen festen Pool, die fast jedes Jahr kommen. ... Von den Rumänen jetzt. Und die wissen jetzt auch, wie das bei uns abläuft und wie schön das ist, auch mal mit zweitausend Euro nach Hause zu fahren. Das ist bei denen ein Jahresgehalt.

Dennoch hat er, nicht zuletzt um das Risiko durch die vorzeitige Abreise zu verringern, den Betrieb auf fluktuationstolerantere Kulturen umzustellen begonnen: *Deswegen strukturieren wir gerade auch um, dass wir auf Kulturen gehen, da ist es nicht schlimm, wenn die drei oder vier Tage länger hängenbleiben und dann geerntet werden. Dann hat man aber einen Puffer, wo man sich noch neue Leute organisieren kann* (38).

Misstrauen

Geprägt ist die Situation bisweilen auch von Misstrauen auf beiden Seiten. Das Misstrauen bei Obstbauern gilt vor allem der Zuverlässigkeit der Beschäftigten. Hier beginnt die Unsicherheit schon mit der Sorge, ob die Arbeiter überhaupt erscheinen. Erst bei der Ankunft wissen die Landwirte, wer tatsächlich dabei ist: *Es kommen nie alle. ... Es kann einen Tag vorher noch alles auf der Liste stehen, aber wenn die dann aus dem Bus steigen, dann weiß man: Ach! Soundso viel sind da.*

Dabei ist der Extremfall, dass die Mitarbeiter sich erst kurz vor der Ankunft dazu entschließen, doch nicht zu kommen, zumindest als schreckbehaftete Erzählung präsent: *Man ist ja bei anderen Landwirten auch schon mal gewesen, da haben während der Busfahrt die Leute sich noch überlegt, auf einen anderen Betrieb zu gehen. Also während der Busfahrt auf dem Weg hierher.* Dies sei nicht im eigenen Betrieb passiert, aber bei einem Kollegen im Nachbarort: *Der Bus ist wirklich woanders hingefahren und hat die Leute woanders hingebracht.*

Auf die Frage, ob die Arbeiter auch von anderen Betrieben abgeworben werden, antwortet der Befragte:

Ich weiß nicht, ob das abwerben war... Die sind ja heutzutage, oder die waren ja so vernetzt mit Telefon, die wissen ja alles. Und wenn du ein paar Leute hast, die auf einem Betrieb sind, wo momentan vielleicht eine gute Ernte ist, zu dem Zeitpunkt, dann wird natürlich gesagt: „Du, hier, hier kannst du jetzt richtig Geld verdienen." Ja, was machen die? Die sagen dem Busfahrer: „Fahr nicht dahin, fahr uns dahin!" Und der andere Landwirt rechnet aber mit denen. Wenn du da auf einmal sechzig Leute nicht bekommst, ja dann siehst du aber alt aus (49).

Auf der anderen Seite haben, wie ein Kollege bemerkt, rumänische Erntehelfer, die zum ersten Mal auf deutschen Obsthöfen arbeiten, bisweilen die Sorge, dass ihre Wiederkehr im nächsten Jahr nicht erwünscht sei:

Und die glauben auch, wir wollen die immer nur für dieses eine Jahr haben und ausnutzen im Endeffekt; da haben die Angst vor. Ich sag: „Nee, ihr seid [gute] Leute, ihr dürft die nächsten zehn Jahre zu uns kommen, wenn ihr gut arbeitet und alles ruhig verläuft." – „Wie, ihr wollt uns noch mal wiederhaben?" Ja, dann sind die ja ganz anders drauf, jetzt auf mal.

Nach seiner Beobachtung wirkt sich dies auf das ganze Verhalten der Arbeiter aus:

Dann gehen die mit ihren Sachen pflegsamer um. Ob es jetzt die Karren sind, ob es unsere Wohnungen sind, und, und, und. Dann pflegen die die viel besser, wenn sie wissen: N*ächstes Jahr komme ich hier wieder, kann wieder Geld verdienen. Und komm vielleicht in mein eigenes Zimmer wieder rein oder wie auch immer* (38).

Misstrauen gegen den Arbeitgeber betraf nach der Erinnerung eines Erdbeererzeugerpaares zumindest in den ersten Jahren die Gewissheit, den erarbeiteten Lohn überhaupt zu erhalten. Aus Sorge, um den Lohn betrogen zu werden, vertrauten manche eher darauf, ihr Geld besser verstecken zu können, als andere es finden:

Wo die die ersten Jahre hier waren, hatte man immer das Gefühl, die wollten so nach zwei, drei Wochen ihr Geld haben, weil die Angst hatten, dass zum Schluss hin sie das Geld nicht bekommen würden, ... dass sie übers Ohr gehauen werden. Da wollten die zwischendurch immer, immer Geld haben. Und denn haben wir auch gesagt: „Wieso willst du jetzt fünfhundert Euro? Was willst du mit fünfhundert Euro machen? Pass auf, wenn das bei dir im Container ist, das nimmt dir einer weg!" – „Nein, nein. Nein. Ich hab schon ein sicheres Versteck."

Die Befragten machen hier vor allem die fehlende Gewöhnung an die in Deutschland bestehende Rechtssicherheit als Ursache dieser Einstellungen aus und vermuten, dass die Arbeiter im Heimatland andere Erfahrungen gemacht haben: *Also ich wüsste nicht, dass man das hier mal gehört hat, dass irgendwelche Leute ihr Geld nicht bekommen haben in Deutschland... Aber das ist eben in den anderen Ländern, in Rumänien oder so, da ist der Patron wohl etwas anders* (49).

Als Südoldenburger Obsterzeuger stellt sich der Befragte mit tiefer Überzeugung der Sorge entgegen, er oder seine Kollegen könnten die Arbeiter um den verdienen Lohn bringen. Verständlich ist die Sorge der rumänischen Erntehelfer jedoch schon vor dem Hintergrund, dass es in anderen Branchen, namentlich in der Fleischindustrie, jahrzehntelange Praxis war, die ausländischen Arbeiter durch die Beschäftigung in Werkvertragsverhältnissen und die Konstruktion von Subunternehmen nicht nur sehr schlecht zu bezahlen, sondern sie auch um Teile ihres ohnehin geringen Lohnes zu prellen. Erst unter dem Druck verstärkter öffentlicher Aufmerksamkeit im Gefolge der Corona-Ausbrüche in Schlachtbetrieben gelobten deren Betreiber, einige der gröbsten Missstände abzustellen.[48]

Sorge besteht bei rumänischen Erntehelfern aber nicht nur, dass sie um ihren ganzen Verdienst gebracht werden könnten, sondern auch, dass der Lohn nicht richtig berechnet wird. So richtet sich das Misstrauen auch gegen die elektronische Erfassung der gepflückten Früchte. Als Gegenbeispiel führt ein Erdbeererzeuger einen Fall an, der in dieser Erzählung gerade die Objektivität der elektronischen Erfassung unterstreicht:

Letztes Jahr hatten wir das zum Beispiel. Wir haben eine Vermittlerin für die rumänischen Leute. Die musste dann herkommen. Dann haben wir die ganzen Zettel ausgedruckt, wer wie viel Kisten bis jetzt gepflückt hat. Und dann haben die selber ihre Strichliste da gemacht. So, und dann haben wir denen das alles gezeigt. Die hatten einfach Angst, dass wir die bescheißen.

Letztlich, sagt er, habe keiner der Pflücker seine Strichliste richtig geführt; vielmehr habe das System bei allen Arbeitern mehr gepflückte Erdbeeren angezeigt, als sie selbst notiert hatten, *und auf mal waren alle glücklich* (38).

Hier ist das Misstrauen zum Teil durch den verbreiteten Analphabetismus verstärkt, zum Teil auch durch die durchaus verständliche Reserviertheit gegenüber einer Technik, auf die die Pflücker keinen Einfluss haben, die aber durch die Erfassung der Pflückmengen über die Gehälter bestimmt. Das Erlebnis, dass man den Pflückern zeigen konnte, dass sie sich zu ihren Ungunsten verrechnet hatten und sie sich am Ende besser standen als gedacht, macht die Erzählung zu einer Erfolgsgeschichte.

Mit großer Vorsicht begegnen Saisonbeschäftigte allerdings nicht nur dem Arbeitgeber, sondern auch ihren Kollegen:

Aber das war auch immer so, wenn Neue kamen, dass sie auch so vorsichtig waren. „Nee, hier ist immer zarappzappzapp" oder so, sagten sie dann. Also das heißt: Hier ist Klauen, und wo hab ich einen Schlüssel, wo bin ich hier sicher? oder so. Ich sag: „Du brauchst keine Angst zu haben. Hier brauchst du keine Angst zu haben. Hier wird niemand

---

48 Siehe z. B. Tönnies: Beschäftigte Werkvertragsarbeiter werden künftig fest angestellt. In: Redaktionsnetzwerk Deutschland, 18.7.2020, https://www.rnd.de/wirtschaft/tonnies-beschaeftigte-werkvertragsarbeiter-kunftig-fest-angestellt-DGUHLWMF5M7SGUDDBT24BZC7Y4.html (12.9.2023).

klauen. Hier wird nicht geklaut. Du hast deinen Container, du hast deinen Schlüssel. Das wird abgeschlossen."

Sicher konnten sich die Befragten allerdings nicht sein, dass überhaupt nicht gestohlen wurde. Einigen Argwohn hegten sie zumindest, dass die Kollegen ihnen Lebensmittel aus den Gefriertruhen stahlen.[49] Der Bauernfamilie war dies im Sommer 2021 aufgefallen, nachdem die Arbeiter die Kühlschränke in den einzelnen Wohncontainern als Gefriertruhen zweckentfremdet hatten, indem sie sie auf die höchste Stufe stellten und infolge der hohen Belastung der Stromleitungen mehrmals der Strom auf dem Hof ausfiel. Auf der Suche nach der Ursache der Stromausfälle waren der Bäuerin dicke Eisschichten in den Kühlschränken aufgefallen. Letztlich wussten sie und ihr Mann sich nicht anders zu helfen, als den Arbeitern anzudrohen, dass ihnen für den verbrauchten Strom fünf Euro vom Lohn abgezogen würden, wenn die Kühlschränke nicht bis zum nächsten Tag abgetaut wären; in zwei Fällen zogen sie tatsächlich fünf Euro ab (49).

Misstrauen seitens vieler rumänischer Arbeiter richtet sich möglicherweise auch gegen jede Art von Institutionen. So bemerkt ein Befragter im Hinblick auf die Corona-Impfungen:

Viele polnische Mitarbeiter, die kommen, sind geimpft. Tatsächlich eine gute Quote. Und viele der rumänischen sind eben noch nicht geimpft, weil die da so gewisse Vorbehalte haben. Mir sagte mal einer...: In Rumänien ist das so: Wenn irgendwas von der Regierung kommt, was umsonst ist, das kann nicht gut sein. Zum Beispiel. Also das ist ein gewisses Grundmisstrauen in die Obrigkeit (41).

2021, bemerkt ein Obsterzeuger im Kreis Vechta, kamen viele Rumänen nicht, weil Gerüchte umgingen, dass sie sich in Deutschland impfen lassen müssten. *Ja, sie wollten sich nicht impfen lassen. Sie hatten letztendlich Panik, Angst, keine Ahnung. Die dann wirklich einen Tag vor der Abreise gesagt haben: „Nee, ... wir kommen nicht."*

Für den Befragten war dies zwar ärgerlich, doch zeigt er durchaus Verständnis für das Misstrauen gegenüber einer Situation, in der man mit einem unbekannten Impfstoff konfrontiert sein könnte: *Obwohl, andersrum, wenn ich irgendwo im Ausland oder in Rumänien arbeiten würde und ich sollte mich da impfen lassen, ... da würde ich auch eher zweimal überlegen, glaube ich (lacht)* (55).

Lesen und Schreiben

Verstärkt wird das Misstrauen, wenn zur sprachlichen Barriere der fehlende Umgang mit der Schrift hinzukommt. Verhältnismäßig groß ist der Anteil der Analphabeten un-

---

49 Dass das Eigentum anderer an Lebensmitteln nicht immer respektiert werde, bemerkt Aka, Saisonarbeit (2020), S. 76. Im Hinblick auf Polen spricht Fiałkowska, Gruppenbildung (2013), S. 91f. und 101, von gegenseitigem Misstrauen, das sich auch in sprichwörtlichen Redensarten niederschlage.

ter den Rumänen und hier namentlich unter den Roma. Zu den Ursachen gehören die soziale Segregation der Roma und die Armut, die sie oft daran hinderte, weiterführende Schulen bis zum Abschluss zu besuchen.[50] 2004 gaben 72 Prozent und 2011 immerhin schon 86 Prozent rumänischer Roma zwischen 15 und 24 Jahren in einer Umfrage an, lese- und schreibkundig zu sein.[51] Gemessen an diesen Zahlen hat der Anteil derer, die mit dem geschriebenen Wort umgehen können, im Laufe weniger Jahre zwar deutlich zugenommen, allerdings bleibt vor allem in der älteren Generation ein hoher Anteil von Analphabeten.

Eine befragte Erdbeererzeugerin fand es anfangs schwierig, mit dem fehlenden Lesevermögen umzugehen, da sie die betroffenen Arbeiter mit Wertschätzung behandeln und sie nicht vor den anderen bloßstellen wollte: *Da können sie ja nun mal auch nichts für, aber deswegen will ich sie ja trotzdem vernünftig behandeln. Nicht, dass sie denken: Oh, was denkt die wohl von mir? oder so. Das fand ich manchmal schon schwer.* Bisweilen, bemerkt sie, hätten die Arbeiter aber selbst Witze über ihr fehlendes Schreib- und Lesevermögen gemacht.

Es gab immer wieder Situationen, in denen Pflücker mit der elektronischen Waage nicht zurechtkamen oder ihr Geburtsdatum nicht anzugeben wussten. *Auch mit Unterschriften. Die mussten ja dann hier unterschreiben oder da unterschreiben.* Besonders bei Roma habe sie es erlebt: *Dann machte er krck-krck-krck (deutet Kritzeln mit einem Stift an). Und der nächste: Krck-krck-krck. Die erste Zeit ging das. ... Aber dann kam unser Steuerbüro, dann sagten die – die letzten paar Jahre war das schon –: „Ey, ... die müssen da einen Namen hinschreiben, so geht das nicht. Da komme ich nicht mehr mit durch." – „Ja", ich sag, „wie soll ich das denn machen?" Und dann hab ich immer irgend jemand andern. Ich sag: ... „Es muss da ein Name stehen." Entweder sie können selber ihren Namen schreiben... Manchmal sind die dann angefangen in Druckbuchstaben, – kannst auch manchmal kucken, wie die geschrieben haben – ... da musst du einfach nichts sagen. Sag nur: „Komm, du musst eben unterschreiben. Schreib bitte richtig mit Buchstaben."* (49)

Von ähnlichen Problemen berichtet eine andere Landwirtin, die die rumänischen Arbeiter angemeldet hat: *Wenn die denn irgendwie ihren Namen da hingekrickelt haben, dann muss man das entziffern, und ja, das sind die Dinge, vor denen man dann steht. Manchmal wissen sie ihr Geburtsdatum nicht richtig* (38).

Mit dem fehlenden Lesevermögen hängt wohl auch zusammen, dass bisweilen von der Menge der Geldscheine auf die Höhe des gezahlten Lohns geschlossen wurde. So fiel es einem Erdbeererzeuger und seiner Frau auf, dass sich ein rumänischer Saisonarbeiter darüber beklagte, nur wenige große Scheine bekommen zu haben:

Dann hatten wir Leute, denen haben wir, wenn die meinetwegen fünfhundert Euro in der Zeit verdient haben, zwei Zweihundert-Euro-Scheine und einen Hunderter rein-

---

50 FRA European Union Agency for Fundamental Rights (um 2014).
51 Brüggemann, Roma Education (2012), S. 26f.

gepackt. Und dem anderen hatten wir viele Fünf-Euro-Scheine reingepackt, weil wir die dann grad von der Bank so gekriegt hatten. So, und der, der seine Fünf-Euro-Scheine hatte, der hat in den Umschlag reingekuckt, hat ihn wieder zugeklappt, saß im Bus. Der da aber nur drei Geldscheine im Umschlag hatte, der hing da nur: „Zu wenig, zu wenig! Zu wenig Geld verdient. Warum hat der so einen Batzen Scheine, und ich hab nur fünf?"

Die Befragten kamen zunächst nicht darauf, wo die Ursache der Klage lag: *Der hat diskutiert, und wir haben das Problem nicht verstanden. ... Ich war fünfmal im Büro und hab dem Listen ausgedruckt und hab gesagt: „Du hast aber nicht mehr Geld verdient." Bis uns klar war, dass die Anzahl der Scheine das Problem war* (38).

Daher haben sie sich vorgenommen, die Rumänen, zumindest die Roma, nur noch in kleineren Scheinen auszuzahlen. Auch das andere Landwirtspaar achtete darauf, Zweihundert-Euro-Scheine nur noch jenen zu geben, die schon länger auf dem Hof gearbeitet hatten (49).

Bei polnischen Saisonarbeitern war es in den ersten Jahren gerade andersherum: Sie schätzten eher wenige große Scheine, dies allerdings, weil die große Stückelung für sie in den polnischen Wechselstuben zu einem günstigeren Kurs führte: *Bei den Polen war das wohl eine Zeitlang so, die wollten möglichst große Scheine haben, weil sie dafür einen besseren Wechselkurs gekriegt haben, als wenn sie die kleinen Scheine alle dahinten wechseln* (38).

Ein Umstand, der oft durch wechselseitiges Unverständnis bedingt sein könnte, sind gelegentliche Arbeitsniederlegungen. So registriert ein befragter Landwirt bei einer Gruppe der rumänischen Arbeiter eine hohe Bereitschaft zu spontanen Ausständen:

Die kriegen das von heute auf morgen in den Kopf, und dann streiken die. Das ist auch das einzige, womit die sich mitteilen können. Also haben die zumindest das Gefühl, und das ist auch deren Erfahrung..., vielleicht wurden die ja beim anderen Bauern schon mal verarscht, auf gut Deutsch. Kann ja sein, dass die da Probleme hatten. Es gibt überall Schwarze Schafe. Aber das spricht sich auch rum.

Nicht selten verstärken sich Konflikte und wechselseitige Missverständnisse durch die sprachliche Barriere. So weiß derselbe Befragte ein Beispiel zu geben, in dem der betriebliche Friede mit Hilfe eines maschinell übersetzten Briefes wiederhergestellt werden konnte:

Wir haben das auch schon gemacht, da haben wir einen Brief geschrieben über einen Google-Übersetzer. Also über den Computer, und dann haben wir uns einen gesucht, der lesen kann, und der hatte den ganzen Leuten das dann eben vorgelesen. Und damit haben wir ganz, ganz viel erreicht. Auf mal war Ruhe. Wir hatten die ganze Saison keine Probleme mehr mit den Leuten. Man muss einfach nur offen und ehrlich zu den Leuten sein.

Die Streiks entstehen aus für den Landwirt unbegreiflichen Ursachen, und besonders im Coronajahr 2020 sorgten sie für Frustration:

Letztes Jahr kam das durch Corona noch mal obendrauf, und das ist wirklich diese Zeit, ich sag mal, von Juni bis Juli, wenn dann wieder Streiks auf dem Acker sind und du wieder morgens um fünf Uhr einen Anruf kriegst von einem der Vorarbeiter: „Hier, Stress auf dem Feld!" Und das sind Dinge, die wir einfach gar nicht nachvollziehen können, worüber die Leute sich Gedanken machen. Also erst mal: Die misstrauen grundsätzlich, und gerade neue Leute. Irgendwer spielt denn wieder seine Macht aus, der sagt: „Wir streiken jetzt." Und sagen wir: „Ihr verdient doch euer Geld. Du hast gestern hundert Euro verdient. Du verdienst pro Stunde im Akkord achtzehn Euro. Du pflückst super Erdbeeren. Und heute streikst du und ziehst die ganzen Leute mit, die nur einen Bruchteil von dir verdient haben. Was soll das jetzt?"

Viele Arbeiter, vermutet das befragte Landwirtspaar, machen die Streiks nicht freiwillig mit: *Und dann werden die auch erpresst. „Also komm du mir nach Hause, wenn du jetzt nicht mitmachst beim Streik..." ... Die hatten dann Angst, die Leute; die müssen streiken, obwohl sie es nicht wollen.* Nach ihrer Einschätzung sind es vor allem Roma, die sich von Landsleuten zum Streiken genötigt sehen. *Die anderen Rumänen streiken auch nicht. Die zeigen, genau wie die Polen, denen dann immer nur hier 'n Vogel und sagen: „Komm her; sieh zu, dass du weiterarbeitest; mach jetzt nicht so 'n Theater!" Und die machen auch ihr eigenes Ding, und die haben auch keine Angst vor denen, dass die zu Hause irgendwas machen.*

In zumindest einem Falle, bemerken sie, streikten rumänische Erntehelfer, weil sie sich von polnischen Kollegen benachteiligt sahen:

Die [die Polen] verarschen die oder suchen sich denn immer die besten Jobs raus... Oder zum Beispiel, das geht ja nun morgens los mit den Bussen. Dann bevorzugen die immer erst die Polen, dass die gefahren werden, und dann kommen erst die Rumänen zum Feld oder solche Sachen. Da fühlen sich die Rumänen benachteiligt, streiken. Ich kann das alles verstehen... Also das sind wirklich Dinge, es ist schrecklich (38).

Wenn die rumänischen Arbeiter erst später zum Feld gefahren werden, ist dies nicht nur ein Element der Rangfolge, sondern hat auch finanzielle Auswirkungen, weil die Rumänen, wenn sie später zum Pflücken kommen, einen geringeren Gesamtlohn erzielen. Das Verständnis der Landwirte, die ansonsten von Streiks genervt sind, gilt hier den Rumänen, die, um die von ihnen erfahrenen Benachteiligungen abzustellen, sich anscheinend nicht anders zu helfen wissen, als durch einen Ausstand darauf aufmerksam zu machen.[52] Zugleich sind die Landwirte in dieser Situation machtlos, und die Wendung „es ist schrecklich" deutet an, dass die Situation für sie etwas Albtraumhaftes hat. Da die Landwirte die Saisonarbeiter nicht in deren eigener Sprache anreden

---

52 Auch woanders erscheinen Arbeitsniederlegungen und kurzfristige Kündigungen durch Arbeiter oft als deren letztes Machtmittel. So berichtet Wells, Strawberry Fields (1996), S. 175f., die in den achtziger Jahren zahlreiche Erdbeerpflücker und -erzeuger in Kalifornien befragt hat, dass Arbeiter, wenn sie sich in ihrer Ehre verletzt sähen, kündigten, auch wenn sie des Lohnes sehr bedürften. Häufiger greife man bei Konflikten aber zu den Mitteln der Sabotage und Obstruktion.

können, fehlt ihnen ein wichtiges Mittel, in die sozialen Gefüge der Saisonbeschäftigten einzudringen und kurzfristig einen gerechteren Umgang mit den Arbeitsumständen durchzusetzen.

Angesichts der hier wiedergegebenen Erfahrungen könnte der Eindruck entstehen, auf den Feldern werde häufig gestreikt. Tatsächlich ist jedoch ansonsten von Ausständen nicht die Rede, und zumindest in einem Interview, in dem ich mich danach erkundigte, ob Erntehelfer, denen etwa eine Entlassung angekündigt wurde, andere zu Arbeitsniederlegungen aufwiegelten, wurde dergleichen von den Befragten nicht bestätigt (46).

Arbeit in kleinen und großen Betrieben

Die Ernte

Zur gelungenen Ernte gehört das glückliche Zusammenspiel zwischen dem Landwirt, seinen Mitarbeitern und der Witterung. Und wenn man auf Saisonarbeitskräfte angewiesen ist, wird es umso wichtiger, den richtigen Zeitpunkt für die Ernte zu treffen. In welchen Wochen tatsächlich das meiste Personal benötigt wird, ergibt sich allerdings meist sehr kurzfristig. So berichtet ein Apfelerzeuger, dessen polnische Helfer sich Urlaub nehmen, um zur Ernte nach Deutschland zu fahren:

Das ist immer sehr wichtig, auch für Saisonarbeitskräfte. Die fragen natürlich schon zwei Monate im Voraus: „Wann sollen wir uns Urlaub nehmen?" Viele nehmen sich Urlaub. Und die haben fünf Wochen Urlaub. Punkt. Und dann fahren die wieder weg. Und sich dann um eine Woche zu vertun, das ist ganz, ganz bitter. Also wenn die eine Woche hier sind und keine Arbeit haben, ist das erst mal für die schlimm und für mich natürlich auch, wenn die eine Woche eher wegfahren und die Arbeit ist noch da.

Passiert das öfters, dass man so danebenliegt und die Leute weg sind, wo man sie noch bräuchte? – Öfters nicht, aber wenn es passiert, bleibt es einem lang in der Erinnerung.

Im Dürrejahr 2018 z. B. wurde die Sorte Elstar vorzeitig reif.

Normalerweise haben die Sorten ihre Reifeabfolge: Erst kommt der Holsteiner Cox und dann kommt der Elstar. Und in diesem Jahr war das so, da war der Elstar eine Woche vor dem Holsteiner Cox reif und warf die Pflückpläne über den Haufen. Bereits die süddeutschen Kollegen hätten gesagt: Hier brennt uns die ganze Ernte an! Man müsse die Äpfel unbedingt herunterbekommen und habe keine Leute. Die Altländer Kollegen hätten zu ihrem Glück etwas besser auf die Situation reagieren können.

Aber die Leute kriegt man dann ja trotzdem nicht auf einmal. Die können ja auch nicht zu ihren Arbeitgebern gehen und sagen: „Chef, ich hau jetzt übrigens schon mal zwei Wochen eher ab, weil die in Deutschland, die haben sich da verkalkuliert." (44)

2007 sei ebenfalls so ein Jahr gewesen. Ein derartiges Missverhältnis zwischen erwarteter und tatsächlicher Erntezeit komme etwa alle zehn Jahre vor.

Bei Frischobst wie Erdbeeren kommt es nicht nur darauf an, die rechte Erntezeit zu treffen, sondern im Rhythmus der Pflücktage auch die Bedürfnisse des Handels zu berücksichtigen. In der Regel erstreckt sich die Ernte auf alle Tage der Woche, doch *freitags und samstags wird reduziert gepflückt, und dann ab Sonntag wieder Vollgas* (38). Am Freitag und Sonnabend wird deshalb weniger gepflückt, weil die Geschäfte sonntags geschlossen sind und das geerntete Obst durch den verzögerten Verkauf an Qualität verlieren würde. Am Sonntag wird wieder verstärkt geerntet, damit zum Wochenbeginn wieder die volle Menge in den Regalen steht.

Die tägliche Pflückzeit umfasst meist eine Spanne von morgens um fünf Uhr bis zur Mittagszeit und evtl. noch eine kürzere Zeit am frühen Abend, wenn die Mittagshitze nachgelassen hat.[53]

Nach Aussage eines Altlandwirts haben sich die Pflückzeiten im Laufe der letzten Jahrzehnte verändert: *Vor vierzig Jahren sind wir angefangen, morgens um acht Uhr Erdbeeren pflücken bis nachmittags um vier, fünf. Und jetzt stehen wir morgens um vier Uhr da, damit wir mittags fertig sind.*

Die Pflückzeit richtet sich sowohl nach den Temperaturen als auch nach den Zeiten der Auslieferung an den Handel. So werden die Erdbeeren am Nachmittag gleich vom Erzeugergroßmarkt in Langförden zum Lebensmitteleinzelhandel ausgefahren: *Montagsabends steht da keine [Palette] mehr bei ELO rum, die sind alle auf dem Weg in die Zentrallager von Edeka und Lidl und Rewe und was weiß ich* (38).

Gepflückt wird, wie z. B. auf einem Erdbeerhof in der Gemeinde Emstek, direkt in Holzschliffschalen zu 500 Gramm; zehn solcher Schalen gehen in eine Steige. Jeder Pflücker hat eine Schubkarre bei sich. Sind vier Steigen voll, schiebt er die Schubkarre zum Arbeitstisch, wo die Bäuerin oder ein Vorarbeiter die Früchte auf ihre Qualität hin besieht und abwiegt. Die Pflücker haben Schildchen mit ihrem Namen, ihrem Geburtstag und einem Strichcode. Einige Arbeiter heften das Schildchen an die Schubkarre, andere an ihr Hemd oder ihre Mütze. Durch das Ablesen des Strichcodes können die einzelnen Pflücker in der Datenbank aufgerufen werden, um ihre Pflückmenge zu erfassen. Für gute Pflücker, etwa bei Erdbeeren, ist es von Vorteil, wenn die Chefin so sehr auf ihre

---

53 PIECHOWSKA, Soziologin (2013), S. 36, berichtet, dass während ihres ersten Aufenthaltes in Deutschland eine Hitzewelle herrschte. „Deshalb arbeiteten wir am Morgen zwischen fünf und zehn Uhr, machten anschließend eine längere Pause und gingen dann nachmittags wieder auf die Felder." Keine besondere Rücksichtnahme ist in den Berichten bei WELLS, Strawberry Fields (1996), S. 166–171, über die Arbeit der mexikanischen Erdbeerpflücker in Kalifornien erkennbar; hier gab es eine kurze midmorning-Pause, eine halbstündige Mittagspause und eine weitere kurze Pause um 14.30 Uhr; ansonsten suchten sich die Erntearbeiter durch die Kleidung vor der Sonneneinstrahlung zu schützen.

Abb. 94: Blick auf ein Erdbeerfeld im Kreis Cloppenburg, Juni 2021.

gute Arbeit vertraut, dass sie auf eine genauere Kontrolle und Sortierung jeder Kiste verzichtet. In der ersparten Zeit können sie gleich weiterpflücken und damit auch einen etwas höheren Lohn erzielen.

Da die Früchte nicht gleichzeitig reif werden, hält man sich an einen Dreitagesrhythmus: Wenn man in einer Reihe gepflückt hat, pflückt man drei Tage später die dann reifen Früchte an derselben Stelle. Wenn man dagegen erst nach fünf Tagen dorthin kommt, sind sie überreif. Pro Reihe rechnet man auf dem Hof meist mit fünf Pflückdurchgängen.

Ideal war es im Jahr 2020, obgleich wegen der Corona-Pandemie weniger Helfer auf dem Hof waren: *Die Ernte fing früh an und ging ganz langsam. Wir haben super ernten können, trotzdem wir auch weniger Leute hatten. Wir haben auch ein bisschen liegenlassen, schon noch, aber nicht so viel.*

Hier hatte sich die früh beginnende Ernte auf einen längeren Zeitraum erstreckt, so dass sie mit weniger Leuten gut zu bewältigen war. Die Verluste an reifen, nicht geernteten Früchten hielten sich in Grenzen. 2021 dagegen setzte die Ernte nach einer

Arbeit in kleinen und großen Betrieben

Abb. 95: Rumänische Helferin beim Erdbeerpflücken.

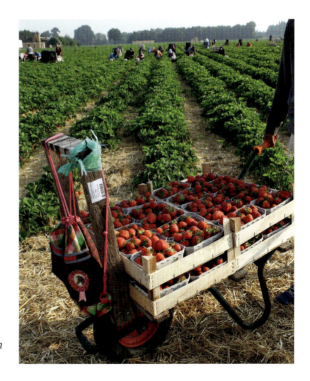

Abb. 96: Die Helfer bringen die Erdbeeren auf Schubkarren zum Arbeitstisch.

7. Die Erntehelfer

Abb. 97: Die Erdbeeren werden nach Qualität durchgesehen; ggf. werden einzelne Früchte umverteilt, damit jede Schale mindestens ein Pfund enthält.

Abb. 98: Um die von den einzelnen Pflückern geerntete Menge erfassen zu können, wird der Strichcode für jeden Pflücker abgelesen.

Abb. 99: Ein Helfer stapelt die Erntekisten auf Paletten, während die Kollegen weitere Steigen herbeitragen. Auf eine Palette kommen 72 Steigen bzw. 360 Kilogramm Erdbeeren.

verhältnismäßig kühlen und regnerischen Reifephase[54] spät ein, und es standen in kurzer Zeit deutlich mehr Früchte an, als gepflückt werden konnten. Die Erdbeerbäuerin beschreibt anschaulich, wie während der Ernte plötzlich die Erkenntnis reift, dass man umsteuern muss:

Und dann kannst du irgendwann nicht mehr. Irgendwann holte es dich auf einmal ein. Erst ging es, und dann mit einem Mal, das merkst du. Dann denkst du auf einmal: Wieso kommen die da nicht aus der Reihe? Was hast du? Und dann merkst du: Oh, jetzt geht es los. Jetzt kommen wir nicht mehr hinterher. Und dann musst du anfangen zu jonglieren: So, kriegen wir das noch mal, schaffen wir das, heute mal bis zwölf Uhr zu arbeiten? Dann machen wir vier Stunden Pause, und dann fangen wir noch mal drei Stunden an.

Das könne man allerdings nur ein paar Tage machen, aber nicht über Wochen hinweg, weil man die Leute kaputtmachen würde. *Und dann muss man irgendwann sagen: So, wo sind schlechte Erdbeeren? Die müssen jetzt weg.* In diesem Falle muss man die Reihen mit schlechteren Erdbeeren liegenlassen und sich auf die besseren Reihen konzentrieren.

Also da [im Jahr 2021] haben wir auch echt viel liegenlassen. Das war echt doof. Weil das so schnell ging. Ja, das tut einem auch leid. Die Leute können es nicht ernten, kriegen das Geld nicht. Und wir kriegen das Geld auch nicht (49).

Eine latent aggressive Stimmung kommt unter Erntearbeitern auf, wenn sie, etwa infolge ungünstiger Witterung, nicht ausreichend beschäftigt werden können.[55] Ein Erdbeererzeugerpaar im Kreis Cloppenburg erinnert sich an ein Jahr mit einer Zeit erzwungenen Leerlaufs, *wo wir schlechte Frigos hatten. Die erste Pflücke war gut, die Zweijährigen, und die Frigos waren schlecht. Und dann... Ah! Schrecklich! Und dann konnten die nicht arbeiten.*

Wenig arbeiten können bedeutet auch wenig Geld zu verdienen:

Du darfst auch nicht zu wenig Arbeit haben, dass die Leute dann morgens um zehn Uhr fertig sind. Dann werden sie total unzufrieden. Du kannst sie besser ein bisschen mehr arbeiten lassen als zu wenig. Das ist tödlich. Wenn zu wenig, das geht überhaupt nicht. Dann sind die sofort am Mosern. Wenn du dann nur morgens mit der ganzen Mannschaft, ja, von sechs bis zehn arbeiten kannst, und dann drei, vier Tage lang und dann musst du auch noch mal einen Tag Pause machen, und dann geht es wieder weiter, und dann immer nur so ein paar Stunden: Dann werden sie natürlich ungemütlich.

---

54 Landesamt für Statistik Niedersachsen (Hg.): Erdbeerernte 2021 in Niedersachsen deutlich niedriger als im Vorjahr, 2.8.2021, https://www.agrar-presseportal.de/gartenbau/produkte/erdbeerernte-2021-in-niedersachsen-deutlich-niedriger-als-im-vorjahr-30621.html (11.9.2023).
55 Vgl. für einen anderen niedersächsischen Ort auch WAGNER, Arnswald (2013), S. 65: „Aus polizeilicher Sicht treten die erwähnten Bagatelldelikte nur dann vermehrt auf, wenn es aufgrund von Witterungsbedingungen zu mehrtägigen Arbeitsausfällen kommt, die von den Betrieben üblicherweise nicht entschädigt werden."

Zumindest die Männer konnten sie in so einem Falle ruhigstellen, indem sie eine Art Arbeitsbeschaffungsprogramm aufbrachten: *Da haben wir in einem Jahr unseren ganzen Hof neu gepflastert. Da haben wir da hinten sämtliche Steine rausgerissen und neu verlegt, damit die wirklich ein paar Tage was zu tun hatten, damit die Leute dann etwas besser zufrieden waren.*

Zu den Nachteilen des Freilandanbaus gehört, dass grundsätzlich bei jedem Wetter geerntet wird. *Schlechtes Wetter kennen wir nicht*, sagt derselbe Erdbeererzeuger auf die Frage, was man bei absolut schlechtem Wetter mache. Auch bei Regen muss man raus, allerdings:

Wenn es morgens richtig gallert; das hatten wir letztes Jahr auch ein paarmal, wo wir dann gesagt haben: „Wenn es heute Morgen um fünf oder halb sechs richtig regnet, könnt ihr liegenbleiben. Wir kucken und wir rufen dann an, wenn es losgehen soll." Ja, dann machst du das so. Und dann fängt man halt zwei Stunden später an. Oder: Man ist schon da, und um neun Uhr fängt es an zu gießen, ohne Ende, wo du denkst: Ja, wir hören jetzt erst mal auf.

In diesem Falle fährt man die Leute zunächst wieder zu den Quartieren, wo sie trockene Kleider anziehen können, und nachmittags geht es weiter. *Wenn die Leute erst mal nass sind, dann müssen die nach Hause, sonst werden sie krank* (49). Überdies werde auch nicht mehr vernünftig gepflückt, und es sei Wasser in der Schale.

Schwierig ist es auch, wenn die Arbeitsmöglichkeiten von vornherein sehr begrenzt sind. So erinnern sich die Angehörigen einer Landwirtsfamilie, die im Nebenbetrieb Pflaumen anbaute, dass sich die Beschäftigung für die polnischen Erntehelfer bei ihnen nicht lohnte. Dadurch, dass sich die ohnehin schon geringe Menge an Pflaumen auf verschiedene Sorten verteilte, dehnte sich der Zeitraum der Ernte aus. Hierdurch hatten die Pflücker an den einzelnen Tagen jedoch zu wenig Arbeit: *Die wollten ja nicht nur jeden Tag drei Stunden Pflaumen pflücken. Die wollen ja acht Stunden, neun Stunden arbeiten, zehn Stunden am liebsten* (53).

Die vergleichsweise große Unsicherheit, das Einkommen in der erwarteten Höhe zu erzielen, ist für viele Saisonbeschäftigte auch ein Grund, vom Freiland- in den geschützten Anbau zu wechseln. Ein Gemüseerzeuger im Kreis Vechta erinnert sich, dass ihn ein befreundeter Erdbeerbauer aus Langförden angesprochen habe: *„Die und die Dame, die letztes Jahr bei mir gearbeitet hat: Ich hab gehört, die arbeitet dieses Jahr bei dir."* Eine eigene aktive Tätigkeit in diesem Zusammenhang habe er jedoch vehement bestritten: *Ich sag: „Ich steh nicht bei euch vorne am Hoftor und werb' euch die Leute ab. Das ist ja deren Entscheidung, wo die arbeiten."*

Das Motiv für die Entscheidung der Mitarbeiterin, zum Gewächshausbetrieb zu wechseln, lag anscheinend in der größeren Verlässlichkeit ihres Einkommens, und dieser Faktor erweist sich, wie der Gemüseerzeuger herausstellt, vor allem im Vergleich zur sehr witterungsabhängigen Erdbeerernte als ausschlaggebend. Die Arbeiten an den Pflanzen seien bei ihm die ganze Saison über verhältnismäßig gleichbleibend:

Ich habe zwar ein paar Erntespitzen innerhalb der Saison, aber da ist eine ziemliche Kontinuität in der ganzen Kultur. Und das ist auch das, was Arbeiten für die Saisonarbeitskräfte interessant macht. Die kommen ja für drei Monate hierher, und die wollen ja Geld mit nach Hause nehmen. Und bei den Erdbeeren ist es dann vielleicht einfach so: Je nachdem, wie die Ernte ausfällt, kriege ich was mit. Ich habe schon mal gehört, dass Saisonleute bei uns gesagt haben: „Ich habe letztes Jahr nur das und das verdient in Langförden. Für das Geld kann ich auch in Polen bleiben; da brauche ich nicht extra tausend Kilometer zu fahren."

Er selbst könne den Arbeitern aber eine gewisse Anzahl bezahlter monatlicher Arbeitsstunden zusagen. *Dann tickern die das ein in ihren Taschenrechner, mal Mindestlohn, und dann wissen die eigentlich schon im Vorfeld: Was kann ich hier verdienen? Und deswegen macht das diesen Arbeitsplatz auch ziemlich interessant* (65).

Pflückleistung

„Wir suchen ständig Saisonkräfte zur Unterstützung, vorzugsweise nur weibliche Kräfte", vermeldet ein Erdbeererzeuger im Kreis Vechta auf seiner Website.[56] Dass der Landwirt lieber Frauen als Männer einstellt, dürfte daran liegen, dass es vor allem Männer sind, die durch störendes Verhalten auffallen, aber auch daran, dass Frauen bei der Erdbeerernte geschickter arbeiten. So stellt ein in Mecklenburg ansässiger Erdbeerbetrieb bevorzugt Frauen ein, weil er überzeugt ist, dass sie sorgfältiger pflücken.[57] Ähnlich sieht es ein befragter Erdbeererzeuger im Kreis Vechta:

Es gibt grundsätzlich die Regel, dass die Frauen im Schnitt etwas fingerfertiger sind bei dieser Arbeit. Es gibt viele Männer, die das auch können, aber die meisten Männer sind einfach mehr grobmotorisch gestrickt. Wir sehen das immer häufiger: Wenn wir Qualitätsprobleme haben, dann haben wir das häufig mit den Männern.

Unabhängig von den Geschlechtern geht er das Pflücken systematisch an. Eine von ihm beauftragte Arbeitswissenschaftlerin nahm jedes Element des Pflückens auseinander: *Wie lange dauert ein Pflückvorgang, wie kann man sich am besten bücken, wie kann man am besten pflücken? Der Weg von der Erdbeere in die Kiste dauert so und soviel Millisekunden. Das ist alles bei uns erarbeitet worden.*

Auf der Grundlage dieser Erkenntnisse wurden Lehrfilme gedreht:

Da haben wir ein Lehrvideo, das die Leute zu Anfang der Ernte sehen können, wie man am besten arbeitet, um die Arbeitseffizienz besser zu gestalten. Auch das hat uns einiges an Geld gekostet. Aber wenn man eine Vielzahl an Leuten hat, die man beschäftigt, wo jede

---

56 Die Seite wird hier nicht namentlich genannt, um keine Abmahnunternehmen, die Geschlechterdiskriminierung behaupten könnten, auf den Plan zu rufen.
57 Becker, Erdbeerpflücker (2010), S. 129.

7. Die Erntehelfer

Sekunde zählt – wenn man das mal eben auseinanderbricht aus der Sicht des Pflückvorgangs, was man verbessern kann, das ist enorm. Also das hat uns einiges gebracht.

Mit den Lehrfilmen ist ein Aufwand an Wissenschaft verbunden, der sich nur dann lohnt, wenn der durch die beschleunigte Arbeit ersparte Pflücklohn entsprechend umfangreich ist. Allerdings zeigen sich trotz aller Schulungen die Pflücker unterschiedlich begabt:

Für jede Sache gibt es Menschen mit Talent. Es gibt Erntehelfer, die pflücken irrsinnig viele Erdbeeren pro Stunde. Wir haben eine Erntehelferin dabei, die hat es letztes Jahr geschafft, 65 Kilo pro Stunde zu pflücken. 65 Kilo pro Stunde! Im Tunnel. Und es gibt Erntehelfer, die knapp mal ihre Sollkilos vollkriegen.

Im Tunnel ist die Pflückmenge generell größer als im Freiland, doch sind 65 Kilogramm pro Stunde auch im geschützten Anbau eine große Ausnahmeleistung.

Für die Pflücker gibt es eine Kombination aus dem Mindestlohn, den alle bekommen, und dem Akkordlohn. Allerdings gilt für alle auch ein Soll, und wer das Soll dauerhaft unterschreitet, wird entlassen. Schwächere Pflücker werden zunächst geschult:

Das heißt, die haben eine Chance, das über eine Woche zu trainieren. Wir haben auch Coaches dabei, die den Leuten zeigen, wo ihre Schwächen sind. Wenn sie das dann aber nicht können, müssen wir die nach Hause hinschicken. Weil, wir können uns nicht erlauben, die nach Mindestlohn zu bezahlen, und da – ich übertreibe jetzt mal – wenn jemand da ist, es muss einer 15 Kilo die Stunde pflücken, und er pflückt nur drei Kilo. Den müssen wir nach Hause hinschicken. Auch solche Fälle haben wir gehabt: Die stehen davor und wissen nicht, was sie machen sollen. Die haben zwei linke Hände.

Kommt dies öfter vor? – *Das passiert jedes Jahr mit einigen Leuten, aber das ist im Promillebereich* (46).

Auch ein anderer größerer Betrieb arbeitet mit Lehrfilmen; hier können sich die Saisonbeschäftigten schon in ihren Heimatländern auf die Arbeit vorbereiten: *Wir zeigen denen schon im Heimatland, wie sie sich da verhalten können bei uns, was sie erwartet, was sie für Vorteile hier haben. Wir haben Schulungsvideos, die sie schon herunterladen können, als App usw.* (51). Da die Produktion solcher Filme, die eigens für die Betriebe gedreht werden, einen großen Aufwand erfordert, beschränkt sich diese Art der Fortbildung auf die wenigen Obst- und Gemüseerzeuger von bundesweiter Bedeutung.

Für den Erfolg der Ernte ist nicht nur die Geschwindigkeit der Arbeit, sondern auch die Qualität der geernteten Früchte entscheidend. So betont eine Apfelbäuerin, dass für sie die Qualität der Arbeit im Zweifelsfalle vor der Geschwindigkeit rangiert. Sie arbeitet mit polnischen Saisonkräften, die sich inzwischen dem Pensionsalter nähern:

Die sind jetzt immer noch ganz motiviert, toi, toi, toi, und gesundheitlich auch noch so, wo wir sagen: Ey, das passt! Also auch von deren Seite aus. Da haben wir natürlich auch schon gesagt: Mit jüngeren Leuten geht's vielleicht schneller, aber das ist mir auch egal; da weiß ich wenigstens, dass die Qualität – also da wir das hier alles ab Hof verkaufen müssen, da muss die Qualität drin sein, also nicht [die Äpfel] schmeißen oder Stengel ab oder was weiß ich. Also, die achten da schon drauf und lassen sich nicht aus der Ruhe bringen. Das ist mir lieber, als wenn ich jetzt jedes Jahr Neue hab, die ich wirklich vier Wochen anlernen muss und wo dann ein Drittel Schrott drin ist, weil die auf Akkord sind oder was weiß ich (48).

Zwischen Übersichtlichkeit und Anonymität

Ein befragter Kernobsterzeuger im Kreis Vechta beschäftigt für Baumschnitt und andere im Laufe des Jahres anstehende Arbeiten zwei bis vier, in der Pflückzeit der Äpfel fünfzehn Leute (44). Deutlich höher ist die Zahl der Erntehelfer auf den Erdbeer- und Spargelhöfen. So bemerkt ein Erdbeererzeuger im Coronajahr 2021: *Saisonarbeitskräfte haben wir sonst bis zu 120 gehabt, aber jetzt aktuell können wir aufgrund von Corona nur 80 Personen maximal unterbringen. Wegen der Zweibettzimmer. Und dadurch mussten wir ein bisschen abstocken, auch in der Produktion* (38).

Ein Erdbeererzeuger im Kreis Cloppenburg, der seinen Betrieb zu den kleineren rechnet, hatte stets um die achtzig Saisonarbeiter beschäftigt, aber eigentlich seien es immer zu wenig gewesen. Achtzig Helfer musste man haben, doch hätte man ohne weiteres auch hundert beschäftigen können (49).

Ein besuchter Betrieb, der Champignons erzeugt, beschäftigt rund 140 Mitarbeiter, von denen gut die Hälfte festangestellt sind, während die anderen saisonweise arbeiten. Als Ansprechpartner für die Saisonarbeiter stehen zwei Mitarbeiter bereit, einer aus Polen, der andere aus Rumänien (41).

Ein kleinerer Beerenobsterzeuger hat in der Erntezeit von Ende Juni bis Anfang September 45 bis 50 Leute auf dem Betrieb, jeweils zur Hälfte Polen und Rumänen (55).

Einer der größten landwirtschaftlichen Arbeitgeber der Region ist der Erdbeerhof von Ulrich Osterloh in der Visbeker Bauerschaft Halter. Zu Spitzenzeiten, um das Jahr 2012, arbeiteten in der Hauptsaison rund 1200 polnische Mitarbeiter im Betrieb.[58] In den nachfolgenden Jahren führte Osterloh die Zahl etwas zurück, doch waren es 2018 immer noch rund 900 Saisonbeschäftigte.[59] Die größte Zahl temporärer Mitarbeiter beschäftigt der Gemüsebaubetrieb von Wolfgang Mählmann, der zwischen 2005 und 2021 Unterkünfte für tausend Beschäftigte bauen ließ.[60]

Bei Betrieben, die mehr als tausend Saisonarbeiter beschäftigten, kann man nicht erwarten, dass der Landwirt jeden einzelnen Mitarbeiter mit seinem Namen anzureden vermag. Doch ein Rest des Anspruchs, Kontakt zu den Leuten zu halten, ist selbst beim

---

58 RIC, Erdbeerbetrieb (2012), S. 14; DE, Erdbeer-Traum (2012), S. 155.
59 KÜHLWETTER, Freilandkultur (2017), S. 72; RÖNNAU, Erdbeeren (2018), S. 26.
60 Siehe weiter unten in diesem Kap.

größten Betrieb noch spürbar, wenn der Chef etwa berichtet, dass er einen langjährigen polnischen Erntehelfer begrüßt hatte:

[Viele der] ersten polnischen Mitarbeiter, die 25, 30 Jahre hier sind, sind sehr gut bekannt. ... Jarek kam gestern wieder. Der kommt dann erst mal [Vorname des Befragten] guten Tag sagen und: „Moin! Wie geht's Familie, und wie geht's zu Hause?", und ja: „Paar Jahre kann ich noch, dann gehe ich ja schon in Rente." (51)

Einer befragten Landwirtin ist es wichtig, den Überblick über die Mitarbeiter zu behalten:

Und was ich mir auf die Kappe geschrieben hab: Ich hab gesagt, ich möchte niemals mehr Saisonarbeiter haben, als ich persönlich kennen kann. Also ich kenn' von jedem den Namen, manchmal sogar das Geburtsdatum, weiß, wo die herkommen und wie die miteinander irgendwie verwandt sind. Und wenn ich das nicht mehr weiß von den Leuten, dann sind das zu viele.

Ihr Mann ergänzt: *Die meisten Bauern kennen ihre Leute nicht mal. Die können denen in Langförden im Ort begegnen, die wissen nicht, wie die aussehen* (38).

Die Kenntnis der Namen ist allerdings nicht nur ein Element der Wertschätzung; sie erleichtert es dem Landwirt auch, auf Disziplin zu halten, indem er die Mitarbeiter bewusst mit dem Namen anspricht. Dagegen erhöhe sich, wenn die Saisonarbeiter den Eindruck hätten, dass sie für den Chef nur eine Nummer seien, die Neigung, nachlässig zu arbeiten oder auch Quarantänevorschriften zu missachten.

Der Befragte schränkt jedoch ein: *Aber wir brauchen trotzdem nicht wirklich präsent auf dem Acker zu sein, während der Ernte*, das wollten die Arbeiter auch nicht, und nicht zuletzt würde es die Position der Vorarbeiter untergraben: *Dann würden sie unsere Vorarbeiter auch nicht mehr, glaube ich, so extrem respektieren, wie sie es jetzt tun. Also wir sind schon präsent auf dem Acker, aber wir stehen jetzt nicht die ganze Zeit dabei.*

Von einem Ausnahmejahr berichtet seine Frau: *Das eine Jahr musste ich das machen, wo wir die Probleme mit den Leuten hatten. Da war ich wirklich die ganze Zeit auf dem Feld und hab da einfach nur beigestanden, dass es keinen Ärger gab. Dass es nicht irgendwie eskaliert oder so.*

Für den Landwirt ist die Präsenz in erster Linie eine Frage der ihm zur Verfügung stehenden Zeit:

Und man muss schon auf dem Acker sein, um Leute zu kennen und zu kucken und zwischendurch mal kontrollieren. Also man lässt sie ja nicht komplett in fremder Hand, sage ich mal, aber zu präsent wollen wir dann auch nicht sein. Haben wir auch definitiv gar nicht die Zeit für.

Damit versucht er einen Mittelweg zwischen Sichtbarkeit und Abstand zu gehen. Um zu zeigen, was er auf jeden Fall vermeiden will, nennt er das Beispiel eines Erdbeererzeugers, der aus seiner Sicht nicht gut zu delegieren gelernt hat:

Wir haben einen Berufskollegen, also der hat fast jede Kiste Erdbeeren selber in der Hand. Der steht den ganzen Tag von morgens bis abends mit auf dem Acker. ... und dann sagt er mir noch, was er gearbeitet hat: 18 Stunden hat er heute gemacht. Ich sag. „Ja, herzlichem Glückwunsch! Ich hab nur zehn und hatte einen schönen Tag. Und ich hab meine andere Arbeit fertiggekriegt." Und die Frau ergänzt: *Ja, ich hab noch Zeit mit meinem Kind verbracht. Das ist ja auch Lebensqualität* (38).

Hier erscheint das Unvermögen zu delegieren den Befragten als eine Art Mikromanagement, das den Kollegen daran hindert, Zeit für die wesentlichen Dinge im Beruf und im Leben freizuhalten. Mit der Wiedergabe des Zwiegesprächs skizziert der befragte Landwirt das Gegenmodell zu seiner eigenen Haltung.

Eine Landwirtsehepaar im Kreis Cloppenburg steht dagegen dazu, dass einer von beiden auch für längere Zeit stets persönlich auf dem Feld zugegen war. Mehrere Felder gleichzeitig zu bearbeiten, hat sich schon wegen der Größe des Betriebes nie gelohnt: *Wir waren ja eigentlich immer auf dem gleichen Feld*; es gab nur einen Trupp, und *das passte so.*

Die Befragten zeigen sich fest davon überzeugt, dass es einen Einfluss auf die Qualität der Arbeit bzw. der geernteten Früchte hat, ob die Bauern selbst oder ein Vorarbeiter die Pflücker anleitet und nach den Früchten sieht: *Das würde ich so behaupten, dass wir einer von den Betrieben [waren, die die] besten Qualitäten abgeliefert haben, weil [die Frau des Erzeugers] oder ich immer da waren, vor Ort. Und das ist bei den anderen Obstbauern nicht so.*

Hier kam auch die bessere Möglichkeit, sich die Namen der Mitarbeiter zu merken, hinzu: Wenn neue Mitarbeiter hinzukamen, bemerkt die Bäuerin, dauerte es keine zwei Tage, *und ich wusste genau, wer wer ist* (49). Dadurch gewann sie nicht zuletzt auch an Autorität.

Ein anderer Erzeuger gesteht zwar ein, dass er nicht die Namen aller Beschäftigten merken kann; er bemerkt aber selbstironisch, dass er bei den meisten die Nummer weiß (55).

Ebenso wie unter den Obstbauern dürfte es auch unter ihren Mitarbeitern viele geben, die das Arbeiten in kleineren Betrieben zu schätzen wissen. Als der eben zitierte Landwirt und seine Frau 2021 ihren Hof schlossen, empfahlen sie ihren Mitarbeitern, im nächsten Jahr zu einem befreundeten Kollegen zu gehen, dessen Hof ähnlich groß und wo die Zusammenarbeit weniger anonym war: „Geht da hin. Das ist ein Betrieb wie bei uns. Da seid ihr unter hundert Leuten und nicht unter fünfhundert Leuten, wenn ihr das wollt." *Ja, mal kucken, ob sie es machen.*

Allerdings mochten sie dem Kollegen nicht alle Erntehelfer mit gleichermaßen gutem Gewissen empfehlen: *Aber da hatten wir eine Liste gemacht: Die und die. Und einige waren nicht auf der Liste* (49). Nicht auf der Liste standen Leute, die sich unangemessen verhalten hatten und bei denen für die Zusammenarbeit mit Schwierigkeiten zu rechnen war.

Die Aufgaben der Gemüse- und Obstbauern erfordern Kenntnisse und Qualifikationen, die über die eigentliche Produktion landwirtschaftlicher Erzeugnisse weit hinausgehen:

Man muss, sagt ein Landwirt, *aber auch sagen, dass der Beruf ja nicht nur mit Produktion von Obst zu tun hat. Man muss ja Kaufmann sein, man muss manchmal auch Landmaschinenschlosser sein, man muss Klempner sein, manchmal. Manchmal ist man auch Seelsorger, wenn man hier im Hofladen steht und die Leute viel zu erzählen haben* (54).

Ebenso stellt die Beschäftigung ausländischer Saisonarbeiter, zumal in größerer Zahl, die Erzeuger vor Aufgaben, für sie nicht ausgebildet sind: Obstbauern müssen sich z. B. mit Arbeitsrecht und Sozialversicherungen beschäftigen, und dies gehört zumindest bisher nicht zur Landwirts- oder zur Gärtnerausbildung in der Fachrichtung Obstbau (44). Überhaupt beanspruchen die Büroarbeiten rund um die Saisonarbeit ein wachsendes Maß an Zeit (38), doch derartige Erfahrung teilen die Obst- und Gemüseerzeuger mit anderen Landwirten.

Auch im Hinblick auf die Führungskultur kommen ungewohnte Herausforderungen auf viele Landwirte zu. So sah sich eine Erdbeererzeugerin sich für einen Teil der rumänischen Arbeiter oft als eine Art Mutterersatz. Sie sorgte für ihre Gesundheit und fuhr mit einem Arbeiter in der Nacht in mehrere Krankenhäuser; sie musste bei einer Schlägerei auf dem Erdbeerfeld dazwischentreten; auf einen Arbeiter, der sie angebrüllt hatte, musste sie beruhigend einwirken. Bei einem anderen Erntehelfer, der, wie sie bemerkt hatte, seine ebenfalls auf dem Hof mitarbeitende Frau verprügelt hatte, konnte sie indes kaum mehr ausrichten, als ihn scharf zu verwarnen.

Autorität musste sie entwickeln und dabei gelegentlich auch mal laut werden und auf die Einhaltung von Absprachen drängen. Andererseits bedauert sie noch nach Jahrzehnten, dass sie die unsauber gepflückten Früchte eines ansonsten tüchtigen polnischen Pflückers vor der versammelten Mannschaft getadelt und ihn damit bloßgestellt hatte: *Das war ein Riesenfehler*. Es habe ihr zwar keiner gesagt, dass das nicht in Ordnung sei, aber sie selbst empfinde es nicht als richtig (49).

In größeren wie in kleineren Betrieben sehen sich die Erzeuger aber auch genötigt, einzelne Erntehelfer zu entlassen, wenn die Zusammenarbeit mit ihnen einfach nicht funktioniert. Die damit zusammenhängenden Konflikte können bei großem Produktionsumfang auf die Ebene der Vorarbeiter delegiert werden; in kleineren Betrieben erleben die Landwirte die Frustration unmittelbar:

Du hast immer mal so Neue, die dann später kommen, und das war auch so ein Ehepaar, was später gekommen ist und die dann sofort dagegenhauten in jeder Hinsicht. Er pflückte schlecht. Die waren... furchtbar war das! Furchtbar einfach. Wo du denn zuletzt sagst: „Ihr müsst nach Hause. Ihr müsst nach Hause. Es geht nicht mit euch. Wir versuchen es hier vier Tage lang. Und wenn es vier Tage lang in der Runde einfach nicht klappt, dann müsst ihr nach Hause." (49)

Von derartigen Ausnahmen abgesehen, geht es jedoch vor allem darum, Mitarbeiter zu gewinnen und zu halten.

Wie ein Befragter deutlich macht, beschränkt sich der Aufwand, die Mitarbeiter an den Betrieb zu binden, nicht auf die finanzielle Entlohnung:

Man muss auch ein bisschen dafür tun, dass man die halten kann, und das geht letzten Endes nicht mehr nur um Geld. Das geht darum, dass die vernünftig untergebracht sind, ordentlich behandelt werden und diese Geschichten alles. Was eigentlich selbstverständlich ist, aber vielleicht auch nicht für jeden (41).

Ähnlich sieht es ein Obstbauer im Kreis Vechta: *Ob die Leute wiederkommen, hängt natürlich am Arbeitsklima, aber natürlich auch an der Bezahlung; also wenn eins von beidem nicht stimmt, sind die wieder weg. Spielt alles mit. Und, ja, und Unterkunft auch (44).*[61]

Ein anderer Obsterzeuger, der rund fünfzig Saisonarbeiter beschäftigt, betont die Wichtigkeit, sich im Interesse des Arbeitsklimas auch um kleinere Belange der Leute zu kümmern:

Einmal die Woche machen wir in der Ernte Besprechung. Die kriegen eine Abschlagzahlung, und dann eben durchsprechen, die meisten Probleme sind immer mit: von Mülltrennung oder wenn einer abends Geburtstag hat; wir sind hier mitten im Dorf, wenn es zu laut ist, noch mal drauf hinweisen, wenn die was haben, keine Ahnung, ein Staubsauger ist kaputt, Waschmaschine geht nicht, dass man immer in Kontakt ist und auch die Sachen sofort wieder in Ordnung bringt. Und dadurch ist das eigentlich relativ – ja, familiäres Verhältnis will ich nicht sagen, aber ein angenehmes Arbeitsklima.

Dies schließt nicht aus, im äußersten Falle auch Mitarbeiter zu entlassen. So erinnert er sich, dass er um 2019 zwei junge Männer, in diesem Falle aus Polen, die an mehreren Abenden viel getrunken und randaliert hatten, nach Hause schickte (55).

Unterkunft und Wirtschaften der Beschäftigten

In den Sommermonaten prägten lange Zeit Wohncontainer das Bild von der Saisonarbeit in den Erdbeer- und Gemüsefeldern. Die Wohncontainer gibt es immer noch, doch sind sie großenteils festeren Unterkünften gewichen, die im Landschaftsbild nicht ohne weiteres auffallen, in einigen Fällen haben die Container durch An- und Ausbauten ein freundlicheres Aussehen gewonnen. Auch hierin kann man ein Zeichen für die Entwicklung von der anfangs oft irregulären Beschäftigung zu einer größeren Regelmäßigkeit in der Saisonarbeit sehen.

---

61 Dass Landwirte schon im Interesse guter Arbeitsergebnisse auf ein gutes Arbeitsklima bedacht sind, betont SCHMIDT, Mobilität (2021), S. 127–135.

Die Wohncontainer stehen häufig über mehrere Jahre auf dem Hofgelände; oft sind sie auch gemietet. In diesem Falle, wenn nur für einen kurzen Teil des Jahres Unterkünfte gebraucht werden, sind sie die ideale Gebäudeart. Innerhalb dieser Zeitspanne sind sie allerdings vergleichsweise teuer. Im Coronajahr 2020 waren sie überdies schwer zu bekommen: Weil maximal zwei Personen in einem Container untergebracht werden durften, war die Nachfrage nach diesen Unterkünften entsprechend groß:

Es sind nämlich gar keine Wohncontainer verfügbar. Also selbst wenn man sagt: „Ich möchte gerne noch zehn Container dazu mieten." Es sind keine verfügbar. Wir betteln jetzt, dass wir noch drei, vier, fünf Stück vielleicht kriegen können. … Wir könnten fünf Stück bekommen, die stehen aber irgendwo in Süddeutschland. Da ist der Transport so teuer. Uns würde jeder Container für acht Wochen über zweieinhalbtausend Euro kosten. Für zwei Personen.

Hier mischt sich auch immer die Sorge ein, dass die Unterkünfte leerstehen könnten, wenn die Arbeiter vorzeitig abreisen: *Und dann hast du die teuren Container da stehen, und die stehen leer. Die zwei Leute müssen so viel Geld verdienen, dass wir davon auch für uns dann noch verdienen, dass wir diese zweieinhalbtausend Euro für den Container bezahlen können* (38).

Anstatt Container zu mieten, werden häufig auch landwirtschaftliche Nebengebäude, die für ihre ursprünglichen Zwecke nicht mehr benötigt werden, zu Wohnungen umgebaut: *Hier auf dem Hof. Ehemalige Ställe, Gebäude, die wir umgebaut haben. Immer in kleinen Gruppen. Das sind vier Zimmer. Sind maximal zwei Leute drin. Die haben eine Küche, sanitäre Anlagen* (55).

Die besten Möglichkeiten, Saisonarbeiter unterzubringen, haben Landwirte, die verhältnismäßig wenig Leute beschäftigen und sie in Wohngebäuden auf dem Hofgelände unterbringen können. Dies ist im Oldenburger Münsterland vor allem bei den Apfelerzeugern der Fall. So hat ein Obsterzeuger mit geringerem Personalbedarf – für die im Laufe des Jahres anstehenden Arbeiten braucht er zwei bis vier, zur Haupternte der Äpfel fünfzehn Leute – das frühere Altenteilerhaus des Hofes zu Unterkünften umgerüstet: *Hier direkt, das war unser vorheriger Altenteiler. Und da haben wir, als wir den hier dann gebaut haben, uns die Genehmigung geholt, dass wir da auch Saisonarbeitskräfte unterbringen können.*

In den Zimmern wohnen die Saisonarbeiter jeweils zu zweit:

Die haben alle Doppelzimmer, also höher auch nicht. Doppelzimmer, und dann noch einen Aufenthaltsraum. Jetzt, mit Corona, haben sie den Aufenthaltsraum auch weggelassen und haben daraus ein Einzelzimmer gemacht. Also haben auch einige ein Einzelzimmer, und immer, immer wichtig pro Doppelzimmer: einen Kühlschrank und eine Kochnische (44).

Im Betrieb einer anderen Obsterzeugerin wohnen die Angehörigen einer polnischen Familie, die seit Jahrzehnten regelmäßig zum Pflücken kommen, im oberen Geschoss des Haupthauses, unter einem Dach mit den Altbauern, die im Erdgeschoss leben:

Abb. 100: Unterkunft für zwei polnische Erntehelfer, Juni 2022.

Abb. 101: Küche für Erntehelfer, ehemals von Altenteilern des Hofes genutzt. Juni 2022.

Die wohnen hier auf dem Hof. Die haben hier eine eigene, separate Wohnung. ... Die haben das wirklich sehr, sehr groß, und jeder hat sein eigenes Zimmer, und da gibt's zwei Bäder und was weiß ich, was. ... Ich glaub', das passt. Die sind da sehr, sehr zufrieden mit, dass die wirklich so normal wohnen dürfen und können. Aber das ist auch ein Muss. Brauchen wir gar nicht darüber zu reden. Das muss ordentlich sein. Ein Geben und ein Nehmen. Ich kann nicht erwarten, die sollen das und das machen und hausen wie was weiß ich was. Das ist no go (48).

Bis vor wenigen Jahren hat die Befragte selbst dort gewohnt; inzwischen steht die Wohnung außerhalb der Saison leer. Dass die Erntehelfer mit ihrem alten Chef und seiner Frau im Haupthaus des Hofes wohnen, ist hier sicherlich ein Zeichen einer langjährigen vertrauensvollen Beziehung und seitens der Bauernfamilie das Zeichen einer Anerkennung, das die Beschäftigten durchaus zu schätzen wissen. Möglich ist diese Art der familiären Unterbringung aber auch nur deshalb, weil es sich in diesem Falle um wenige Personen handelt.

Eine anderer Obsterzeuger hat eine Wohnung auf dem Hof so ausgebaut, dass sie für den Fall, dass sich in der nächsten Generation kein Hofnachfolger finden sollte, auch unabhängig von der Saisonarbeit vermietet oder anderweitig genutzt werden könnte:

Wir haben vor Jahren die Saisonarbeiterwohnung komplett erweitert... Also wir haben zwei Wohnungen, und die im Dachgeschoss haben wir so ausgebaut, dass es, falls es irgendwann mal mit dem Obstbau hier vorbei sein sollte, einfach eine Wohnung ist. ... Und beide Wohnungen kann man als Einliegerwohnungen auch weiterhin vermieten (18).

Nicht zuletzt um des besseren Betriebsklimas willen hat er die Wohnung daraufhin so eingerichtet, dass junge Männer nicht allein kommen müssen:

Und jetzt haben wir dort immer Pärchenzimmer. Also das sind ganz beliebte Pärchenzimmer, und da können die mit ihren Freundinnen kommen. ... Jahrelang hatten wir nur Männer. Und bei den jungen Männern aus Polen ist es dann so: Spätestens nach drei oder vier Wochen wollen die nach Hause, wollen zu ihren Frauen oder Freundinnen, und ich kann es ja auch verstehen, aber dann ist die Laune dementsprechend. Aber wenn die mit ihren Frauen hier sind, dann ist es viel schöner (18).

Im Hinblick auf polnische Saisonarbeiter beobachtete auch eine polnische Sozialwissenschaftlerin, dass sich vor allem in kleinen Betrieben „leicht ein Vertrauensverhältnis zu der Eigentümerfamilie" entwickle. Dagegen wurde vor allem in großen Betrieben der Umgang mit den Saisonarbeitern häufig als unpersönlicher beklagt, nachdem die erste Landwirtsgeneration, die auswärtige Erntehelfer beschäftigt hatte, den Betrieb an ihre Nachfolger abgegeben hatte.[62]

---

62 Fiałkowska/Wagner, Polen (2013), S. 116; vgl. auch Thomann, Anpacken (2023), S. 9: „Einige, die auf kleineren Höfen arbeiteten, fühlten sich wie Familienmitglieder behandelt, alle haben gemeinsam gegessen', erzählt Fialkowska. Bei großen Betrieben sehe es oft anders aus".

Bei einem besuchten Obsterzeuger wohnen drei der polnischen Mitarbeiter in einer Wohnung auf dem Hofgelände und einige weitere in einem benachbarten Ort in einer Wohnung, die von einem anderen Polen vermietet wird (54).

Die Familie eines Gemüseerzeugers, in dessen Betrieb eine überschaubare Zahl polnischer Erntehelfer arbeitet, hat im nahegelegenen Hauptort der Gemeinde zwei Einfamilienhäuser erworben. *Manchmal, in den Wintermonaten, haben wir vielleicht einen oder zwei Leute dort wohnen und in der Hauptsaison fünf oder sechs.*

Im Vergleich zur Unterbringung in Wohncontainern genössen die Beschäftigten eine hohe Wohnqualität:

Was ich eigentlich auch wichtig finde, ist, dass die Leute, wenn sie schon von zu Hause weg sind, dass sie sich dann auch wie zu Hause fühlen können, und das kann ich ... in so einer Containersiedlung nicht. Aber wenn die in einem Einfamilienhaus untergebracht sind, ... mit ein bisschen Garten drumherum oder so was, dann kann ich mich eigentlich wie zu Hause fühlen. Und unsere Leute haben ein Doppelzimmer. Dann haben die ganz normale Küche, Wohnzimmer, Gartenbereich, wie jeder andere Mensch das auch hat.

Der Befragte weiß aber auch, dass dieser Aufwand nicht für jeden Betrieb möglich ist: *Unsere Erdbeerkollegen, für die macht das keinen Sinn, weil die teilweise nur für drei Monate Saisonarbeitskräfte haben. Für die ist so eine Container-Bauweise vielleicht interessanter* (65).

Ohne dass die Obst- und Gemüseerzeuger darauf hingewirkt hätten, haben sich nicht nur im Hinblick auf die Arbeit, sondern auch im Hinblick auf das Wohnen der Saisonbeschäftigten ethnisch markierte Rangfolgen entwickelt.[63] So sind es bei den besuchten Betrieben durchweg polnische Erntehelfer, die auf dem Hofgelände mit stärkerer familiärer Anmutung untergebracht sind. Dies ergibt sich für die Landwirtsfamilien schon durch die geringe Größe der Saisonbelegschaften, und es trägt wiederum dazu bei, dass zwischen den Landwirtsfamilien und ihren Saisonbeschäftigten eine jahrzehntelange Bekanntschaft besteht. Ansonsten haben auch Angehörige anderer Nationalitäten ihre Quartiere in Einfamilienhäusern. Rangunterschiede in der Unterbringung der polnischen und der rumänischen Beschäftigten ließen sich im Untersuchungsgebiet denn auch nicht innerhalb der einzelnen Betriebe, sondern allenfalls im Vergleich der Belegschaften ausmachen.

Feste Behausungen einzurichten lohnt es sich auch für Betriebe mit größerer temporärer Belegschaft vor allem dort, wo das ganze Jahr über Beschäftigte unterzubringen sind, wie etwa in der Champignonerzeugung. In einem Betrieb im Kreis Vechta, der knapp siebzig Mitarbeiter aus Polen und Rumänien beschäftigt, befinden sich die Wohnungen in umgebauten Ein- und Mehrfamilienhäusern rund um den Ort: *Das sind eigentlich alles einfache Einfamilienhäuser oder Mehrfamilienhäuser teilweise, die wir dann entweder gekauft oder angemietet haben, wo sie dann untergebracht sind.*

---

63   Zu den Rangfolgen bei der Arbeit siehe weiter oben in diesem Kap.

Bei diesem Umfang lohnt es sich auch, einen Hausmeister einzustellen: *Wir haben allein einen Mitarbeiter, einen Hausmeister, der nur für diese Unterkünfte zuständig ist, damit es da auch ordentlich aussieht und wenn mal, ich weiß nicht, eine Glühbirne kaputt ist oder was auch immer, der sich um diese Geschichten kümmert* (41).

Als Zeichen für die Bedeutung und für den Umfang, den die saisonale Migration angenommen hat, kann man es auch ansehen, dass zwei im Oldenburger Münsterland ansässige Obst- und Gemüseerzeuger, die in größeren Dimensionen arbeiten und entsprechend viele Leute beschäftigen, seit Mitte der 2000er Jahre ganze Wohnkomplexe erstellt haben. So berichtet Wolfgang Mählmann, der gegenwärtig größte landwirtschaftliche Arbeitgeber Südoldenburgs – neben rund 160 Festangestellten und 15 Auszubildenden arbeiten je nach Jahreszeit zwischen 200 und 1500 Saisonarbeiter im Betrieb[64] –, wie er auf den Personalmangel in den Jahren 2004/05 reagierte, nachdem Polen der Europäischen Union beigetreten war:

2004/05 gab es auch mal eine deutliche Knappheit an Personal. Und dann haben wir uns schon überlegt, die ersten paar Millionen zu investieren in Unterkünfte, und zwar in richtig gute Unterkünfte. 2006 haben wir unser erstes Hotel eröffnet – wir sagen ja Hotels dazu, weil es auch ähnlich aufgebaut ist. Und mittlerweile haben wir für alle Mitarbeiter diese Möglichkeiten geschaffen. Im letzten Jahr [2021] haben wir für 250 Mitarbeiter noch das letzte Hotel gebaut, haben mittlerweile einen Supermarkt gebaut, ein Betriebsrestaurant; jetzt sind wir gerade dabei, um diesen Campus-Charakter für diese Mitarbeiter eben so zu gestalten, dass sie sich wohlfühlen. Sie haben freies W-LAN, freie Sportplätze, sie haben Rundum-Betreuung mit Hausmeistern, die auch das Personal zum Arzt, zum Zahnarzt, zum Krankenhaus und was weiß ich fährt, unterstützt im Papierkrieg, und, und, und. Und alles in ihrer Sprache.

Dies ist auch auf seiner Website zu finden: 2006 errichtete Mählmann einen ersten Gebäudekomplex für 250 Mitarbeiter am Hogen Brink in Cappeln, 2014 eine weitere Wohnanlage für 500 Mitarbeiter und 2021 wiederum eine Anlage mit Parkplätzen für 250 Mitarbeiter, überdies entstand bereits im ersten Coronajahr 2020 ein Quarantänegebäude mit Platz für hundert Mitarbeiter (Abb. 102).[65]

Alle diese Anstrengungen liegen im wohlverstandenen Interesse, für Saisonbeschäftigte einen bevorzugten Anlaufpunkt zu schaffen:

Unser Ziel ist es schon – das ist es schon 2005/06 gewesen, da haben wir im Prinzip ausgerufen: Wenn Mitarbeiter oder wenn Personen aus Polen oder jetzt Rumänien nach Deutschland oder nach Westeuropa wollen zum Arbeiten, dann soll die erste Adresse, wo sie dran denken, Mählmann Gemüsebau sein. Und das meinen wir auch so. Und wir versuchen, sehr fair mit diesen Leuten umzugehen und in Konkurrenz um die Arbeitskräfte ganz vorne dabei zu sein.

---

64 Schmid, Mählmann (2023), S. 83.
65 https://www.maehlmann-gemuesebau.de/einblicke/unternehmen/ (20.5.2022).

Abb. 102: Luftaufnahme des Betriebes Mählmann Gemüsebau, Juni 2023. Auf beide Seiten der Straße erstreckt sich der Hotelkomplex für die Saisonbeschäftigten.

Mit dem Hotelkomplex arbeitet Mählmann an einer der Aufgabe angemessenen großzügigen Lösung. Denn als Akteur im Wettbewerb um die Saisonarbeitskräfte sieht er sich nicht so sehr auf regionaler als vielmehr auf nationaler und gesamteuropäischer Ebene, und um in diesem Wettbewerb zu bestehen, bedarf eines langen Atems.

Eine große Zahl von Unterkünften hat auch der Erdbeererzeuger Ulrich Osterloh eingerichtet. Auf dem nahegelegenen Gelände des früheren Militärflugplatzes Ahlhorn ließ er mehrere Kasernengebäude kernsanieren und zu Quartieren für die Saisonbeschäftigten umbauen. Den Mitarbeitern werden hier eine Sporthalle, ein Fußball- und ein Beachvolleyballplatz, eine Sauna, Café, Gaststätte und eine Kapelle geboten. Ein tägliches Mittagessen wird von der Kantine des Krankenhauses in der Kreisstadt Wildeshausen geliefert. Damit die Mitarbeiter sich morgens und abends selbst verpflegen können, gibt es in jedem Gebäude Küchen.[66]

Während in den großen Wohnanlagen in Cappeln und Ahlhorn auch warme Mahlzeiten angeboten werden, organisieren die Saisonbeschäftigten in den kleineren Obst- und Gemüsebaubetrieben alle Mahlzeiten selbständig. Die Landwirte stellen hierfür die Infrastruktur, halten sich ansonsten aber aus dem Wirtschaften der Mitarbeiter heraus.

---

66 DE, Erdbeer-Traum (2012), S. 156f.; RIC, Erdbeerbetrieb (2012), S. 14.

Dies bestätigt auch ein Obsterzeuger, der zur Erntezeit fünfzehn polnische Pflücker beschäftigt:

Ich weiß jetzt nicht, ob die sich untereinander mal ein paar Nudeln machen oder so. Da stecke ich nicht drin, das überlasse ich denen. Aber die sind schon sehr [selbständig], also es ist keine große harmonische WG... Jeder kauft sein eigenes Klopapier. Jeder kauft seine eigene Tüte Milch. ... Das haben die immer klar abgegrenzt. Das machen die unter sich einfach so, und da funk ich auch nicht dazwischen (44).

Ein anderer Befragter vermutet, dass seine Mitarbeiter auf dem Hof in Gruppen kochen. Hier kommt eine Küche teils auf zwei, teils auf vier Zimmer (55). Die Ungewissheit darüber, wie die Beschäftigten es im Einzelfalle halten, deutet auch hier darauf hin, dass sich der Landwirt in die private Wirtschaftsführung der Arbeiter nicht einmischen will.

Damit sich die Arbeit in Deutschland für sie lohnt, sind die Erntehelfer bestrebt, ihren Aufenthalt mit möglichst geringem finanziellen Aufwand zu bestreiten. An Lebensmitteln nimmt man sich zur Hinreise, vor allem an Konserven und Tütensuppen, möglichst viel mit, so dass man zumindest in der ersten Woche nicht in Deutschland einzukaufen genötigt ist.[67] In der übrigen Zeit wird möglichst sparsam eingekauft.[68] Hierauf stellt sich auch der örtliche Lebensmittelhandel ein. Mehrere Jahre lang waren in den Filialen einiger Verbrauchermärkte während der Erntemonate mit mehrsprachigen Schildern versehen.[69]

Eine befragte Landwirtin im Kreis Vechta berichtet, dass sie im Coronajahr 2020 für jene Arbeiter, die sich in Quarantäne befanden, einkaufen ging:

Seit letztem Jahr ist natürlich jetzt auch noch dazugekommen, dass die Leute versorgt werden müssen, wenn die in der Quarantäne sind. Ich muss für die einkaufen, und das ist für achtzig Personen. Wenn davon sechzig zeitgleich kommen, bestellen wir das dann beim Rewe-Markt. Das wird für uns zusammengepackt, ich hol das dann ab. Dann muss ich das zuteilen. Jeder hat natürlich seine eigenen Dinge, die er haben möchte. Dann ist das natürlich mit den Analphabeten besonders schwierig, eine Bestellung aufzunehmen. Deswegen habe ich dann so Listen gemacht, wo dann ein Bild daneben ist, dass die erkennen können, was das ist, wo sie dann einen Strich machen können, wie viel sie davon haben wollen.

Im Rewe-Markt, wo sie einkaufe, sei es vielleicht ein bisschen teurer als z. B. beim Discounter Lidl. *Aber das sind ja wirklich Centbeträge, und das ist für die in Ordnung.*

Für größere Preisdifferenzen betont sie, dass sie die die Mehrkosten selbst getragen und dies auch angekündigt habe, etwa dann, wenn im Supermarkt ein günstiger Eintopf aus der Discountschiene vergriffen und nur noch der teurere Markeneintopf zu bekommen war: *Ich kann nicht dem einen, der noch den günstigen Eintopf bekommt, und*

---

67 PIECHOWSKA, Soziologin (2013), S. 27f.
68 So berichtet PIECHOWSKA, ebd., S. 38f., dass das vergleichende Studium der Werbeprospekte ortsansässiger Discounter zum abendlichen Ritual gehöre.
69 Siehe auch AKA, Saisonarbeit (2020), S. 76. In den 2020er Jahren waren diese Schilder in den Geschäften der Region nicht mehr zu finden.

der nächste von Erasco, der muss dann drei Euro bezahlen und der nächste 55 Cent, das passt nicht (38).

Auf jeden Fall ist sie aber erleichtert, dass die Mobilität ihrer Mitarbeiter im Jahr 2021 nicht mehr so beschränkt ist wie im Vorjahr und sie außerhalb der Quarantäne wieder selbst einkaufen können.

Von den Unterkünften aus fahren die Beschäftigten in denselben Kleinbussen zur Arbeit wie zum Einkaufen. So unterhält ein Obsterzeuger mehrere Bullis, in denen acht oder neun Leute fahren können (55). Größere Betriebe verwenden ausgediente Linienbusse, die während der Pflückzeit am Feldrain, ansonsten auf dem Hofgelände stehen.

Zur guten Unterbringung gehört es nicht zuletzt, den Mitarbeitern die Kommunikation nach aktuellem technischen Standard zu ermöglichen. In den früheren Jahren war die Situation noch davon geprägt, dass die wenigen Telefonzellen im Ort die Nadelöhre für die Verbindung mit der Heimat bildeten. So erinnert sich ein Obsterzeuger im Kreis Vechta, dass es im Ort Langförden zwei Telefonzellen gab: *Sobald die Pflückzeit vorbei war, standen die da mit vierzig Mann vor einer Telefonzelle. So, und dann ging das reihum.*

Heute dagegen, bemerkt er, würde ohne freies Internet niemand mehr nach Deutschland kommen: *Aber das sind echt so Kleinigkeiten. Zum Beispiel hier würde keiner mehr aus seinem Bus aussteigen, wenn wir ihnen hier nicht auf dem ganzen Hof freies Wifi zur Verfügung stellen würden* (38). So ließ er um 2019 eine leistungsfähige *Profianlage* installieren.

Ein anderer Obsterzeuger kam nach einigen Bedenken zu dem gleichen Schluss: *Internetverbindung, da hinken wir hier auch immer ein bisschen hinterher, und ich hatte mich auch lange dagegen gesträubt, einen Festanschluss zu installieren, der nur eineinhalb Monate gebraucht wird, aber dann jeden Monat mit dreißig Euro abgerechnet wird. ... Aber ... ich hab's gemacht.* Und mit ironischem Blick auf die modernen Bedürfnisse fügt er hinzu: *Ohne Internet ist ja schlimmer als ohne Wasser.*

Bei den Beschäftigten kam es jedenfalls gut an: *Das hebt unwahrscheinlich die Moral. ... Mittlerweile haben die alle ihre Sim-Karten und ihre Datenpakete aus Polen, die auch im Ausland funktionieren, da passen die schon drauf auf. Die hören im Feld auch immer Internetradio* (44).

Ein im Frühjahr 2022 besuchter Obsterzeuger hoffte auf die baldige Verlegung eines Glasfaserkabels:

Hier auf dem Dorf haben wir ja immer noch diese alte Kupferleitung an Internet. Das reicht für WhatsApp, für so kurze Nachrichten geht es. Also groß Streamen oder so was, dann bricht die komplette Internetverbindung auf dem Hof zusammen, aber ich denke, zum Sommer wird das Glasfaserkabel da sein (55).

Zu den Folgen der neuen Kommunikationsmöglichkeiten scheint zu gehören, dass die Geselligkeit zugunsten der individuellen Beschäftigung zurückgegangen ist. Damit haben sich, wie der befragte Landwirt bemerkt, auch mögliche Freizeitkontakte zwischen Polen und Rumänen verringert:

Ich hab mit den älteren Rumänen geredet. Die sagten, seitdem das mit dem Internet ist, ist der Kontakt zwischen Polen und Rumänen letztendlich fast ganz weg. Die hatten sonst immer hinten einen Gemeinschaftsraum, Billardtisch drin, Tischtennis drin, Fernsehen, Musikanlage, Kickertisch. Wenn abends Feierabend war, da hat jeder seine paar Flaschen Bier mitgebracht, die haben alle zusammengesessen oder auf dem Bolzplatz hinten im Dorf. Und jetzt? Die kommen nach Hause, Handy raus, und wird gedaddelt oder irgendwas anderes, aber untereinander gar nichts mehr (55).

Diese kommunikative Vereinzelung ist indes kein auf Saisonarbeiter beschränktes Phänomen.

Helfer: zunehmend gefragt

Werbung um Mitarbeiter

Vor allem größere Obst- und Gemüseerzeuger, die auf eine entsprechend große Zahl von Helfern angewiesen sind, werden bereits in deren Heimatländern aktiv. In früheren Jahren hat man etwa in Polen einen Saal gemietet, um Werbeveranstaltungen abzuhalten (49). Inzwischen wird in verstärktem Maße das Internet genutzt. So lassen die Websites mancher Erdbeererzeuger ihre Hauptaufgabe unschwer erkennen: potentielle Erntehelfer anzusprechen. Einschlägige Hinweise geben bereits die Startseiten.[70] Ohne langes Suchen gelangt der Betrachter auch auf Formulare in polnischer, rumänischer und ukrainischer Sprache.[71] Einen weiteren kommerziellen Zweck haben diese Websites in der Regel nicht, zumindest dann nicht, wenn die Betriebe ihre gesamte Ernte an einen einzigen Händler verkaufen und daher keiner besonderen Werbung für die Erzeugnisse bedürfen.

Auf den Zweck dieser Websites angesprochen, bestätigen deren Betreiber denn auch frei heraus, dass man eine Plattform brauche, um Erntehelfer anzusprechen (64). Ähnlich sagt es der Leiter eines größeren Betriebes: *Unsere Homepage ist nur für unsere Erntehelfer. Eigentlich. Aber es fragen ja auch Leute an, die mal irgendwas wissen wollen. Deswegen haben wir eine Homepage erstellt, wo man einiges lesen kann* (46). Seine Seite ist augenscheinlich mit nicht geringem Aufwand gestaltet worden. Die Professionalität

---

70 Um die Anonymität zu wahren, seien hier keine einzelnen Internetseiten aufgeführt. Bei der Suche, besonders nach Erdbeererzeugern, gelangt man jedoch schnell auf Seiten, die erkennbar deutlich für an der Saisonarbeit Interessierte im östlichen Europa gestaltet sind.

71 Eine große Zahl von Musterverträgen auf Bulgarisch, Deutsch, Kroatisch, Polnisch, Rumänisch, Slowakisch, Ukrainisch und Ungarisch hält auch der Verband Süddeutscher Spargel- und Erdbeeranbauer e.V. für seine Mitglieder bereit; https://www.vsse.de/infos-muster/muster-formulare/ (27.5.2022).

zeigt sich nicht zuletzt auch darin, dass der Zweck der Personalgewinnung auf der Seite vergleichsweise unaufdringlich vermittelt wird.

Ein Kernobsterzeuger in der Gemeinde Visbek betont dagegen, dass er seine Website nicht zur Rekrutierung von Saisonarbeitern gestaltet habe, und tatsächlich beschreibt seine Seite zwar die Erzeugnisse des Hofes, doch enthält sie keine Hinweise auf die Saisonarbeit und auch keine fremdsprachigen Inhalte: *Also ich hab das nicht deswegen gemacht. Ich hab diese Homepage erstellt, um für den Hofladen und den Privatverkauf ... [zu werben], und ich finde das immer gut, wenn man einen Betrieb sucht und ihn findet. Dann kommt man etwas seriöser rüber.* Allerdings bekommt auch er immer wieder Arbeitsgesuche. Er bekomme Anfragen von verschiedenen Firmen, aber auch von rumänischen oder polnischen Saisonarbeitern. Die schrieben z. B.: „*Wir sind drei Frauen und suchen eine Arbeit.*" Auf Nachfrage bestätigt er, dass es viele Anfragen seien. *Ich hab immer höflich abgelehnt und gesagt: „Vielen Dank, aber wir haben genug Leute."* (44)

In vielen landwirtschaftlichen Betrieben, die polnische und rumänische Saisonarbeiter beschäftigen, scheint es auf den ersten Blick, als regeneriere sich der Mitarbeiterstamm gleichsam von selbst:

Wir haben nur polnische Saisonarbeiter; ... wir haben regelmäßig dieselben Leute. Wir haben sehr wenig Fluktuation, in den letzten drei Jahren gar keine. Mal tauscht dann irgendwie einer aus, ... junge Leute ... kommen dann manchmal zum Aushelfen, wenn wir doch mehr Obst haben. Die wollen dann eben Geld verdienen für die Hochzeit, und dann sind sie wieder weg. Das ist aber alles so geplant..., und sonst tauschen vielleicht mal ein oder zwei Leute. Es ist meistens so: ... „Der kann dieses Jahr nicht kommen, der muss zu Hause noch was tun, aber wir haben noch jemand anders", und dann gut (44).

Ähnliches berichtet ein Apfelerzeuger aus einer anderen Gemeinde: *Wir haben polnische Saisonkräfte bei uns, und ... teilweise sind die schon dreißig Jahre hier... Und die bringen dann immer welche mit* (54).

Bei einem Gemüseerzeuger mit vergleichsweise kleiner Saisonbelegschaft rekrutiert die polnische Vorarbeiterin nicht nur neue Mitarbeiter, sondern kümmert sich um viele Angelegenheiten des Alltags und gewährt damit auch für die Landwirtsfamilie gleichsam eine Rundumbetreuung:

Wir haben nur polnische Mitarbeiter, weil unsere Vorarbeiterin, die mittlerweile schon dreißig Jahre bei uns im Betrieb ist, ursprünglich selber aus Polen kommt. Und die managt das auch alles mit unseren Leuten. Also wenn Probleme sind oder sie fährt mit ihnen zum Arzt oder sonst irgendwas, dann kümmert sie sich auch darum (65).

Ein anderer Obsterzeuger erlebt es fast als Selbstgänger, dass sich die rumänischen und auch die polnischen Vorarbeiter um die Anwerbung neuer Landsleute kümmern. *Das ist so über die Jahre gewachsen, würde ich sagen* (55).

Ähnlich erlebt es ein Erdbeererzeuger im Kreis Vechta: *Aktuell haben wir so einen ganz guten Trupp zusammen mit den Rumänen, die man mittlerweile kennt und die dann schon Werbung für uns machen, auch in ihrem Heimatort und so. Das klappt dann wirklich* (38).

Hier wie in vielen anderen Fällen geschieht die Vermittlung über persönliche Netzwerke, in die die Saisonarbeiter in ihren Heimatländern eingebunden sind. Netzwerke auf der Ebene des Verwandten-, des Freundes- und Bekanntenkreises und der Nachbarschaft haben wohl zu allen Zeiten die temporäre und dauerhafte Migration gestützt.[72] Ein Hinweis auf lokale Netzwerke kann darin gesehen werden, dass oft ein großer Teil der Pflücker jeweils aus einem Ort stammt. Dies gilt auch für andere Weltgegenden: So kommen die Erdbeerpflücker in kalifornischen Betrieben häufig aus jeweils einem mexikanischen Ort; im Mexiko wiederum stammen Kaffeepflücker, die im Süden des Landes arbeiten, oft aus den gleichen Orten des Hochlandes von Guatemala.[73]

Für den Obsterzeuger hat die Vernetzung den Vorteil, dass sie den Aufwand für die Anwerbung der Arbeiter deutlich verringert.[74] Überdies kann er hoffen, dass bei ihm bereits Beschäftigte, die neue Kollegen mitbringen, schon im Interesse ihrer eigenen Position für das gute Arbeiten der neuen Mitarbeiter einstehen.[75] Osteuropäer, die an Beschäftigung im Ausland interessiert sind, ziehen die Vermittlung „über Bekanntschaften" oft auch deshalb Anzeigen im Internet vor, weil sie dort Betrug fürchten.[76]

Über die Art der Netzwerke, durch die die Erntehelfer verbunden sind, weiß der Obst- und Gemüseerzeuger in der Regel nichts, und ebensowenig weiß er oder möchte es oft auch gar nicht so genau wissen, dass es einige Saisonbeschäftigte gibt, die von ihren Landsleuten Geld für die Vermittlung nehmen.

Dagegen bemerkte ein Obstbauernpaar im Laufe seiner jahrzehntelangen Tätigkeit, dass es auf seinem Hof sowohl unter den Polen als auch unter den Rumänen Vorarbeiter und andere als Vermittler tätige Personen gab, die sich von ihren Landsleuten Provisionen geben ließen und mitunter einigen Druck ausübten, um diese Provisionen einzutreiben. Von diesen Einkünften der Vermittler erfuhren die Erzeuger nur dadurch, dass es um die Provisionen Konflikte mit zum Teil massiver Gewaltandrohung gab.

Den betroffenen Arbeitern rieten sie, künftig keinen Vermittler mehr zu bemühen, der sie abkassiert:

---

[72] Siehe auch WELLS, Strawberry Fields (1996), S. 162–166, und STALKER, Workers (2000), S. 120–122. Zu den Migrantennetzwerken am Beispiel polnischer Saisonarbeiter siehe BECKER, Erdbeerpflücker (2010), S. 120–126 und 140–157.
[73] Vgl. STALKER, ebd., S. 121.
[74] So gibt STALKER, ebd., die Aussage wieder, dass mexikanische Beschäftigte im Hotel- und Restaurantgewerbe ihren kalifornischen Arbeitgebern schon Ersatz für ausfallende Kollegen beschaffen können, bevor die Arbeitgeber überhaupt von diesem Verlust erfahren. Diese Form der Rekrutierung erhöht allerdings auch die ethnische Homogenität der Beschäftigten.
[75] Vgl. BECKER, Erdbeerpflücker (2010), S. 121; im Hinblick auf mexikanische Beschäftigte in Kalifornien STALKER, Workers (2000), S. 121, und WELLS, Strawberry Fields (1996), S. 164: Wer einen Erntearbeiter empfohlen habe, übe Druck aus, „to perform well".
[76] Siehe auch PIECHOWSKA, Soziologin (2013), S. 26; PIECHOWSKA/FIAŁKOWSKA, Erntehelfer (2013), S. 167. Über tatsächlichen Betrug FIAŁKOWSKA, Gruppenbildung (2013), S. 107f.

„Ihr braucht nicht über einen Vermittler. Ihr habt doch irgend jemanden in Rumänien, der Deutsch sprechen kann, und dann nehmt ihr den, und der soll uns anrufen. Dann kriegen wir das auch so. Auch mit dem Bus und so. … Besorgt euch einen Bus, entweder einen kleinen oder einen großen Bus, dass ihr damit … hierher fahren könnt. Und ruft uns an! Ruft uns an!" (49).

Die Vorteilsnahme einzelner Beschäftigter, in der Regel Vorarbeiter, auf Kosten ihrer Landsleute, im Polnischen auch *kombinować* genannt, ist sehr verbreitet.[77] Manche Obst- und Gemüseerzeuger bekennen sich auch dazu, bei der Vermittlung von Erntehelfern durch die Vorarbeiter in Kauf zu nehmen, dass die Vorarbeiter ihre Landsleute abkassieren.[78]

Anders verhält es sich mit der gewerblichen Vermittlung dauerhaft oder saisonweise Beschäftigter, bei der der Arbeitgeber für die Provision aufkommt.[79] Auch Sonderkulturanbauer greifen auf Vermittlungsagenturen zurück, und ein befragter Landwirt im Kreis Cloppenburg, der geschulte Helfer für sehr spezielle Kulturen benötigt, engagiert sie über einen Personaldienstleister (45).

Neben den heimischen Netzwerken suchen osteuropäische Mitarbeiter persönliche Bindungen zum Hof zu pflegen, indem sie etwa Karten zu Weihnachten und zu Ostern verschicken. Manche fragten, wie ein Landwirt berichtet: *„Dürfen wir wirklich wiederkommen?"* – *„Ja, natürlich! Ihr wart gut"*, habe er ihnen gesagt (38).

Tatsächlich ist die Befürchtung, im nächsten Jahr nicht wieder eingestellt zu werden, meist unbegründet, weil die Landwirte daran interessiert sind, einen festen Mitarbeiterstamm aufzubauen.[80]

Auch wenn Erntehelfer selbst oft Landsleute vermitteln, müssen sich viele Obstbauern doch jedes Jahr von neuem darum bemühen, genügend Mitarbeiter für die anstehende Saison zu gewinnen. Auf einem besuchten Erdbeerhof mit einer Belegschaft von insgesamt rund achtzig Leuten kristallisierte sich der rumänische Teil der Mitarbeiter immer um einen Stamm von gut 15 Leuten:

Das ist ja das große Spiel. Wir hatten ja wirklich so einen Stamm, wenn ich an die rumänischen Leute [denke] oder auch an die polnischen, die soundso viele Jahre bei uns waren. … Die rumänischen Leute sind, da sind wir ja erst 2009 mit angefangen, … da waren ja welche dabei, die wirklich die ganzen Jahre über da waren. Immer. Immer. Das waren ja mindestens 15, … die immer da waren. Vielleicht mit einem Jahr Unterschied oder dass einer mal ein Jahr nicht konnte oder so, aber so generell waren die immer da. Und die

---

77 Siehe Fiałkowska, Gruppenbildung (2013), S. 90; siehe auch Wagner, Arnswald (2013), S. 65f. (mit Bezug auf rumänische Spargelstecher).
78 Wagner, Wanderarbeit (2013), S. 226.
79 Z. B. https://www.agri-service.eu/kosten-Personalvermittlung/ oder https://www.personal-werk.de/ (7.6.2022).
80 Mit Bezug auf polnische Saisonarbeiter Fiałkowska, Gruppenbildung (2013), S. 109.

haben dann ja auch immer jemanden anderen mitgebracht, wo man dann mit denen telefonierte: „Kommen die und die wieder?" – „Nein, die können nicht." Oder dann waren das ein paar von den Frauen. „Die sind jetzt zu alt, die kommen nicht mehr. Wir bringen aber die und die mit." So dass man dann dadurch schon seine Truppe zusammenkriegte, aber [es] manchmal auch schon schwierig war, die zusammenzukriegen.

Die Befragte selbst hatte im Frühjahr stets viel zu telefonieren: *Schon im Frühjahr … habe ich manche Stunde telefoniert. … Die ganzen Monate über bist du ja irgendwie zugange: „Kommst du jetzt? Kommst du nicht?"*

Eine Erleichterung bestand immerhin darin, dass der Verkehr oft auch in deutscher Sprache möglich war:

Mittlerweile hatte ich ja überall in paar dabei, die Deutsch sprachen. Also das war mittlerweile alles auf Deutsch möglich. Und sonst, ja, jetzt mit dem Handy und WhatsApp… Am Anfang hatten die das ja auch noch nicht, aber seit ein paar Jahren ging das immer auch über WhatsApp. … Ich konnte was schreiben, und die verstanden das. Dann kriegte ich das sogar auf Deutsch manchmal wieder und brauchte das nicht von Rumänisch auf Deutsch, oder ich hab's dann wieder noch mal übersetzt (49).

Besondere Herausforderungen brachte das Coronajahr 2020 mit sich. Ein Landwirt im Kreis Cloppenburg hatte in jenem Jahr mehrere Flugzeuge organisiert, um Saisonarbeiter aus Rumänien ins Land zu holen:

Anfang März ging's doch los mit Corona – hier gesessen: Wie kriegen wir unser Personal hier nach Deutschland? Da wurden die Grenzen zugemacht, Ende März, usw. Erzählen Sie mal jemandem, der irgendwann mal Landwirtschaft gelernt hat: Jetzt organisier mal komplette Flugzeuge, die nach Rumänien fliegen und das Personal herholen! Bezahlen Sie 45 000 Euro im Vorfeld für so einen Flug! Da ist noch keiner drin. Und was haben wir erlebt: Da durften nur 180 Leute einsteigen, und da hatten die Rumänen so viel Schiss, dann sind da nur 120 eingestiegen. Die anderen waren zwar am Flughafen, haben das Flugzeug gesehen, sind wieder abgehauen. Und den Flug haben wir sogar bezahlt. Und solche Dinge müssen Sie dann als Bauer organisieren (51).

Möglicherweise hielt in vielen Fällen nicht nur Flugangst, sondern auch die durch sprachliche Barrieren und oft durch fehlende Lesefähigkeit sowie durch allgemeines Misstrauen verstärkte Furcht vor finanziellen Unwägbarkeiten die potentiellen Saisonarbeiter davon ab, ins Flugzeug zu steigen. Denn auch wenn ihnen noch so oft versichert wird, dass der deutsche Arbeitgeber für die Flüge aufkommt, dürften manche darüber unsicher gewesen sein, wann sie wieder zurückfliegen können und wer den Rückflug bezahlt.[81]

---

81 Siehe auch BOATCĂ, Spargel (2020). Den Hinweis auf den Text verdanke ich Lucia Sunder-Plassmann, Kulturanthropologisches Institut Oldenburger Münsterland, Cloppenburg.

Personalmangel

Im Coronajahr 2020 führten die Personalengpässe zu Einschränkungen in der Produktion. Bei einem Erdbeererzeuger ergab sich die verringerte Zahl der Mitarbeiter dadurch, dass er aufgrund der Seuchenbestimmungen nicht mehr so viele Unterkünfte vorhalten konnte (38).[82]

Allerdings wurde bereits für die Jahre vor der Pandemie mehrmals bemerkt, dass die Produktion personalbedingt eingeschränkt werden musste. So bemerkte ein anderer Erdbeererzeuger, dass er den Umfang des Anbaus in den zurückliegenden Jahren leicht verringerte, *weil die Verfügbarkeit der Erntehelfer nicht so gegeben war* (46).

Der Mangel an in- und ausländischen Mitarbeitern führte auch bei Betrieben mit geringerem Personalbesatz, z. B. bei kleineren Baumschulen, zu Einschränkungen: *Ich habe*, sagt eine Baumschulgärtnerin im Kreis Cloppenburg, *zwei Halbtagskräfte … aber … von der Fläche her bräuchten wir mindestens noch zwei dazu. Aber das ist schwierig, da an Leute zu kommen.*

Sie selbst hatte anfangs polnische und später rumänische Mitarbeiter. Aber mittlerweile *verdienen die in Rumänien auch schon genug, dass sich das für sie nicht mehr lohnt, die Strecke zu fahren, weil, sie müssen ja auch ziemlich viel Geld für den Bus bezahlen.* Sie weiß von einem Kollegen, der jetzt Ukrainer beschäftige. Es werde immer schwieriger, Mitarbeiter zu finden, und es sei die Frage, ob man immer weiter auf die Suche gehe oder ob man stattdessen nicht einfach sage: *Wir machen dann weniger und dann mit Arbeitskräften von hier.*

Viele, sagt sie, *wollen's nicht mehr, im Dreck arbeiten, draußen, bei Regen auch mal draußen zu arbeiten. Das ist schon schwierig da.*

Bei ihr komme hinzu, dass potentielle Mitarbeiter ganztags arbeiten wollten, sie ihren Betrieb inzwischen aber halbtags führe. Wenn sie nachmittags Leute hätte, müsste sie auch die Nachmittage im Betrieb bleiben. Dies sei aber schwierig, weil sie ein Kind habe.

Sie weiß von Kollegen, die ihre Betriebe geschlossen hätten: *Im Ammerland stehen mittlerweile viele Betriebe, haben aufgehört, weil sie einfach keine Mitarbeiter mehr finden konnten.* Sie selbst hatte auf der Suche nach Mitarbeitern an das Arbeitsamt geschrieben, von dort aber nicht einmal eine Antwort bekommen.

Die Personalknappheit hinderte die Baumschulen auch daran, auf die erhöhte Nachfrage während der Coronajahre zu reagieren. Vor der Pandemie, sagt die Baumschulgärtnerin, sei die Vermarktung zwei oder drei Jahre schwierig gewesen. *Aber das hat's immer gegeben: Schwankungen am Markt, dass man mal mehr, mal weniger verkauft hat. Und seit Corona – also wir hatten sehr guten Absatz* (42).

---

82   Siehe auch weiter oben in diesem Kap.

Ähnliches weiß ein Kollege zu berichten: Nach Jahrzehnten steige endlich die Nachfrage nach Bio-Gehölzen. Doch nun fehlten ihm die Mitarbeiter, um auf den Bedarf zu reagieren. *Ich hatte zwischenzeitlich zehn Mitarbeiter, mittlerweile habe ich nur noch drei. Ich finde keine Leute mehr* (43).

Löhne und Erlöse

Wenn Landwirte vieles unternehmen, um die Saisonkräfte zu gewinnen und im Betrieb zu halten, dann verweist dies auf das Maß, in dem beide Seiten voneinander abhängen, und es verweist auch darauf, dass dabei auch die Arbeiter nicht völlig ohne Auswahlmöglichkeiten sind. Eine Bedingung für diese etwas verbesserte Position der Saisonarbeiter ist es freilich, dass diese sich auf die verhältnismäßig schwere und im bundesdeutschen Vergleich geringbezahlte und -geachtete Arbeit einlassen.

Anders etwa als viele afrikanische Migranten in Südspanien und Süditalien, die einem ausbeuterischen System ausgeliefert sind, hängen die Saisonarbeiter in den deutschen Obst- und Gemüsebetrieben in der Regel jedoch nicht existentiell von der Erntearbeit ab. In den Heimatländern ist ihnen zumindest ein Dasein auf bescheidenem Niveau möglich. Die Verdienste aus der Saisonarbeit verhelfen ihnen dazu, ihre Lebensumstände im Heimatland zu verbessern, ein Auto oder ein Haus zu erwerben, auch die Extraausgaben im Rahmen alltäglicher Korruption wie etwa zusätzliche Zahlungen an Ärzte im Krankenhaus zu bestreiten.[83]

Mit dem wachsenden Mangel an Saisonkräften sehen sich Landwirte in der Situation, den Beschäftigten ein gutes Umfeld zu verschaffen und regelrecht um sie zu werben.[84] Die Situation kann sich allerdings ändern und zu einem Arbeitskräfteüberangebot führen. Bedroht ist die Position der Saisonarbeiter gegenwärtig vor allem durch den Preisverfall der von ihnen geernteten Früchte. Dies zeichnete sich 2022 im Fall der Erdbeeren ab. Bekannt wurde das Beispiel eines Landwirtes aus dem westfälischen Kreis Coesfeld, der ein Erdbeerfeld von knapp drei Hektar vor der Ernte umpflügte, weil die von den Lebensmittelketten gebotenen Preise die Erzeugungskosten bei weitem nicht deckten.[85]

---

83 Im Hinblick auf rumänische Saisonarbeiter siehe SCHMIDT, Mobilität (2021), S. 195–197. Dass auch im polnischen Gesundheitssystem oft Schmiergelder erwartet würden, bemerken FIAŁKOWSKA/WAGNER, Polen (2013), S. 117f. Anm. 12.
84 Dies schließt natürlich nicht aus, dass es Erzeuger gibt, die dies nicht beherzigen. Über Vorwürfe krass ausbeuterischen und übergriffigen Verhaltens in einer rheinischen Baumschule siehe Jost MAURIN: Bittere Ernte. In: die tageszeitung, 21.3.2021, https://taz.de/Ausbeutung-in-der-Landwirtschaft/!5754151/ (16.6.2022).
85 Falko BASTOS, Wolf VON DEWITZ: Erdbeerbauer sieht rot. In: Westfälische Nachrichten, Nr. 123, 28.5.2022, S. 3.

Abb. 103: Billige Erdbeeren als Lockmittel. Aus der Anzeigenseite eines Oldenburger Supermarktes, in: Nordwest-Zeitung, Nr. 144, 23.6.2022, S. [32].

Für landwirtschaftliche Betriebe, die sich auf Sonderkulturen spezialisiert haben, bildet die Erntearbeit den größten Ausgabenposten, und hier erwarten die Erzeuger nicht zuletzt durch den gesetzlichen Mindestlohn eine deutliche Zunahme:

Das ist der höchste Kostenfaktor, der weiter steigen wird, durch das Thema Mindestlohn usw. Und wenn wir zwölf Euro Mindestlohn haben, wird der eine da hingehen und sagen: Wir wollen jetzt fünfzehn oder wie auch immer. Irgendwann wird das so kommen. Irgendwann wird der Verbraucher aber auch merken, dass er es bezahlen muss, oder er bekommt keine Ware mehr aus dem Inland (51).

Ein Erdbeererzeuger weist auf die starke Steigerung der Arbeitskosten im Verhältnis zu den Erlösen hin:

Arbeitslohn: Wir steuern jetzt auf zwölf Euro zu, und wir haben eine Lohnsteigerung seit 2018 von 40 Prozent. Keine andere Sparte hat so starke Lohnanstiege gehabt wie jetzt bei uns in der Landwirtschaft. Wir sollen jetzt innerhalb von vier Jahren 40 Prozent oder 38 Prozent verknapsen. Das geht ja nicht.

Vor diesem Hintergrund beklagt er auch das Geschäftsgebaren des Lebensmitteleinzelhandels.[86] Unter meinen Gesprächspartnern ist er der einzige, der nicht nur die Steigerung der Löhne, sondern im gleichen Atemzuge auch auf die vom Handel gesetzten Preise beklagt. Tatsächlich sieht es auch weiterhin nicht so aus, dass sich hieran bald etwas ändern würde (Abb. 103).

---

86 Siehe auch unten Kap. 8.

8. Die Vermarktung

Direktvermarktung

Neben dem hochgradig differenzierten Lebensmittelhandel gab es, etwa auf Wochenmärkten, immer auch direkte Verkäufe vom Urproduzenten an den Endverbraucher. Wenn heutige Landwirte in einer Region wie dem Oldenburger Münsterland ihre Erzeugnisse selbst vermarkten, knüpfen sie jedoch nicht unmittelbar an die schlichten Ursprünge des Handels an, denn in der Regel haben sie oder ihre Vorgänger die Erzeugnisse ihres Hofes an eine Absatzgenossenschaft bzw. den Großhandel verkauft oder sie tun dies immer noch. Die Direktvermarktung haben sie neu aufgenommen. Dabei müssen sie sich in einer vom Groß- und Einzelhandel geprägten Wirtschaft zurechtfinden und behaupten. Und sie müssen auch die Voraussetzungen für ihren Markteintritt neu schaffen, indem sie Handelsbeziehungen knüpfen, einen Stand auf dem Wochenmarkt organisieren oder einen Hofladen einrichten.

Für die Erzeuger bringt die Direktvermarktung meist höhere Erlöse als der Verkauf an ein Handelsunternehmen, doch erfordert sie einen deutlich höheren Aufwand, zudem kostet sie Geld für die angestellten Verkaufshilfen. Beim Betrieb eines eigenen Hofladens entsteht zusätzlicher Aufwand dadurch, dass es in der Regel nicht genügt, die Erzeugnisse des eigenen Hofes feilzuhalten, sondern die Kunden eine breitere Palette von Lebensmitteln erwarten, die dann vom Großmarkt oder von anderen Landwirten zugekauft werden müssen.

Ein Obsterzeuger im Kreis Vechta macht den Zwiespalt zwischen den Erträgen des Hofladens und dem für ihn betriebenen Aufwand deutlich. Das Gros seiner Ernte verkauft er über den Erzeugergroßmarkt Langförden-Oldenburg (ELO). Als Mitglied der Genossenschaft hat er sich verpflichtet, dem Erzeugergroßmarkt das geerntete Obst anzudienen, doch gestattet die Genossenschaft ihren Mitgliedern, ein Kontingent von bis zu 25 Prozent der Ernte direkt zu verkaufen. Der Direktverkauf lohnt sich für den Obsterzeuger vor allem in Zeiten niedriger Großhandelspreise. Sind diese höher, ist er eher geneigt, an die Kosten des Einzelverkaufs zu denken:

Wenn die Apfelpreise gut sind, dann denk ich mir immer: Och, wieso machen wir überhaupt noch Privatverkauf? Es funktioniert doch! Von ELO kommt schnell viel gutes Geld! Und wenn die Preise schlecht sind, dann ist man natürlich froh, dass man das zweite Standbein noch hat, dass der Hofladen noch da ist. Weil, im Privatverkauf schwanken die Preise nicht so stark wie draußen auf dem Großmarkt. Da schwanken die auch, ja. Wenn die Äpfel im Supermarkt sehr, sehr günstig sind, kann man sie im Hofladen auch nicht mehr für zwei Euro das Kilo verkaufen, dann muss man ein bisschen runter. Aber die Schwankungen sind nicht so stark (44).

Hier ergänzen sich die Direktvermarktung und der Verkauf an den Erzeugergroßmarkt im Hinblick auf das Risiko höherer und niedriger Preise.

Dort, wo der Hofladen nicht nur eine Ergänzung des Verkaufs an die Erzeugerorganisation bildet, sondern der ganze Absatz auf die Direktvermarktung ausgerichtet ist, müssen weitere Standbeine geschaffen werden, denn der Verkauf im eigenen Laden wird nicht ausreichen, um die Erzeugnisse des Hofes abzusetzen. Auch sind die landwirtschaftlichen Betriebe und die von ihnen unterhaltenen Hofläden in der Regel zu abgelegen, um genügend Laufkundschaft anzuziehen.

Zwei Landwirtinnen im Kreis Cloppenburg, die auf ihren Höfen Käse erzeugen, stellen den Direktverkauf auf eine breitere Grundlage: Eine unterhält in mehreren Orten Wochenmarktstände, die andere verkauft einen Teil ihrer Erzeugnisse an weitere Hofläden, die dadurch den Umfang ihres Sortiments vergrößern können (22, 25).[1] Auch eine befragte Obsterzeugerin im Kreis Vechta verkauft einen großen Teil ihrer Ernte über Dritte, großenteils über Lebensmittelhändler im Kreis Vechta und im Nachbarlandkreis Oldenburg (48).

Abb. 104: Eher eine freundliche Geste als ein wirtschaftliches Standbein: Kühlschrank in einer zur Gemüsezelle umfunktionierten Telefonzelle mit verschiedenen Gemüsesorten. Bokel, Gem. Cappeln, September 2023.

Für Landwirte, die direkt vermarkten wollen, hat das Regionalsegment des Lebensmitteleinzelhandels sehr an Bedeutung gewonnen. Innerhalb dieser Sparte sind es, wie ein in diesem Bereich engagierter Landwirt erläutert, die aus Einkaufsvereinigungen der Händler hervorgegangenen Ketten Edeka und Rewe,[2] bei denen die angeschlossenen Händler[3] als Franchisenehmer die Möglichkeit haben, einen ergänzenden Teil ihres Sortimentes selbst zusammenzustellen:

---

[1] Siehe auch SCHÜRMANN, Höfe (2021), S. 246–250 und 259f.
[2] Edeka, 1911 als „Einkaufszentrale der Kolonialwarenhändler im Halleschen Torbezirk zu Berlin"; Rewe, 1927 als „Revisionsverband der Westkauf-Genossenschaften" in Köln gegründet.
[3] Neben den von selbständigen Kaufleuten geführten Märkten gibt es bei beiden Ketten Filialen, die als Regiebetriebe direkt vom Konzern geführt werden, bei Edeka etwa 20 Prozent, bei Rewe etwa 60 Prozent. Beide Konzerne sind bestrebt, diese Filialen ebenfalls an selbständige Franchisenehmer zu übertragen; siehe hierzu aus Gewerkschaftssicht GLAUBITZ, Einzelhandel (2018).

8. Die Vermarktung

Also es ist so – ich bleib jetzt mal beim Rewe, die machen da sehr viel. Es gibt Rewe regional. Erst mal ist es: Jeder Rewe wird ja von einem Pächter betrieben; Franchisenehmer sind das ja. Und die haben natürlich einmal das Rewe-Sortiment, das sie nehmen müssen. Und dann haben die aber die Möglichkeit, ein eigenes Sortiment aufzustellen und dann dort zu vermarkten. Jetzt ist das natürlich für die sehr interessant, weil die anders einkaufen können. Zum einen haben sie die Basisauslastung über das Rewe-Sortiment; dann haben die das regionale Sortiment, das die beim Urproduzenten kaufen können (45).

Das Regionalsegment ziele vor allem auf Käufer, die sich nicht ausschließlich nach den günstigsten Preisen richteten, andererseits aber auch nicht ausschließlich Lebensmittel aus ökologischem Anbau kauften und damit auch für Erzeugnisse aus der näheren Umgebung offener seien:

Wir haben etwa zwei Drittel, die kaufen über den Preis. Da ändert sich nichts dran, gar nichts. Und dann gibt es die Hardliner, etwa zwanzig Prozent, die machen Bio, Bio, Bio, und die wollen nichts anderes als Bio. Aber, ich sag jetzt mal, zwischen den 66 und den 20 auf der anderen Seite, da stecken ja immer noch diese 14 Prozent drin. Und diese 14 Prozent, das sind Leute, die kaufen mal, wenn es sich anbietet, günstig, dann kaufen die aber auch mal Bio, aber die fühlen sich irgendwo in der Region total wohl und kaufen tendenziell viele regionale Sachen. Dieses Marktsegment – das haben natürlich auch die Großen festgestellt – ist sehr attraktiv. Das funktioniert aber nicht über ein Zentrallager, sondern muss relativ kleinstrukturiert sein. Edeka macht es mit Edeka Food Service. Die bieten es sogar den regionalen Landwirten an, zu diesen Läden ihre Ware hinzubringen. Die übernehmen die Logistik für einen gewissen Kreis, wo das so gemacht wird. Das ist denn wieder supergut für die (45).

Die Händler nutzen die Möglichkeit, Erzeugnisse aus dem räumlichen Umfeld zu beziehen, in zunehmendem Maße:

Das ist ja so die Entwicklung mittlerweile, dass das Zentrallager die großen Mengen einkauft und die Händler vor Ort versuchen, den regionalen Bezug herzustellen durch Brotlieferanten, Honiglieferanten oder halt Obstlieferanten bei Erdbeeren. Bei Äpfeln gibt es das im Alten Land auch. Da wird das auch zum Teil gemacht, dass Regional-Anlieferungen gemacht werden. Das ist modern, das ist gut, das ist auch fürs Klima gut, kurze Wege. Und so haben die Kunden im Supermarkt da auch wirklich vor Ort regionale, frische Ware (57).

Auch landwirtschaftliche Erzeuger bauen diese Vermarktungsform aus, sei es durch direkte Belieferung des Händlers, sei es durch eigene Stände auf dessen Gelände:

Und da spezialisieren sich ja auch immer mehr Produzenten drauf, dass die das dann mit anbieten. Ich kenne einen Anbauer aus Essen (Oldenburg)..., der ist da ganz stark drin. Der fährt, ich glaub, im ganzen Kreis Cloppenburg Edeka- und Rewe-Märkte ab und hat da überall entweder in den Märkten selber oder auch zum Teil vor den Märkten Stände, wo er seine Erdbeeren verkauft, zum Teil in Kooperation mit Spargelhändlern (57).

Dem Händler gibt diese Kooperation nicht zuletzt die Möglichkeit, die ansonsten anonym präsentierten Waren mit Gesichtern aus der Region zu verbinden und darüber eine persönliche Nähe zu den Erzeugern zu imaginieren:

Die können natürlich nicht nur mit dem Produkt werben, sondern auch mit dem Gesicht, das dahintersteht. Also Landwirt Meyer, Müller, Schulze ist derjenige, der die Eier bringt. Und dann gibt es jemanden, der lächelt dazu, und dann sind alle gut zufrieden. Weil es Vertrauen schafft. Und es ist nicht mehr anonym. Und wenn jetzt hier mit dem Produkt etwas ist: Ich muss nicht mehr über eine Produkthotline gehen; Ich kann da hingehen und sagen: „Pass mal auf, die Eier waren jetzt aber nicht alle gleich braun; da war ein bisschen helleres dabei. Woran liegt das?" Und da kann er [der Händler] sagen: „Da, kuck mal! Da gibt es jemanden, der erzählt dir das." (45)

Selbstpflücke

Eine Form der Direktvermarktung, die sich mit der Organisation der Ernte verbindet, ist das Selbstpflücken durch die Kunden. Unter dem Begriff *pick your own* zunächst in den USA verbreitet, wurde die Selbstpflücke um 1960 vermehrt in deutschen Betrieben eingeführt.[4] Ende der sechziger Jahre wurde sie auch durch die Obstbauversuchsanstalt in Langförden empfohlen.[5]

Zu den Obstarten, die auf diese Weise vermarktet werden, gehören an erster Stelle Erdbeeren, daneben Süß- und Sauerkirschen, Himbeeren, Heidelbeeren und Äpfel, nicht jedoch Gemüse (Abb. 105, 106). So verkaufte denn auch ein Landwirt im Kreis Cloppenburg, der um 1970 Erdbeeren zum Selbstpflücken anzubieten begann, den von ihm ebenfalls angebotenen Spargel von Anfang an bereits gestochen, sortiert und auf Länge gekürzt (50). Angebote, Spargel selbst zu stechen, bildeten auch später die Ausnahme.[6] Meist wurden sie während der Corona-Pandemie, als ein großer Teil des Spargels ungeerntet zu bleiben drohte, von einigen Erzeugern aufgebracht.[7] Im Gegensatz zum Pflücken von Erd- oder Heidelbeeren ist das Spargelstechen für die Privatkunden wenig attraktiv: Die Arbeit spielt sich in einer etwas kühleren Jahreszeit und möglichst in wetterfester Kleidung ab, und anders als beim Obstpflücken ist das Gemüse nicht dazu geeignet, zwischendurch daran zu naschen. Damit entfällt das Spargelstechen

---

4 Vgl. LIEBSTER, Kulturheidelbeere (1961), S. 197; VOTH, Entwicklungen (2002), S. 128f.
5 Vgl. VOTH, Entwicklungen (2002), S. 129.
6 https://www.pflueckselbst.de/index.php/direkt-aufs-feld/spargel-stechen (29.6.2022).
7 Vgl. Thomas VORWERK: In Bethen stechen die Spargel-Liebhaber selber zu. In: Münsterländische Tageszeitung 25.5.2021, S. 9. Ein Beispiel aus Hessen gibt die Süddeutsche Zeitung, https://www.sueddeutsche.de/wirtschaft/agrar-bickenbach-spargel-selber-stechen-ernte-bislang-eher-schleppend-dpa.urn-newsml-dpa-com-20090101-210501-99-426176 (29.6.2022).

8. Die Vermarktung

Abb. 105: Hinweisschild zum Selbstpflücken. Bethen (Stadt Cloppenburg), August 2022.

Abb. 106: Hinweisschild zum Selbstpflückfeld. Kreis Vechta, Juni 2022.

auch als Freizeitangebot für Eltern mit kleinen Kindern. Überdies bedarf das Spargelstechen einer Einweisung, damit die Freizeitpflücker die Pflanzen nicht zerstechen.

Für die Perspektive der Erzeuger lässt sich, ohne zuviel vorwegzunehmen, feststellen, dass Selbstpflücke dort, wo Obst in erster Linie für den Verkauf angebaut wird, nie eine reelle Alternative zur Beschäftigung professioneller Erntehelfer war. Und ganz ohne zusätzlichen Aufwand ist für den Landwirt auch das Selbstpflücken nicht. Denn er braucht mindestens eine ständig anwesende Person für Aufsicht und Verkauf, auch müssen die Anlagen gepflegt und Parkplätze für die Kunden vorgehalten werden.[8]

Ein Landwirt im Kreis Vechta erinnert sich an den guten Absatz in den 1960er Jahren: Damals seien die Kunden aus Orten jenseits von Cloppenburg und noch weiter weg mit Waschwannen hergefahren, um Erdbeeren zu pflücken (39). Ähnlich erlebte es in den achtziger Jahren eine Kollegin in Bühren (Gemeinde Emstek):

Ich hatte auch Verwandtschaft, drüben in Friesoythe und Gehlenberg oder solche Ortschaften. Das ist dreißig, vierzig Kilometer von hier. Einmal in der Saison kamen die nach hier. Die brachten wirklich Wäschewannen mit. Da wurden dann vier, fünf Wäschewannen vollgemacht.

Auf den Hinweis, dass die Erdbeeren in den Wannen doch plattgedrückt wurden, bemerkt die Befragte: *Macht ja nichts, kamen sowieso in die Marmelade* (1).

Ein Moment, das die Verarbeitung der Erdbeeren im eigenen Haushalt begünstigt haben dürfte, war die Größe der Haushalte:

Die hatten sechs Kinder, die eine Familie, die immer kam, die anderen hatten zehn Kinder, wieder andere hatten nochmal sechs Kinder. Die kamen wirklich gemeinsam, pflückten Erdbeeren, kamen anschließend noch bei uns kurz, und dann ging's wieder nach Hause (1).

Hier wie in anderen Fällen betrieben Landwirte die Selbstpflücke parallel zur Ernte durch bezahlte Pflücker. In zumindest einem Fall bildet die Selbstpflücke auch einen Weg, um beim Aufbau der Obstanlagen die anfangs noch geringe Erntemenge aufzufangen. So führte ein befragter Landwirt aus dem Cloppenburger Nordkreis um 2015 den Obstbau und zugleich auch das Selbstpflücken ein, weil sich der Einsatz bezahlter Erntehelfer in der frühen Phase, in der die Bäume noch nicht im Vollertrag standen, für ihn noch nicht lohnte: *Im Kulturobst bin ich da eigentlich noch unabhängig, weil ich bis jetzt ... fast alle Äpfel vom Baum verkauft habe. So wie die Erdbeer- und Blaubeerbetriebe das ja zum Teil auch machen.*

Ab August gibt er die Äpfel für die Selbstpflücke frei. *Mitte August bieten wir das auch in Aronia [d. h. mit Aronia-Beeren] an. Da gibt es dann so ein paar Spezialisten, die sich die pflücken und dann Marmelade von kochen.* Er weiß aber auch, dass er bei wei-

---

8   Hinweise für Erzeuger gibt eine Seite der Bundesanstalt für Landwirtschaft und Ernährung, https://www.praxis-agrar.de/betrieb/einkommensalternativen/direktvermarktung-selbstpflueckanlagen (14.6.2022).

terem Wachstum seiner Obstanlagen nicht umhinkommt, Pflücker einzustellen: *Dann kommt eins zum anderen, natürlich. Dann bin ich voll im Obstbau, auf jeden Fall* (15).

Ein anderer Obsterzeuger im Kreis Cloppenburg erinnert sich, dass die Selbstpflücke in den siebziger Jahren bei Erdbeeren und anderen Beerenarten gut funktionierte:

Dann sind 1970 auch die ersten Erdbeeren gepflanzt, und das wurde nach und nach immer auch ein bisschen mehr und wurde denn Selbstpflücken, [da] gab's denn mal so einen Boom. Dann machten die Leute noch Erdbeeren ein, und dann kamen die mit Zehn-Liter-Eimern und mit Wäschewannen und was weiß ich nicht alles und haben Erdbeeren gepflückt. Das war eine richtig schöne Zeit. Wir haben zwischenzeitlich, als ich dann zu Hause mit eingestiegen bin, einen zweiten Standort fürs Selbstpflücken gehabt, zwischen Haselünne und Meppen. Den hab ich denn da betreut, in der Ernte, und wir hatten dann auch schon mal, ich weiß nicht, wie viel, Himbeeren im Selbstpflücken. Die Kultur haben wir jetzt nur noch ganz wenig... Das war denn so eine Zeit, wo das alles ging. Auch Heidelbeeren selbst pflücken ging schon mal gut (50).

Vielen Konsumenten erschien es auf die Dauer jedoch nicht mehr lohnend, selbst zu den Feldern zu fahren, wenn der Preisunterschied zu den bereits geerntet angebotenen Erdbeeren nicht sehr gewaltig ausfiel:

Als dann so langsam in der Bevölkerung ein Umdenken stattfand, dass die Leute mehr Geld zur Verfügung hatten und sich denn gesagt haben: Okay, Selbstpflücken kostet Pfund 'ne Mark, und Gepflückte kosten Pfund 1,50 – war ja damals noch D-Mark –, und wir brauchen dreißig Pfund, oder irgendwie so: Das waren denn 15 Mark Differenz. Dafür wollten die dann nicht mehr pflücken gehen... So ist das denn entstanden, dass wir immer mehr gepflückte Ware verkauft haben und somit auch immer mehr Personal brauchten für die Ernte. Bei Erdbeeren (50).

Eine mindestens so entscheidende Ursache dieses Wandels dürfte in der Abkehr der privaten Haushalte von der Vorratshaltung liegen. Seit den siebziger Jahren machten die Kunden Erdbeeren ebenso wie andere Früchte in zunehmendem Maße nicht mehr ein oder verkochten sie zu Marmelade, denn gemessen an der hierfür benötigten Arbeitszeit und am sonstigen Aufwand konnten sie Marmelade und konservierte Früchte viel billiger im Supermarkt kaufen. Und wenn man keine Erdbeeren mehr verarbeitete, kaufte man sie nur noch in kleinen Mengen für den frischen Verzehr, für den sich die Reise zum Erdbeerfeld nicht mehr lohnte.

Der befragte Obsterzeuger hat denn auch die Selbstpflücke stark eingeschränkt. Irgendwann, sagt er, hätten seine Frau und er die Entscheidung getroffen:

Nein, Selbstpflücken in Erdbeeren machen wir nicht mehr. Weil, es ist auch keine Verlässlichkeit in dem Moment gegeben. Wenn es drei Tage regnet, kommt kein Selbstpflücker; die Erdbeeren werden dann aber trotzdem reif. Wenn dann nachher nur faule dranhängen, dann kommt auch kein Selbstpflücker mehr. So, und deshalb haben wir uns irgendwann entschieden, das Selbstpflücken bei Erdbeeren und Himbeeren komplett einzustellen. Heidelbeeren machen wir noch. Machen wir aber auch nur zwei Wochen, und nicht einen Tag eher oder später, danach ist dann wieder Ende. Das sind dann so Konsequenzen, die irgendwann aus Verbraucherverhalten entstehen. Genauso: Heute sind fast alle beide berufstätig, die haben dann über Tag fast überhaupt keine Zeit zu pflücken. Das konzentriert sich dann auch aufs Wochenende. Aber montags sind auch reife Früchte am Strauch; die müssen auch geerntet werden. Also muss ich doch mein Personal haben, das dann die Anlage im Griff behält, und muss auch verkaufen (50).

Hier erscheinen die Gründe zur Aufgabe der Selbstpflücke naheliegend: Die Verbraucher kommen, wenngleich aus verständlichen Gründen, unregelmäßig oder nur zu bestimmten Tagen; das Obst reift aber ohne derartige Rücksichten beständig fort und verlangt ein regelmäßiges Abernten, ohne das die Anlage verderben würde. Da die Selbstpflücke für den Landwirt keinen Absatz in einer den Aufwand lohnenden Größe verspricht, fällt der Verderb der Früchte wirtschaftlich umso mehr ins Gewicht.[9]

Seit Beginn der neunziger Jahre hat der Zuspruch zur Selbstpflücke denn auch bei den Erzeugern deutlich nachgelassen. So ließen Erdbeeranbauer, nachdem sie leichter an Saisonarbeitskräfte kommen konnten, ihre Felder lieber professionell abernten. Hierdurch vermieden sie auch das Phänomen der „Rosinenpflücker": dass die Besucher nur bei schönem Wetter kommen, sich auf die besten Früchte beschränken und dort, wo die Erdbeerreihen sehr lang sind, vor allem in der Nähe der Parkplätze bleiben.[10]

In Südoldenburg ist, wie ein Obsthändler bemerkt, die Selbstpflücke schon deshalb meistenteils aufgegeben worden, weil sie sich für die Verbraucher aufgrund der niedrigen Preise im Lebensmitteleinzelhandel nicht mehr lohnte. Und ebenso lohnt sie sich für die meisten Erzeuger nicht mehr:

Hier hat sich das dann irgendwann nicht mehr gerechnet. Man muss da jemand abstellen, der dabeisteht, der das wiegen muss, der muss den ganzen Tag da sein. Und die Leute haben dann einfach gefehlt. Die wurden auch im Betrieb gebraucht für die Pflücker, die die anderen Flächen sauber pflücken (57).

Das gewandelte Konsumentenverhalten beobachtet ein Landwirt in der Gemeinde Visbek auch im Hinblick auf Süßkirschen. Sie werden auf einer kleinen Fläche seines Hofes zum Selbstpflücken angeboten. Hierfür finden sich jedoch nach wie vor genügend Abnehmer, und nach der Einschätzung des Befragten sind Süßkirschen eine ideale Obstart für den Frischverzehr:

Wir haben ja ein Glück mit den Süßkirschen, dass sie die mit nach Hause nehmen und – huit, weg! ... Den Eimer hat er abends leer. Da kann er ein paar Tage später wiederkommen. Den Vorteil haben wir ja. Weil, das ist verderbliche Ware, die muss möglichst schnell rein. Und dann: Einmachen wollen sie auch nicht mehr. Das ist eine fertige Ware, wo ich nur noch den Stein ausspucken muss (39).

---

9   Dass die Sträucher meist nicht sorgfältig und schonend genug abgeerntet würden, benennt schon LIEBSTER, Kulturheidelbeere (1961), S. 197, im Hinblick auf Heidelbeeren als einen Nachteil der Selbstpflücke.
10 Vgl. VOTH, Entwicklungen (2002), S. 129.

Einen verhältnismäßig großen Umfang hat die Selbstpflücke auf einem Hof im Süden des Kreises Vechta. Hier lässt der Landwirt, der auf insgesamt mehr als fünf Hektar Erdbeeren, Himbeeren und Süßkirschen anbaut, das Beeren- und Steinobst hauptsächlich von den Kunden ernten. Bezahlte Pflücker beschäftigt er nur auf seinen Kernobstanlagen, deren Erträge er im Hofladen und auf mehreren Verkaufsständen vermarktet. Die Selbstpflücke wurde auf dem Hof in den achtziger Jahren zunächst für Erdbeeren eingeführt, später kamen Süßkirschen und in den 2000er Jahren Himbeeren hinzu.

Auf die potentiellen Nachteile des Selbstpflückens angesprochen, gesteht er zu, dass sich die Besucher beim Pflücken das Beste heraussuchten und die Pflege am Ende nicht so gut wie in anderen Anlagen sei, auf denen professionell und für den Verkauf geerntet werde; überdies komme *der Diebstahl nicht zu kurz*.

Für ihn werden jedoch die Nachteile, die die Selbstpflücke mit sich bringt, durch den eingesparten Pflücklohn wieder aufgewogen. Die Selbstpflücke verleiht ihm einen Vorteil gegenüber jemandem, der beispielsweise auf zehn Hektar Erdbeeren erzeugt *und die zehn Hektar an den Großhändler vermarktet, weil wir einfach keinen Pflücklohn zahlen müssen. Und das ist mittlerweile das Teuerste in dem Ganzen, ist immer schon das Teuerste gewesen und wird auch die nächsten Jahre immer weiter steigen* (54).

Im Gegensatz zu den Äpfeln verfolgt er bei den Erdbeeren eine andere Vermarktungsstrategie: Durch den Verzicht auf entlohnte Erntehelfer und damit aber auch auf ein gründlicheres Abernten der Erdbeerreihen ist der Anbau bei ihm weniger intensiv als bei bezahlter und gründlicherer Pflücke. Zu diesem Vorgehen ist er möglicherweise schon deshalb eher in der Lage, weil seine wirtschaftliche Existenz nicht so stark vom Erdbeeranbau abhängt wie bei jenen Kollegen, die sich ganz auf diese Kultur spezialisiert haben.

Umfragen weisen für den Anteil der Selbstpflücke bis zur Jahrtausendwende einen vergleichsweise hohen Wert aus. So ergab eine Erhebung der Zentralen Markt- und Preisberichtsstelle für das Jahr 1997, dass 26 Prozent der Erdbeeren über die Selbstpflücke und 32 Prozent in Hofläden und am Straßenrand abgesetzt wurden.[11]

Als Nische innerhalb des Obstabsatzes wird die Selbstpflücke auch weiterhin von Bedeutung bleiben. So führt das digitale Agrarportal proplanta.de rund fünfhundert Betriebe im deutschsprachigen Raum auf, die das Selbstpflücken von Erdbeeren ausdrücklich anbieten.[12]

---

11 Ebd., S. 128.
12 493 Betriebe. Interaktive Karte in https://www.proplanta.de/Maps/Erdbeeren+selber+pfl%FCcken_createpoints_vxnnrnpoosntxxuouuxnppnsrqqptxnnrnpoosos.html (22.1.2024). Weitere Karten in http://www.foolforfood.de/index.php/news/erdbeeren-selbst-pfluecken (17.5.2022) und https://www.hessenschau.de/freizeit/hessen-karte-auf-diesen-feldern-gibt-es-erdbeeren-zum-selbstpfluecken,erdbeeren-pfluecken-karte-100.html (17.5.2022, für Hessen), eine bundesweite Liste unter https://www.selbst-pfluecken.de/index-verzeichnis.html (17.5.2022).

Abb. 107 und 108: Zeitungsanzeigen mit Angeboten zum Selbstpflücken, in: Münsterländische Tageszeitung, 4.6. und 23.7.2020.

Hierzu gehören innerhalb Südoldenburgs je ein Hof in Varrelbusch (Gemeinde Garrel) und in Ehren (Stadt Löningen); der vorhin genannte Hof im Kreis Vechta ist hier noch nicht aufgeführt. Gelegenheiten zur Selbstpflücke werden während der Saison auch in den regionalen Zeitungen annonciert (Abb. 107, 108).

Wie die im Internet verbreiteten interaktiven Karten erkennen lassen, ist die Selbstpflücke vor allem in der Nähe großer Städte verbreitet, rund um die Ruhrgebietsstädte etwa, in Ostwestfalen, bei Metropolen wie Berlin, Hamburg und München. Anstelle des wirtschaftlichen Gedankens ist für viele Verbraucher der soziale Ereigniswert des Erdbeerpflückens, die gemeinsame Unternehmung, in den Vordergrund getreten.[13]

---

13 Hierauf deuten auch ins Netz gestellte Fotos, auf denen die Freude am Erdbeerpflücken inszeniert wird (bei einer Bildsuche z. B. unter dem Begriff „Erdbeerfeld" in Suchmaschinen leicht zu finden). Erzeuger werben bisweilen auch mit Fotos von Kindern auf dem Erdbeerfeld; Bildunterschriften wie „Erdbeeren pflücken plus schöner Spielplatz" z. B. unter (https://www.ichspringimdreieck.de/erdbeeren-pfluecken-plus-schoener-spielplatz-in-angelbrechting-bei-poing/, (19.5.2022).

8. Die Vermarktung

Abb. 109: Besucherinnen mit ihren Kindern beim Erdbeerpflücken. Kreis Vechta, Juni 2022.

Dass es nicht mehr so sehr um die Selbstversorgung geht, lässt sich oft auch auf den Erdbeerfeldern beobachten: Häufig sind es Frauen mit ihren kleineren Kindern, die zum Pflücken fahren, und die Gebinde, in die die Erdbeeren gepflückt werden, sind so klein, dass die Erntemengen für die Haushalte keine wirtschaftliche Bedeutung haben dürften (Abb. 109).

Neben dem Erlebniswert stellt ein befragter Obsthändler auch die Gelegenheit zum Sammeln von Erfahrungen heraus. Als ein Erdbeererzeuger in Lutten ein Feld zum Selberpflücken freigab, fuhr er mit seiner Tochter hin: einmal als Ausflugsziel, dann aber auch, um ihr zu zeigen, wie die Arbeit abläuft:

Das war dann ein Event: Erdbeeren pflücken. Meine Tochter hat mehr gegessen, als sie in die Schale gepflückt hat. Aber einfach mal, um das zu sehen, wie das funktioniert und dass es auch Arbeit ist. Das würde ich heute noch jedem Einkäufer im LEH [Lebensmitteleinzelhandel] empfehlen: einen Tag von morgens früh bis mittags in der Hitze Erdbeeren pflücken, um mal zu sehen, was das für Arbeit ist und was das für Strapazen sind (57).

In den USA, dem Ursprungsland der Selbstpflücke, scheint neben dem günstigeren Preis der Früchte für viele Verbraucher schon sehr früh auch der Freizeitwert eine Rolle gespielt zu haben: „Viele Amerikaner fahren gern 40–50 Meilen weit mit ihrem Auto zu einer ‚blueberry-cafeteria'", bemerkte bereits 1961 der Botaniker Günther Liebster.[14]

---

14 Vgl. LIEBSTER, Kulturheidelbeere (1961), S. 197.

Hier steht das Erlebnis wohl deutlich im Vordergrund, denn auch wenn man in Rechnung stellt, dass viele Amerikaner große räumliche Distanzen zu überbrücken gewohnt sind, macht eine Strecke von vierzig bis fünfzig Meilen das Selbstpflücken zu einer wirtschaftlich unsinnigen Angelegenheit.

Einen besonderen Zulauf erlebte die Selbstpflücke im Coronajahr 2020, weil, wie ein Obsterzeuger feststellt, *die Leute einfach nirgends woanders hinkonnten. Es gab keine anderen Freizeitmöglichkeiten mehr, so dass die Leute wirklich verstärkt hierhin gefahren sind und da wieder richtig Interesse zeigten*. Mitunter kamen an einem Tag dreihundert Leute zum Pflücken auf seinen Hof. Für mehrere Tage musste er das Feld schließen, damit die Früchte nachreifen konnten (54).

Eine Sonderform Selbstpflücke, die geselligkeitsbetonte und politische Werte in sich vereint, kann in der Solidarischen Landwirtschaft gesehen werden. So stellt eine Landwirtin in Bakum (Kr. Vechta), die diese Wirtschaftsform in ihrem Betrieb eingeführt hat, einen Zusammenhang mit den Vorteilen des Erntens durch die Mitglieder heraus: Wenn man das Obst professionell ernten lassen würde, könne man an den Mitgliedern vielleicht nur zwei Schalen Äpfel geben, weil der Pflücklohn so hoch ist. Wenn sie sie aber selber pflückten, *dann sollen sie sich doch ruhig zwanzig Pfund da rauspflücken. Dann ist jedem damit geholfen* (10).[15]

Eine Schweizer Internetseite mit einer Übersicht zu Selbstvermarktungsangeboten stellt einen anderen sozialen Vorteil der Selbstpflücke heraus: Durch die eigene Beteiligung an der Ernte könnten die Kunden sicherstellen, dass sie keine importierten, unter krasser Ausbeutung der Menschen und der Natur erzeugten Früchte kauften.[16]

Der regionale Fruchthandel

Ansprechpartner für die meisten, auch die auf Sonderkulturen spezialisierten Landwirte, die nicht hauptsächlich selbst vermarkten, ist der aus Erzeugerorganisationen und Einzelunternehmen bestehende Fruchthandel. Im Oldenburger Münsterland kann von einem selbständigen Fruchtgroßhandel erst für die Zeit vom frühen 20. Jahrhundert an die Rede sein. Bis dahin hatten sich Landwirte nur insofern als Händler betätigt, als sie ihre Obstüberschüsse in größeren Orten der Umgebung verkauften.[17]

---

15 Siehe auch SCHÜRMANN, Höfe (2021), S. 268.
16 https://www.selberpfluecken.ch/hintergrund/ (7.11.2023). Dabei verweist sie auf einen Dokumentarfilm des Südwestrundfunks: „Die Fernsehdokumentation ‚Beeren-Hunger: Süße Früchte – Bittere Wahrheiten' des deutschen Senders SWR zeigt eindrücklich, welche sozialen und ökologischen Auswirkungen die Produktion von importierten Beeren hat. Ein Grund mehr, Beeren aus regionaler Produktion zu konsumieren!" Zum genannten Film siehe auch oben Kap. 3.
17 Siehe auch oben Kap. 2.

Den Schritt zum Obstgroßhändler unternahm als erster Joseph Siemer in der Bauerschaft Spreda (heute Stadt Vechta), doch Siemer füllte zeitlebens eine Doppelrolle als Obstbauer und -händler aus. Erst nach seinem Tod im Jahr 1923 wurden beide Aufgaben getrennt: Den Obsthof erbte sein Bruder, während sein Neffe Gottfried Deye (1885–1961), den Siemer bereits 1907 zum Mitinhaber seines Handelsgeschäftes gemacht hatte, das Unternehmen unter eigenem Namen weiterführte.[18]

Deye baute das Geschäft aus und begann bald auch mit Eiern zu handeln. Die von den Höfen zusammengekauften Eier wurden im Betrieb sortiert und in Kisten à 500 Stück größtenteils mit dem LKW nach Hamburg, ins Ruhrgebiet und bis nach Köln gefahren. Spätestens um 1935 nahm Deye außerdem den Handel mit Gemüse auf. Sein wichtigster Erzeuger wurde der aus den Niederlanden zugewanderte Peter Duijn, der zusammen mit den Spredaer Landwirten Rosenbaum und Thöle den intensiven Anbau von Blumenkohl und Saatkartoffeln aufgenommen hatte.

Ein von Deye am Langfördener Bahnhof errichtetes Kühlhaus mit 900 Quadratmetern Grundfläche fasste etwa 450 Tonnen Äpfel, die auf 2 °C kühlgehalten werden konnten; ein weiteres, nicht gekühltes Lagerhaus nahm 350–400 Tonnen auf. Für das Jahr 1939 wird berichtet, dass Deye 300–400 Waggons Äpfel in verschiedene Teile des Reiches versandte.[19]

Nach dem Zweiten Weltkrieg führte Deyes Sohn Gottfried Deye jun. das Geschäft weiter (Abb. 110). Ältere Befragte erinnern sich, dass ihre Eltern das Obst mit dem Ackerwagen nach Langförden zu Deye fuhren (53).

In der näheren Umgebung unterhielt Deye auch Sammelstellen, zu denen Interessierte ihr Obst bringen konnten. So ist z. B. in Hagstedt (Gemeinde Visbek) von einem Steinsetzer Siemer überliefert, dass er das Obst annahm und an Deye weitergab, der es dann mit dem Zug ins Ruhrgebiet transportieren ließ (67). Daneben kamen Händler – in Erinnerung geblieben ist ein Händler mit dem Namen Könighaus – aus dem Ruhrgebiet in die Gegend. Sie vereinbarten mit den Landwirten telefonisch den Umfang der Partien und holten das Obst mit dem LKW zum vereinbarten Termin ab (67).

Nach 1950 zeichnete sich für Deye das Ende des Handelsbetriebes ab. 1955 erwarb die Bäuerliche Bezugs- und Absatzgenossenschaft Langförden eG die Gebäude am Bahnhof.[20] 1969 wurde die Firma Gottfried Deye Eier- Obst- und Gemüsegroßhandel aus dem Handelsregister gelöscht.[21] Auch die Tätigkeit anderer Obstgroß- und -einzelhändler, die bis in die sechziger Jahre in größerem Umfang tätig waren, und der Wochenmarktbeschicker, die direkt von den Erzeugern kauften, ging zurück:[22]

---

18 Dies und folgendes zu Deye nach AHLRICHS, Persönlichkeiten (1990), S. 567–570.
19 OSTENDORF, Obstbau (1941), S. 55.
20 AHLRICHS, Persönlichkeiten (1990), S. 570.
21 Amtsgericht Oldenburg HRA 287 (umgeschrieben von Amtsgericht Vechta HRA 730), 4. Juni 1969.
22 Vgl. SEIPP, Visbek (2009), S. 231.

Abb. 110: Briefumschlag mit Aufdruck des Fruchthändlers Gottfried Deye, verschickt vermutlich im Sommer 1948. Wiedergabe nach https://www.posthörnchenaufdrucke.de/belege-mit-ortsnotstempel.html (4.2.2022).

Zuerst liefen ja auch noch hier die Händler alle rum und kauften auf, ... und das wurde ja auch immer weniger (39).

Ein Akteur, der für den regionalen Fruchthandel eine überragende Bedeutung einnehmen sollte, fing bescheiden an: Am 6. Mai 1950, vier Jahre, nachdem in Langförden der Obstbauversuchsring und die Obstbauversuchsanstalt entstanden waren,[23] gründeten sechs Apfelerzeuger die im selben Ort ansässige Obstabsatzgenossenschaft Südoldenburg eGmbH Langförden.[24] Der Betrieb lief in den ersten Jahren mit bescheidensten Mitteln. So fehlten anfangs Kisten und Lagerräume; sortiert wurde zunächst von Hand. 1956 wurde die Genossenschaft, nachdem sie am Großmarkt in Oldenburg eine Niederlassung eröffnet hatte, in Erzeugergroßmarkt Langförden Oldenburg eGmbH umfirmiert.

Das Geschäft der Genossenschaft beschränkte sich in ihrem ersten Jahrzehnt auf Äpfel und etwas Steinobst (Abb. 111, 112).[25] So erinnert sich ein Landwirt im Kreis Vechta, der Ende der fünfziger Jahre als Jugendlicher beim Erzeugergroßmarkt ausgeholfen hat, dass der Betrieb der Genossenschaft ein Saisongeschäft war: *Da waren ja nur Äppel hier. Und mit dem halben November war Schluss, dann war die Bude dicht* (39).

---

23 Hierzu siehe oben Kap. 2.
24 Siehe auch JORDAN, ELO (2019). Wie ein befragter Landwirt berichtet, war zuvor in Schneiderkrug (Gem. Emstek) eine Genossenschaft gegründet worden; sie habe aber nicht lange bestanden (39). – Folgendes nach SEIPP, Spreda (2005), S. 56, und Hinweisen von Dr. Dankwart Seipp, 25.9.2023. Mit Bezug auf die Verhältnisse in Hagstedt siehe AKA u. a., Hagstedt (2017), Bd. 2, S. 332.
25 Siehe auch SEIPP, Visbek (2009), S. 229.

8. Die Vermarktung

Abb. 111: Apfelernte in Langförden, 1960, mit den neu eingeführten Erntegroßkisten.

Abb. 112: Apfelsortierung beim Erzeugergroßmarkt in Langförden, 1959.

Ab 1960 war es besonders der Geschäftsführer Georg Passlick (1928–2014), der auf die Erweiterung des Sortiments auf Beerenobst und Gemüse hinarbeitete. Eine Landwirtin in der Gemeinde Vechta erinnert sich, dass Passlick ihr die Himbeeren, die sie im Auto zum Erzeugergroßmarkt gebracht hatte, persönlich aus dem Kofferraum holte (53).

1974 wurde unter der Leitung Passlicks an der Tiefkühlproduktion für Gemüse gearbeitet.[26] *Den Grünkohl zu frosten*, bemerkt ein Landwirt im Kreis Vechta, *das ist ja so eine schwierige Sache. Wenn Sie den nicht ordentlich frosten, dann klebt der zusammen, und dann hat man einen Klumpen*. Doch dies sei beim ELO beherrscht worden: *das Schockgefrieren und dass es schön lose bleibt* (39). Mit der ELO-frost GmbH & Co. KG wurde die Tiefkühlproduktion im Jahr 2000 als Tochtergesellschaft ausgegründet.[27]

Im Laufe der Jahrzehnte entwickelten sich die beteiligten Betriebe im Rückenwind der Erzeugerorganisation und der durch sie vermittelten Nachfrage zu ihrem jetzigen Umfang: *Das Ganze ist gewachsen mit dem Erzeugergroßmarkt hier vor Ort in Langförden, mit der ELO, und dementsprechend sind auch die Betriebe gewachsen* (64).

Eine erhebliche Größenzunahme erfuhr der Erzeugergroßmarkt durch den Gemüsebau Mählmann, der seine gesamte Produktion über den ELO vermarktet. Als Wolfgang Mählmann in den achtziger Jahren die Gemüseproduktion aufnahm, ergab sich für ihn recht bald die Zusammenarbeit mit dem Erzeugergroßmarkt, weil seine Familie die Mitgliedschaft im ELO aus früherer Zeit beibehalten hatte. Der Erzeugergroßmarkt, erinnert er sich, war damals vom Umsatz her noch sehr klein; er entwickelte sich mit den Umsätzen seines eigenen Betriebes.

Dies sehen auch andere Obst- und Gemüseproduzenten so: *Ich sag mal, die sind miteinander gewachsen, ELO mit Mählmann und Mählmann mit ELO*. Im großen und ganzen sei der ELO *eigentlich auf Gemüsebau Mählmann zugeschnitten*. Dies helfe auch den Erzeugern der anderen Produkte: *Und ich denke, da profitieren auch alle mit, weil, das eine verkauft das andere mit* (65).

Nach Aussage des Vorstands hat sich Absatz des Erzeugergroßmarktes seit 2000 vervierfacht.[28] Das Gemüsebau-Unternehmen wiederum wuchs, wie Wolfgang Mählmann selbst betont, mit den Strukturen des Lebensmitteleinzelhandels. In den achtziger und besonders in den neunziger Jahren hätten Ketten wie Lidl, Aldi und Netto gewaltige Größensprünge gemacht, und vor allem gegen Ende der neunziger Jahre habe Mählmann die Möglichkeit bekommen, mit diesen Handelsunternehmen zusammenzuarbeiten und sich ebenfalls in neue Größenordnungen zu entwickeln:

Wer Mut dazu hatte, konnte dieses stärkere Wachstum dann umsetzen. Das war ja zu dem Zeitpunkt mit Fleisch nicht anders. Oder Eier. ... Der Lebensmitteleinzelhandel hat

---

26 Nachruf von ELO und ELO-frost in: Oldenburgische Volkszeitung, 26.11.2014.
27 WITTE, Beilage (2023), S. 68.
28 Vorstandsvorsitzender Jens Wiele, nach SCHÜRMEYER, Obst (2023).

8. Die Vermarktung

Abb. 113: Lagerhalle des Erzeugergroßmarktes Langförden-Oldenburg, Ende der 1960er Jahre.

Abb. 114: Mit Obst beladener LKW, Ende der 1960er Jahre.

einem die Möglichkeit gegeben, deutschlandweit zu vermarkten. … Der eine hat's wahrgenommen, der andere nicht.

Er sei damals von vielen belächelt worden: *„Das hält er nicht lange aus, an diese Leute zu liefern."* Aber man lerne es vielleicht, schneller zu liefern als andere und mit den erwirtschafteten Erlösen auch die Produktion rationeller zu gestalten. Bei alledem betont Mählmann, dass er selbst ebenfalls mit einem kleinen Betrieb angefangen habe, auf die Felder gegangen sei und geerntet habe. Das jetzige Unternehmen sei *nicht von heute auf morgen entstanden.*

Von der Zusammenarbeit mit dem Gemüsebau Mählmann profitieren nicht zuletzt die Mitglieder der Genossenschaft, weil die Prosperität des Erzeugergroßmarktes auch zu hohen Ausschüttungen führt. Demgegenüber habe man in früheren Jahren die Sorge gehabt, als Genosse noch Geld nachzuschießen zu müssen: *Jahrelang da hat man gar nichts gekriegt. Da hatte man Angst, dass man vielleicht noch Geld reinsetzen musste. Also da waren schon heftige Diskussionen* (53).

Das Wachstum des Erzeugergroßmarktes schlägt sich auch im Gebäudebestand nieder. So entstanden in Spreda, wo seit 1998 das Gemüsegeschäft abgewickelt wird, um 2020 Neubauten auf 9 680 Quadratmetern: Hallen zur Kommissionierung, d. h. zur Zusammenstellung der Partien, und Kühlhallen; auch die Verwaltung ist nach Spreda verlegt worden. Das Beerenobst wird am alten Standort im Dorf Langförden vertrieben.[29]

Gegenwärtig hat die Genossenschaft etwa 25 Mitglieder;[30] am Erzeugergroßmarkt beschäftigt sind gut 120 Mitarbeiter.[31] Mit einem Jahresumsatz von gut 250 Millionen Euro[32] gehört der Erzeugergroßmarkt zu den größten genossenschaftlichen Obst- und Gemüsevermarktern der Bundesrepublik. Unter den pro Jahr 150 000 Tonnen vermarkteter Früchte sind rund 12 000 Tonnen Erdbeeren, 20 000 Tonnen Eisbergsalat und 5000 Tonnen Champignons.[33]

---

29 Kühn, Erzeugergroßmarkt (2020).
30 2021 waren noch rund 50 Mitglieder verzeichnet: Bundesanzeiger, Jahresabschluss 2021. Inzwischen sind die Mitglieder, die nicht mehr an den Erzeugergroßmarkt liefern, aus der Genossenschaft ausgeschieden.
31 Der Jahresabschluss 2021 verzeichnet 38 kaufmännische, 75 gewerbliche Mitarbeiter, fünf Auszubildende, hinzu kommen 27 geringfügig Beschäftigte (ebd.).
32 Im Jahr 2022 noch 232 Millionen, nach Schürmeyer, Obst (2023). Die Umsatzerlöse der Genossenschaft lagen 2021 laut Bundesanzeiger, Jahresabschluss 2021, bei 197 462 069,85 Euro.
33 Siehe auch Schürmeyer, Obst (2023); Jordan, ELO (2019), und Kühn, Erzeugergroßmarkt (2020).

8. Die Vermarktung

Abb. 115: Der Erzeugergroßmarkt in Langförden, 1985, von der Straßenseite.

Abb. 116: Der Erzeugergroßmarkt in Langförden, 1987, von der Hofseite.

Die 26 Erzeuger, deren Obst und Gemüse der Erzeugergroßmarkt vermarktet, sind nach Angabe des ELO in einem Radius von vierzig Kilometern ansässig.[34] Der Verkauf durch den ELO geht zu rund 85 Prozent ins Inland und zu rund 15 Prozent ins Ausland, großenteils nach Italien, Osteuropa und Skandinavien.[35]

Als Anbieter steht der Erzeugergroßmarkt unter dem Druck eines sich wandelnden Absatzmarktes. Die einst belieferten Großhändler im Ruhrgebiet existieren längst nicht mehr; heute sind die großen Ketten des Lebensmitteleinzelhandels, Edeka, Aldi, Lidl, Rewe, die Hauptabnehmer.[36]

Um am Markt attraktiv zu bleiben, ist der Erzeugergroßmarkt bestrebt, ein breitgefächertes Angebot vorzuhalten. Wie ein Landwirt im Kreis Vechta schildert, kommen die Erzeuger auf den ELO zu, wenn sie eine neue Obst- oder Gemüseart oder eine neue Sorte vermarkten wollen:

Was wir schon für Sachen angebaut haben, egal ob die roten Stachelbeeren oder die Schwarzen Johannisbeeren…: Wenn wir wieder eine neue Idee haben, sagt er, habe man beim ELO *immer die Hände über den Kopf zusammenschlagen: „Was habt ihr denn schon wieder für Ideen?"*

Auch als der Befragte anfing, Pfirsiche und Nektarinen anzubauen, sei er zunächst an den Erzeugergroßmarkt herangetreten:

„Könnt ihr das vermarkten?" – „W…, du hast sie nicht alle!" Ich sag: „Das mag wohl sein. Könnt ihr das vermarkten?" Ich bin mit unserem Anbauberater dagewesen, haben wir das alles durchgesprochen, was da dann auch ungefähr an Mengen kommen kann, und, und, und. Ja, und dann haben sie mal rumtelefoniert. [Der] erste Discounter, den sie angesprochen haben, hat sofort gesagt: „Ich nehm' euch alles ab."

In diesem Falle ging es um Früchte, die sonst aus großen Entfernungen importiert werden: *Im Ausland werden die quasi halbreif gepflückt, und die reifen ja nach, bis sie hier sind. Und hier pflückst du eine reife Frucht, die am anderen Tag im Supermarkt steht. Die ist ja geschmacklich auch noch viel intensiver, als wenn sie nur nachreift* (38).

An der Entwicklung des Erzeugergroßmarktes zu seinem heutigen Umfang zeigt sich nicht zuletzt, dass die Größenstruktur der Erzeugerbetriebe im Oldenburger Münsterland, wie sie sich im späten 20. Jahrhundert entwickelt hat, große Abnehmer erfordert. Zwar gibt es, wie ein befragter Obsthändler bestätigt, ähnlich wie um 1970 immer noch einige Wochenmarkthändler, die Erdbeeren in kleinen Mengen von den Höfen kaufen. Für den Anbau und den Handel in der Region ist dies jedoch praktisch bedeutungslos:

Die Menge, die Anbaufläche ist ja viel größer geworden. So wie mit sieben Reihen [Erdbeeren] früher oder nachher mit ein paar Hektar. Aber wir können gar nicht ohne LEH in

---

34 Nach Schürmeyer, Obst (2023).
35 Kühn, Erzeugergroßmarkt (2020).
36 Schürmeyer, Obst (2023).

dieser Gegend, bei diesen Mengen. Das ist ja das größte zusammenhängende Erdbeeranbaugebiet. Und Gemüsebau Mählmann ist ja der größte oder der zweitgrößte in Deutschland. Diese Mengen können Sie ja über die kleinen Kanäle überhaupt nicht absetzen (52).

Welche Rolle spielen unter diesen Umständen die kleineren, mittelständischen Obsthändler? Zwei in Südoldenburg tätige Fruchthandelsunternehmen sind in den neunziger Jahren entstanden: die Kühling Fruchthandel KG in Emstek und die Christian Stolle Obsthandel GmbH & Co. KG in Vechta.

Gemeinsam ist beiden Unternehmen, dass ihre Gründer als Quereinsteiger ins Geschäft kamen. So arbeitete Helmut Kühling, wie er berichtet, zunächst als Industriekaufmann in einem Lebensmittelbetrieb. Sein Weg in die Selbständigkeit ergab sich, als die Strukturen in der Firma verändert wurden und Kühling vor der Aufgabe stand, sich beruflich oder räumlich umzuorientieren. Über den Kontakt mit alten Kollegen wandten sich Lebensmittelhersteller an ihn, ob er ihnen bei einem Versorgungsengpass – in diesem Falle ging es um Pilze – helfen könne. So begann er mit Zuchtpilzen zu handeln, die er aus Polen einführte und mit denen er Industriekunden im ganzen Bundesgebiet belieferte. Nach einem halben oder Dreivierteljahr sprach ihn sein Schwager an, der mit der Vermarktung seiner Erdbeeren unzufrieden war: *„Mensch, vielleicht kannst du auch Erdbeeren verkaufen."* Daraufhin begann er viele Telefongespräche zu führen und verkaufte zunächst einige Paletten am Tag.

Wie manche anderen Südoldenburger Firmen begann das Unternehmen im wörtlichen Sinne als Garagenfirma: Das Büro Helmut und Christa Kühlings befand sich zunächst in einer umgebauten Garage in Vechta. Um das Wohnhaus nicht ins Risiko zu nehmen, trugen die Eheleute die Firma auf den Namen der Frau ein: Christa Kühling Pilz- und Fruchthandel. Auch als die Kühlings 2009 einen Neubau im Industriegebiet bezogen hatten und eine KG gründeten, zeichnete Christa Kühling als Komplementärin. *Das war der Ursprung, und das haben wir so gelassen.*

Nach einigen Jahren begannen die Kühlings auch mit Verpackungen und Erntezubehör zu handeln. Unter anderem aus Litauen riefen Hersteller von Spankörben und Erdbeerkisten an, und ebenso wie bei den Zuchtpilzen ergab sich der Anstoß durch einen älteren Kontakt.

Das Verpackungsgeschäft eröffnete die Möglichkeit, den Betrieb ganzjährig auszulasten, denn der Handel mit Beerenobst, der das Hauptgeschäft bildete, reicht von April bis Oktober, mit einem Höhepunkt von Juni bis August. Grundsätzlich ließe sich die saisonale Beschränkung auch dadurch umgehen, dass man Früchte aus der südlichen Hemisphäre importiert, doch haben sich die Kühlings einstweilen entschieden, im Umfeld des regionalen Anbaus zu arbeiten.

In jedem Falle aber braucht es Geduld, um seine Stellung zu festigen: *Man hat uns damals gesagt, auch im Verpackungs- im Frischbereich: Das dauert zehn Jahre, bis man richtig im Markt ist, bis die Leute einen kennen und das Vertrauen auch haben.*

Und es sei wirklich so: *Das dauert schon Jahre, und da zehren wir heute auch sehr, sehr stark von, durch diese: pünktlich, fair, zuverlässig usw. Aber dann können Sie eigentlich alles verkaufen. Wenn Sie handeln können, können Sie alles handeln.*

Wie können neben einem beherrschenden Unternehmen wie dem Erzeugergroßmarkt kleinere Fruchthändler in der Region ihr Auskommen finden?

Es gibt ja den Spruch: Im Schatten der Großen lebt es sich ausgesprochen gut. Der Vorteil ist: Wenn man kleiner ist, ist man auch flexibler. So könne man auch scheinbar Unmögliches möglich machen, indem man z. B. *Ware auch dann noch vermarktet, wenn der Erzeugergroßmarkt am Ende der Saison den Pflückstopp ausgerufen hat. Dass ein Erdbeererzeuger weiterpflücken kann und dass wir die Ware dann immer noch loskriegen über bestimmte Wege, die wir uns lange erarbeitet haben, und wo es dann Möglichkeiten gibt*, z. B. über den Export.

Ebenso kann man die Kunden rascher und zielgerichteter bedienen:

Oder ein Kunde ruft kurzfristig an, er braucht Erdbeeren, hat soundso viel vorbestellt, in einer Verpackung A, und möchte auf einmal noch mal kurzfristig zweihundert Kisten in einer ganz anderen Verpackung haben. Das können wir in dieser Größenordnung, weil alle an einem Tau ziehen, oft realisieren. Das würde so ein großer Laden nie hinkriegen und das möglich machen.

Anders als in einem großen Unternehmen mit entsprechend großem Apparat muss ein kleinerer Selbständiger nicht erst das Plazet von höherer Stelle einholen:

Wir entscheiden; wir diskutieren nicht lange. Bei Erdbeeren haben Sie nicht lange Zeit, einen runden Tisch einzuberufen. Das geht innerhalb von Minuten, und das ist auch ein Riesenvorteil. Wir rufen dann bei dem Bauern an: „Wie sieht's aus, hast du die Menge?" – „Ja, ich hab' aber die Verpackung grad' nicht da." Ich sag: „Kein Problem, bei uns in der Halle steht das. In 'ner Viertelstunde hast du die Verpackung da." So, das ist schon ein Vorteil, in dieser Größe, die wir haben.

Die Flexibilität erlaubt es dem Betrieb, in unmittelbarer Nähe des Erzeugergroßmarktes eine Nische auszufüllen, so dass sich das Leistungsspektrum großer und kleiner Betriebe ergänzt.

Außer mit Champignons, Erdbeeren und Verpackungen handeln die Kühlings mit Spargel, Heidelbeeren und Rohwaren für die Feinkostproduktion. Der Radius der Beeren- und Gemüseerzeuger ist sehr begrenzt; mit einer Ausnahme befinden sich alle in einem Umkreis von wenigen Kilometern. Die Kunden sind Großmärkte und große Vermarkter in der ganzen Bundesrepublik und im benachbarten Ausland. Die Kühlings würden auch wohl direkt an die Lebensmittelketten liefern, doch bevorzugen diese die ganz großen Anbieter.

Von kleinerem Zuschnitt als der Kühling'sche Fruchthandel ist der Obsthandelsbetrieb von Christian Stolle in Langförden. Christian Stolle, der sich zunächst mit dem Gedanken an ein Gartenbaustudium trug, absolvierte nach dem Abitur eine Gärtnerausbildung in der Versuchs- und Beratungsstation für Obst- und Gemüsebau in Langförden. Direkt im Anschluss daran wurde er unversehens zum Obsterzeuger und Obsthändler:

Und in der Zeit haben mich zwei Apfelbauern hier vor Ort angesprochen, die ihre Plantagen nicht mehr weiter bewirtschaften wollten, ob ich das nicht übernehmen wollte. Und 1994 hatte ich dann auf mal, ich glaub, fünf Hektar Äpfel. Da er nun Äpfel anbaute, musste er sich auch um ihre Vermarktung kümmern, *und daraus ist dann der Laden entstanden. … Und dann wuchs das immer mehr.*

Zur gleichen Zeit übernahm sein Vater einen mobilen Agrarhandel. Die Betriebe des Vaters und des Sohnes konnten ihre Energien bündeln:

Mein Vater hat Ware ausgeliefert, und zeitgleich konnten wir dann auch Äpfel zu den Genossenschaften und Landhändlern ausliefern, und dann haben wir zu Spitzenzeiten mit vier oder fünf LKWs Ware ausgeliefert. Hier in der Halle kommissioniert, die Kunden konnten einen Tag vorher bestellen, und dann haben wir die Ware zu den Genossenschaften und Landhändlern ausgeliefert.

Um 2010 erreichten die Treibstoffpreise erstmals ein so hohes Niveau, dass sich die Fahrten nicht mehr lohnten. Daraufhin stellte Christian Stolle die Apfellieferungen ein und konzentrierte seinen Handel auf Beerenobst. Ware aus der näheren Umgebung holte er ab; einige Landwirte, zum Teil bis aus Leer, brachten die Erdbeeren selbst nach Langförden.

Den eigenen Anbau von Äpfeln hatte er nur wenige Jahre lang betrieben, denn bald war er an den Punkt gelangt, an dem er feststellte:

Man kann nur eines. Also, man kann nicht produzieren und handeln. Irgendwas bleibt dann immer auf der Strecke. Und das funktionierte dann nicht mehr… Wir sind fünf Tage die Woche auf Auslieferungstour gewesen, Ware ausliefern, und dann blieb einfach keine Zeit mehr, die Äpfel weiterzumachen.

Zu der Zeit ergab es sich, dass beide Anbauer, deren Apfelflächen er gepachtet hatte, eine Rodungsprämie im Rahmen eines EU-Programms bekommen konnten.

In den frühen Jahren hatte sich Stolle auch mal angeschickt, den Markt ein wenig aufzumischen. Er habe *einfach frei heraus angefangen, mit Obst zu handeln*, und dabei sei er *dem einen oder anderen auch auf die Füße getreten*. In diesem Falle ging es darum, dass er rascher bezahlte als der Erzeugergroßmarkt. *Und das führte natürlich zu Aufruhr.* Der Zulauf von den Erzeugern war entsprechend groß: *Wir sind dann sehr schnell gewachsen. Waren viele Leute, die mit uns zusammenarbeiten wollten. Auch zu schnell gewachsen.*

In der Zwischenzeit, gesteht er zu, hätten sich alle Beteiligten verbessert. Der Erzeugergroßmarkt sei *ein moderner, leistungsfähiger Betrieb, … und da kann die Region froh sein, dass sie die haben.* Es habe sich *ganz klar rauskristallisiert, dass ELO hier vor Ort der Chef im Ring ist.*

Gibt es eine besondere persönliche Disposition, eine besondere Freude am Handeln, die man für den Beruf des Obsthändlers mitbringen muss? Helmut Kühling bejaht dies:

Das müssen Sie haben. Das muss kribbeln. Ob Sie Äpfel verkaufen, ob Sie Hosen verkaufen oder Autos oder Maschinen, das ist eigentlich egal. Einmal das unternehmerische Denken, das kann teilweise lernen, und ein Teil – entweder hat man das im Blut oder nicht. Das kann man nicht jemandem aufzwingen, das funktioniert nicht.

Christian Stolle antwortet ebenfalls in bestätigendem Sinne und ergänzt: *Das ist ein eigener Schlag Leute.* Und der Obsthandel, *das ist eine eingeschworene, deutschlandweit eingeschworene Clique. Man kennt sich untereinander. Man weiß, wie die Leute ticken. Der eine macht es ein bisschen rauer, der andere ist ein bisschen freundlicher.*

Als Obsthändler braucht man Freude am Kontakt und am Vermitteln, gerade in der Hochsaison, wenn es anstrengend wird:

Man hängt viel am Telefon. Das Telefon ist sieben Tage, 24 Stunden an. Die Leute kennen keinen Samstag, die kennen keinen Sonntag, die kennen auch kein nachts um drei. Der Großmarktkunde, der um drei Uhr auf seinem Stand steht und wartet, dass die Ware da ist, der ruft an und fragt: „Wo ist meine Ware?" Den interessiert es nicht, dass man gerade erst eine Stunde im Bett liegt, weil man den letzten LKW verladen hat, der ruft an. Und morgens um sechs ruft der erste Bauer an und sagt: „Wo ist denn die Verpackung, die ich bestellt hab? Die fehlt!" Und um sieben Uhr ruft der erste Großhändler an, über den man Erdbeeren an die Rewe verkauft hat, und sagt: „Der LKW ist nicht angenommen worden, die Ware ist schlecht." Das muss man auch alles machen wollen. Also es wird gerne mal gesagt: „Och, ihr habt ja nur im Sommer was zu tun." Ich glaube nicht, dass das ganz viele Leute mitmachen, und man muss da auch eine Frau haben oder einen Partner haben, der da Lust drauf hat oder ein dickes Fell hat und sagt: „Die Saison ist ja auch irgendwann wieder vorbei."

Nicht nur zusammen mit dem Erzeugergroßmarkt, auch mit auswärtigen Handelsunternehmen sind Erzeugerbetriebe in Südoldenburg gewachsen. Der Erdbeererzeuger Ulrich Osterloh in der Visbeker Bauerschaft Halter verweist am Beispiel seines eigenen Betriebes auf die große Bedeutung, die die langjährige Zusammenarbeit mit einem Handelsunternehmen für die beiderseitige Entwicklung haben kann:

Einen sehr, sehr großen Anteil an meinem Werdegang hat unser Händler. Unser Händler, der im Alten Land sitzt, das ist Gerd Wegener oder Familie Wegener, die Erdbeeren bei uns gekauft und vermarktet haben. Und mit denen haben wir seit 35 Jahren ein fast brüderliches Verhältnis, auch was die Vermarktung angeht. Wir haben überhaupt keine Differenzen. Wir haben auch keinen Vertrag, sondern das beruht auf hanseatischem Geschäftsgebaren: Wenn man ein Wort gibt, steht man dazu.

Osterloh erinnert sich, dass er in den achtziger Jahren, als er nach besseren Absatzmöglichkeiten suchte, zum Telefonbuch griff, um die Obst- und Gemüsehändler in der Region abzutelefonieren. Gleich der erste Anruf brachte ihn weiter: Über den Obsthändler Franz Grabber in Damme entstand der Kontakt zu Wegener in Jork. Grabber hatte Kirschen aus dem Alten Land nach Südoldenburg geholt und bei der Gelegenheit 22 Kisten Erdbeeren aus Halter nach Jork mitgenommen.

Diese 22 Kisten hatte er gerade in Hamburg, da ging das Telefon, und dann kam die Frage: „Hast du noch mehr von der Qualität?" Ich sag: „Ja klar, können wir liefern." – „Ja, wieviel?" Ich sag: „Wenn es drauf ankommt, könnt ihr meine komplette Ernte kriegen." Und dann ging es von einem Tag auf den andern Tag, immer größere Mengen. Und dann hat die Familie Wegener gefragt: „Dürfen wir Sie besuchen?" Habe ich gesagt: „Ja, sicher!" Dann ist der alte Wegener[37] *mit seinen drei Söhnen Gerd, Rolf und Cord hier zu Besuch gewesen, und sie haben sich unseren Hof angekuckt.*

Die seitdem bestehende Geschäftsbeziehung gründete sich allein auf mündlicher Absprache:

Das war sofort ein herzliches, tolles Gespräch, und der alte Wegener hat mir denn gesagt: „Herr Osterloh, ich sehe, dass Sie da einen schönen Betrieb haben, und ich würde … gerne mit Ihnen zusammenarbeiten, aber ich sag Ihnen einen Satz: Das, was ich Ihnen zusage, halte ich. Das gleiche erwarte ich von Ihnen. Ich will keinen Satz dazufügen. Punkt." Und das ist seitdem Fakt gewesen. Wenn wir was nicht liefern können, haben wir es früh genug gesagt. Wenn wir bestimmte Qualitäten nicht einhalten können, haben wir es früh genug gesagt. Und umgekehrt, in jeglicher Situation, galt es: Ein Mann, ein Wort. Und dieses hanseatische Geschäftsgebaren eben: Wenn wir eine Zusage gemacht haben… Und das ist das Phantastische an dieser Zusammenarbeit.

Eine günstige Voraussetzung für die Zusammenarbeit kann darin gesehen werden, dass die Zuverlässigkeit sowohl im Umfeld der Hansestadt Hamburg als auch im Oldenburger Münsterland zum Selbstbild der Beteiligten gehört.

Unabhängig von Osterloh entstand etwa zur gleichen Zeit der Kontakt zwischen der Firma Wegener und einem Heidelbeererzeuger in der Gemeinde Visbek. Das Aufkommen ist hier jedoch deutlich kleiner, so dass sich die Fracht vor allem in Gemeinschaft mit den Früchten anderer Erzeuger lohnte: *Wenn er nun fast einen LKW voll hatte, dann passten unsere paar Paletten da hinten noch mit drauf* (55).

Ein Erdbeererzeuger im Kreis Cloppenburg verkaufte bis zum Einstellen seiner Produktion im Jahr 2022 seine gesamte Ernte an den Obsthändler Pickenpack in Apensen (Kr. Stade). Auch hier handelt es sich im Ursprung um ein Altländer Unternehmen. Richard Pickenpack, dritter Sohn eines Altländer Obstbauern, gründete sein Unternehmen 1930 in Stettin und baute 1947 in Apensen, wo seine Frau ein Grundstück geerbt hatte, den Obstgroßhandel neu auf.[38]

---

37 Hans-Jacob Wegener (1929–2003). Zur Geschichte des Familienunternehmens siehe auch KAISER, Obstland (2009), S. 204–207.
38 Zur Obsthändlerfamilie Pickenpack siehe ebd., S. 215–217.

Für die Altländer Fruchthändler, die ihre Geschäfte in der Regel mit dem Handel von Äpfeln begonnen haben, bilden die Erdbeeren eine willkommene Erweiterung des Saisongeschäfts, denn die Erdbeerernte fällt in die Zeit, zu der es keine inländischen Äpfel mehr gibt. Dabei kaufen die Händler zunächst die früher reifende süddeutsche Ware und später die Früchte aus Südoldenburg, wie Ulrich Osterloh am Beispiel Wegeners erläutert:

Kirschen, Erdbeeren und andere Früchte, Pflaumen usw.: Die hat er hauptsächlich hier in der Region gekauft, ... Himbeeren auch von mir und Pflaumen dann zu einer gewissen Zeit aus dem Badischen. Und so haben sich Handelsströme ergeben. Die ganz frühen Erdbeeren hat Wegener aus dem Badischen geholt, und nachher, in der Haupternte, wenn die Ernte im Badischen zu Ende war, hat er Früchte von hier wiederum nach Baden transportiert und dann auch Pflaumen, Kirschen etc. vermarktet.

Ebenso kaufen Händler im Oldenburger Münsterland Obst aus dem Alten Land. So berichtet Christian Stolle aus Langförden, dass er zunächst Äpfel aus eigener Produktion ins Geschäft nahm und, nachdem er die Flächen abgegeben hatte, Äpfel von mehreren Erzeugern in der Region einkaufte. Diese Äpfel musste er allerdings immer bei den Höfen abholen. Daher ging er später dazu über, Äpfel aus dem Alten Land zu beziehen. Die Erzeuger lieferten die Äpfel in Großkisten mit dem LKW an; er selbst übernahm die Sortierung und das Abpacken in kleinere Kisten für seine Kunden.

Der Lebensmitteleinzelhandel

Gleichsam die oberste Instanz auch für den Fruchthandel ist der Lebensmitteleinzelhandel, dessen Umsatz zu 76 Prozent von den vier Gruppen Edeka, Rewe, Schwarz (mit Lidl und Kaufland) und Aldi bestritten wird.[39] Die Handelsketten geben großenteils die Preise vor, und sie setzen auch in anderer Hinsicht die Standards. Deutlich wurde dies, als der Discounter Aldi im Juni 2021 ankündigte, ab 2030 nur noch Fleisch aus tierwohlgerechter Haltung verkaufen zu wollen,[40] und sich damit bisher als einflussreicher erwies als die jahrelangen Beratungen der mit dem Tierwohl befassten politischen Gremien.

Ebenso von den Maßgaben des Lebensmitteleinzelhandels betroffen ist der Sonderkulturanbau. Bereits im Zusammenhang mit dem Erdbeeranbau war schon die Klage mehrerer Obstbauern angesprochen worden, dass die Lebensmittelketten den Erzeu-

---

39 Zahlen für 2022 bei https://lebensmittelpraxis.de/top-30-unternehmen-im-leh.html (8.5.2023).
40 Alfons DETER: Tierwohl: ALDI erklärt Umstieg auf Haltungsformen 3 und 4. In: top agrar online, 25.6.2021, https://www.topagrar.com/schwein/news/aldi-erklaert-umstieg-auf-haltungsformen-3-und-4-12601976.html (10.5.2023).

gern immer weniger Pflanzenschutzmittel zugeständen, zugleich aber immer höhere Qualitäten forderten.[41]

Anspruchsvoller, sagt ein selbständiger Händler, seien die Handelsketten auch insofern geworden, als sie sich mit geringen Margen nicht mehr zufriedengäben und keine wirtschaftlichen Durststrecken in Kauf zu nehmen bereit seien. Wenn sie vor zehn Jahren bei Erdbeeren Margen von zehn, zwanzig Prozent hingenommen hätten, sagten sie heute: „Machen wir nicht mehr." Oder in Werbephasen haben die vielleicht sogar mit null Prozent Spanne gearbeitet. Und das machen die alles nicht mehr. Die wollen ihre festen Spannen haben.

Überdies forderten die Ketten Planungssicherheit: *Die wollen am besten Weihnachten schon wissen, was die im Mai für Erdbeeren kriegen, wieviel usw.* (52).

Gegenüber den Erzeugern zeigen sich Vertreter der Handelsketten nur in Ausnahmefällen, wenn sie ihrerseits unter großem Druck stehen, gesprächsbereit. So berichtet ein befragter großer Landwirt, dass er 2020, als die Corona-Pandemie einsetzte und mit Lieferengpässen zu rechnen war, in jede Zentrale des Lebensmittelhandels, bei der man sonst jahrelang keinen Termin bekommen habe, gerufen worden sei: *„Könnt ihr herkommen? Wir müssen reden!" Mit der Obersten Heeresleitung. Dabei fehlte auch keiner. Mit denen haste zuvor keinen Termin gekriegt.* Ein halbes Jahr später sei aber alles schon wieder vergessen gewesen, und die Handelsketten hätten sich genauso verschlossen gezeigt wie ehedem. Dabei hat der Befragte durchaus Verständnis für das Vorgehen der Handelskonzerne: *Der Einkäufer macht auch seinen Job. Wenn er nicht vernünftig einkauft, dann fliegt er auch raus* (51).

Ein größerer Stein des Anstoßes sind die unter dem Einfluss des Lebensmitteleinzelhandels stehenden Erzeugerpreise. Vor dem Hintergrund stark gestiegener Kosten, vor allem der Arbeitslöhne zeigen sich auch sehr besonnene Gesprächspartner unzufrieden: *Die Preise, die wir bekommen für unsere Frucht*, erklärt ein Erdbeererzeuger, *sind einfach teilweise skandalös. Es ist skandalös, was der Handel mit uns macht*.

Ein Heidelbeererzeuger berichtet für das Jahr 2021, dass die Erzeugerpreise unter dem Druck der Importe bis unter die Pflückkosten sanken. Als die einheimische Ernte losging, habe der Handel gesagt: *„Nee, wir haben noch spanische." Und dann ist die erste Pflücke sofort in die Kühlung gegangen*. Als die spanischen Blaubeeren abverkauft waren, kamen die einheimischen frühen Sorten auf den Markt, *aber das normale Tagesgeschäft ist ja auch weitergelaufen. Und dann kamen Unmengen*. Zum Teil seien die Preise so stark gesenkt worden, dass sie gerade noch die Kosten gedeckt hätten. Dann aber seien Heidelbeeren aus Polen und Rumänien, die ebenfalls unter Überschüssen litten, eingeführt worden. *Ich musste 1,80 Euro fürs Pflücken pro Kilo bezahlen, zu der Zeit; für 1,50 Euro haben die das von Polen hier nach Langförden hingebracht. Und das kann ich nicht mehr schönrechnen; das ist ein K.o.* (55).

---

41   Siehe oben Kap. 3.

Hier wird allerdings auch deutlich, dass es nicht allein die einzelnen Handelskonzerne sind, die die Erzeugerpreise diktieren, sondern die unregulierte Einfuhr die Lebensmittelpreise drückt. Die Handelskonzerne sind Treiber, aber auch Getriebene. Deutlich wird dies mitunter beim Umgang der Handelsketten mit Lieferungen leichtverderblicher Ware, vor allem Erdbeeren, deren Vermarktung unter besonders hohem Zeitdruck steht.[42]

Ein Ärgernis für Erzeuger wie für Fruchthändler und zugleich ein Ausdruck der Marktmacht der Handelskonzerne wie ein Zeichen für die am Markt bestehenden Überangebote sind die durch Vertreter des Lebensmittelhandels ausgesprochenen Reklamationen. Hier gibt es, wie ein Obsthändler im Kreis Vechta klarstellt, sowohl begründete als auch vorgeschobene Beanstandungen:

Also es gibt Erdbeeren, die man reklamieren kann. Es gibt aber auch Reklamationen, weil irgend jemand in der Bestellkette nicht aufgepasst hat und vielleicht zu viel bestellt hat, weil er gedacht hat, unsere Filialen brauchen bestimmt soundso viel, und die haben gar nicht so viel bestellt. Wir haben das alles schon gehabt. Wir haben Reklamationen bei der Rewe gehabt, wo Erdbeeren reklamiert wurden. Und dann kamen … WhatsApp-Bilder oder sonstwas gleich hier: „Da, die Erdbeeren sind Mist. Totale Scheiße!" Dann kuckt man sich die Bilder etwas genauer an: Was sind das denn für Schalen? Die kommen ja gar nicht von uns! Dann wird auch versucht, einem irgendwelche Reklamationen unterzujubeln, was gar nicht die eigene Ware ist.

Er selbst schicke in solchen Fällen einen Obst-Sachverständigen zu den Abnehmern, weil er den Vorwurf nicht auf sich sitzenlassen wolle. Der Sachverständige koste zwar Geld, doch müsse man *dem Gegenüber zeigen, dass man sich nicht alles gefallen lässt* (57).

In manchen Fällen suche die abnehmende Hand nach einer Begründung für die Reklamation, und sei sie noch so weit hergeholt:

Sobald man hört, in Langförden hat es geregnet, dann ist die Reklamation schon da: Die Erdbeeren sind nicht gut. Wasserschäden. Selbst wenn man dem Kunden vielleicht Erdbeeren aufgeladen hat, die einen Tag schon in der Kühlung gestanden haben und überhaupt keinen Regen gehabt haben: Die Erdbeeren haben Wasserschäden. Werden nicht angenommen. Das sind einfach zu mächtige Kunden, das kann man gar nicht Kunden nennen, das sind zu mächtige Gegenparts. Die machen, was sie wollen. Und wenn du da sagst: „Nee, das lass ich mir nicht gefallen!", dann schmeißen sie dich raus (57).

Bisweilen ist unschwer erkennbar, dass es nur darum geht, auf Kosten der Lieferanten zusätzliche Profite zu erwirtschaften. So erinnert sich ein Obsterzeuger, dass eine Partie Himbeeren, die man auf den Frankfurter Großmarkt geliefert hatte, reklamiert wurde. Der Geschäftsführer habe direkt angerufen: *„Hier, LKW-Fahrer, da rumfahren, die Himbeeren wieder einsammeln! Entweder holt ihr die ab oder wir entsorgen die. Fünfhundert Euro rüberschicken!"* Und dann haben wir gesagt: *„Abholen!"* Als der Fahrer hinge-

---

42   Zum Zeitdruck im Handel mit Erdbeeren siehe auch oben Kap. 3.

fahren sei, hätten allerdings keine Himbeeren mehr dort gestanden, sie seien inzwischen alle verkauft worden. Es sei nur darum gegangen, den Preis zu drücken (38).

Öfter wird ohne weitere Begründung auch Ware reklamiert, die noch gar nicht eingetroffen ist. Es gebe, sagt ein Obsterzeuger, wirklich Reklamationen von Produkten, die noch gar nicht da sind. Im vorangegangenen Jahr habe ein LKW-Fahrer gesagt: „Ich hab noch nicht mal die Klappe vom LKW aufgemacht. Was wollen die denn reklamieren?" Ebenso seien schon Erdbeeren reklamiert worden, *die waren noch nicht mal gepflückt* (38).

Eine jüngere Variante sind nachträgliche Reklamationen wegen angeblicher Rückstände von Wirkstoffen, die die Handelsketten nicht zugelassen haben. Hintergrund sei, erläutert derselbe Landwirt, dass Lidl, Aldi und andere Ketten nur fünf Wirkstoffe, ein Drittel der gesetzlichen Höchstmengen usw. erlaubten. Vor Jahren, bemerkt er, *wurden die eine Woche später reklamiert, da waren angeblich noch Rückstände drin*. Daraufhin habe er veranlasst, dass die Landwirtschaftskammer bei künftigen Lieferungen am Tag vor der Ernte Proben nehme. *Und seitdem Aldi und Lidl das weiß, war noch nie wieder was drin. Die wissen, dass von amtlicher Stelle untersucht worden ist, und wenn die jetzt sagen, da ist was drin: Ja, kann überhaupt nicht sein. Wir haben das beprobt.* Mittlerweile würden routinemäßig bei den einzelnen Gemüse- und Obstarten Voruntersuchungen auf verbotene Pflanzenschutzmittel oder auf zu viele Rückstände angestellt (38).

Zusätzliche Komplikationen ergeben sich für die Erzeuger daraus, dass die Handelsketten in zunehmendem Maße individuelle Vorgaben für die Verpackungen machen. Die reklamierte Ware befindet sich bereits in den Verpackungen für die Handelskette, die sie bestellt hat, und lässt sich im Falle einer Beanstandung nur noch mit Verlusten verkaufen: *Manchmal werden da Erdbeeren reklamiert, die gar nicht zu reklamieren sind, aber trotzdem werden sie reklamiert. Dann ist das alles meinetwegen in einer Lidl-Verpackung.*

Früher habe man darauf einfacher reagieren können: *Dann bringen wir das eben zu Aldi hin oder so. Und jetzt können Sie das nur noch auf den Großmarkt schiffern*, und dort gebe es bei weitem nicht so viel Geld dafür (38).

Besonders eng wird es in der Hochsaison, wenn Erzeuger und Großhändler verstärkt auf Verkäufe drängen. Die Lieferanten werden geradezu gegeneinander ausgespielt, und einzelne Partien drohen im Getriebe zwischen Großhändlern und dem Lebensmitteleinzelhandel hängenzubleiben.

Meistens, erläutert der bereits zitierte Obsthändler, sei es so, dass die abnehmende Hand sage: „*Ist Mist. Weg!*" Der nächste LKW stehe aber schon auf dem Hof. Gerade in Zeiten, in denen es viele Erdbeeren gebe, stehe oftmals ein LKW eines weiteren Großhändlers bereit, um eine Ersatzlieferung zu machen.

Für den ersten Lieferanten, dessen Ware abgewiesen wurde, koste die Fuhre *sehr, sehr viel Geld: Man hat die Anlieferung in das Zentrallager, da wird die Ware nicht angenommen. Der LKW, der die Ware drauf hat, muss vielleicht noch weiter, kann sie gar nicht mitnehmen. Dann muss ein anderer LKW dahin, muss die reklamierte Ware abholen. Und dann hat man ja noch den Hintransport, dann den Transport vom Lager wieder irgendwo anders, zu einem Aufnehmer. Dann steht die Ware da. Das kann die schönste Ware sein.* Falls am Ende jemand die Ware gekauft habe, schicke er später eine Abrechnung: Er habe 15 Cent die Schale dafür bekommen – selbst wenn es die schönsten Früchte gewesen seien und er in Wahrheit ein Vielfaches dafür erlöst habe.

Für den Erzeuger und für den Obsthändler wird der Wert der ganzen Wagenladung durch eine leichthin ausgesprochene Zurückweisung aus dem Mund eines Angestellten der Handelskette wirtschaftlich vernichtet:

Wenn bei Rewe, Edeka oder so der Daumen runtergegangen ist, dann ist das Kind in den Brunnen gefallen, und mit dieser Partie Erdbeeren wird kein Geld mehr verdient. Das kostet einfach nur noch Geld. Und da kann es durchaus sein, dass, wenn man dann die Partie sauber durchrechnen würde, dass man eigentlich sagen muss: Hier, ich kriege noch Transportkosten vom Landwirt. Ich kann dir nichts für die Erdbeeren geben, aber ich krieg noch tausend Euro Transportkosten. So viel hat diese Partie gekostet. Darüber macht sich die abnehmende Hand überhaupt keinen Kopf. Das ist denen komplett egal. Wenn ich mir den aktuellen Erdbeermarkt ankucke: Alle Anbauer werden deutschlandweit getrieben und getriezt (57).

Hier sind die Reklamationen ein Machtinstrument, dessen sich der Lebensmitteleinzelhandel bei Überangeboten bedient; in einigen Fällen wirken sie wie ein Ausdruck der Überforderung bei den Angestellten der Lebensmittelketten.

Allerdings sind ungerechtfertigte Reklamationen keine Erfindung aus jüngster Zeit, sondern Teil eines seit längerem verbreiteten Geschäftsgebarens. So erinnert sich ein Altlandwirt im Kreis Vechta, dass er bereits zur Zeit seines Vaters ähnliches erlebt habe. Damals habe er Rüben abgeliefert und auf dem Bahnhof in Langförden aufgeladen. *Die wurden schon reklamiert von der Fabrik, da standen die noch in Langförden auf dem Bahnhof. Das war vor fünfzig Jahren schon die Masche: „Ja, okay, wir nehmen sie ab für den halben Preis und sonst..."* (38).

Mit den Reklamationen der Erdbeeren wird also nur ein altes Muster wiederaufgenommen.

Als Abnehmer sind die Handelsketten gegenüber den Erzeugern nicht zuletzt deshalb in einer stärkeren Position, weil sie einer ungleich höheren Zahl von Anbietern gegenüberstehen, die sie bei Bedarf austauschen können. So verzeichnete die Handelskette Lidl 2022 für Erdbeeren 142 Lieferanten, darunter auch den ELO, und 1227 Erzeuger. Von den Erzeugern waren nur gut zehn Prozent in Deutschland ansässig; ein gutes Drittel stammte allein aus Spanien (Tab. 8)[43] – der Wettbewerb um den Platz in den Discounter-Regalen wird längst europaweit ausgetragen.

Angesichts der Konzentration im Lebensmittelhandel sehen sich auch die Anbieter zum Wachstum und indirekt auch zur Konzentration gedrängt. So lässt denn auch der Vorstand des ELO keinen Zweifel daran, dass der Erzeugergroßmarkt weiter wachsen

---

43 Nach: Lidl: Erdbeeren Lieferketten. Zeitraum – Liefertermin zwischen 1.1.2022 und 31.12.2022, https://unternehmen.lidl.de/pdf/show/50834 (12.5.2023).

Herkunftsland	Erzeuger	%
Spanien	445	36,3
Italien	214	17,4
Belgien	166	13,5
Niederlande	146	11,9
Deutschland	130	10,6
Griechenland	56	4,6
Polen	14	1,1
Marokko	11	0,9
Großbritannien	7	0,6
Serbien	6	0,5
Portugal	2	0,2
Albanien	1	0,1
ohne Angabe	29	2,4
gesamt	1227	100,1

Tab. 8: Erdbeererzeuger für die Handelskette Lidl. Eigene Zählung nach Lidl: Erdbeeren Lieferketten. Zeitraum – Liefertermin zwischen 1.1.2022 und 31.12.2022, https://unternehmen.lidl.de/pdf/show/50834 (12.5.2023).

solle: einerseits, indem die einzelnen Erzeuger ihren Absatz steigern, und andererseits, indem der ELO neue Erzeuger, womöglich auch in anderen Regionen, gewinnt.[44] Der durch den Wettbewerb entstehende Sog hat nicht nur bei der Erzeugung und Vermarktung von Obst und Gemüse, sondern auch in anderen Bereichen der Lebensmittelwirtschaft, besonders in der Fleisch- und Milchverarbeitung, in den letzten Jahrzehnten zu gewaltiger Konzentration geführt.

Dabei sind die Handelsketten, so fordernd und so geringschätzend sie gegenüber ihren Anbietern auftreten mögen, ihrerseits Getriebene, die miteinander um die Anteile am Lebensmittelumsatz kämpfen. Das Problem ist denn auch eher struktureller Art. Neben den in historischem Maßstab sehr niedrigen Transportkosten trägt das Unvermögen, für den Handel allgemeine ökologische und soziale Standards politisch durchzusetzen, dazu bei, dass der Konzentrationsprozess nicht nur voranschreitet, sondern sich zusehends auch von seiner zerstörerischen Seite zeigt.

---

44 So der Vorstandsvorsitzende Jens Wiele, nach SCHÜRMEYER, Obst (2023). – Tatsächlich treibt der ELO das Wachstum energisch voran: Während der Drucklegung dieses Buches wurde gemeldet, dass der Erzeugergroßmarkt Vereinbarungen mit Gemüseerzeugern in Mutterstadt (Rheinland-Pfalz), in Kronprinzenkoog (Schleswig-Holstein) und Hagen im Bremischen (Kreis Cuxhaven) geschlossen hat; vgl. Arne HASCHEN: Erzeugergroßmarkt wächst und expandiert nach Süden. In: Nordwest-Zeitung, Ausgabe Cloppenburg, 6.2.2024, S. 15, und Roland KÜHN: Der Erzeugergroßmarkt wächst weiter. In: Münsterländische Tageszeitung, 14.2.2024, S. 13.

9. Ausblick

Beim Blick auf die landwirtschaftlichen Sonderkulturen sollte es nie um das Für und Wider einzelner landwirtschaftlicher Zweige gehen. So kommt denn auch dem Anbau von Obst und Gemüse kein höherer Rang zu als den klassischen landwirtschaftlichen Sparten. Der Gedanke, die Sonderkulturproduktion gegen die klassische Landwirtschaft auszuspielen, wäre schon deshalb absurd, weil die Sparten sich ergänzen, und dies auch auf der Ebene des einzelnen Betriebes. Diese Verbindung ergibt sich beim Anbau von Gemüse und Erdbeeren schon durch die Fruchtfolge. Und unter den besuchten Landwirten, die Obst und Gemüse in wirtschaftlich bedeutendem Umfang anbauten, waren mehrere, die auch Nutztiere hielten.

Schon um die Ernährung sicherzustellen, bleibt die herkömmliche Landwirtschaft unverzichtbar. Und anders als etwa im Obstbaugebiet Altes Land oder den Weinbaugebieten Südwestdeutschlands, in denen der Sonderkulturanbau Monostrukturen eigenen Gepräges hervorgebracht hat, werden die Sonderkulturen in einer Landschaft wie dem Oldenburger Münsterland immer Ausnahmekulturen bleiben. Unabhängig davon könnte es sich vorteilhaft auswirken, wenn der Sonderkulturanbau zunähme, schon weil eine größere Diversität der landwirtschaftlichen Produktion auch die Krisenfestigkeit des gesamten Sektors erhöht. Dies ist aber nur in geringerem Umfang zu erwarten, denn in der Praxis stehen Landwirten, die sich mit dem Gedanken an den Sonderkulturanbau tragen, vielerlei Hindernisse entgegen.

Manchen Landwirten, die sich mit dem Gedanken an den Wechsel der Sparten tragen, dürften die Sonderkultur-Produzenten gleichsam wie eine geschlossene Gesellschaft erscheinen, zu der der erfolgreiche Zutritt mittlerweile kaum noch möglich ist. Und tatsächlich sieht es in der Rückschau so aus, als sei der Wechsel der Kulturen heutzutage deutlich schwieriger als noch vor ein, zwei Generationen. Ein solcher Eindruck lässt sich zwar empirisch kaum überprüfen, doch ein Umstand, der für ihn spricht, ist die zunehmende Spezialisierung der Landwirtschaft. Bis in die 1970er Jahre, als die meisten Höfe noch Gemischtbetriebe waren, wurden neben den klassischen Feldfrüchten in kleinerem Umfang auch verschiedene Obst- und Gemüsearten angebaut: Einzelne Landwirte pflanzten z. B. auf einem Hektar Erdbeeren, und einige von ihnen bauten den Anbau aus. Auch die Umwandlung eines klassischen landwirtschaftlichen Betriebes in eine Baumschule erfolgte schrittweise, oft über mehr als ein Jahrzehnt hinweg. Die allmähliche Spezialisierung auf eine besondere Kultur und ihre Weiterentwicklung bedeutete nicht zwangsläufig einen so gewaltigen Neuanfang, als wenn man sie heute in großem Umfang völlig neu aufnähme. Auch waren die Mittel, mit denen produziert wurde, einfachere, weil das Schwergewicht der Investitionen stärker auf dem eigenen Arbeits- als dem Kapitaleinsatz lag. Heutiger Sonderkulturanbau erfordert meist deutlich größere Investitionen. Ein auch in der Landschaft sichtbares Zeichen hierfür ist die

Zunahme des geschützten Anbaus bei Beerenobst und Frischgemüse.¹ Der Umfang der Folien- und Glashausflächen entwickelte sich auch bei den heute größeren Erzeugern seit dem späteren 20. Jahrhundert aus bescheidenen Anfängen heraus, wobei das Maß der Erweiterungen immer vom bisherigen Zuschnitt des Betriebes abhing.

Zwar hat sich hier, wie ein Gemüseerzeuger im Kreis Vechta klarstellt, die Art der Finanzierung im Vergleich zu den Wirtschaftswunderjahren völlig verändert:

Man hat ein bisschen Geld gehabt und investiert, und so gut wie alles mit Eigenkapital. Und das ist heute nicht mehr der Fall. Man geht erst zur Bank und sagt: „Ich hab hier eine Geschäftsidee", und dann mach ich was (65).

Doch nach wie vor bleiben die eigenen finanziellen Mittel der begrenzende Faktor. Schon um 2013 rechnete der Vertreter eines niederländischen Glashausbauers vor: „Ein Hektar Gewächshaus kostet mit allem Drumherum wie Verpackungshalle etc. etwa eine Million Euro. Nur hat man dann noch keine Kraft-Wärme-Kopplung. Das Blockheizkraftwerk, das man dazu im Gewächshaus installieren muss, kostet auch mindestens eine Million."² Doch in den Niederlanden, bemerkt er, würden nur noch wenige Gewächshäuser gebaut: „Es gibt in den Niederlanden Platz satt, das ist nicht der Grund. Nur haben nicht alle Geld satt."³

Allerdings beschränkt sich das gewachsene Bedürfnis nach Krediten nicht auf Erzeuger von Obst und Gemüse. Auch wer sich als konventioneller Landwirt mit der Absicht trägt, einen Stall oder gar eine Biogasanlage zu errichten, muss in aller Regel zuerst zur Bank, bei der er sich meist für den Rest seines Berufslebens verschuldet.⁴

Über mögliche Alternativen zu den bisher betriebenen landwirtschaftlichen Sparten wird in vielen Familien immer wieder mal nachgedacht. Meist bleiben diese Überlegungen, auf diese Weise dem Zwang des Wachsens oder Weichens zu entkommen, fruchtlose Gedankenspiele, und vor allem dann, wenn die Familien den wirtschaftlichen Druck auf sich lasten spüren, kann das Ausmalen möglicher Alternativen leicht den Charakter einer Flucht in die Illusion annehmen.⁵ Um tatsächlich Neuland zu beschreiten, bedarf es neben einer ausgefallenen Idee, des nötigen Wagemuts und der Freiheit von Schulden auch der nötigen Portion Glücks. Ein solcher Glücksfall, der sich in dieser Weise kaum kopieren lässt, ist es z. B., wenn die Familie am Kaffeetisch Zukunftsoptionen diskutiert, die jungen Hofnachfolger beim Anblick einer Gemüsekiste den Einfall haben, im bisherigen Sauenstall Chicorée anzubauen, und dies dann erfolgreich ins Werk setzen.⁶

---

1 Siehe oben Kap. 3 und 4.
2 Nach HENDRIKS, Tomaten (2017), S. 116.
3 Ebd.
4 Zum Kreditbedarf für Biogasanlagen siehe SPERLING, Biogas (2017), S. 171–187.
5 Siehe auch SCHÜRMANN, Höfe (2021), S. 225.
6 So in der emsländischen Gemeinde Niederlangen; siehe Elmar STEPHAN: Schnapsidee wird zu Zukunftsperspektive. In: Münsterländische Tageszeitung, 22.8.2023, S. 5.

Verhältnismäßig große Chancen sieht ein Befragter auch für den Bio-Gemüseanbau in Südoldenburg, weil hier das Wachstumspotential in den letzten fünfzehn Jahren entschieden stärker gewesen sei als im konventionellen Bereich. Gerade mit Sonderkulturen könne man hier trotz der hohen Pachtpreise im Bio-Bereich wirtschaften (43).

Letztlich ist jedoch auch der Umstieg auf Sonderkulturen kein Weg in die wirtschaftliche Sicherheit; vielmehr geht der Zwang, immer wieder neue Lösungen zu finden, nur in eine neue Runde. Dabei folgt der Sonderkulturanbau den gleichen Regeln wie die herkömmliche Landwirtschaft: Aufgrund der relativen Marktferne wird in größeren Mengen für die Discounter und für die verarbeitende Industrie produziert, und dies begrenzt auch die in den Betrieben verbleibende Wertschöpfung. Als Ausnahme kann der Kernobstanbau angesehen werden. Seine Erzeugnisse werden im Oldenburger Münsterland großenteils direkt vermarktet, doch dies ist nur deshalb erfolgreich, weil sich die Erzeugung seit den 1970er Jahren auf so wenig Betriebe beschränkt hat, dass der regionale Markt die Produktion fassen kann. Im Erdbeeranbau sieht es anders aus. Hier bildet der Direktverkauf, etwa über Hofläden, nur eine kleine Ergänzung zur Vermarktung über den Großhandel.

Mit den marktwirtschaftlichen Mechanismen wandern auch charakteristische Begriffe in die Welt der Sonderkulturen. So erinnert ein Obsthändler beim Spiel von Nachfrage und Angebot an den sogenannten Schweinezyklus. Vor einigen Jahren habe der Erdbeeranbau in Langförden ein Ausmaß erreicht, das den einzelnen Erzeugern geschadet habe: *Es gab Jahre, da wurde vorher viel Geld damit verdient, und dann war man im Schweinezyklus und dachte, man kann das immer weitermachen und immer weitermachen, und irgendwann kam dann der Punkt: Nee, es waren zu viele Erdbeeren* (57).

Bei überschüssigem Angebot diktiert der Handel auch für Erzeugnisse aus Sonderkulturen die Preise. Hier machen Anbauer von Obst und Gemüse die gleichen Erfahrungen wie konventionelle Landwirte, und die Abhängigkeit von den vorgegebenen Preisen ist umso größer, wenn sich die Erzeuger auf eine Kultur wie z. B. auf Beerenobst spezialisiert haben. Dies bestätigt ein Landwirt im Kreis Vechta:

Dass ich sagen kann, wie im Handel, „ich hab das Produkt, das muss ich dafür haben", ist in der Landwirtschaft nicht möglich. Ich hab ein Schwein und hoffe, dass ich möglichst viel dafür kriege. Das ist mittlerweile bei den Blaubeeren und bald, ich glaub, bei allen Produkten so. Der Handel sagt mir ja, was ich letztendlich dafür krieg.

Im Vorjahr konnte er nicht einmal mit den Preisen kalkulieren, die er noch am Anfang derselben Woche mit dem Handel abgemacht hatte. *Die waren Stunden später schon nichts mehr wert.* Dann habe es geheißen: „Wir kriegen die Ware aus Polen. Entweder geht ihr mit oder..." Unter diesen Umständen helfe es auch nicht, an die geschlossenen Vereinbarungen zu erinnern. *Hält sich keiner mehr dran* (55).

Derartige Enttäuschungen wirken sich verständlicherweise auf die ganze Berufszufriedenheit aus, und so stieß ich in den besuchten Betrieben denn auch auf eine große Spannweite von Zuversicht bis zum weitgehenden Fehlen der Hoffnung, von relativer

Entspanntheit bis zu großer Frustration. Die Gründe für die unterschiedlichen Haltungen sind vielfältig, doch zu den Umständen, die die ebenso wie in der klassischen Landwirtschaft die Grundgestimmtheit verbessern können, gehören eine verhältnismäßig große Existenzsicherheit aufgrund guter Flächenausstattung und auch die Verteilung wirtschaftlicher Risiken auf mehrere Standbeine.

Vorteilhaft ist sicherlich auch eine grundsätzlich positive Einstellung zu Wagnissen, wie sie der bereits zitierte Obsthändler als für Südoldenburg charakteristisch beschreibt:

Ich glaub, das macht Südoldenburg aus oder unsere Region hier – Südoldenburg darf man, glaube ich, gar nicht mehr sagen – also das macht das Oldenburger Münsterland aus. Wenn man irgendwie das Gefühl hat, da könnte was gehen, das könnte ein Markt sein, dann muss man das machen. Da muss man nicht lange fragen, dann muss man rein und das machen. Und ja, das ist das, was unsere Region hier ausmacht. Wenn man sieht, was sich aus der Region entwickelt hat, dann ist das, glaube ich, dieser Geist, diese Einstellung: Wir probieren das einfach mal, und wenn es klappt, ist es gut. Und hier klappt auch nicht alles, aber wenn was klappt, dann hat es auch dazu geführt, dass das hier eine tolle Region geworden ist, die im Vergleich zu vielen anderen Landkreisen und Regionen sehr gut dasteht (57).

In dieser Haltung steckt auch ein Stück Selbstbeschwörung, die bisweilen ihre rettende Kraft zu entfalten vermag.

Eine besondere Stärke der Region im Hinblick auf den Sonderkulturanbau liegt in ihrer vergleichsweise großen Wandlungsfähigkeit. Diese hat sie z. B. dem Alten Land voraus, wo sich die Landwirtschaft im 20. Jahrhundert so gut wie vollständig auf den Obstbau verlegt hat. Seitdem werden dort in weitaus überwiegendem Maße Äpfel angebaut, und die Entwicklung dahin wirkt wie festgefahren.[7] Im Oldenburger Münsterland begann der Sonderkulturanbau zwar ebenfalls mit Äpfeln, doch sahen sich einzelne Erzeuger, unterstützt von der Versuchs- und Beratungsstation in Langförden, seit den 1960er Jahren immer wieder nach anderen Obstarten um: Nach 1970 stellte der Großteil der Erzeuger den Kernobstanbau ein; an die Stelle des Apfels trat die Erdbeere als bedeutendste Obstart, und auch hier bleibt der Anbau in Bewegung: Gegenwärtig wird der klassische Freilandanbau in zunehmendem Maße durch den geschützten Anbau ersetzt, und neben die Erdbeere treten weitere Obstarten, mit deren Hilfe einige Erzeuger die Abhängigkeit vom Erdbeeranbau zu verringern bestrebt sind. Neben dem Obstbau trat gegen Ende des 20. Jahrhunderts der Gemüsebau als wirtschaftlich mächtigster Zweig der Sonderkulturen auf, wenngleich dies vor allem durch ist die Entwicklung eines einzelnen Betriebes bedingt ist. Ein Spiegel dieser Entwicklung ist auch der Wandel des Erzeugergroßmarktes Langförden-Oldenburg: Einst als Genossenschaft von Apfel-

---

7   Zu den Gemeinsamkeiten und Unterschieden zwischen dem Oldenburger Münsterland und Alten Land siehe auch oben Kap. 2.

erzeugern gegründet, vermarktet sie inzwischen vor allem Gemüse; 2024 gehörten nur noch zwei Apfelbauern der Erzeugerorganisation als Genossen an.

Die vergleichsweise große Flexibilität des Sonderkulturanbaus im Oldenburger Münsterland dürfte sehr stark auch durch den Umstand begünstigt sein, dass er sich hier stets in einer Minderheitenposition bewegte und dass ein großer Teil der Obst- und Gemüseerzeuger in mehreren Sparten arbeitet. Auch dies erhöht die Möglichkeit, bei Bedarf die Schwerpunkte zu ändern.

Johann Theodor Frilling

Bemerkung über die Obstkultur in Dinklage (1827)[1]

Die Obstkultur wurde hier in Dinklage sehr vernachlässiget, und diejenigen, welche noch einige alte Obstbäume stehen hatten, haueten sie noch wohl sogar nieder, weil sie, wie sie sagten, den Verdruß nicht haben wollten, daß ihnen die Apfel manchmahl gestohlen würden. – Freylich war es die verkehrte Art, um den Unfug des Naschens und Stehlens einiger Maßen Einhalt zu thun (oder man hätte alle Obstbäume ohne Ausnahme niederhauen müssen). Besser hätte man gethan, wenn jeder so viel als möglich junge Obstbäume angepflanzet hätte, aber dafür hatten nur Wenige recht Sinn. – Mancher, der noch wohl Platz für Obstbäume hatte, scheuete auch vielleicht die Auslagen, die ihm die jungen Obstbäume kosten würden, und zudem war hier in der Nahe auch Keiner, der sich so recht damit befaßte junge Obstbäume zu ziehen und zu veredelen. – Dies bewog mich denn eine Baumschule anzulegen, mit dem Vorsatze, die zu erzielenden jungen Bäume an die Einwohner der Wiek Dinklage zu verschenken damit sie dadurch aufgemuntert werden möchten, auf die vernachlässigte Obstkultur wieder Rücksicht zu nehmen. – Herr Pröbsting,[2] Vicarius zu Telgte, und Hofmeister bey den beyden jungen Grafen, Mathias, und Ferdinand von Galen, der mit mir zu Münster studirt hatte, und nun, da die Gräfliche Familie sich hier auf der Burg mehre Jahre aufhielt, als alter Schulfreund mich fast täglich besuchte, wandte auch fleißig seine ganze Beredsamkeit an, um mich zur Anlage einer Baumschule zu bestimmen. – Kirschensteine und Obstkerne trug er mir fleißig, und im Überflusse von der Burg her zu. –

Die Kirschensteine wurden im Herbste 1815, und die Obstkernen im Frühjahre 1816 gelegt, und gediehen so, daß einige gleich den ersten Sommer die Höhe von 3 bis 4 Fuß erreichten. – Im folgenden Frühjahre wurden die jungen Wildlinge aufgenommen, und gehörig verpflanzet. – Die stärksten wurden gleich veredelt, und wuchsen bey einer sorgfältigen Pflege sehr schnell empor. – Zur Baumschule nahm ich den Kiel an der Weisdornen Hecke hinter dem Kaplaney-Hause, um die dort Vorbeygehenden auf die jungen Zöglinge aufmerksam zu machen. – Anfangs schien man wenig auf meine lieben Zöglinge zu achten, doch hörte ich zuweilen von den Vorbeygehenden sagen: Wat mag de Caplan mit all de Appelböme doen willen? – Das war dann auch alles. –

Etwas mehr Aufmerksamkeit würdigte man meinen Zöglingen in den folgenden Jahren, indem man den schnellen, und üppigen Wuchs bewunderte. – Absichtlich hatte ich einige Apfelsorten gewählt, welch früh blühen, und auch Früchte tragen – als

---

[1] Offizialatsarchiv Vechta: Pfarrarchiv St. Katharina, Dinklage: Karton 93, Kaplan Johann Theodor Frilling, Verschiedene Nachrichten zur Caplaney, S. 9–18. Der handschriftliche Text ist unverändert wiedergegeben; lediglich dort, wo es sonst das Verständnis erschwert hätte, sind kleinere Flüchtigkeitsfehler korrigiert.

[2] Heinrich Pröbsting (1778–1854), ab 1821 Burgvikar in Dinklage.

den Gewürtzpepping und den englischen Goldpepping. – Wie diese nun ein paar Jahre nach ihrer Veredelung so schön blüheten, und im Herbste mit ihren schönen Früchten prangten, zog meine Baumschule die Augen der Vorbeygehenden auf sich, und man bewunderte die jungen Bäume mit ihren schönen Früchten. – Mancher äußerte auch wohl den Wunsch, daß er auch wohl gerne bey oder hinter seinem Hause einige Obstbäume haben möchte, und setzte dann auch gleich hinzu: <u>Aber man hat zuviel Verdruß davon, indem man die Aepfel, wenn sie tragen nicht sitzen läßt.</u> – Wann ich selbst solche Reden hörte, so suchte ich ihnen zu zeigen, daß die Apfeldieberey nirgends anders herrühre, als von dem grossen Mangel an Obstbäumen, und daß dieses Stehlen aufhören würde, sobald jeder nach seinem Locale nur einige Obstbäume anpflanzte. – Dieses schien auch einigen einzuleuchten, aber zum Anpflanzen konnte sich doch noch keiner so recht entschliessen. –

Wie nun meine jungen Obstbäume zu der Größe gelangt waren, daß sie verpflanzet werden konnten, so bepflanzte ich zuerst meinen Garten damit, und gab auch meinem Vetter Bernd Többe Schwegmann, in der Schweger Baurschaft,[3] der meines Bruders Tochter Elisabeth Frilling zur Frau hatte, so viel junge Bäume, womit er seinen ganzen neuen Garten, bey seinem im Jahre 1819 und 1820 neu erbauten Erbhause, bepflanzen konnte. –

Dann fing ich an erst einige Einwohner in Dinklage zu bereden, daß sie doch einige Obstbäume, die ich ihnen gern schenken wollte, anpflanzen möchten. – Anfangs schien es mir, als wenn sie meinen Antrag mehr aus Gefälligkeit gegen mich annahmen, und pflanzten, als aus eigenen Interesse. – Doch allmählich fing man an den Nutzen der Anpflanzung einzusehen, und ich hatte es nun nicht mehr nothwendig, die Leute zur Anpflanzung zu bereden, sie kamen nun von selbst, und begehrten junge Apfelbäume von mir, die ich ihnen gern gratis zukommen ließ, denn sonst würde die Anpflanzung bey Manchen doch ganz unterblieben seyn. – Die Apfelnaschereien, und Diebereien, welche früherhin von Kindern, und auch von Erwachsenen verübt wurden, haben jetz da ich dieses schreibe im Jahre 1827 schon beynahe ganz aufgehört. – Erwachsene und auch Kinder kriegen mehr Lust und Liebe zu den jungen Bäumen, weil die Meisten selbst schon einige Bäume haben, und weil auch die Kinder in der Schule von unsern Rektor Lohmann,[4] der selbst eine Baumschule hat, zum Anpflanzen junger Obstbäume aufgemundert werden. – Zu dem Ende haben wir noch im vorigen Jahre gewiß mehr als 2000 kleine aus dem Kern gezogene Wildlinge unter die Schulkinder vertheilt, die sie selbst anpflanzen konnten, was Kinder in der Regel sehr gern thun. –

Wie ich anfangs schon gesagt habe, war hier, als ich meine Baumschule anlegte, so viel ich weis (ausser den Gärtner auf der Burg, der sich aber sehr wenig damit befaßte) fast kein einziger, der eine Baumschule hatte, und jetz sieht man in Dinklage und auch

---

3   In Dinklage, südöstlich des Ortes.
4   Johann Heinrich Christian Lohmann, bis 1838 Lehrer der Dinklager Knabenschule.

auf dem Kirchspiele mehre Baumschulen. – Freilich Manche, die nur Bäume zu ihrem eigenen Bedarf ziehen, – Andere auch die selbe zum Verkauf veredlen. – Meine veredelten Bäume sind freilich nicht alle in Dinklage geblieben, sondern habe auch manchen Baum im Kirchspiele Dinklage an Bauren und Heuerleuten gethan. – Von einigen Bauren habe ich mir auch die Bäume bezahlen lassen, doch ist das Geld, was ich aus meiner Baumschule gelöset habe, sehr wenig, und wohl nicht viel mehr, als was ich jährlich für Baumwachs ausgegeben habe. – Ich hätte aber wohl eine artige Summe daraus lösen können, wenn ich die Bäume nach Badbergen, Quakenbruk, Gehrde, Neuenkirchen &&, von woher sie sehr gesucht wurden, hätte verkaufen wollen, was ich aber nicht wollte, indem es nur meine Absicht war, die Lust für die Obstbaumzucht zuerst hier in unserm Kirchspiele Dinklage zu wecken, und dadurch dann der Apfeldieberey ein Ende zu machen. – Ja ich muß es sagen, daß es mir recht viel Freude macht, wenn im Herbste mehre von denen, welchen ich die Bäume gegeben habe, mit den Aepfeln, welche darauf gewachsen sind, in der Tasche zu mir kommen, und mir selbe als ein Wunderding zeigen, und dann gewöhnlich sagen: ick moet eer doch ees de Apfel wiesen, de up dat Bömken, wad se mi gewen hebbed, all wassen sind. –

Joh. Th. Frilling

Die Veredlung junger Obstbäume hat mir manche Freude gemacht, und hätte dieses Geschäft noch gern fortgesetzt, aber da ich seit einigen Jahren zuweilen gichtische Anfälle gehabt habe, so darf ich mich nicht mehr der Frühlings-Kälte bei den Bäumen aussetzen, sondern muß (so hart es mir auch ist) jetzt im Frühjahre 1830 von meiner Baumschule Abschied nehmen.

Joh. Th. Frilling Capellan

Liste der verwendeten Interviews

Nr.	Beteiligte	Datum
1	Paar	4.9.2019
2	Familie	17.9.2019
7	zwei Familien	11.11.2019
10	Einzelne	11.12.2019
11	Einzelne	17.12.2019
14	Einzelner	21.1.2020
15	Familie	29.1.2020
16	Paar	4.3.2020
18	Paar	5.3.2020
19	Familie	9.3.2020
22	Einzelne	8.6.2020
23	Paar	9.6.2020
24	Paar	18.6.2020
25	Einzelne	23.6.2020
35	Paar	16.1.2021
38	Familie	7.5.2021
39	Einzelner	2.12.2021
40	Paar (wie Nr. 23)	16.12.2021
41	Einzelner	10.1.2022
42	Einzelne	13.1.2022
43	Einzelner	18.1.2022

Nr.	Beteiligte	Datum
44	Einzelner	20.1.2022
45	Einzelner	3.2.2022
46	Einzelner	8.2.2022
47	Einzelner	14.2.2022
48	Einzelne	22.2.2022
49	Paar (wie Nr. 1)	23.2.2022
50	Einzelner	24.2.2022
51	Einzelner	1.3.2022
52	Paar	3.3.2022
53	Familie	5.4.2022
54	Einzelner	7.4.2022
55	Einzelner	12.4.2022
56	Familie	19.4.2022
57	Einzelner	18.5.2022
58	Paar	19.5.2022
61	Einzelner	12.1.2023
63	Familie	14.2.2023
64	Einzelner	13.3.2023
65	Einzelner	21.3.2023
66	Einzelner	28.9.2023
67	Familie	9.1.2024

Quellen und Literatur

Archivquellen

Amtsgericht Köln:
– Handelsregister B.
Amtsgericht Oldenburg (Oldb.):
– Genossenschaftsregister.
– Handelsregister A.
– Vereinsregister.
Amtsgericht Tostedt:
– Genossenschaftsregister.
Bischöfliches Offizialatsarchiv Vechta:
– Pfarrarchiv St. Peter und Paul, Cappeln: Karton 5, Nr. 41: Kirchenfonds (1824–1921).
– Pfarrarchiv St. Katharina, Dinklage: Karton 93: Aufzeichnungen des Kaplans Johann Theodor Frilling.
– Pfarrarchiv St. Gertrud, Lohne: Karton 1: Wandtafel für Freunde der Obstbaumzucht.
– Archivbibliothek XLS / 13-1: Broschüre zum 30-jährigen Betriebsjubiläum der Süßmosterei Dr. J. Hermann Siemer, Spreda, 1972.

Gedruckte Quellen und Literatur

Nicht hier, sondern nur in den Fußnoten aufgeführt sind einmalig zitierte Presseartikel.

AHLRICHS, Bernhard: Langfördener Persönlichkeiten. In: Ders., Rolf Cordes (Bearb.): Chronik Langförden. Vechta 1990, S. 561–579.

AHLRICHS, Bernhard; MEYER, Franz-Josef: Handel, Handwerk, Genossenschaften, Industrie. In: Bernhard Ahlrichs, Rolf Cordes (Bearb.): Chronik Langförden. Vechta 1990, S. 641–709.

AKA, Christine: Sonderkulturen. Polnische Saisonarbeiter zwischen Container und Erdbeerfeld. In: Rheinisch-westfälische Zeitschrift für Volkskunde, 52 (2007), S. 157–182.

AKA, Christine: „Jetzt mit Mindestlohn müssen die Langsamen eben weg". Temporäre Arbeitsmigration in der Landwirtschaft des Oldenburger Münsterlandes. In: Alltag – Kultur – Wissenschaft. Beiträge zur europäischen Ethnologie/Volkskunde, 2 (2015), S. 11–35.

AKA, Christine: „Leutenot" im Erdbeerfeld – Saisonarbeit und Veredelungswirtschaft in gegenseitiger Abhängigkeit. Das Beispiel Oldenburger Münsterland. In: Zeitschrift für Agrargeschichte und Agrarsoziologie, 68 (2020), H. 2, S. 65–83.

AKA, Christine, u. a. (Red.), Heimatverein Visbek e.V. (Hg.): Hagstedt. 2 Bde. Visbek 2017.

AMESKAMP, Eva-Maria: Heinrich Dyckhoff (1767–1838). In: Willi Baumann, Peter Sieve (Hg.): Der katholische Klerus im Oldenburger Land. Ein Handbuch. Festgabe aus Anlass des 175-jährigen Jubiläums des Bischöflich Münsterschen Offizialates in Vechta. Münster 2006, S. 258–261.

AMESKAMP, Eva-Maria: „ein ehrlich Geistlicher und lange Jahr gewesener Pfarherr". Katholische Pfarrer der frühen Neuzeit im Dekanat Cloppenburg unter sozialen, häuslichen und wirtschaftlichen Aspekten. In: Rheinisch-westfälische Zeitschrift für Volkskunde, 66 (2021), S. 234–252.

AMESKAMP, Eva-Maria: Zwischen Anspruch und Wirklichkeit. Leben, Wohnen, Arbeiten und Sterben im katholischen Pfarrhaus im Dekanat Cloppenburg vom Ende des 17. bis zum Anfang des 19. Jahrhunderts (Westfalen in der Vormoderne, 35). Münster 2022.

BAUMANN, Josef: Handbuch des Süßmosters. 5. neubearb. Aufl. Stuttgart 1959.

BAUMANN, Willi: Persönlichkeiten aus der Bauerschaft Spreda. In: Ausschuss „Dorf- und Familienchronik Spreda" (Hg.): Dorf- und Familienchronik Spreda. Spreda 2005, S. 91–237.

BAUMANN, Willi: Das Neuarenberger Einwohnerverzeichnis von 1832 und sein Verfasser Pfarrer Joseph Biermann. Ein Beitrag zur frühen Siedlungsgeschichte der emsländischen Moorkolonien. In: Franz Bölsker, Michael Hirschfeld, Wilfried Kürschner, Franz-Josef Luzak (Hg.): Dona historica. Freundesgaben für Alwin Hanschmidt zum 80. Geburtstag (Vechtaer Universitätsschriften, 40). Berlin 2017, S. 201–254.

Baumschulerhebung Bund 2021: Statistisches Bundesamt, Fachserie 3, Reihe 3.1.7: Land- und Forstwirtschaft, Fischerei. Landwirtschaftliche Bodennutzung – Baumschulerhebung –. Wiesbaden 2021, https://www.destatis.de/DE/Themen/Branchen-Unternehmen/Landwirtschaft-Forstwirtschaft-Fischerei/Obst-Gemuese-Gartenbau/Publikationen/Downloads-Gartenbau/baumschulerhebung-2030317219004.pdf?__blob=publicationFile (24.2.2023).

Baumschulerhebung Niedersachsen 2021: Landesamt für Statistik Niedersachsen: Statistische Berichte Niedersachsen C II 5 – / 2021: Baumschulerhebung 2021. Hannover 2022, https://www.statistik.niedersachsen.de/landwirtschaft_forstwirtschaft_fischerei/landwirtschaft_in_niedersachsen/obst_gemuese_und_gartenbau/baumschulerhebung_in_niedersachsen/baumschulerhebung-in-niedersachsen-statistische-berichte-176218.html (12.6.2023).

BECKER, Jörg: Erdbeerpflücker, Spargelstecher, Erntehelfer. Polnische Saisonarbeit in Deutschland – temporäre Arbeitsmigration im neuen Europa. Bielefeld 2010.

BERG, Normann: Menschen kaufen Weihnachtsbäume im Coronawinter eher als sonst. In: OM online. Das Nachrichtenportal von Münsterländische Tageszeitung und Oldenburgische Volkszeitung, 10.12.2020, https://www.om-online.de/om/menschen-kaufen-weihnachtsbaume-im-coronawinter-eher-als-sonst-57270 (27.12.2023).

Biogas in Niedersachsen. Inventur 2021. Hg.: 3N Kompetenzzentrum Niedersachsen Netzwerk Nachwachsende Rohstoffe und Bioökonomie e.V. 9. neubearb. Aufl. Werlte, Hannover 2023, https://www.3-n.info/media/4_Downloads/pdf_WssnSrvc_Srvc_Biogas_BiogasinventurNiedersachsen2021.pdf (28.7.2023).

BOATCĂ, Manuela: Du sollst den Spargel ehren. In: Katapult. Magazin für Kartografik und Sozialwissenschaft, 30.4.2020, https://katapult-magazin.de/de/artikel/du-sollst-den-spargel-ehren (20.6.2022).

BÖSTERLING, Antonius: Obst- und Gartenbauverein für Cloppenburg und Umgebung: In: Jahrbuch für das Oldenburger Münsterland 2011, S. 301–318.

Botanische Literatur-Blätter zur periodischen Darstellung der Fortschritte der Pflanzenkunde [...] hg. von der Königl. botanischen Gesellschaft zu Regensburg. 4. Bd., 3. Jg. 1. Hälfte. Regensburg 1830.

BRÜGGEMANN, Christian: Roma Education in Comparatistic Perspective. Analysis of the UNDP/World Bank/EC Regional Roma Survey 2011 (Roma Inclusion Working Papers). Bratislava 2012, https://issuu.com/undp_in_europe_cis/docs/education_web (31.5.2022).

Büssing, Martin, u. a.: Chronik der Dorfgemeinschaft Elsten-Warnstedt im Jahre 2000. (Cappeln-Elsten) (2000).

Bundesanzeiger: Erzeugergroßmarkt Langförden-Oldenburg e.G. Langförden. Jahresabschluss zum Geschäftsjahr vom 01.01.2021 bis zum 31.12.2021, veröffentlicht am 12.12.2022, https://www.bundesanzeiger.de/pub/de/suchergebnis?6 (11.5.2023).

Bundessortenamt (Hg.): Beschreibende Sortenliste Erdbeere. Hannover 2015, https://www.bundessortenamt.de/bsa/media/Files/BSL/bsl_erdbeere_2015.pdf (15.3.2023).

Cao, Xiaohong: Der Sonderkulturanbau in Südoldenburg. Die geographische Analyse von Innovation- und Diffusionsprozessen am Beispiel des Himbeer- und Spargelanbaus (VSAG Vechtaer Studien zur Angewandten Geographie und Regionalwissenschaft, 10). Vechta 1993.

Carlowitz, Hanns Carl von: Sylvicultura oeconomica, Oder Hauswirthliche Nachricht und Naturmäßige Anweisung zur Wilden Baum-Zucht [...]. Leipzig 1713.

Christ, Johann Ludwig: Handbuch über die Obstbaumzucht und Obstlehre. Dritte verbesserte Ausgabe. Frankfurt am Mayn 1804.

Corrado, Alessandra; Castro, Carlos de; Perrotta, Domenico: Cheap food, cheap labour, high profits: agriculture and mobility in the Mediterranean. In: Dies. (Hg.): Migration and Agriculture. Mobility and change in the Mediterranean area. London, New York 2017, S. 1–24.

Corrado, Alessandra; Castro, Carlos de; Perrotta, Domenico (Hg.): Migration and Agriculture. Mobility and change in the Mediterranean area (Routledge ISS Studies in Rural Livelihoods, 15). London, New York 2017.

Dammann, Heinrich: Aus der Vergangenheit des Südoldenburger Obstbaues. In: Mitteilungen des Obstbauberatungsringes Südoldenburg e.V., 2. Jg. Nr. 6, 1.6.1947, S. [1]–[3].

Dannebeck, Sandra: Historische Kulturlandschaftselemente in der Gemeinde Cappeln, Landkreis Cloppenburg. In: Ber. Naturhist. Ges. Hannover, 147 (2005), S. 147–164, https://www.zobodat.at/pdf/Ber-Nathist-Ges-Hannover_147_0147-0164.pdf (24.9.2021).

de: Erdbeer-Traum. In: dlz Agrarmagazin, 63. Jg. 2012, H. 8, August, S. 154–157.

Decken, Wolf von der: Ergebnisse der Gehalts- und Lohnstrukturerhebung für Oktober 1957. In: Statistisches Bundesamt (Hg.): Wirtschaft und Statistik, NF, 11. Jg., H. 6, Juni 1959, S. 285–295; https://www.statistischebibliothek.de/mir/servlets/MCRFileNodeServlet/DEAusgabe_derivate_00000907/Wirtschaft_und_Statistik-1959-06.pdf;jsessionid=2F5AB1941FA5F248FE2F0D964C58A275 (16.5.2022)

Deutscher Bundestag, 10. Wahlperiode, Drucksache 10/5336, 16.4.1986: Antwort der Bundesregierung auf die Kleine Anfrage des Abgeordneten Werner (Dierstorf) und der Fraktion DIE GRÜNEN – Drucksache/5198 –, https://dserver.bundestag.de/btd/10/053/1005336.pdf (5.1.2022).

Dietrich, L. F.: Geschichte des Gartenbaues in allen seinen Zweigen von den frühesten Zeiten bis zur Gegenwart. Leipzig 1863.

Dorfgemeinschaft Spreda-Deindrup e.V. (Hg.): Dörperblatt, 9. Aufl. Oktober 2016, http://www.spreda-deindrup.de/03%20dorfgemeinschaft/doerperblatt/9.%20auflage%2010%202016/9.%20auflage.pdf (20.1.2022).

Drexler, Daniel: Erdbeersorten für Südbayern. Sortenversuch am Standort Deutenkofen 2017/2018 (2018), https://www.obstbau-deutenkofen.de/fileadmin/user_upload/Dateien/dateien_erdbeerversuch/Erdbeersorten_fuer_Suedbayern_-_Sortenversuch_am_Standort_Deutenkofen_2017-2018.pdf (15.3.2023).

Dyckhoff, Heinrich: Vermischte Bemerkungen über die Obstcultur. In: Oldenburgische Blätter, Nr. 51, 20.12.1819, Sp. 805–812, 4. Jg., Nr. 3, 17.1.1820, Sp. 47–48, und Nr. 18, 1.5.1820, Sp. 273–278.

Emmann, Carsten H.: Landwirtschaftliche Biomasseproduktion in Zeiten veränderter Rahmenbedingungen und begrenzter Flächenverfügbarkeit (Internationale Reihe Agrobusiness, 12). Göttingen 2013.

Fahlisch, I[mmanuel] F[riedrich] P[aul]: Geschichte der Spreewaldstadt Lübbenau. Lübbenau 1877.

Faustzahlen für den Gartenbau. Zusammenstellung: Bertwin Weiß. Hg.: Ruhr-Stickstoff AG, Bochum. Bochum, Hiltrup, München 1963.

Feucht, Walter; Treutter, Dieter: in memoriam Günther Liebster. In: TUM-Mitteilungen der Technischen Universität München für Studierende, Mitarbeiter, Freunde, 2007, H. 3, S. 70, https://portal.mytum.de/pressestelle/tum_mit/2007nr3/70.pdf (25.10.2023).

Fiałkowska, Kamila: Gruppenbildung zwischen Klatsch und Neid. In: Mathias Wagner u. a.: Deutsches Waschpulver und polnische Wirtschaft. Die Lebenswelt polnischer Saisonarbeiter. Ethnographische Beobachtungen. Bielefeld 2013, S. 87–109.

FRA European Union Agency for Fundamental Rights (Hg.): Bildung: Die Situation der Roma in elf EU-Mitgliedstaaten. Erhebung zur Situation der Roma – Daten kurz gefasst. o.J. (um 2014), http://publications.europa.eu/resource/cellar/5db33bbf-e951-11e8-b690-01aa75ed71a1.0006.04/DOC_2 (27.5.2022).

Frankenberg, Andrea, u. a.: Strategien zur Regulierung verschiedener Nematodenspezies im Ökologischen Feldgemüseanbau. Landwirtschaftskammer Nordrhein-Westfalen, Referat für Ökologischen Land- und Gartenbau (2004), https://orgprints.org/id/eprint/6115/1/6115-02OE478-lk-nrw-kempkens-2004-nematoden.pdf (16.3.2023).

Freitag, Werner: Pfarrer, Kirche und ländliche Gemeinschaft. Das Dekanat Vechta 1400–1803 (Studien zur Regionalgeschichte, 11). Bielefeld 1998.

Frie, Ewald: Ein Hof und elf Geschwister. Der stille Abschied vom bäuerlichen Leben in Deutschland. München 2023.

Frye, Maria: Die Lehrerfamilie Frye. In: Wilhelm Hanisch, Franz Hellbernd (Hg.): Beiträge zur Geschichte der Stadt Vechta. 6. Lfg. Vechta 1991, S. 79–89.

Garming, Hildegard; Dirksmeyer, Walter; Bork, Linda: Entwicklungen des Obstbaus in Deutschland von 2005 bis 2017: Obstarten, Anbauregionen, Betriebsstrukturen und Handel (Thünen Working Paper 100). Braunschweig 2018, https://literatur.thuenen.de/digbib_extern/dn059917.pdf (9.6.2021).

Gartenbauwirtschaft in Niedersachsen. Daten, Strukturen, Tendenzen. Hg. vom Niedersächsischen Ministerium für Ernährung, Landwirtschaft und Forsten. Hannover 1977.

Geiger, Ph. L.: Magazin für Pharmacie und die dahin einschlagenden Wissenschaften. 7. Jg., 26. Bd. Heidelberg 1829.

Glaubitz, Jürgen: Der „selbstständige" Einzelhandel (2018), https://handel-nrw.verdi.de/++file++5b17f76c56c12f374b33259c/download/Der%20selbststa%CC%88ndige%20EH.pdf (15.11.2023).

Gothe, Christiane: Erfolgsstory in Sachen Erdbeeren. In: Spargel- & Erdbeerprofi 2013, H. 1, S. 52–53, https://www.spargel-erdbeerprofi.de/flipping_books/Spargel_und_Erdbeerprofi/2013/2013_01/files/assets/basic-html/page-52.html (22.6.2022).

Gruse, Alfred: Wie es um 1835 hier war. In: Arbeitskreis „200 Jahre Gehlenberg" (Hg.): 200 Jahre Neuarenberg / Gehlenberg 1788–1988. Dorf und Familienchronik. Werlte 1988, S. 146–152.

Hachmöller, Otto: Sevelter Bauernhöfe – 1000 Jahre Sevelten 1014–2014. (Cappeln-Sevelten) 2014.

Harvey, Mark; Quilley, Steve; Beynon, Huw: Exploring the Tomato. Transformations of Nature, Society and Economy. Paperback Edition. Cheltenham, Northampton MA 2004.

Hasenkamp, Engelbert: Heuerleute demonstrieren im Jahr 1848 gegen die Markenteilung. In: Heimatblätter (Beilage zur Oldenburgischen Volkszeitung), Jg. 77, H. 1, 14.2.1998, S. 4.

Heitmann, Clemens: Kirche und Pfarrgemeinde St. Catharina in Dinklage (Mitteilungen des Heimatvereins Herrlichkeit Dinklage e.V. Hefte zur Geschichte, Natur- und Heimatkunde der Gemeinde Dinklage, 4. und 5. Heft). Dinklage 1971.

Hellio, Emmanuelle: 'They know that you'll leave, like a dog moving onto the next bin': undocumented male and seasonal contracted female workers in the agricultural labour market of Huelva, Spain. In: Alessandra Corrado, Carlos de Castro, Domenico Perrotta (Hg.): Migration and Agriculture. Mobility and change in the Mediterranean area. London, New York 2017, S. 198–216.

Hendriks, Annemieke: Tomaten. Die wahre Identität unseres Frischgemüses. Eine Reportage. Berlin 2017.

Hoche, J[ohann] G[ottfried]: Reise durch Osnabrück und Niedermünster in das Saterland, Ostfriesland und Gröningen. Bremen 1800.

Hoche, Richard: Hoche, Johann Gottfried. In: Allgemeine Deutsche Biographie. Bd. 12. Leipzig 1880, S. 519.

Hölscher, Karin: Sonderkulturanbau in Südoldenburg – Mählmann Gemüsebau. In: Jahrbuch für das Oldenburger Münsterland, 57 (2008), S. 306–318.

Holmes, Seth M.: Frische Früchte, kaputte Körper. Migration, Rassismus und die Landwirtschaft in den USA [Fresh Fruit, Broken Bodies. Migrant Farmworkers in the United States]. Aus dem Englischen von Jennifer Sophia Theodor (Kultur und soziale Praxis). Bielefeld 2021.

Holte, Benno: Die landwirtschaftlichen Verhältnisse des Münsterlandes. In: Wilhelm Rodewald (Bearb.): Festschrift zur Feier des fünfundsiebzigjährigen Bestehens der Oldenburgischen Landwirthschafts-Gesellschaft. Berlin 1894, S. 232–257.

Huntemann, J.: Die Entwicklung des Obst- und Gartenbaus im Herzogthum Oldenburg in den letzten 75 Jahren. In: Wilhelm Rodewald (Bearb.): Festschrift zur Feier des fünfundsiebzigjährigen Bestehens der Oldenburgischen Landwirthschafts-Gesellschaft. Berlin 1894, S. 273–283.

Industrie Museum Lohne (Hg.): Das Industrie Museum Lohne. Lohne o. J. (um 2002).

Irlbacher, Dieter: Die Erfolgsgeschichte der „Spreewälder Gurke". Historisches zur Gurke. In: Rainer Friedel, Edmund A. Spindler (Hg.): Nachhaltige Entwicklung ländlicher Räume. Chancenverbesserung durch Innovation und Traditionspflege. Wiesbaden 2009, S. 334–344.

Jordan, Klaus-Peter: Bei ELO in Langförden spielt die Musik. In: Nordwest-Zeitung, 22.8.2019, S. 14.

Juniper, Barrie E.; Mabberley, David J.: Die Geschichte des Apfels. Von der Wildfrucht zum Kulturgut [The Extraordinary Story of the Apple; dt.]. Bern 2022.

Kaiser, Hermann: Gutshaus, Park und Straßenbäume – Entstehung und Verbreitung der Obstbaumkultur zwischen Weser und Ems 1750 bis heute. In: Ders. (Hg.): Bauerngärten zwischen Weser und Ems (Materialien & Studien zur Alltagsgeschichte und Volkskultur Niedersachsens, 30). Cloppenburg 1998, S. 49–75.

Kaiser, Wolfgang: Obstland im Norden. Die Geschichte des Obsthandels im Alten Land. Bearb. von Thomas Schürmann (Publikationen der Kulturstiftung Altes Land, 3). Husum 2009.

Keckl, Georg: Obst in Niedersachsen. In: Mitteilungen des Obstbauversuchsrings des Alten Landes, Jg. 2005, H. 7; aktualisierte Fassung 2008 in https://www.statistik.niedersachsen.de/download/117035/Obst_in_Niedersachsen_2005_2008_.pdf (1.2.2024).

Keipert, Konrad: Beerenobst. Angebaute Arten und Wildfrüchte (Ulmer-Fachbuch Obstbau). Stuttgart 1981.

Kessler, Carolin; Schürmann, Thomas (Hg.): Der Apfel. Kultur mit Stiel (Arbeit und Leben, 14). Ehestorf 2014.

Klöker, Hans; Wilking, Eduard: Appel un Eier dat ganze Joar, Erdbeern un Kassbeern inne Saison – Entstehen, Werden und Entwicklungsstand eines modernen Obstbaubetriebes mit dem weiteren Erwerbszweig der tierischen Veredlung in Form der Intensivhaltung von Geflügel zur Eierproduktion. In: Eduard Wilking, Georg Wilking (Hg.): Blatt für Blatt – Gedanken und Einsichten zur Land- und Forstwirtschaft. Festschrift zum 50jährigen Promotionsjubiläum von Eduard Wilking. Vechta 2009, S. 393–423.

Klohn, Werner: Wandel der landwirtschaftlichen Bodennutzung in den Gemeinden des Landkreises Vechta. In: Jahrbuch für das Oldenburger Münsterland, 65 (2016), S. 162–187.

Klohn, Werner: Wandel der landwirtschaftlichen Bodennutzung in den Gemeinden des Landkreises Cloppenburg. In: Jahrbuch für das Oldenburger Münsterland, 66 (2017), S. 166–191

Klohn, Werner; Voth, Andreas: Das Oldenburger Münsterland. Entwicklung und Strukturen einer Agrar-Kompetenzregion (Vechtaer Materialien zum Geographieunterricht, 2). 4. neubearb. Aufl. Vechta 2008.

Klopp, Karsten; Koschnick, Felix: OVR – Beratungsring für den ganzen Norden. In: Mitteilungen des Obstbauversuchsringes des Alten Landes e.V., 71. Jg. 2016, S. 178.

Klostermann, Hermann: Politiker der ersten Stunde: Dr. J. Hermann Siemer. In: Bernhard Ahlrichs, Rolf Cordes (Bearb.): Chronik Langförden. Vechta 1990, S. 580–585.

Kohli, Ludwig: Handbuch einer historisch-statistisch-geographischen Beschreibung des Herzogthums Oldenburg sammt der Erbherrschaft Jever und der beiden Fürstenthümer Lübeck und Birkenfeld. [1. Aufl. Bremen 1824] 2. Aufl. Oldenburg 1844.

Krügerke, Walter: Rund um den Südoldenburger Obsthof. In: Jahrbuch für das Oldenburger Münsterland 1972, S. 162–166.

Krünitz, Johann Georg: Oekonomisch-technische Encyklopädie oder allgemeines System der Staats- Stadt- Haus- und Land-Wirthschaft und der Kunst-Geschichte, in alphabetischer Ordnung. 242 Bde., Berlin 1773–1858.

K[ühlwetter], T[homas]: Von der Freilandkultur zum geschützten Anbau. In: Spargel & Erdbeerprofi 2017, H. 2, S. 69–73, https://www.spargel-erdbeerprofi.de/flipping_books/Spargel_und_Erdbeerprofi/2017/2017_02/index.html#2 (30.5.2022).

Kühn, Roland: Erzeugergroßmarkt investiert Millionen. In: OM Online. Das Nachrichtenportal von Münsterländische Tageszeitung und Oldenburgische Volkszeitung, 14.10.2020, https://www.om-online.de/wirtschaft/erzeugergrosmarkt-investiert-millionen-52051 (11.5.2023).

Kuropka, Joachim: Johannes Göken: In: Willi Baumann, Peter Sieve (Hg.): Der katholische Klerus im Oldenburger Land. Ein Handbuch. Festgabe aus Anlass des 175-jährigen Jubiläums des Bischöflich Münsterschen Offizialates in Vechta. Münster 2006, S. 299–302.

Landesamt für Statistik Niedersachsen (Hg.): Statistische Berichte Niedersachsen, C I 3 – j / 2016: Anbau von Gemüse und Erdbeeren zum Verkauf 2016. Mit dem Ergebnis der Speisepilzerhebung 2016. Hannover 2020, https://www.statistik.niedersachsen.de/download/153145 (23.6.2022).

Landesamt für Statistik Niedersachsen (Hg.): Statistische Berichte Niedersachsen, C I 3 – j / 2019: Anbau von Gemüse und Erdbeeren zum Verkauf 2019 (repräsentativ). Mit dem Ergebnis der Speisepilzerhebung 2019 (total). Hannover 2020, https://www.statistik.niedersachsen.de/download/156385 (24.6.2022).

Landesamt für Statistik Niedersachsen (Hg.): Statistische Berichte Niedersachsen, C I 4 – j/2022: Strauchbeerenerhebung 2022. Hannover 2023, https://www.statistik.niedersachsen.de/landwirtschaft_forstwirtschaft_fischerei/landwirtschaft_in_niedersachsen/obst_gemuese_und_gartenbau/strauchbeerenerhebung/erhebung-uber-strauchbeeren-in-niedersachsen-statistische-berichte-179140.html (14.2.2024).

Landesamt für Statistik Niedersachsen (Hg.): Strauchbeerenerhebung 2021 (Statistische Berichte Niedersachsen, C 14–j/2021), https://www.statistik.niedersachsen.de/download/181378 (7.7.2022).

Landesamt für Statistik Niedersachsen – Dezernat 42 – Landwirtschaft: Baumobstanbauerhebung 2022. 1.1 Betriebe mit Anbau von Baumobstarten 2022 nach regionaler Einheit mit ausgewählten Kreisen – Überblick –. Anzahl der Betriebe und Baumobstfläche in Hektar, https://www.statistik.niedersachsen.de/baumobst/erhebung-zum-baumobstanbau-in-niedersachsen-tabellen-206158.html (30.1.2023).

Landesamt für Statistik Niedersachsen - Dezernat 42 – Landwirtschaft: Baumobstanbauerhebung 2022. 2 Anbau von Tafelapfelsorten 2022 nach Pflanzdichte und regionaler Einheit, https://www.statistik.niedersachsen.de/download/187423 (30.1.2023).

Lauche, W[ilhelm]: Handbuch des Obstbaues auf wissenschaftlicher und praktischer Grundlage. Berlin 1882.

Lieberei, Reinhard; Reisdorff, Christoph; Franke, Wolfgang: Nutzpflanzen. 7., überarb. Aufl. Stuttgart, New York 2007.

Liebster, Günther: Die Kulturheidelbeere. Verbreitung, Anzucht und Anbau für Erwerb und Selbstversorgung. Berlin, Hamburg 1961.

Liebster, Günther: Der deutsche Obstbau seit dem 18. Jahrhundert. In: Günther Franz (Hg.): Geschichte des deutschen Gartenbaues (Deutsche Agrargeschichte, 6). Stuttgart 1984, S. 143–205.

Liebster, Günther: Das Baumschulwesen. In: Günther Franz (Hg.): Geschichte des deutschen Gartenbaues (Deutsche Agrargeschichte, 6). Stuttgart 1984, S. 206–222.

Lindloff, Axel: Apfelwein – vom Weinersatz zum Traditionsgetränk. In: Carolin Keßler, Thomas Schürmann (Hg.): Der Apfel. Kultur mit Stiel (Arbeit und Leben, 14). Ehestorf 2014, S. 83–98.

Linnemannstöns, Ludger, Landwirtschaftskammer Nordrhein-Westfalen: Erdbeeren im geschützten Anbau [Folienpräsentation zu den Pillnitzer Obstbautagen 2011], https://www.gartenbau.sachsen.de/download/Erdbeeren_im_geschuetzten_Anbau.pdf (29.6.2022).

Luzak, Franz-Josef: Arnold Joseph Gieseke (1759–1834). In: Willi Baumann, Peter Sieve (Hg.): Der katholische Klerus im Oldenburger Land. Ein Handbuch. Festgabe aus Anlass des 175-jährigen Jubiläums des Bischöflich Münsterschen Offizialates in Vechta. Münster 2006, S. 294–296.

Mählmann, Josef: Cappelner Bauernhöfe und ihre Familien. Die bäuerlichen Genealogien bis Anfang des 20. Jhd. in der Gemeinde Cappeln (Die Rote Reihe, 19). Cloppenburg 2017.

Marx, Karl: Das Kapital. Kritik der politischen Ökonomie. 1. Bd., Buch I: Der Produktionsprozeß des Kapitals (Karl Marx, Friedrich Engels: Werke, 23). Berlin 1962.

Meadows, Dennis L., u. a.: Die Grenzen des Wachstums. Bericht des Club of Rome zur Lage der Menschheit. Stuttgart 1972.

Metzner, Rudolf: Das Schneiden der Obstbäume und Beerensträucher (Ulmer Fachbuch Obstbau). 15., neubearb. und neugestaltete Aufl. Stuttgart 1991.

Möller, Josef: Anton Thole (1783–1856). In: Willi Baumann, Peter Sieve (Hg.): Der katholische Klerus im Oldenburger Land. Ein Handbuch. Festgabe aus Anlass des 175-jährigen Jubiläums des Bischöflich Münsterschen Offizialates in Vechta. Münster 2006, S. 527–529.

Müller, Ariane; Seipp, Dankwart: Apfelsorten in Deutschland. Bremen 2021.

Nacke, Christian: Nachhaltiges Wachstum ist unsere Zukunft. In: Argumente. Das Wirtschaftsmagazin des Oldenburger Münsterlandes, 16 (2023), S. 76–80.

Neuer Nekrolog der Deutschen. [Hg. von Friedrich August Schmidt.] 16. Jg. 1838. Zweiter Theil. Weimar 1840, S. 1043–48.

Oberdieck, J[ohann] G[eorg] C[onrad]: Anleitung zur Kenntniß und Anpflanzung des besten Obstes für das nördliche Deutschland. Nebst Beiträgen zur Pomologie überhaupt. Regensburg 1852.

O[stendorf]: F[ranz]: Über den Obstanbau in Langförden. In: Heimatblätter. Monatliche Beilage der „Oldenburgischen Volkszeitung", 43. Jg., Nr. 9, 30.8.1941, S. 53–55.

Piechowska, Maria: Als Soziologin auf dem Erdbeerfeld. In: Mathias Wagner u. a.: Deutsches Waschpulver und polnische Wirtschaft. Die Lebenswelt polnischer Saisonarbeiter. Ethnographische Beobachtungen. Bielefeld 2013, S. 21–46.

Petersen, Niels: Die Stadt vor den Toren. Lüneburg und sein Umland im Spätmittelalter. Göttingen 2015.

Pez, Peter: Sonderkulturen im Umland von Hamburg. Eine standortanalytische Untersuchung (Kieler geographische Schriften, 71). Kiel 1989.

Pleitner, Emil: Oldenburg im neunzehnten Jahrhundert. Erster Band. Von 1800–1848. Oldenburg 1899.

Quast, Herbert: In Haus und Hof. Erinnerungen eines Landwirts (Schriften des Freilichtmuseums am Kiekeberg, 53). Ehestorf 2007.

Quatmann, Mechthild: Tabak-Anbau und Ernte in der Gemeinde Cappeln nach dem 2. Weltkrieg. In: Dörp-Echo för Cappeln un ümtau, 12 (2006), S. 5–11.

R.: Der Tabakbau im Oldenburger Lande vor hundert Jahren. In: Heimatblätter. Zeitschrift des „Heimatbundes für das Oldenburger Münsterland" (Beilage zur Oldenburgischen Volkszeitung und zum Anzeiger für das Amt Friesoythe), 14. Jg., 2. Nr., 20.2.1932, S. 26.

Reckinger, Gilles: Bittere Orangen. Ein neues Gesicht der Sklaverei in Europa. Wuppertal 2018.

Reigalda, Alicia: On the social (un)sustainability of intensive strawberry production in Huelva (Spain). In: Alessandra Corrado, Carlos de Castro, Domenico Perrotta (Hg.): Migration and Agriculture. Mobility and change in the Mediterranean area. London, New York 2017, S. 95–110.

Reinke, Georg: Wanderungen durch das Oldenburger Münsterland. 7 Bde. Vechta 1920–31.

ric: Hochmoderner Erdbeerbetrieb mit straff organisiertem Ernte- und Nacherntesystem. In: Fruchthandel, Jg. 2012, H. 28, S. 14–15.

Riesselmann, Joseph; Wegmann, Eduard; Hasenkamp, Engelbert (Bearb.): Lutten. Kirchweihjubiläum 1979 und Beiträge zur Geschichte. Vechta 1979.

Rieter, Heinz: Thünen, Heinrich. In: Neue Deutsche Biographie, 26 (2016), S. 208–211, https://www.deutsche-biographie.de/pnd118622366.html#ndbcontent (27.3.2023).

Rönnau, Martina: Erdbeeren aus Halter – Der Erdbeerhof Osterloh. In: Promenade. Leben im Oldenburger Münsterland, Jg. 2018, H. 3, https://promenade-online.de/epaper/catalogs/promenade-2018-3/pdf/complete_print.pdf (5.5.2023), S. 26–27.

Schmid, Lena-Sophia: 40 Jahre Mählmann Gemüsebau. In: Argumente. Das Wirtschaftsmagazin des Oldenburger Münsterlandes, 16 (2023), S. 82–86.

Schmidt, Judith: Kalkulierte Mobilität. Ökonomische und biographische Perspektiven auf Saisonarbeit (Arbeit und Alltag. Beiträge zur ethnografischen Arbeitskulturenforschung, 20). Frankfurt am Main, New York 2021.

Schmitz-Hübsch, Elmar: Entwicklung der Unterlagen, Baumformen und Pflanzsysteme bei Äpfeln und Birnen im Rheinland und in den westlichen Nachbarstaaten (2012). In: http://obstbau-museum-rheinland.de/historie_data/dokument/doc010.pdf (9.12.2021).

Schneiderkrug. Ein Kind der G.O.E. (1885–1960). Ein Dorf bewahrt seine Erinnerungen... Oldenburg 2005.

Schröder, Berit: Gewerkschaften und Wanderarbeit. Von Saisonarbeit, Werkverträgen und migrantischer Organisierung in der Baubranche und im Grünen Bereich. Münster 2015.

Schürmann, Thomas (Bearb.): Niedersächsische Koch- und Hausrezepte aus dem 18. Jahrhundert. Das Handbuch der Louise Wilhelmine Schilling (Quellen und Studien zur Regionalgeschichte Niedersachsens, 4). Cloppenburg 1998.

Schürmann, Thomas: Im Schatten des Obstbaus – Landwirtschaft und Agrarmodernisierung im Alten Land. In: Stader Jahrbuch, NF 95/96 (2005/06), S. 503–534.

Schürmann, Thomas: Salat für das ganze Jahr. In: Ders., Rolf Wiese (Hg.): Essen ist fertig! Land- und Ernährungswirtschaft im Agrarium des Freilichtmuseums am Kiekeberg (Schriften des Freilichtmuseums am Kiekeberg, 79). Ehestorf 2012, S. 183–188.

Schürmann, Thomas: Höfe vor der Nachfolge. Landwirtschaft und bäuerliches Selbstverständnis im Oldenburger Münsterland (Schriften zur Alltagskultur im Oldenburger Münsterland, 2). Cloppenburg 2021.

Schürmeyer, Jörg: Obst und Gemüse fürs ganze Land. In: Nordwest-Zeitung, 15.5.2023, S. 7.

Schweizerische Stiftung für die kulturhistorische und genetische Vielfalt von Pflanzen und Tieren (Hg.): Fruchtige Raritäten. Wissenswertes zu traditionellen Obst-, Beeren- und Rebensorten. Sortenempfehlungen und Bezugsquellen. Aarau 2006, https://www.yumpu.com/de/document/read/56058866/fruchtige-raritaten-prospecierara (16.8.2023).

Schwender, Elke; Duraj, Katharina: Zum Nützlichen das Schöne. Gärten in Nordwestdeutschland. Münster 2019.

Seibert, Theo; Hechler, Günter: Tabakbau in Deutschland. Neustadt/Weinstraße, Landau/Pfalz 1976.

Seifert, Alwin: Gärtnern, Ackern – ohne Gift (Beck'sche Reihe, 434). Mit einem Nachwort von Hansjörg Küster. 251. bis 255. Tsd. der Gesamtaufl. München 2008.

SEIPP, Dankwart: Der Obst- und Gemüsebau in Langförden, ein bedeutender Wirtschaftsfaktor. In: Bernhard Ahlrichs, Rolf Cordes (Red.): Chronik Langförden. Vechta 1990, S. 514–520.

SEIPP, Dankwart: Bedeutung und Erhalt der Obstwiesen im Oldenburger Münsterland. In: Jahrbuch für das Oldenburger Münsterland 1996, S. 222–240.

SEIPP, Dankwart: Traditionelle Apfel- und Birnensorten im Oldenburger Münsterland. In: Jahrbuch für das Oldenburger Münsterland 1997, S. 251–273.

SEIPP, Dankwart: Entwicklung und Bedeutung des Obst- und Gemüsebaus im Raum Langförden, insbesondere in Spreda. In: Ausschuss „Dorf- und Familienchronik Spreda" (Hg.): Dorf- und Familienchronik Spreda. Spreda 2005, S. 49–59.

SEIPP, Dankwart: Die Entwicklung des Obst- und Gemüsebaus in der Gemeinde Visbek. In: Eduard Wilking, Georg Wilking (Hg.): Blatt für Blatt – Gedanken und Einsichten zur Land- und Forstwirtschaft. Festschrift zum 50jährigen Promotionsjubiläum von Eduard Wilking. Vechta 2009, S. 211–232.

SEITZ, Paul: Der Gemüse- und Kräuteranbau und die Speisepilzerzeugung seit dem 18. Jahrhundert. In: Günther Franz (Hg.): Geschichte des deutschen Gartenbaues (Deutsche Agrargeschichte, 6). Stuttgart 1984, S. 365–454.

SICKLER, J[ohann] V[olkmar] (Hg.): Der teutsche Obstgärtner, oder gemeinnütziges Magazin des Obstbaues in Teutschlands sämmtlichen Kreisen; verfasset von einigen practischen Freunden der Obstcultur. 13. Bd. Weimar 1800.

SILBEREISEN, Robert; GÖTZ, Gerhard; HARTMANN, Walter: Obstsorten-Atlas. Kernobst. Steinobst. Beerenobst. Schalenobst. 2., überarb. und erw. Aufl. Stuttgart 1996.

SPERLING, Franziska: Biogas – Macht – Land. Ein politisch induzierter Transformationsprozess und seine Effekte. Göttingen 2017.

STALKER, Peter: Workers without Frontiers. The Impact of Globalization on International Migration. Boulder, Colorado, u. a. 2000.

Statistisches Bundesamt (Hg.): Land- und Forstwirtschaft, Fischerei: Gemüseerhebung – Anbau und Ernte von Gemüse und Erdbeeren – 2020. Fachserie 3 Reihe 3.1.3. Wiesbaden 2021, https://www.destatis.de/DE/Themen/Branchen-Unternehmen/Landwirtschaft-Forstwirtschaft-Fischerei/Obst-Gemuese-Gartenbau/Publikationen/Downloads-Gemuese/gemueseerhebung-2030313207004.pdf;jsessionid=94600C67CBC7F5F35CE1E84CF8EF0313.live742?__blob=publicationFile (30.6.2022).

Statistisches Bundesamt (Hg.): Land- und Forstwirtschaft, Fischerei: Strauchbeerenanbau und -ernte. 2021. Fachserie 3 Reihe 3.1.9. Mainz 2022, https://www.destatis.de/DE/Themen/Branchen-Unternehmen/Landwirtschaft-Forstwirtschaft-Fischerei/Obst-Gemuese-Gartenbau/Publikationen/Downloads-Obst/strauchbeerenanbau-2030319217004.pdf?__blob=publicationFile (7.7.2022).

STEINERT, Konrad: Zwei Ernten in einem Jahr. In: LOP Landwirtschaft ohne Pflug. Das Fachmagazin für den professionellen Pflanzenbau, Jg. 2023, H. 4, S. S. 4–13.

STIX, Heiner: Wellant ist der neue Star am Apfelhimmel. In: Münsterländische Tageszeitung, 21.10.2023, S. 17.

SUNTUM, Ulrich van: Johann Heinrich von Thünen (1783–1850). In: Joachim Starbatty (Hg.): Klassiker des ökonomischen Denkens, Bd. I: Von Platon bis John Stuart Mill. München 1989, S. 208–224.

Taschner, Norbert: Insektenbestäubung im geschützten Erdbeeranbau. In: Schweizer Zeitschrift für Obst- und Weinbau, 148 (2012), H. 1, S. 9–11, https://www.agroscope.admin.ch/agroscope/de/home/themen/pflanzenbau/beerenbau/cultures-baies/fraises/_jcr_content/par/columncontrols/items/0/column/externalcontent_1825533023.bitexternalcontent.exturl.pdf/aHR0cHM6Ly9pcmEuYWdyb3Njb3BlLmNoL2RlLUNIL0FqYXgvRW/luemVscHVibGlrYXRpb24vRG93bmxvYWQ_ZWluemVscHVibGlr/YXRpb25zSWQ9MDU1NA==.pdf (28.6.2022).

Taubenrauch, Heiko: Bodengütekarten für das Oldenburger Münsterland. In: Jahrbuch für das Oldenburger Münsterland, 56 (2007), S. 252–263.

Teuteberg, Hans-Jürgen: Obst im historischen Rückspiegel – Anbau, Handel, Verzehr. In: Zeitschrift für Agrargeschichte und Agrarsoziologie, 46 (1998), H. 2, S. 168–199.

Thalheimer, Martin, u. a.: Sonnenbrand bei Äpfeln. Entstehung und Gegenmaßnahmen. In: Obstbau, Weinbau. Fachmagazin des Südtiroler Beratungsringes Jg. 2019, H. 5, S. 21–24, https://bia.unibz.it/esploro/outputs/journalArticle/Sonnenbrand-bei-%C3%84pfeln/991006485093901241#file-0 (20.2.2024).

Thomann, Jörg: Darf ich mit anpacken? In: Frankfurter Allgemeine Sonntagszeitung, 11.6.2023, S. 9–10.

Thünen, Johann Heinrich von: Der isolirte Staat in Beziehung auf Landwirthschaft und Nationalökonomie, oder Untersuchungen über den Einfluß, den die Getreidepreise, der Reichthum des Bodens und die Abgaben auf den Ackerbau ausüben. Hamburg 1826, digital: https://www.deutschestextarchiv.de/book/show/thuenen_staat_1826 (27.3.2023).

Trenkle, Rudolf: Neuzeitlicher Obstbau. Obstbau-Lehrbuch. 7. neubearb. Aufl. Wiesbaden 1956.

Tuomi-Nikula, Outi: Der Altländer Hof im Wandel. Veränderungen der sozialen Strukturen und des Alltagslebens im Alten Land bei Hamburg im 20. Jahrhundert (Publikationen der Kulturstiftung Altes Land, 1). Husum 2006.

Voth, Andreas: Innovative Entwicklungen in der Erzeugung und Vermarktung von Sonderkulturprodukten – dargestellt an Fallstudien aus Deutschland, Spanien und Brasilien (Vechtaer Studien zur Angewandten Geographie und Regionalwissenschaft, 24). Vechta 2002.

Voth, Andreas: Sonderkulturen – spezielle Formen intensiver Landnutzung. In: Hans-Dieter Haas, Martin Heß, Werner Klohn, Hans-Wilhelm Windhorst (Hg.): Nationalatlas Bundesrepublik Deutschland – Unternehmen und Märkte, Bd. 8. Heidelberg, München 2004, S. 32–33, http://archiv.nationalatlas.de/wp-content/art_pdf/Band8_32-33_archiv.pdf (31.5.2021).

Voth, Andreas: Das Oldenburger Münsterland als Schwerpunkt des Obst- und Gemüseanbaus. In: Jahrbuch für das Oldenburger Münsterland 58 (2009), S. 305–318.

Wagner, Mathias: Feldforschung im strikten Sinn des Wortes. In: Ders. u. a.: Deutsches Waschpulver und polnische Wirtschaft. Die Lebenswelt polnischer Saisonarbeiter. Ethnographische Beobachtungen. Bielefeld 2013, S. 9–19.

Wagner, Mathias, u. a.: Arnswald – ein Dorf im Strukturwandel. In: Ders. u. a.: Deutsches Waschpulver und polnische Wirtschaft. Die Lebenswelt polnischer Saisonarbeiter. Ethnographische Beobachtungen. Bielefeld 2013, S. 47–85.

Weber, Ralf: „…wo sie gegen kargen Lohn sich Sklavenarbeiten unterziehen müssen." Das Hollandgehen aus dem Oldenburger Münsterland im 19. Jahrhundert. In: Jahrbuch für das Oldenburger Münsterland 2014, S. 68–86.

WEBER, Ralf: Das Hollandgehen aus dem Oldenburger Münsterland im Spiegel der osteuropäischen Saisonarbeiter*innen des 21. Jahrhunderts. In: Zeitschrift für Agrargeschichte und Agrarsoziologie, 68 (2020), H. 2, S. 43–64.

WELLS, Miriam J.: Strawberry Fields. Politics, Class and Work in California Agriculture (Anthropology of Contemporary Issues). Ithaca, New York 1996.

WILKING, Johannes; KAYSER, Manfred: Biogaserzeugung im Oldenburger Münsterland – Entwicklungen und Perspektiven. In: Jahrbuch für das Oldenburger Münsterland 2011, S. 196–219.

WIMMER, Clemens Alexander: Geschichte und Verwendung alter Obstsorten. Berlin 2003.

WINDHORST, Hans-W.: Spezialisierte Agrarwirtschaft in Südoldenburg. Eine agrargeographische Untersuchung (Nordwestniedersächsische Regionalforschungen, 2). Leer 1975.

WITTE, Henrik: Wenn die Beilage in die Tellermitte rückt. In: Argumente. Das Wirtschaftsmagazin des Oldenburger Münsterlandes, 16 (2023), S. 68–71.

WITTMANN, Barbara: Intensivtierhaltung. Landwirtschaftliche Positionierungen im Spannungsfeld von Ökologie, Ökonomie und Gesellschaft (Umwelt und Gesellschaft, 25). Göttingen 2021.

ZIMMERS, Wolfgang: Bernhard Brägelmann. In: Willi Baumann, Peter Sieve (Hg.): Der katholische Klerus im Oldenburger Land. Ein Handbuch. Festgabe aus Anlass des 175-jährigen Jubiläums des Bischöflich Münsterschen Offizialates in Vechta. Münster 2006, S. 230–233.

Bildnachweis

Bischöfliches Offizialatsarchiv, Vechta: Abb. 4, 31–33; Erzeugergroßmarkt Langförden-Oldenburg eG, Vechta: 111–116; Klaus Grote, Garrel: 89–91; Süßmosterei Hagena, Lutten: 35–43; Sebastian Heun, Visbek / heundesign.com: 60; Kulturanthropologisches Institut Oldenburger Münsterland, Cloppenburg: 8–13; Mählmann Gemüsebau GmbH & Co. KG, Cappeln: 64, 65, 102; Ulrich Osterloh, Visbek: 50; Mechthild und Jürgen Quatmann, Elsten: 84, 86, 88, 92, 93; Thomas Schürmann, Kulturanthropologisches Institut Oldenburger Münsterland: Einband, 2, 5, 14–28, 34, 44–49, 51–55, 57–59, 61–63, 66–80, 82, 85, 94–101, 104–106, 109.

Wiedergaben aus dem Schrifttum sind in den Bildunterschriften nachgewiesen. Nicht immer war es uns möglich, die Bildrechte vollständig zu klären. Daher bitten wir alle, die ihre Rechte berührt sehen, sich an die Herausgeber zu wenden.

Schriften zur Alltagskultur im Oldenburger Münsterland

Verlag der Druckausgabe:
Museumsdorf Cloppenburg – Niedersächsisches Freilichtmuseum
Postfach 1344, 49643 Cloppenburg; info@museumsdorf.de

Verlag für E-Books:
Waxmann Verlag GmbH
Steinfurter Straße 555, 48159 Münster, info@waxmann.com

Band 1:
Malaika Winzheim: Zusammen ist man nicht allein – wie junge Menschen feiern
2021

143 Seiten, fester Einband, 72 Abbildungen
ISBN 978-3-938061-44-2, 12,90 €
E-Book (PDF): ISBN 978-3-8309-5033-2, 12,99 €

Bunte Schilder, Mehlflecken auf der Straße, Störche mit Wäscheleinen und lange Kränze aus Flaschen oder Zigarettenschachteln über den Haustüren sind Zeugnisse von bestimmten Ritualen im Oldenburger Münsterland. Dahinter stecken feierliche Anlässe: ein 16. Geburtstag, ein 25. Geburtstag, die Geburt eines Kindes. Solche Lebensübergänge werden öffentlich sichtbar gemacht.

In diesem Buch werden die gängigsten regionaltypischen Handlungen und Ereignisse junger Menschen im Oldenburger Münsterland vorgestellt. Zahlreiche Fotografien und Interviews gewähren Einblicke in ihre Lebenswelten. Auf diese Weise entsteht ein vielschichtiges Bild über die Festkultur junger Menschen und ihrer Cliquen in der Region.

Band 2:
Thomas Schürmann: Höfe vor der Nachfolge. Landwirtschaft und bäuerliches Selbstverständnis im Oldenburger Münsterland
2021

319 Seiten, fester Einband, 52 Abbildungen
24,80 €
ISBN 978-3-938061-45-9, 24,90 €
E-Book (PDF): 978-3-8309-5030-1, 21,99 €

Nach dem Zweiten Weltkrieg entwickelte sich die Landwirtschaft des Oldenburger Münsterlandes zum Rückgrat einer florierenden gewerblichen Wirtschaft. Inzwischen stehen die Bauern jedoch unter wachsendem ökonomischen Druck. Zudem wird das bisherige Erfolgsmodell, eine hochintensive Landwirtschaft, in der Öffentlichkeit zusehends in Frage gestellt. Am Beispiel des Oldenburger Münsterlandes zeigt sich eine Reihe von Strukturproblemen der modernen Landwirtschaft in gedrängter Form.

Das Buch fragt danach, wie die Bauern selbst ihre Lage sehen. In 38 offenen Interviews gaben Landwirte und ihre Familien aus dem Südoldenburger Raum Auskunft über ihre Stellung in der Gesellschaft, über Zumutungen und Glücksmomente ihres Berufes und darüber, wie sie sich der Zukunft stellen. Die gesammelten Aussagen zeigen nicht nur individuelle Wege und Schicksale; sie verweisen auch auf die Chancen und Perspektiven der ganzen Berufsgruppe.

Band 3:
Sina Rieken: „Wenn Theater ist, ist Theater!" Laienschauspiel im Oldenburger Münsterland
2023

101 Seiten, fester Einband, 72 Abbildungen
ISBN 978-3-938061-47-3, 12,00 €
E-Book (PDF): ISBN 978-3-8309-5034-9, 12,00 €

Theaterspielen ist im Oldenburger Münsterland eine beliebte Freizeitbeschäftigung mit einem hohen Grad an allgemeiner Beteiligung. In jeder Gemeinde der Landkreise Cloppenburg und Vechta stehen regelmäßig Laien auf der Bühne. Dabei muss zwischen Amateur- und Laientheater unterschieden werden: Steht bei ersterem der künstlerische Aspekt im Vordergrund, geht es bei letzterem in großem Maße um die Geselligkeit.

Das Buch nimmt Laientheater als soziales und alltagskulturelles Phänomen in den Blick. Gespielt wird vornehmlich auf Plattdeutsch; nur wenige Gruppen bringen hochdeutsche Stücke zur Aufführung. Eine Theatersaison umfasst traditionell die Herbst- und Wintermonate, die Vorbereitungen und Proben beginnen im August oder Oktober. Seit jeher ist die Unterstützung in den Gemeinden groß: Die Aufführungen gelten als wichtige Ereignisse und sind durchweg gut besucht.